KB180065

C++20

C++20: Get the Details

copyright of English Edition © 2021 Rainer Grimm. All rights reserved.
Korean Translation Copyright © 2022 Insight Press
The Korean edition was published by arrangement with Rainer Grimm through Agency-One, Seoul.
이 책의 한국어판 저작권은 에이전시 원을 통해 저작권자의 독점 계약으로 인사이트에 있습니다.
저작권법에 의해 한국 내에서 보호를 받는 저작물이므로 무단전재와 무단복제를 금합니다.

C++ 20: 풍부한 예제로 익히는 핵심 기능

초판 1쇄 발행 2022년 1월 14일 **지은이** 라이너 그림 **옮긴이** 류광 **펴낸이** 한기성 **펴낸곳** (주)도서출판인사이트 **편집** 정수진 **교정** 오현숙 **제작·관리** 이유현, 박미경 **용지** 월드페이퍼 **출력·인쇄** 삼조인쇄 **등록번호** 제2002-000049호 **등록일자** 2002년 2월 19일 **주소** 서울시 마포구 연남로5길 19-5 **전화** 02-322-5143 **팩스** 02-3143-5579 **블로그** http://blog.insightbook.co.kr **이메일** insight@insightbook.co.kr **ISBN** 978-89-6626-332-5 책값은 뒤표지에 있습니다. 잘못 만들어진 책은 바꾸어 드립니다. 이 책의 정오표는 http://blog.insightbook.co.kr에서 확인하실 수 있습니다.

표지그래픽 인사이트

C++20

풍부한 예제로 익히는 핵심 기능

라이너 그림 지음 | 류광 옮김

인사이트

차례

옮긴이의 글 ·· viii

독자 추천사 ··· x

서문 ·· xi

1부 소개   1

1장   C++ 소개 ·· 3

　1.1 C++ 표준의 역사 ·· 3

　1.2 표준화 ·· 5

2장   C++20 둘러보기 ··· 9

　2.1 4대 기능 ·· 10

　2.2 핵심 언어 ·· 16

　2.3 표준 라이브러리 ·· 22

　2.4 동시성 ·· 26

2부 세부사항   35

3장   핵심 언어 ·· 37

　3.1 콘셉츠 ·· 38

　3.2 모듈 ··· 94

　3.3 3중 비교 연산자 ·· 130

    3.4 지명 초기화 —————————————————————— 147

    3.5 consteval과 constinit ———————————————— 153

    3.6 템플릿 개선사항 —————————————————————— 165

    3.7 람다 개선사항 ———————————————————————— 172

    3.8 새 특성들 —————————————————————————— 182

    3.9 기타 개선사항 ———————————————————————— 191

4장   **표준 라이브러리** ————————————————————— 201

    4.1 구간 라이브러리 —————————————————————— 202

    4.2 **std::span** ———————————————————————— 223

    4.3 컨테이너 개선사항 ————————————————————— 233

    4.4 산술 유틸리티 ———————————————————————— 246

    4.5 달력과 시간대 ———————————————————————— 260

    4.6 서식화 라이브러리 ————————————————————— 288

    4.7 기타 개선사항 ———————————————————————— 304

5장   **동시성** ———————————————————————————— 311

    5.1 코루틴 ———————————————————————————— 312

    5.2 원자적 연산 ————————————————————————— 344

    5.3 세마포어 ——————————————————————————— 367

    5.4 빗장과 장벽 ————————————————————————— 372

    5.5 협조적 가로채기 —————————————————————— 381

    5.6 합류 가능 스레드 std::jthread ———————————— 393

    5.7 동기화된 출력 스트림 객체 ————————————————— 399

6장   **사례 연구와 심화 예제** ————————————————— 407

    6.1 빠른 스레드 동기화 ————————————————————— 408

    6.2 여러 가지 미래 객체 구현 ————————————————— 419

    6.3 생성기의 수정과 일반화 —————————————————— 429

    6.4 다양한 작업 흐름 —————————————————————— 439

    맺음말 ————————————————————————————— 449

Appendix 부록   451

부록 A C++23과 그 이후————————————————————————453

    A.1 C++23————————————————————————————454

    A.2 C++23 또는 그 이후————————————————————478

    A.3 C++23에 관한 추가 정보——————————————————488

부록 B 기능 검사—————————————————————————————489

부록 C 용어집————————————————————————————————501

    C.1 4대 기능———————————————————————————501

    C.2 6대 연산———————————————————————————502

    C.3 POD————————————————————————————————502

    C.4 RAII————————————————————————————————502

    C.5 가짜 깨어남—————————————————————————503

    C.6 객체 형식——————————————————————————503

    C.7 경쟁 조건——————————————————————————503

    C.8 교착————————————————————————————————503

    C.9 깨어남 소실—————————————————————————503

    C.10 단축 평가——————————————————————————504

    C.11 데이터 경쟁—————————————————————————504

    C.12 동시성———————————————————————————504

    C.13 동적 저장 기간———————————————————————504

    C.14 람다 표현식—————————————————————————504

    C.15 리터럴 형식—————————————————————————505

    C.16 메모리 모형—————————————————————————505

    C.17 메모리 장소—————————————————————————505

    C.18 무잠금———————————————————————————506

    C.19 미정의 행동—————————————————————————506

    C.20 번역 단위——————————————————————————506

    C.21 병렬성———————————————————————————506

    C.22 비차단———————————————————————————506

C.23 수학 법칙 ———————————————————— 507

C.24 술어 ———————————————————————— 507

C.25 스레드 ————————————————————————— 507

C.26 스레드 저장 기간 ——————————————————— 508

C.27 스칼라 형식 ————————————————————— 508

C.28 시간 복잡도 ————————————————————— 508

C.29 실행기 ———————————————————————— 508

C.30 임계 영역 ————————————————————— 508

C.31 자동 저장 기간 ——————————————————— 509

C.32 자명한 형식 ————————————————————— 509

C.33 정규 형식 ————————————————————— 509

C.34 정적 저장 기간 ——————————————————— 509

C.35 조급한 평가 ————————————————————— 509

C.36 준정규 형식 ————————————————————— 510

C.37 지연 평가 ————————————————————— 510

C.38 집합체 ———————————————————————— 510

C.39 표준 배치 형식 ——————————————————— 510

C.40 함수 객체 ————————————————————— 511

C.41 호출 가능 객체 ——————————————————— 512

찾아보기 ————————————————————————— 513

옮긴이의 글

C++은 C++20에서 또다시 한 차원 높게 진화했습니다. 제1장에서 저자는 "C++11 처럼 C++20은 '현대적 C++'(Modern C++)의 프로그래밍 방식 자체를 바꾼다." 라고 표현했는데, 번역하면서 내내 그 점을 실감할 수 있었습니다. C++은 장점 만큼이나 단점도 많은 언어이지만, 해결 가능한 문제만 공략하는 식으로 언어의 '우아함(?)'을 지켜온 다른 프로그래밍 언어들이 애써 피해간 어려운 문제들을 회피하지 않고 정면 돌파해온 C++ 표준위원회의 노력만큼은 인정해야 할 것입니다. 그러한 노력의 결실이 바로 C++20입니다.

C++11만큼이나 C++ 프로그래밍 방식에 혁신을 가져온 C++20을 웹 여기저기에 널려 있는 단편적인 조각 글들로만 익히면서 갈증을 느낀 한국의 C++ 프로그래머들에게, C++20의 전 면모를 200여 개의 실행 가능한 예제로 설명하는 이 책이 큰 도움이 되길 바라 마지않습니다. 특히, 새로운 기능을 그 자체로만 소개하는 것으로 그치지 않고, 그런 기능 덕분에 C++ 프로그래밍 방식이 어떻게 변하는지도 알려 주려 한 저자의 노력이 번역서의 독자들에게도 온전히 전달되었으면 좋겠습니다.

C++20을 중점적으로 다루는 책인 만큼, 이 책을 제대로 공부하려면 '현대적(modern)' C++로 분류되는 이전 세 표준(C++11, C++14, C++17)에 어느 정도 익숙해야 한다는 점을 강조하고 싶습니다. auto/decltype, 이동 의미론(move semantics), 통합 초기치 구문, constexpr와 상수 표현식, 람다 함수 같은 혁신적인 변화를 가져온 C++11과 그것의 소규모 개정판에 해당하는 C++14는 이제 대부분 익숙하겠지만, 저자가 제1장에서 "크지도 작지도 않은 개정판"이라고 표현한 C++17은 아직 생소하게 느끼는 독자들이 있을 것입니다. 저자도 이 점을 걱정했었는지, 본문에 "이러이러한 기능은 C++17에서 도입되었다"라거나 "이러이러한 기능은 C++17과 이러저러하게 다르다" 같은 언급이 종종 등장합니다. 저도 부족한 지식이나마 동원해서 비슷한 성격의 역주들을 추가했지만, 충분치는 않을 것입니다. 따라서, C++17에서 도입된 기능들에 익숙하지 않은 독자라면 좋

은 책이나 웹 자료로 미리 공부하길 적극적으로 권장합니다. C++17의 표준 라이브러리 개선, 변경 사항에 관해서는 제 블로그의 글들(*http://occamsrazr.net/tt/tag/C++17*)이 조금은 도움이 될 것입니다.

번역하면서 원서의 문장을 그대로 옮기는 대신 저자가 "쓰려고 했을" 문구를 추측해서 살을 붙인 경우가 종종 있었는데, 의욕이 과해서 오히려 오류가 생겼을 수도 있겠습니다. 오역이나 내용상의 오류를 발견하신다면 이 책을 위해 웹 페이지에 보고해 주세요. *http://occamsrazr.net/book/*에 그 페이지로의 링크가 있습니다. 그 페이지에 본문에 나오는 URL 모음이나 추가적인 참고 자료도 준비되는 대로 올릴 계획입니다.

마지막으로, 독자들에게 꼭 필요한 책을 선정해서 제게 번역을 맡겨 주신 도서출판 인사이트 한기성 사장님과 번역 및 교정 과정을 매끄럽게 이루어 주신 정수진 편집자님, 원서보다 훨씬 미려하게 조판해 주신 조판 디자이너 최우정 님을 비롯해 이 책의 탄생에 기여하신 모든 분께 감사드립니다. 일일이 이름을 거론하지 못해서 죄송할 따름입니다. 끝으로, 이번에도 교정 전문가로서 중요한 오역과 황당한 오탈자를 수없이 잡아낸 아내 오현숙에게 그저 고맙고 사랑한다는 말을 전합니다.

재미있게 읽으시길!

— 옮긴이 류광

독자 추천사

산도르 다르고^{Sandor Dargo}

Amadeus의 선임 소프트웨어 개발 공학자

"≪C++20: 풍부한 예제로 익히는 핵심 기능≫이야말로 C++ 최신 버전을 깊게 공부하고자 하는 사람이 당장 읽어야 할 책이다. 완결적인 가이드인 이 책에서 저자 라이너 그림은 C++20의 두드러진 주요 기능뿐만 아니라 사소한 추가·개선사항도 모두 논의한다. 수많은 예제 코드와 스크린샷 덕분에, 아직 최신 컴파일러를 갖추지 않은 독자라도 여러 새 기능에서 무엇을 기대할 수 있을지를 잘 파악할 수 있다. 일독을 강력히 권한다."

에이드리언 탐^{Adrian Tam}

Synechron Inc.의 데이터 과학 디렉터

"C++은 탄생 이후 많이 진화했다. C++20은 새로운 언어처럼 느껴진다. 이 책이 상속이나 중복적재 같은 것을 가르치는 C++ 입문서가 아님은 확실하다. 그보다는, 자신의 C++ 지식을 최신으로 갱신하고자 하는 사람에게 딱 맞는 책이다. C++20에서 어떤 새로운 기능이 C++에 추가되었는지 알게 되면 놀라움을 금치 못할 것이다. 이 책은 새 기능들을 간결한 예제와 함께 명확하게 설명한다. 게다가, 이 책은 나중에 레퍼런스로도 사용할 수 있도록 구성되어 있다. 오래된 언어의 족쇄를 풀어서 강력한 미래로 나아가게 하는 데 이 책이 도움이 될 것이다."

서문

이 책은 튜토리얼이자 레퍼런스이다. 이 책은 짜릿한 새 C++ 표준인 C++20의 세부사항을 가르친다. '짜릿함'은 주로 C++20의 4대 기능에서 비롯한다. 4대 기능은 다음과 같다.

- **콘셉츠**^{concepts}는 템플릿 프로그래밍에 대한 접근 방식을 혁신한다. 콘셉츠는 템플릿 매개변수들에 대한 의미론적 범주를 정의한다. 콘셉츠를 이용하면 여러분의 의도를 형식 시스템 안에서 명시적으로 표현할 수 있다. 또한, 콘셉츠는 뭔가 잘못되었을 때 컴파일러가 명확한 오류 메시지를 제공하는 데 도움이 된다.
- **모듈**^{module}은 헤더 파일의 여러 문제점을 해결한다. 모듈은 장점이 많다. 예를 들어 헤더와 소스 파일의 분리와 그와 관련된 전처리기 기법이 더 이상 필요하지 않다. 결과적으로, 빌드 시간이 단축되고 패키지를 만들기가 쉬워진다.
- 새로운 **구간 라이브러리**(Ranges library)는 컨테이너에 알고리즘 직접 적용, 파이프 기호를 이용한 알고리즘 합성, 무한 데이터 스트림에 대한 알고리즘 지연 적용을 지원한다.
- **코루틴**^{coroutine} 덕분에 C++에서도 비동기 프로그래밍이 가능해졌다. 코루틴을 토대로 협조적 다중 태스킹, 이벤트 루프, 무한 데이터 스트림, 파이프라인을 구현할 수 있다.

물론 이것이 전부는 아니다. C++20은 다음과 같은 새 기능들도 제공한다.

- 비교 연산자 자동 생성
- 달력과 시간대 라이브러리
- 서식화(formatting) 라이브러리
- 연속적 메모리 블록에 대한 뷰
- 개선되고 가로채기(interrupt)가 가능한 스레드
- 원자적 스마트 포인터
- 세마포어
- 빗장(latch)과 장벽(barrier) 같은 실행 동기화 수단

조판 관례

다음은 이 책에 쓰이는 몇 가지 조판 관례이다.

특별한 글꼴

italic 또는 고딕: 책 제목이나 문서 제목에 쓰이며, 라이브러리 이름 같은 고유명
사나 화면상의 문구를 강조할 때도 쓰인다.

굵은 글꼴: 용어를 강조하는 데 쓰인다.

고정폭 글꼴: 명령문, 키워드, 형식 이름, 변수, 함수, 클래스 등등 코드를 나타내
는 데 쓰인다(이를테면 `std::cout`).

특별한 글 상자

배경 팁이나 주의 사항, 요약 정보는 다음과 같은 글 상자로 표시한다.

🔑 **팁 제목**

이런 글 상자는 해당 본문에 관한 추가 정보나 예제 프로그램의 컴파일과 관련한
팁을 제공한다.

⚠ **주의 사항 제목**

이런 글 상자는 여러분이 함정을 피하는 데 도움이 되는 정보를 제공한다.

ℹ **요약**

이런 글 상자는 주요 절(section)의 끝에서 그 절의 요점을 제공한다.

예제 소스 코드

제2부 "세부사항"부터는 완결적인 예제들이 나온다. 여기서 '완결적'이라는 것은, C++20을 지원하는 컴파일러를 이용해서 예제를 컴파일하고 실행할 수 있다는 뜻이다. 그런 완결적인 예제들에는 소스 코드 첫 행에 주석으로 파일 이름이 표시되어 있다. 소스 코드는 기본적으로 들여쓰기에 빈칸 네 개를 사용하지만, 지면 공간 문제로 두 개만 사용하는 경우도 있다.

또한, 나는 using namespace std 같은 이름공간 지시문을 그리 좋아하지 않는다는 점도 밝혀 둔다. 그런 지시문은 코드의 가독성을 떨어뜨리고 이름공간을 오염시키기 때문이다. 그래서 예제들에서는 코드 가독성 개선에 도움이 될 때만 이름공간 지시문을 사용했다(이를테면 using namespaces std::chrono_literals 나 using namespace std::chrono 등).

두 칸 들여쓰기와 함께, 이름공간 지시문은 지면 공간 문제를 극복하는 데에도 도움이 되었다. 예를 들어 using std::chrono::Monday가 있으면 constexpr auto monday = std::chrono::Monday를 좀 더 짧게 constexpr auto monday = Monday로 표현할 수 있다.

예제 프로그램의 컴파일

C++20은 최근에 나온 표준이라서 예전 버전의 컴파일러로는 컴파일되지 않는다. 나는 최신 버전의 GCC[1], Clang[2], MSVC[3] 컴파일러의 최신 버전으로 이 책의 예제들을 컴파일하고 실행했다. 컴파일러가 기본으로 사용하는 C++ 표준 버전 이외의 버전을 사용하려면 적절한 옵션으로 그 버전을 지정해 주어야 한다. GCC나 Clang은 -std=c++20을, MSVC는 /std:c++latest를 지정하면 된다. 또한, GCC나 Clang의 경우 동시성(concurrency) 기능을 사용하는 프로그램을 빌드하려면 -pthread를 지정해서 *pthread* 라이브러리를 링크하게 해야 한다.

적당한 C++ 컴파일러가 없는 독자라도, Wandbox[4]나 Compiler Explorer[5] 같은 온라인 컴파일러를 이용해서 대부분의 예제를 시험해 볼 수 있다. Wandbox와는 달리 Compiler Explorer는 GCC와 Clang뿐만 아니라 MSVC도 지원하

---

1 *https://gcc.gnu.org/*
2 *https://clang.llvm.org/*
3 *https://en.wikipedia.org/wiki/Microsoft_Visual_C%2B%2B*
4 *https://wandbox.org/*
5 *https://godbolt.org/*

지만, MSVC를 선택하면 컴파일만 되고 실행은 되지 않는다. Compiler Explorer 에서 GCC나 Glang을 사용하는 경우에는 출력 창 상단에서 Execute the code(다 음 그림의 1번)를 체크한 후 하단에서 Output(그림의 2번)을 클릭하면 프로그램 실행 결과가 표시된다.

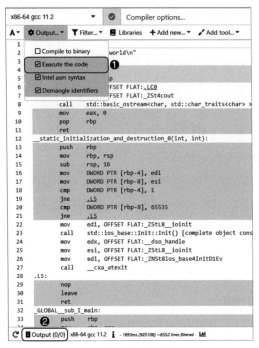

Compiler Explorer에서 코드 실행

여러 C++ 컴파일러의 C++20 지원 상황은 cppreference.com의 *C++ compiler support* 페이지[6]에서 확인할 수 있다.

이 책을 읽는 방법

C++20에 익숙하지 않은 독자라면 제1부 "소개"의 제1장과 제2장을 읽어서 전체 적인 상을 갖추는 것으로 시작해야 한다.

전체적인 상을 갖추었다면, 제2부로 넘어가서 제1장 "핵심 언어"부터 읽어 나가기 바란다. 이 책은 C++20의 각 기능을 최대한 자기 완결적인 방식으로 설 명하지만, 그래도 제2부의 장들을 차례로 읽는 것이 바람직하다. 이 책을 처음

---

6 *https://en.cppreference.com/w/cpp/compiler_support*

읽을 때는, 제2장 "C++20 둘러보기"에서 언급하지 않은 기능들은 건너 뛰어도 된다.

감사의 글

나는 내 영어 블로그 Modernes C++[7]에서 이 책의 초고를 교정·감수할 분들을 모집했는데, 예상보다 많은 분이 참여했다. 참여한 모든 분에게 특별한 감사의 마음을 전한다. 다음은 감수자들이다(알파벳순): 밥 버드[Bob Bird], 니콜라 봄바체[Nicola Bombace], 데이브 버칠[Dave Burchill], 산도르 다르고[Sandor Dargo], 제임스 드로비나[James Drobina], 프랑크 그림[Frank Grimm], 킬리안 헤넨베르거[Kilian Henneberger], 이반 "espkk" 콘다코프[Ivan "espkk" Kondakov], 페테르 커르도시[Péter Kardos], 라케시 메인[Rakesh Mane], 조너선 오코너[Jonathan O'Connor], 존 플레이스[John Plaice], 이완 스미스[Iwan Smith], 파울 타르고시[Paul Targosz], 스티브 비노스키[Steve Vinoski], 그레그 와그너[Greg Wagner].

또한 내 딸 줄리엣[Juliette]과 아내 베아트릭스[Beatrix]에게도 특별히 감사한다. 줄리엣은 문장들을 다듬고 수많은 오타를 고쳤다. 베아트릭스는 시피를 만들었고 이 책의 여러 일러스트를 작성했다.

시피

이 책의 여정을 여러분과 함께 할 시피[Cippi]를 소개한다. 시피와 친하게 지냈으면 좋겠다.

말괄량이 삐삐의 C++ 버전, 시피. 호기심 많고 영리하다.

---

7 *http://www.modernescpp.com/index.php/looking-for-proofreaders-for-my-new-book-c-20*

01

소개

1장   C++ 소개

2장   C++20 둘러보기

1장

C++ 소개

1.1 C++ 표준의 역사

C++ 표준의 역사에서 C++20은† C++11 이후 가장 큰 주요 개정판(major revision)이다. C++11처럼 C++20은 '현대적 C++'(Modern C++)의 프로그래밍 방식 자체를 바꾼다. 이러한 변화는 기본적으로 컨셉츠, 모듈, 구간, 코루틴(협동 루틴)이 언어에 추가된 결과이다. C++ 진화 과정에서 커다란 한 걸음인 C++20을 제대로 이해하려면 C++20의 역사적 맥락, 다시 말해 C++20 이전 C++ 표준들의 역사를 간략하게나마 살펴볼 필요가 있다.

그림 1.1 C++ 표준의 역사

---

† [옮긴이] C++과 C++20을 읽는 방법은 여러 가지이지만, 이 번역서에서는 C++을 유서 깊은 관례에 따라 '시플러스플러스' 대신 '씨뿔뿔'로 읽고, 뒤에 붙은 숫자들은 두 자리 수 한국어로 읽는다. C++20은 '씨뿔뿔이십'이다.

C++의 역사는 약 40년에 달한다. 다음은 그동안 C++이 어떻게 변했는지를 간략하게 개괄한 것이다.

1.1.1 C++98

80년대 말에 비야네 스트롭스트룹[Bjarne Stroustrup]과 마거릿 A. 엘리스[Margaret A. Ellis]가 유명한 *Annotated C++ Reference Manual*(ARM)[1]을 저술했다. 다수의 C++ 구현이 나와 있던 당시 상황에서 이 책은 C++의 기능을 정의하는 사실상의 표준 명세서 역할을 했으며, 이후 공식적인 첫 C++ 표준인 C++98(ISO/IEC 14882)의 초석이 되었다. C++98의 핵심 요소로는 템플릿 기능, 다수의 컨테이너와 알고리즘을 포함한 표준 템플릿 라이브러리(STL), C++ 문자열(`std::string`), IO 스트림을 들 수 있다.

1.1.2 C++03

C++03(14882:2003)은 C++98의 기술적 문제점들을 수정한 소규모 개정판이다. 변화가 적었기 때문에 앞의 그림에는 생략했다. C++ 공동체는 C++03과 C++98을 묶어서 **구식** C++(legacy C++)이라고 부른다.

1.1.3 TR1

2005년에 고무적인 일이 벌어졌다. 흔히 TR1이라고 부르는 1차 기술 보고서(Technical Report 1)가 공표된 것이다. TR1은 C++11로 가는, 그럼으로써 현대적 C++로 나아가는 큰 걸음이었다. TR1(TR 19768)은 C++ 표준 위원회의 구성원들이 만든 부스트[Boost] 프로젝트[2]에 기반했다. TR1에는 C++11 표준에 포함할 것을 목적으로 한 13개의 라이브러리가 있는데, 정규표현식 라이브러리, 난수 라이브러리, 스마트 포인터, 해시 테이블 등 거의 모든 라이브러리가 실제로 C++11에 포함되었다. 빠진 것은 특수 수학 함수 라이브러리뿐이었다(이후 C++17에 포함되었다).

1.1.4 C++11

C++11부터 C++14, C++17, C++20을 '현대적 C++'로 간주한다. C++11은 C++ 프로그래밍 방식을 근본적으로 바꾸는 여러 기능을 도입했다. 예를 들어 C++11에

---

1 *https://www.stroustrup.com/arm.html*

2 *https://www.boost.org/*

는 TR1의 여러 라이브러리뿐만 아니라 이동 의미론, 완전 전달, 가변 인수 템플 릿, constexpr 같은 주요한 요소들이 추가되었다. 더욱 중요하게는, C++11에서 드디어 다중 스레드 적용의 기반이 되는 메모리 모형과 스레드 적용 API가 표준 화되었다.

1.1.5 C++14

C++14는 소규모 개정판이다. 읽기-쓰기 자물쇠, 일반화된 람다, 확장된 constexpr 함수들이 추가되었다.

1.1.6 C++17

C++17은 크지도 작지도 않은 개정판이다. 주요 특징을 두 가지 꼽자면 병렬 STL 과 표준화된 파일 시스템 API를 들 수 있겠다. STL의 알고리즘 80여 개를 병렬로 또는 벡터화 방식으로 실행할 수 있게 되었다. C++11처럼 C++17에도 부스트 프 로젝트가 큰 영향을 미쳤다. 부스트 프로젝트는 파일 시스템 라이브러리와 새로 운 자료 형식들(std::string_view, std::optional, std::variant, std::any)을 제 공했다.

1.2 표준화

C++의 표준화 과정은 민주적이다. WG21(Working Group 21)이라고 부르는 C++ 표준 위원회가 1990~91년에 만들어졌다. WG21에는 다음과 같은 임원들이 있다.

- 의장(Convener): 회의 일정을 잡고 연구단을 지명한다.
- 프로젝트 편집자(Project Editor): 변경 사항들을 C++ 표준 작업 초안(working draft)에 적용한다.
- 사무총장(Secretary): WG21 회의의 회의록(minute)을 작성하고 배포한다.

다음은 C++ 표준 위원회의 여러 하위 그룹(subgroup)과 연구단(Study Group) 을 개괄한 도식이다.

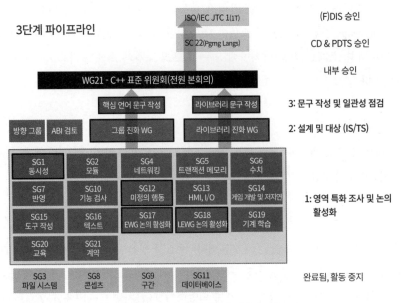

그림 1.2 C++ 표준화 과정의 여러 연구단

C++ 표준 위원회의 C++ 표준화 과정은 3단계 파이프라인 형태로 조직화된다. 그림 1.2에서 SG는 연구단(Study Group)을 뜻한다.

1.2.1 단계 1

단계 1은 영역 특화 조사(domain-specific investigation) 및 논의 활성화(incubation)를 위한 단계이다. 연구단 구성원들은 직접 대면 또는 전화, 화상 회의를 통해서 의견을 주고받는다. 일관성 보장을 위해 연구단들의 작업 결과를 중앙 그룹이 검토할 수도 있다.

영역 특화 연구단들은 다음과 같다.

- **SG1**: 메모리 모형을 포함해 동시성(concurrency)과 병렬성(parallelism)을 다룬다.
- **SG2**: 모듈module 관련 주제들을 다룬다.
- **SG3**: 파일 시스템을 다룬다.
- **SG4**: 네트워킹 라이브러리를 개발한다.
- **SG5**: 추후 추가될 트랜잭션 메모리(transactional memory) 구성요소들을 다룬다.
- **SG6**: 고정소수점 수, 부동소수점 수, 분수 등 수치 관련 주제를 다룬다.

- **SG7**: 컴파일 시점(compile time) 프로그래밍 전반을 다룬다.
- **SG8**: 콘셉츠^{Concepts} 기능을 다룬다.
- **SG9**: 구간(Ranges) 라이브러리를 다룬다.
- **SG10**: 특정 C++ 버전 및 구현이 특정 기능을 지원하는지를 이식성 있는 방식으로 점검하기 위한 기능 검사(feature test) 기능을 다룬다.
- **SG11**: 데이터베이스 관련 라이브러리 인터페이스를 다룬다.
- **SG12**: 표준의 취약점(vulnerability)과 미정의(undefined) 행동 및 미지정(unspecified) 행동에 대한 개선책을 다룬다.
- **SG13**: 인간-컴퓨터 인터페이스(Human/Machine Interface, HMI)와 입출력 장치를 지원하는 기능을 다룬다.
- **SG14**: 게임 개발과 기타 저지연(low-latency) 프로그래밍에 필요한 기능들을 다룬다.
- **SG15**: 모듈과 패키지를 비롯해 개발자를 위한 도구들을 다룬다.
- **SG16**: C++의 유니코드 텍스트 처리를 다룬다.
- **SG17**: 핵심 언어 진화의 초기 논의를 활성화한다.
- **SG18**: 라이브러리 진화의 초기 논의를 활성화한다.
- **SG19**: 기계학습(machine learning) 등 인공지능 관련 주제들에 특화되었지만, 선형대수도 다룬다.
- **SG20**: 현대적 C++ 교육용 강의 교재에 관한 지침을 논의한다.
- **SG21**: '계약에 의한 설계(Design by Contract)'에 대한 언어 지원을 논의한다.
- **SG22**: C와 C++의 연동과 협력을 논의한다.

1.2.2 단계 2

단계 2는 흔히 EWG로 표기하는 핵심 언어 진화 실무단(Core Languague Evolution Workign Group)과 LEWG로 표기하는 라이브러리 진화 실무단(Library Evoution Working Group)이 진행한다. EWG와 LEWG는 각각 언어 자체의 확장과 라이브러리의 확장을 위한 새 기능을 담당한다.

1.2.1 단계 3

단계 3에서는 실제로 표준 명세서에 들어갈 문구를 작성하고 변경 제안의 일관성을 점검한다. 핵심 언어의 문구 작성(wording) 및 일관성 점검은 CWG(Core Language Working Group; 핵심 언어 실무단)가, 라이브러리의 문구 작성 및 일관성 점검은 LWG(Library Working Group; 라이브러리 실무단)가 담당한다.

이번 장에서는 C++20 이전 C++ 표준들을 개괄하고 C++ 위원회의 C++ 표준화 과정을 간단하게나마 소개했다. 표준화에 관해 좀 더 자세히 알고 싶다면 isocpp.org의 "Standardization" 섹션[3]을 보기 바란다.

---

3 *https://isocpp.org/std*

2장

C++20 둘러보기

C++20을 세부적으로 살펴보기 전에, C++20의 기능들을 전체적으로 둘러보는 것이 좋겠다. 이번 장의 목적은 두 가지이다. 하나는 여러분에게 C++20의 주요 기능을 제시해서 전반적인 상을 잡게 하는 것이고, 다른 하나는 각 기능을 이 책의 어느 장 또는 단원에서 자세히 다루는지 알려주는 것이다. 그런 만큼 이번 장의 예제 코드는 대부분 단편적인 코드 조각(code snippet; 이하 '코드 단편')이고, 완결적인 예제 프로그램은 거의 없다.

제1장에서 C++ 표준의 이전 버전들을 간략하게나마 소개했다. C++20의 중요성을 제대로 이해하려면 C++20을 역사적인 맥락(§1.1† 참고)에서 이전 버전들과 비교할 필요가 있다.

다음 도표는 C++의 주요 기능(feature)‡을 요약한 것이다.

C++20

4대 기능	핵심 언어	라이브러리	동시성
• 콘셉츠	• 삼중 비교 연산자	• std::span	• 원자적 객체
• 모듈	• 지명 초기화	• 컨테이너 개선	• 세마포어
• 구간 라이브러리	• consteval과 constinit	• 산술 유틸리티	• 빗장과 장벽
• 코루틴	• 템플릿 개선	• 달력과 시간대	• 협조적 가로채기
	• 람다 개선	• 서식화 라이브러리	• std::jthread
	• 새 특성들		

그림 2.1 C++20 개요

---

† [옮긴이] §는 절 기호(section sign)이다. §1.1은 1.1절을 뜻한다.

‡ [옮긴이] feature는 기능이나 특징, 특색, 두드러진 점 등 어떤 대상이 "갖춘 것"을 뜻하는 좀 더 포괄적인 용어이지만, 특별히 혼동할 여지가 없는 한 '기능'으로 번역한다.

도표에서 보듯이 C++20의 가장 두드러진 4대 기능(§C.1)은 콘셉츠, 모듈, 구간 라이브러리, 코루틴이다. 다음 절에서는 이 네 가지를 각각 살펴본다.

2.1 4대 기능

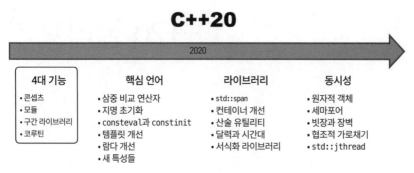

그림 2.2 C++20 개요: 4대 기능

4대 기능은 모두 현대적 C++의 프로그래밍 방식을 바꾸는 중요한 요소이다. 콘셉츠부터 살펴보자.

2.1.1 콘셉츠

템플릿을 이용한 일반적 프로그래밍(generic programming)†을 이용하면 하나의 함수나 클래스가 하나가 아니라 여러 개의 형식(type)에 대응하게 만들 수 있다. 이는 강력한 기능이지만, 프로그래머가 잘못된 형식으로 템플릿을 인스턴스화하는 실수도 흔하다. 그런 일이 생기면 컴파일러는 길고 난해한 오류 메시지를 내뱉는다. C++ 공동체를 오랫동안 괴롭힌 이 문제를 끝장내는 것이 바로 콘셉츠Concepts(§3.1)이다.‡ 템플릿 매개변수가 충족해야 할 요구조건들을 '콘셉트concept(개념)'의 형태로 프로그래머가 명시하면, 컴파일러는 템플릿 인스턴스화 과정에서 그 요구조건들을 점검한다. 이는 우리가 일반적 코드(generic code)를 작성하거나 분석하는 방식을 근본적으로 바꾸는데, 주된 이유는 다음과 같다.

- 템플릿 매개변수의 요구조건들이 그 템플릿의 공용(public) 인터페이스의 일부가 된다.

---

† [옮긴이] generic의 번역에 관해서는 *http://occamsrazr.net/tt/298*을 참고하자.

‡ [옮긴이] 템플릿 매개변수의 요구조건을 명시하고 점검하는 기능 전체는 '콘셉츠'로, 그런 요구조건을 구체화한 개별 구성요소는 '콘셉트'로 표기하기로 한다.

- 콘셉트에 기반해서 함수를 중복적재(overloading)하거나 클래스 템플릿을 특수화(specialization)할 수 있다.
- 컴파일러는 주어진 템플릿 인수를 정의된 템플릿 매개변수 요구조건에 근거해서 점검하므로 더 간결하고 명확한 오류 메시지를 작성할 수 있다.

그 밖에도 다음과 같은 이유가 있다.

- 다른 사람들이 미리 정의한 콘셉트들을 활용할 수 있다.
- auto와 콘셉트의 용법이 통합되었다. auto 대신 콘셉트를 사용할 수 있다.
- 함수 선언에 콘셉트가 있으면 그 함수 선언은 자동으로 함수 템플릿이 된다. 따라서 함수 템플릿을 작성하는 것이 그냥 보통의 함수를 작성하는 것만큼이나 쉬워진다.

다음 예제 코드는 정수를 뜻하는 Integral이라는 간단한 콘셉트를 정의하고 사용하는 예이다.

목록 2.1 Integral 콘셉트의 정의와 사용

```
template <typename T>
concept Integral = std::is_integral<T>::value;

Integral auto gcd(Integral auto a, Integral auto b) {
    if( b == 0 ) return a;
    else return gcd(b, a % b);
}
```

Integral 콘셉트는 형식 매개변수(type parameter) T가, std::is_integral<T>::value가 true라는 조건을 충족해야 한다는 점을 명시한다. std::is_integral<T>는 형식 특질(type trait) 라이브러리[1]의 한 형식인데, 해당 상수 멤버 value는 주어진 T가 정수 형식 중 하나이면 true로 평가된다(컴파일 시점에서). 만일 std::is_integral<T>::value가 true이면 이 코드 단편이 아무 문제 없이 컴파일되지만, 그렇지 않으면 컴파일 오류가 발생한다.

gcd 함수는 주어진 두 인수의 최대공약수를 유클리드 호제법[2]을 이용해서 구한다. 이 함수의 정의에는 소위 '단축 함수 템플릿 문법(abbreviated function template syntax)'이 쓰였다. gcd의 인수들과 반환값에서 Integral 콘셉트가 마

---

1 *https://en.cppreference.com/w/cpp/header/type_traits*
2 *https://ko.wikipedia.org/wiki/유클리드_호제법*

치 형식 이름처럼 쓰였음을 주목하자. 이는 gcd의 인수들과 반환값의 형식이 반
드시 Integral이라는 콘셉트를 지원한다는 뜻이다. 다른 말로 하면, gcd는 인수
들과 반환값에 대한 요구조건이 명시된 형태의 함수 템플릿이다. 단축 문법을
사용하지 않고 풀어서 쓰면 이 함수의 정체가 좀 더 명확해질 것이다.

다음은 단축 문법을 사용하지 않고 requires 절(§3.1.4.2)을 이용해서 콘셉
트를 명시한 gcd 함수이다.

목록 2.2 requires 절로 Integral 콘셉트를 명시한 예

```
template<typename T>
requires Integral<T>
T gcd(T a, T b) {
    if( b == 0 ) return a;
    else return gcd(b, a % b);
}
```

requires 절은 gcd의 형식 매개변수에 대한 요구조건을 명시한다.

2.1.2 모듈

모듈^{Module}(§3.2)은 다음과 같이 많은 장점을 제공한다.

- 컴파일 시간을 단축한다.
- 매크로를 정의할 필요를 줄인다.
- 코드의 논리적 구조를 표현할 수 있다.
- 헤더 파일을 필요 없게 만든다.
- 보기 싫은 매크로 편법을 제거한다.

다음은 간단한 math 모듈의 예이다.

목록 2.3 math 모듈

```
1  export module math;
2
3  export int add(int fir, int sec) {
4      return fir + sec;
5  }
```

행 1의 export module math는 모듈의 선언이다. 행 3의 export는 add 함수를 모
듈 외부로 내보낸다(export). 모듈 소비자(모듈을 사용하는 코드)는 모듈이 내보
낸 함수를 사용할 수 있다. 다음은 math 모듈을 사용하는 코드의 예이다.

목록 **2.4** math 모듈을 사용하는 코드

```
import math;

int main() {

    add(2000, 20);

}
```

import math는 math 모듈을 들여온다(import). 그러면 모듈이 내보낸 이름들을 현재 범위(scope)에서 볼 수 있게(visible) 된다.

2.1.3 구간 라이브러리

구간 라이브러리(Ranges library; §4.1)는† 다음과 같은 능력을 갖춘 알고리즘들을 제공한다.

- 반복자(iterator) 없이 컨테이너 안의 특정 구간에 접근한다.
- 지연 평가(lazy evaluation)를 지원한다.
- 합성(composition)이 가능하다.

간단히 말하면, 구간 라이브러리는 함수형 프로그래밍(functional programming)의 패턴들을 지원한다.

다음은 파이프 기호를 이용한 함수 합성의 예이다.

목록 **2.5** 파이프 기호를 이용한 함수 합성

```
 1  int main() {
 2      std::vector<int> ints{0, 1, 2, 3, 4, 5};
 3      auto even = [](int i){ return i % 2 == 0; };
 4      auto square = [](int i) { return i * i; };
 5
 6      for (int i : ints | std::views::filter(even) |
 7                          std::views::transform(square)) {
 8          std::cout << i << ' ';                // 0 4 16
 9      }
10  }
```

---

† [옮긴이] range를 '범위'라고 부르기도 하지만, scope와 혼동할 여지가 있으므로 이 번역서에서는 '구간'을 사용한다. 실제로 Ranges 라이브러리의 range 개념은 수학에서 말하는 '구간(interval 또는 range)'의 이산(discreet) 버전에 비유할 수 있다. 특히, begin()(시작 요소)과 end()(끝을 하나 지나친 요소)로 정의되는 표준 컨테이너 구간은 수학의 반개구간에 잘 부합한다. 수학에서 range는 '치역'을 뜻하기도 하지만, C++의 range는 '정의역(domain)'으로도 쓰일 수 있으므로 치역은 적합한 번역어가 아니다.

행 3의 even은 인수 i가 짝수(even)이면 true를 돌려주는 하나의 람다 표현식 (lambda expression; §C.14)이다. 행 4의 람다 표현식 square는 인수 i를 그 제곱에 사상(mapping)한다. 행 6과 행 7의 for (int i : ints | std::views::filter(even) | std::views::transform(square))에 함수 합성이 쓰였다. 이 구문은 ints 벡터의 각 성분을 even 필터를 적용하고, 그 필터를 통과한 성분들에 square 변환을 적용한다. 함수형 프로그래밍에 익숙한 독자라면 그냥 왼쪽에서 오른쪽으로 읽어 나가는 것만으로도 그리 어렵지 않게 이해할 수 있을 것이다.

2.1.4 코루틴

§5.1에서 설명하는 코루틴^coroutine(협동 루틴, 연동 루틴)은 자신의 상태를 유지하면서 실행을 일시 정지하고 재개할 수 있는 일반적 함수이다. 코루틴은 시뮬레이션이나 게임, 서버, GUI 같은 이벤트 주도적(event-driven) 응용 프로그램을 작성할 때 편리하다. 그리고 알고리즘도 이벤트 주도적일 수 있는데, 그런 경우에도 코루틴이 유용하다. 또한, 코루틴은 협조적 다중 태스킹(cooperative multitasking)에도 흔히 쓰인다.

C++20이 구체적인 코루틴들을 제공하지는 않는다. C++20은 코루틴을 구현하는 데 사용할 하나의 틀을 제공한다. 이 틀(프레임워크)은 20개 이상의 함수로 구성되는데, 그중에는 여러분이 반드시 구현해야 하는 것도 있고 필요에 따라 재정의(overriding)할 수 있는 것도 있다. 덕분에 여러분의 요구에 딱 맞는 코루틴을 만들어 낼 수 있다.

다음은 생성기(generator)를 이용해서 잠재적으로 무한히 긴 데이터 스트림을 생성하는 예이다. Generator의 구현 코드는 코루틴을 상세히 설명하는 §5.1에 나온다.

목록 2.6 무한 데이터 스트림 생성기

```
1  Generator<int> getNext(int start = 0, int step = 1){
2      auto value = start;
3      while (true) {
4          co_yield value;
5          value += step;
6      }
7  }
8
9  int main() {
10
11     std::cout << '\n';
```

```
12
13       std::cout << "getNext():";
14       auto gen1 = getNext();
15       for (int i = 0; i <= 10; ++i) {
16           gen1.next();
17           std::cout << " " << gen1.getValue();
18       }
19
20       std::cout << "\n\n";
21
22       std::cout << "getNext(100, -10):";
23       auto gen2 = getNext(100, -10);
24       for (int i = 0; i <= 20; ++i) {
25           gen2.next();
26           std::cout << " " << gen2.getValue();
27       }
28
29       std::cout << "\n";
30
31   }
```

getNext 함수는 co_yield라는 키워드를 사용하기 때문에 코루틴이다. 이 함수에는 무한 루프가 있으며, 그 루프는 행 4에서 co_yield를 이용해서 하나의 값을 산출(yield)한다.† 한편, 코루틴을 사용하는 쪽에서는 먼저 getNext를 호출해서 코루틴 객체를 얻고(행 14), 그 객체의 next 메서드를 호출해서(행 16과 행 25) 코루틴의 실행을 재개하고, getValue 메서드를 호출해서(행 17과 행 26) 코루틴이 산출한 값을 얻는다. 이 모든 일을 가능하게 하는 것은 getNext 함수의 반환 형식인 Generator<int>인데, 여기서 자세히 이야기하기는 복잡하므로 코루틴을 다루는 제5장에서 설명하겠다.

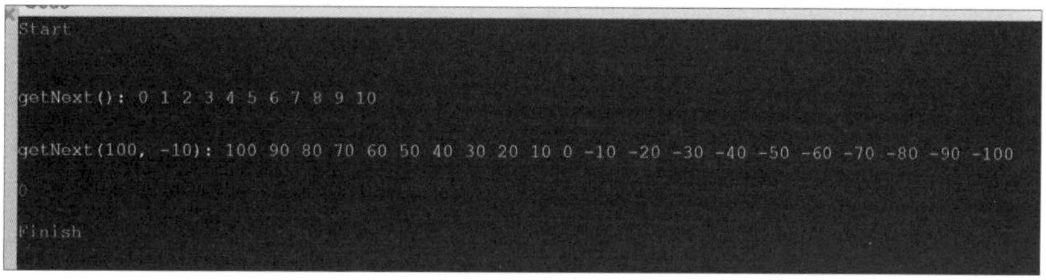

그림 2.3 무한 데이터 스트림 생성기의 실행 예

---

† [옮긴이] yield에는 뭔가가 생기게 한다(산출)는 뜻과 뭔가를 양보한다는 뜻이 있는데, 둘 다 코루틴의 문맥에서 유효하다. co_yield는 실행의 제어권을 코루틴을 호출한 곳에 '양보'함과 동시에, 하나의 값을 '산출'해서 호출한 곳에게 전달한다. 이는 return이 함수를 호출한 곳으로 돌아간다(복귀)는 뜻과 어떤 값을 돌려준다('반환')는 뜻을 모두 가지고 있는 것과 비슷하다.

2.2 핵심 언어

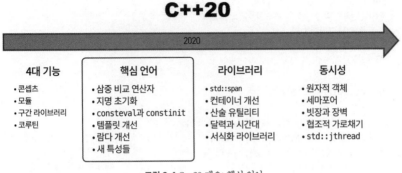

그림 2.4 C++20 개요: 핵심 언어

이번 절에서는 C++ 언어 자체에 추가된 주요 기능을 소개한다.

2.2.1 3중 비교 연산자

'우주선(spaceship)' 연산자라고도 부르는 **3중 비교 연산자**(three-way comparison operator; §3.3) <=>는 두 값 A, B의 상등 및 대소 관계를 비교해서, 만일 A < B이면 -1, A == B이면 0, A > B이면 1을 돌려준다.

　클래스를 정의할 때 이 3중 비교 연산자를 default로 선언하면 컴파일러는 그 클래스에 맞는 3중 비교 연산자를 자동으로 생성하려 하며, 이를 위해 기존의 여섯 가지 비교 연산자(==, !=, <, <=, >, >=)를 모두 정의한다.

목록 2.7 3중 비교 연산자 자동 생성

```
struct MyInt {
  int value;
  MyInt(int value): value{value} { }
  auto operator<=>(const MyInt&) const = default;
};
```

컴파일러가 생성한 operator <=>는 기반 클래스(base class)들에서 시작해 모든 비정적(non-static) 데이터 멤버들을 그 선언으로 비교하는 어휘순 비교 (lexicographical comparison; 또는 사전순 비교)를 수행한다. Microsoft C++ 팀 블로그의 글 "Simplify Your Code with Rocket Science: C++ 20's Spaceship Operator"[3]에 상당히 정교한 예제가 있으니 참고하기 바란다.

---

3 *https://devblogs.microsoft.com/cppblog/simplify-your-code-with-rocket-science-c20s-spaceship-operator/*

2.2.2 지명 초기화

다음은 파생 클래스의 우주선 연산자를 자동으로 생성하는 예인데, 초점은 우주선 연산자가 아니다.

목록 2.8 파생 클래스의 우주선 연산자

```cpp
struct Basics {
  int i;
  char c;
  float f;
  double d;
  auto operator<=>(const Basics&) const = default;
};

struct Arrays {
  int ai[1];
  char ac[2];
  float af[3];
  double ad[2][2];
  auto operator<=>(const Arrays&) const = default;
};

struct Bases : Basics, Arrays {
  auto operator<=>(const Bases&) const = default;
};

int main() {
  constexpr Bases a = { { 0, 'c', 1.f, 1. },
    { { 1 }, { 'a', 'b' }, { 1.f, 2.f, 3.f }, { { 1., 2. }, { 3., 4. } } } };
  constexpr Bases b = { { 0, 'c', 1.f, 1. },
    { { 1 }, { 'a', 'b' }, { 1.f, 2.f, 3.f }, { { 1., 2. }, { 3., 4. } } } };
  static_assert(a == b);
  static_assert(!(a != b));
  static_assert(!(a < b));
  static_assert(a <= b);
  static_assert(!(a > b));
  static_assert(a >= b);
}
```

이 예제 코드에서 가장 난해한 부분은 우주선 연산자가 아니라 집합체 초기화(aggregate initialization)를 이용한 Bases 객체의 초기화이다. 집합체 초기화(§ C.38)는 간단히 말해서 어떤 클래스 형식(class, struct, union)의 데이터 멤버들을 객체 정의 구문에서 직접 초기화하는 것이다. 모든 데이터 멤버가 public이면 이러한 집합체 초기화가 가능하다. 지금 예에서는 중괄호 초기화 목록(braced initialization list)을 이용해서 Bases 객체의 멤버들을 직접 초기화했다.

지명 초기화(designated initialization; §3.4)는† 집합체 초기화에서 한 걸음 더 나아가서, 멤버들을 명시적으로 "지명해서" 초기화하는 기능이다. 지명 초기화를 설명하기 전에, 간단한 집합체 초기화의 예제를 하나 더 살펴 보자.

목록 2.9 간단한 집합체 초기화

```cpp
struct Point2D{
  int x;
  int y;
};

class Point3D{
public:
  int x;
  int y;
  int z;
};

int main(){

  std::cout << "\n";

  Point2D point2D {1, 2};
  Point3D point3D {1, 2, 3};

  std::cout << "point2D: " << point2D.x << " " << point2D.y << "\n";
  std::cout << "point3D: " << point3D.x << " "
            << point3D.y << " " << point3D.z << "\n";

  std::cout << '\n';

}
```

이 예제 프로그램의 출력은 다음과 같다.

그림 2.5 간단한 집합체 초기화

---

† [옮긴이] '지정 초기화'라고 부르기도 하지만, 멤버의 '이름'을 지정해서 초기화하는 것이 주된 특징이라는 점에서 '지명 초기화'라는 용어를 사용하기로 한다. 이러한 어법은 이를테면 '지명 타자(designated hitter)' 같은 기존 용례들과도 부합하며, designator를 specifier와 겹치는 '지정자' 대신 '지명자'로 옮길 수 있다는 장점도 있다.

그런데 이러한 집합체 초기화는 프로그래머가 실수를 저지르기 쉽다. 초기화 목록에 있는 값들의 순서와 배정할 멤버들의 순서가 달라도, 형식이 호환되기만 하면 컴파일러는 아무 말 없이 넘어가기 때문이다. 명시적인 것이 암묵적인 것보다 낫다. C99[4]에 먼저 도입되고 이후 C++20에 도입된 지명 초기화는 멤버들을 명시적으로 초기화한다. 다음 예제를 보자.

목록 2.10 지명 초기화

```
1  struct Point2D{
2    int x;
3    int y;
4  };
5
6  class Point3D{
7  public:
8    int x;
9    int y;
10   int z;
11 };
12
13 int main(){
14
15   Point2D point2D {.x = 1, .y = 2};
16   // Point2D point2d {.y = 2, .x = 1};        // 오류
17   Point3D point3D {.x = 1, .y = 2, .z = 2};
18   // Point3D point3D {.x = 1, .z = 2};        // {1, 0, 2}
19
20
21   std::cout << "point2D: " << point2D.x << " " << point2D.y << "\n";
22   std::cout << "point3D: " << point3D.x << " " << point3D.y << " " << point3D.z
23         << "\n";
24
25 }
```

행 15와 행 17에서 Point2 객체와 Point3D 객체를 초기화할 때 멤버 이름들을 명시적으로 지정했음을 주목하기 바란다. 출력은 이전 예제의 출력(그림 2.5)과 동일하다. 주석으로 제외된 행 16과 행 18이 상당히 흥미롭다. 행 16을 실제로 컴파일하면 컴파일 오류가 발생한다. 초기화 목록에 지정된 데이터 멤버들의 순서가 선언 순서와 다르기 때문이다. 행 18의 초기화 목록에는 멤버 y가 없지만, 그래도 컴파일 오류는 아니다. 이 경우 y는 0으로 초기화된다. 즉, 중괄호 초기화 목록 {1, 0, 3}을 사용한 것과 같은 결과가 된다.

---

4 *https://en.wikipedia.org/wiki/C99*

2.2.3 consteval과 constinit

C++20에는 consteval이라는 지정자(specifier)가 추가되었다. **consteval** 지정자
(§3.5.1)는 즉석 함수(immediate function; 또는 즉시 실행 함수)를 생성한다. 코
드 안의 모든 즉석 함수 호출문은 컴파일 시점 상수 표현식으로 간주되어서 컴
파일 시점에서 평가된다. 모든 즉석 함수는 암묵적으로 상수 표현식(constexpr)
함수이지만, 모든 상수 표현식 함수가 즉석 함수인 것은 아니다.

목록 2.11 즉석 함수

```cpp
consteval int sqr(int n) {
    return n*n;
}
constexpr int r = sqr(100);   // OK

int x = 100;
int r2 = sqr(x);              // 오류
```

마지막 배정문(assignment)†이 오류인 것은, x가 상수 표현식이 아니라서 sqr(x)
를 컴파일 시점에서 평가할 수 없기 때문이다.

    C++20에 추가된 또 다른 새 지정자 **constinit**(§3.5.2)은 저장 기간(storage
duration)이 정적(static)이거나 스레드(thread)인 변수가 반드시 컴파일 시점에서 초기
화되게 한다. 정적 저장 기간(§C.34)은 해당 객체가 프로그램의 실행이 시작될 때
할당되고 프로그램이 종료될 때 해제된다는 뜻이고, 스레드 저장 기간(§C.26)은
해당 객체의 수명(lifetime; 또는 생애)이 스레드의 수명으로 한정된다는 뜻이다.

    constinit은 이런 종류의 변수(정적 저장 기간 또는 스레드 저장 기간)가 반
드시 컴파일 시점에서 초기화되게 만든다. constinit이 상수성(constness)을 함
의하지는 않는다.‡

2.2.4 템플릿 프로그래밍 개선

C++20에는 템플릿 프로그래밍을 개선하는 여러 요소가 추가가 되었다(§3.6). 예
를 들어, 어떤 형식으로도 호출할 수 있는 일반적 생성자(generic constructor)와

---

† [옮긴이] 명시적인 메모리 관리 수단을 제공하지 않는 프로그래밍 언어들이 대중화되면서 assignment
를 '할당'이라고 옮기는 경우가 있지만, C++처럼 명시적인 메모리 관리 수단을 제공하는 언어에서는
예전부터 할당을 allocation의 번역어로 사용해 왔다(메모리 할당, 커스텀 할당자 등등). allocation과
의 구별을 위해 이 번역서에서는 assignment를 '배정'(문맥에 따라서는 배정문으로) 옮기기로 한다.

‡ [옮긴이] 즉, 변수를 constinit으로 선언했다고 해서 그 변수가 자동으로 const 변수가 되지는 않는다.
A가 B를 함의한다는 것은 A가 참이면 B도 참이라는 뜻이다. "A는 B를 포함한다" 또는 "B가 A의 부분
집합이다"라고 생각해도 될 것이다.

관련한 문제점을 좀 더 우아하게 해결할 수 있게 되었다.

목록 2.12 암묵적인 일반적 생성자와 명시적인 일반적 생성자

```
struct Implicit {
    template <typename T>
    Implicit(T t) {
        std::cout << t << '\n';
    }
};

struct Explicit {
    template <typename T>
    explicit Explicit(T t) {
        std::cout << t << '\n';
    }
};

Explicit exp1 = "implicit"; // 오류
Explicit exp2{"explicit"};
```

§3.6.1에서 좀 더 자세히 이야기하겠지만, Implicit 클래스의 일반적 생성자는 너무 일반적이다. Explicit 클래스처럼 생성자 앞에 explicit 키워드를 붙이면 그 생성자는 명시적인(explicit) 생성자가 되며, 그러면 암묵적 변환이 허용되지 않는다.

2.2.5 람다 개선

C++20은 람다^{lambda}도 여러 가지로 개선했다(§3.7). 이제는 람다에 템플릿 매개변수를 둘 수 있고, 평가되지 않은 문맥(unevaluated context)에서 람다를 사용할 수 있으며, 상태 없는 람다의 기본 생성과 복사 배정이 가능하다. 더 나아가서, 이제는 this 포인터가 암묵적으로 복사되는 상황을 컴파일러가 검출할 수 있다. 덕분에 람다와 관련한 미정의 행동(§C.19)의 주요 원인 하나가 사라지게 되었다.

람다에 템플릿 매개변수를 사용할 수 있게 된 덕분에, 다음처럼 오직 std::vector만 받는 람다를 정의하는 것이 가능하다.

목록 2.13 템플릿 매개변수가 있는 람다의 예

```
auto foo = []<typename T>(std::vector<T> const& vec) {
    // .. 벡터 관련 작업 ...
};
```

2.2.6 새 특성들

C++20에는 여러 특성이 새로 추가되었다(§3.8). 대표적인 예로 [[likely]]와 [[unlikely]]가 추가되었는데, 프로그래머는 실행의 특정 분기(branch)가 선택될 가능성을 이 두 특성으로 명시함으로써 컴파일러에게 최적화에 관한 힌트를 제공할 수 있다.

목록 2.14 [[likely]] 특성의 사용 예

```cpp
for(size_t i=0; i < v.size(); ++i){
    if (v[i] < 0) [[likely]] sum -= sqrt(-v[i]);
    else sum += sqrt(v[i]);
}
```

2.3 표준 라이브러리

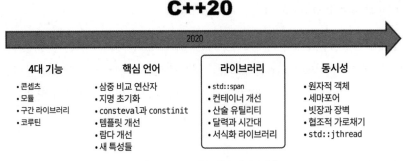

그림 2.6 C++20 개요: 표준 라이브러리

이번 절에서는 표준 라이브러리에 추가된 새 기능을 소개한다.

2.3.1 std::span

std::span(§4.2)은 객체들의 연속적인 순차열(contiguous sequence)을 지칭하는 객체를 나타내는 형식이다. '뷰^{view}'라고도 부르는 std::span은 지칭하는 객체들을 절대로 소유하지 않는다. 뷰의 대상이 되는 순차열은 C 배열, std::array, 포인터와 크기(객체 개수)의 조합, std::vector 등이다. std::span은 흔히 뷰의 첫 요소를 가리키는 포인터 하나와 뷰의 크기를 담는 변수 하나로 구현된다. std::span이 도입된 주된 이유는, C++에서 보통의 배열을 함수의 인수로 전달할 때 배열이 포인터로 퇴화하면서 배열의 크기 정보가 사라진다는 문제점을 해결하기 위한 것이다. std::span은 배열이나 std::array, std::vector의 크기를 자동

으로 알아낸다. 포인터를 이용해서 std::span 객체를 초기화할 때는 반드시 뷰의 크기를 생성자에 지정해야 한다.

목록 2.15 std::span을 함수의 인수로 전달

```
void copy_n(const int* src, int* des, int n){}

void copy(std::span<const int> src, std::span<int> des){}

int main(){

  int arr1[] = {1, 2, 3};
  int arr2[] = {3, 4, 5};

  copy_n(arr1, arr2, 3);
  copy(arr1, arr2);

}
```

copy_n 함수와는 달리 copy 함수는 배열 원소 개수가 필요하지 않다. 이처럼 std::span<T>는 실수와 오류의 주요 원인 중 하나를 제거한다.

2.3.2 컨테이너 개선사항

C++20은 STL(표준 템플릿 라이브러리)의 컨테이너들을 여러 가지로 개선했다(§4.3). 무엇보다도, std::vector와 std::string의 인터페이스에 **constexpr**가 적용되었다(§4.3.1). 이는 이 두 컨테이너를 컴파일 시점 상수 표현식에 사용할 수 있다는 뜻이다. C++20의 모든 표준 라이브러리 컨테이너는 **일관적 컨테이너 삭제**(consistent container erasure; §4.3.3)를 지원하며, 연관 컨테이너들은 contains 멤버 함수를 지원한다. 그리고 std::string에 **접두사·접미사 점검** 기능이 추가되었다(§4.3.5).

2.3.3 산술 유틸리티

부호 있는 정수와 부호 없는 정수의 비교는 프로그래머가 예상한 것과는 다른 결과를 내기 쉬우며, 따라서 버그의 원인이 된다. 이름이 std::cmp_로 시작하는 **안전한 정수 비교 함수들**(§4.4.1)을 이용하면 그런 미묘한 버그를 피할 수 있다.

목록 2.16 안전한 정수 비교

```
int x = -3;
unsigned int y = 7;
```

```
if (x < y) std::cout << "expected";
else std::cout << "not expected";                // not expected가 출력됨

if (std::cmp_less(x, y)) std::cout << "expected";  // expected가 출력됨
else std::cout << "not expected";
```

그리고 e, π, ϕ 를 비롯한 여러 **수학 상수**(§4.4.2)가 이름공간 std::numbers 에 추가되었다.

또한, 개별 비트와 비트열(bit sequence)에 접근하고 비트들을 재해석 (refinterpreting; 강제적인 형식 변환)할 수 있는 새로운 **비트 조작 수단**들(§4.4.4) 도 추가되었다.

목록 2.17 개별 비트와 비트열에 접근

```
std::uint8_t num= 0b10110010;

std::cout << std::has_single_bit(num) << '\n';          // false
std::cout << std::bit_width(unsigned(5)) << '\n';       // 3
std::cout << std::bitset<8>(std::rotl(num, 2)) << '\n'; // 11001010
std::cout << std::bitset<8>(std::rotr(num, 2)) << '\n'; // 10101100
```

2.3.4 달력과 시간대

C++11의 크로노 라이브러리^{chrono library}[5]에 **달력과 시간대**에 관한 기능(§4.5)이 추 가되었다. 달력(calendar)은 연도, 월, 일, 요일, 한 달의 n째 x요일(§4.5.2) 등을 나타내는 형식들로 구성된다. 이러한 기본 형식들을 조합해서 이를테면 year_ month나 year_month_day, year_month_day_last, year_month_weekday, year_ month_weekday_last 같은 복합적인 형식을 만들 수 있다. 특정 시점(time point) 을 간편하게 명시할 수 있도록 연산자 /가 중복적재되었다. 또한, 일(day)을 뜻 하는 리터럴 d와 연도(year)를 뜻하는 리터럴 y가 추가되었다.

같은 시점이라도 시간대에 따라 그 표현이 달라진다. 확장된 크로노 라이브 러리 덕분에 다음과 같은 기능들을 아주 간단하게 구현할 수 있다.

- 날짜를 특정 형식으로 표현
- 한 달의 마지막 일(날) 구하기
- 두 날짜 사이의 일 수 구하기

---

5 *https://en.cppreference.com/w/cpp/chrono*

- 현재 시간을 다양한 시간대로 출력

  다음은 하나의 지역 시간을 여러 시간대로 출력하는 예이다.

목록 2.18 지역 시간을 여러 시간대로 출력

```cpp
using namespace std::chrono;

auto time = floor<milliseconds>(system_clock::now());
auto localTime = zoned_time<milliseconds>(current_zone(), time);
auto berlinTime = zoned_time<milliseconds>("Europe/Berlin", time);
auto newYorkTime = zoned_time<milliseconds>("America/New_York", time);
auto seoulTime = zoned_time<milliseconds>("Asia/Seoul", time);

std::cout << time << '\n';          // 2020-05-23 19:07:20.290
std::cout << localTime << '\n';     // 2020-05-23 21:07:20.290 CEST
std::cout << berlinTime << '\n';    // 2020-05-23 21:07:20.290 CEST
std::cout << newYorkTime << '\n';   // 2020-05-23 15:07:20.290 EDT
std::cout << seoulTime << '\n';     // 2020-05-24 04:07:20.290 KST
```

2.3.5 서식화 라이브러리

C++20의 새로운 **서식화 라이브러리**(formatting library; §4.6)는 기존 printf류 함수들에 대한 안전하고도 확장성 있는 대안을 제공한다. 새 서식화 라이브러리는 기존의 I/O 스트림을 보완하고 I/O 스트림 기반구조의 일부(사용자 정의 형식에 대해 중복적재된 삽입 연산자 등)를 재사용하려는 의도로 만들어졌다.

```cpp
std::string message = std::format("The answer is {}.", 42);
```

std::format은 파이썬의 서식화 문법을 사용한다. 다음은 몇 가지 전형적인 사용 예이다.

- 위치 인수의 서식화 및 적용
  ```cpp
  std::string s = std::format("I'd rather be {1} than {0}.", "right", "happy");
  // s == "I'd rather be happy than right."
  ```
- 정수를 안전하게 문자열로 변환
  ```cpp
  memory_buffer buf;
  std::format_to(buf, "{}", 42);     // 예전의 itoa(42, buffer, 10)보다 안전함
  std::format_to(buf, "{:x}", 42);   // 예전의 itoa(42, buffer, 16)보다 안전함
  ```
- 사용자 정의 형식의 서식화

2.4 동시성

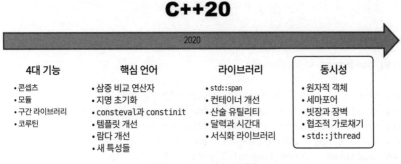

그림 2.7 C++20 개요: 동시성

이번 절에서는 동시성(concurrency; §C.12)과 관련한 기능들을 소개한다.

2.4.1 원자적 객체

비원자적(non-atomic) 객체, 즉 원자적(atomic) 객체가 아닌 객체에는 원래 원자적 연산이 적용되지 않는다. 그러나 클래스 템플릿 **std::atomic_ref**(§5.2.1)로 참조한 비원자적 객체에는 원자적 연산이 적용된다. 참조된 객체의 수명은 **std::atomic_ref**의 수명보다 길어야 한다. **std::atomic_ref**로 참조된 객체의 부분 객체에 접근하는 것은 스레드에 안전하지 않다.

cppreference.com의 **std::atomic** 항목[6]에 따르면 **std::atomic_ref**는 특수화(specialization)가 가능하다. 특히, **std::atomic_ref**는 내장 자료 형식에 대한 특수화를 지원한다.

```cpp
struct Counter {
    int a;
    int b;
};

Counter counter;

std::atomic_ref<Counter> cnt(counter);
```

C++20에는 **std::atomic**을 부분 특수화한 **원자적 스마트 포인터**(atomic smart pointer; §5.2.2)가 두 개 있다. 하나는 **std::atomic<std::shared_ptr<T>>**이고 다른 하나는 **std::atomic<std::weak_ptr<T>>**이다. 이 두 원자적 스마트 포

---

6 *https://en.cppreference.com/w/cpp/atomic/atomic*

인터는 std::shared_ptr[7]처럼 제어 블록의 스레드 안전성을 보장할 뿐만 아니라, 연관된 객체의 스레드 안전성까지도 보장한다.

그밖에도 C++20은 std::atomic에 여러 새 기능을 추가했다(§5.2.4). C++은 원자적 부동소수점 형식들에 대한 특수화들을 제공한다. 덕분에 부동소수점 형식의 변수를 동시적으로 증가하기가 상당히 편해졌다.

C++11에서 도입된 std::atomic_flag[8] 형식은 일종의 원자적 부울(boolean) 형식이라 할 수 있다. 이 형식의 객체는 "해제된(cleared)" 상태이거나 "설정된 (set)" 상태이다. 간결함을 위해 해제된 상태를 false, 설정된 상태를 true라고 부르기로 하겠다. 멤버 함수 clear()는 해당 객체(의 상태)를 false로 설정한다. test_and_set() 멤버 함수는 객체를 true로 설정하고 기존 값을 돌려준다. 현재 값을 돌려주는 멤버 함수가 없다는 점이 아쉬웠는데, C++20은 그런 용도로 test()라는 멤버 함수를 std::atomic_flag에 추가했다(§5.2.3).

더 나아가서, std::atomic_flag에는 스레드 동기화에 사용할 수 있는 notify_one(), notify_all(), wait()라는 멤버 함수들도 추가되었다. C++20에서는 std::atomic과 std::atomic_ref의 모든 부분 특수화와 완전 특수화에 대해 통지(notification)와 대기(wait) 연산을 적용할 수 있다. 부울 형식, 정수 형식, 부동소수점 형식, 포인터 형식에 대한 특수화도 있다.

2.4.2 세마포어

세마포어semaphore(§5.3)는 공유 자원에 대한 동시적 접근들을 제어하는 데 쓰이는 동기화 메커니즘이다. 세마포어에는 계수 세마포어(counting semaphore)라고 부르는 특별한 세마포어가 추가되었다. 이 세마포어의 카운터는 0보다 큰 값으로 시작한다. 카운터 값은 생성자에서 초기화된다. 스레드(§C.25)가 세마포어를 '획득(acquisition)'하면 카운터가 감소하고, '해제(release)'하면 카운터가 증가한다. 카운터가 0인 상태의 세마포어를 한 스레드가 획득하려 하면, 그 스레드의 실행은 다른 스레드가 세마포어를 해제해서 카운터가 증가될 때까지 차단(blocking)된다.

---

7 *https://en.cppreference.com/w/cpp/memory/shared_ptr*
8 *https://en.cppreference.com/w/cpp/atomic/atomic_flag*

2.4.3 빗장과 장벽

빗장(latch)과 **장벽**(barrier)은 카운터가 0이 될 때까지 스레드들을 차단하기 위한 직접적인 스레드 동기화 메커니즘이다(§5.4). 둘의 차이는 간단하다. 빗장에 해당하는 std::latch는 한 번만 사용할 수 있지만 장벽에 해당하는 std::barrier는 여러 번 사용할 수 있다. 따라서 std::latch는 여러 스레드가 하나의 작업을 관리할 때 유용하고, std::barrier는 여러 스레드가 반복된 작업들을 관리할 때 유용하다. 더 나아가서, std::barrier에는 각 반복에서 카운터를 조정하는 기능도 있다.

다음은 빗장과 장벽을 제안한 N4204 문서[9]에 있는 코드 단편이다. 오타 몇 개를 바로잡고 코드 포매팅을 조금 수정했다.

목록 2.19 std::latch를 이용한 스레드 동기화

```
 1  void DoWork(threadpool* pool) {
 2
 3      std::latch completion_latch(NTASKS);
 4      for (int i = 0; i < NTASKS; ++i) {
 5          pool->add_task([&] {
 6              // 작업 수행
 7              ...
 8              completion_latch.count_down();
 9          });
10      }
11      // 모든 작업이 끝날 때까지 대기(차단)
12      completion_latch.wait();
13  }
```

DoWork 함수는 카운터를 NTASKS로 설정해서 completion_latch라는 std::latch 객체를 생성하고(행 3), 스레드 풀의 스레드들로 NTASKS개의 작업을 실행한다(행 4~10). 각 작업의 끝에서 카운터를 감소한다(행 8). DoWork 함수를 실행하는 스레드는 모든 작업이 끝날 때까지 행 12에서 차단된다.

2.4.4 협조적 가로채기

std::stop_token 덕분에 std::jthread를 "협조적(cooperative)"으로 가로챌 수 있다(§5.5).

---

9 *http://www.open-std.org/jtc1/sc22/wg21/docs/papers/2014/n4204.html*

목록 2.20 std::jthread의 협조적 가로채기

```cpp
int main() {

    std::cout << '\n';

    std::jthread nonInterruptible([]{
        int counter{0};
        while (counter < 10){
            std::this_thread::sleep_for(0.2s);
            std::cerr << "nonInterruptible: " << counter << '\n';
            ++counter;
        }
    });

    std::jthread interruptible([](std::stop_token stoken){
        int counter{0};
        while (counter < 10){
            std::this_thread::sleep_for(0.2s);
            if (stoken.stop_requested()) return;
            std::cerr << "interruptible: " << counter << '\n';
            ++counter;
        }
    });

    std::this_thread::sleep_for(1s);

    std::cerr << '\n';
    std::cerr << "Main thread interrupts both jthreads" << std:: endl;
    nonInterruptible.request_stop();
    interruptible.request_stop();

    std::cout << '\n';

}
```

이 프로그램(main 함수)은 두 스레드 nonInterruptible과 interruptible을 시작한다(행 5와 행 14). 그중 interruptible 스레드만 std::stop_token을 받는다. 이 스레드는 그 토큰을 이용해서 자신이 가로채였는지 판정한다(행 18). interruptible.request_stop()이 호출되면 스레드 실행 취소 과정이 시작된다. nonInterruptible.request_stop()은 아무런 효과도 없다.

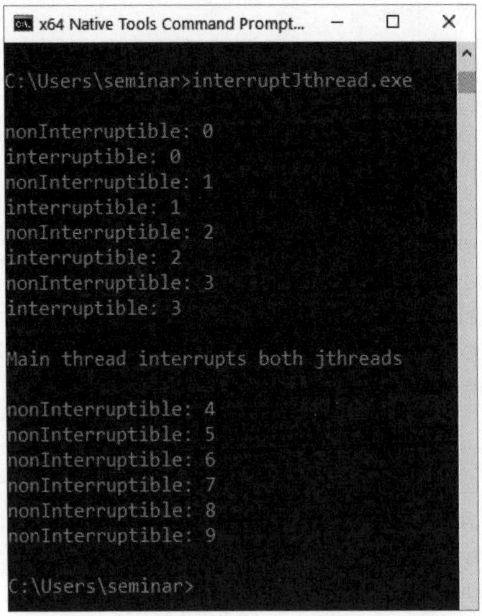

그림 2.8 스레드의 협조적 가로채기

2.4.5 std::jthread

std::jthread(§5.6)의 j는 '합류(join; 또는 결합)'를 의미한다. std::jthread는 기존의 std::thread[10]를 확장한 것으로, 실행이 시작된 스레드를 자동으로 주 스레드에 합류시키는 기능이 추가되었다. std::thread처럼 std::jthread도 가로챌(interrupt) 수 있다.

C++20에 std::jthread가 도입된 이유는 std::thread의 직관적이지 못한 행동 방식 때문이다. thr가 하나의 std::thread 객체라고 할 때, 만일 thr가 여전히 합류 가능한(joinable) 상태이면 해당 소멸자(destructor)는 std::terminate[11]를 호출한다. thr.join()이나 thr.detach()가 호출된 적이 없다면 thr는 합류 가능한 상태이다.

목록 2.21 합류 가능한 스레드의 강제 종료

```
int main() {

    std::cout << '\n';

    std::cout << std::boolalpha;
    std::thread thr{[]{ std::cout << "Joinable std::thread" << '\n'; }};
    std::cout << "thr.joinable(): " << thr.joinable() << '\n';
```

---

10 *https://en.cppreference.com/w/cpp/thread/thread*

11 *https://en.cppreference.com/w/cpp/error/terminate*

```
    std::cout << '\n';

}
```

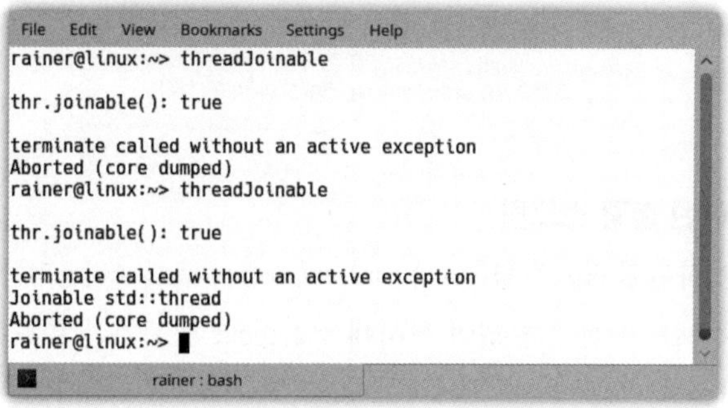

그림 2.9 합류 가능한 스레드에 대해 std::terminate가 호출되었다

그림 2.9의 결과에서 보듯이, 목록 2.21의 프로그램을 두 번 실행했을 때 둘 다
std::terminate에 의해 프로그램이 종료되었다. 두 번째 실행에서는 thr 스레드
가 "Joinable std::thread"라는 메시지를 표시할 시간 여유가 있었지만, 첫 실행
에서는 그렇지 못했다.

다음은 목록 2.21을 C++20의 std::jthread로 다시 작성한 것이다.

목록 2.22 std::jthread 스레드의 자동 합류

```
int main() {

    std::cout << '\n';

    std::cout << std::boolalpha;
    std::jthread thr{[]{ std::cout << "Joinable std::jthread" << '\n'; }};
    std::cout << "thr.joinable(): " << thr.joinable() << '\n';

    std::cout << '\n';

}
```

이번에는 thr 스레드가 소멸자에서 필요에 따라 자동으로 주 스레드에 합류하는
덕분에 프로그램이 정상적으로 종료된다.

그림 2.10 std::jthread 스레드의 자동 합류

2.4.6 동기화된 출력 스트림

C++20에 **동기화된 출력 스트림**(synchronized output stream; §5.7)들이 추가되었다. 다수의 스레드가 동기화 없이 동시에 std::cout에 뭔가를 출력하려 하면 어떤 일이 일어날까?

목록 2.23 동기화되지 않은 다중 스레드 std::cout 출력

```cpp
void sayHello(std::string name) {
    std::cout << "Hello from " << name << '\n';
}

int main() {

    std::cout << "\n";

    std::jthread t1(sayHello, "t1");
    std::jthread t2(sayHello, "t2");
    std::jthread t3(sayHello, "t3");
    std::jthread t4(sayHello, "t4");
    std::jthread t5(sayHello, "t5");
    std::jthread t6(sayHello, "t6");
    std::jthread t7(sayHello, "t7");
    std::jthread t8(sayHello, "t8");
    std::jthread t9(sayHello, "t9");
    std::jthread t10(sayHello, "t10");

    std::cout << '\n';

}
```

예상한 대로 출력이 뒤죽박죽이다.

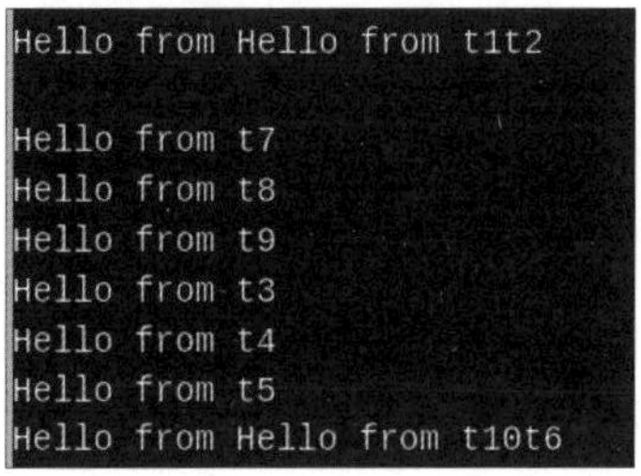

그림 2.11 동기화되지 않은 다중 스레드 std::cout 출력 결과

sayHello 함수의 std::cout을 std::osyncstream(std::cout)으로 바꾸면 출력이
질서정연해진다.

목록 2.24 동기화된 다중 스레드 std::cout 출력

```
void sayHello(std::string name) {
    std::osyncstream(std::cout) << "Hello from " << name << '\n';
}
```

그림 2.12 동기화된 다중 스레드 std::cout 출력 결과

02

세부사항

3장	핵심 언어
4장	표준 라이브러리
5장	동시성
6장	사례 연구와 심화 예제

3장

핵심 언어

C++20

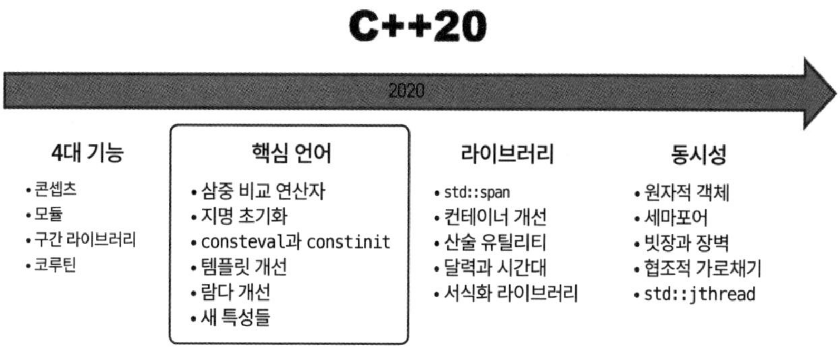

그림 3.1 C++20 핵심 언어

이번 장에서는 C++20 핵심 언어(core language) 기능들을 소개한다. 제일 먼저 살펴볼 것은 현대적인 C++ 프로그래밍 방식에 미치는 영향이 가장 큰 기능 중 하나인 콘셉츠이다.

3.1 콘셉츠

그림 3.2 별들을 연구하는 시피

콘셉츠^{Concepts}가 C++ 프로그래밍에 미치는 영향을 온전히 이해하려면 콘셉트가 왜 필요한지부터 알아야 한다.

3.1.1 잘못된 접근 방식 두 가지

C++20 이전에는 함수나 클래스에 대해 정반대의 두 가지 접근 방식이 공존했다. 하나는 함수나 클래스를 구체적인(specific) 형식에 대해 정의하는 것이고, 다른 하나는 일반적(generic) 형식에 대해 정의하는 것이다. 후자의 접근 방식으로 정의한 함수 또는 클래스를 각각 함수 템플릿 또는 클래스 템플릿이라고 부른다. 이 두 접근 방식에는 각자 나름의 문제점이 있다.

3.1.1.1 너무 구체적인 접근 방식의 문제점

필요한 모든 데이터 형식(data type; 자료형)에 대해 일일이 함수를 중복적재(overloading)하거나 클래스를 재구현하는 것은 지루한 일이다. 그렇다고 C++의 암묵적 변환(implicit conversion)에 맡기면 의도치 않은 버그가 발생한다. 다음이 그러한 예이다.

목록 3.1 암묵적 변환

```
1   // tooSpecific.cpp
2
3   #include <iostream>
4
```

```
5  void needInt(int i){
6      std::cout << "int: " << i << '\n';
7  }
8
9  int main(){
10
11     std::cout << std::boolalpha << '\n';
12
13     double d{1.234};
14     std::cout << "double: " << d << '\n';
15     needInt(d);
16
17     std::cout << '\n';
18
19     bool b{true};
20     std::cout << "bool: " << b << '\n';
21     needInt(b);
22
23     std::cout << '\n';
24
25 }
```

이 예제 프로그램은 암묵적 변환의 두 가지 문제점을 보여준다. 첫째로, 행 13의 double 변수에 담긴 부동소수점 값을 needInt 함수는 그냥 소수부가 없는 int 형식의 값으로 출력한다(행 15). 둘째로, 행 19의 bool 값도 그냥 int 형식으로 출력된다.

그림 3.3 암묵적 변환

이 예제 프로그램의 출력이 그림 3.3에 나와 있다.

좁히기 변환

double로 needInt(int i)를 호출하면 소위 좁히기 변환이 발생한다. 좁히기 변환(narrowing conversion; 또는 축소 변환)은 데이터의 정밀도(precision)가 손실되는 암묵적 변환이다. 의도치 않게 데이터의 정밀도가(따라서 계산의 정확도가) 손실되는 일은 바람직하지 않다.

정수 승격

이 예제의 둘째 문제점도 앞의 좁히기 변환만큼이나 나쁘다. bool로 needInt(int i)를 호출하면 bool이 int로 승격(promotion)된다. 이 점에 놀란 독자도 있을 것이다. 사실, bool 두 개를 더하면 어떤 형식이 되는지 알지 못하는 C++ 프로그래머가 많다.

목록 3.2 두 bool 더하기

```
template <typename T>
auto add(T first, T second){
    return first + second;
}

int main(){
    add(true, false);
}
```

C++ Insights[1]에서 소스 코드를 컴파일하면 컴파일러가 템플릿을 인스턴스화한 결과가 화면에 표시된다. 그림 3.4는 C++ Insights의 스크린샷인데, 목록 3.2의 함수 템플릿 add를 인스턴스화한 결과가 나와 있다.

```
1 template <typename T>
2 auto add(T first, T second){
3     return first + second;
4 }
5
6 #ifdef INSIGHTS_USE_TEMPLATE
7 template<>
8 int add<bool>(bool first, bool second)
9 {
10   return static_cast<int>(first) + static_cast<int>(second);
11 }
12 #endif
13
14
15 int main()
16 {
17   add(true, false);
18 }
```

그림 3.4 bool에서 int로의 승격

이 C++ Insights 스크린샷[2]에서 핵심은 행 6에서 12까지이다. add(true, false); 호출 때문에 함수 템플릿 add가 반환 형식이 int인 형태로 특수화되었음을 확인할 수 있다. 즉, 두 bool 인수가 모두 암묵적으로 int로 승격된 것이다.

---

1 *https://cppinsights.io/*
2 *https://cppinsights.io/s/9bd14f99*

정리하자면, 형식마다 일일이 함수를 중복적재하거나 클래스를 재구현하기 귀찮아서 암묵적 변환에 의존하면 낭패를 볼 수 있다.

이에 대한 자명한 해답은 함수 템플릿 또는 클래스 템플릿을 사용하는 것이다. 과연 그럴까?

3.1.1.2 너무 일반적인 접근 방식의 문제점

컨테이너^{container}의 정렬(sorting)은 흔하게 요구되는 일반적인 연산이다. 컨테이너의 요소들이 순서(ordering)를 지원하는 한, 정렬이 아무 문제없이 실행되어야 마땅하다. 목록 3.3의 예제 코드는 표준 컨테이너 std::list에 표준 알고리즘 std::sort를 적용한다.

목록 3.3 std::list의 정렬

```
// tooGeneric.cpp

#include <algorithm>
#include <list>

int main(){

    std::list<int> myList{1, 10, 3, 2, 5};

    std::sort(myList.begin(), myList.end());

}
```

그림 3.5 std::list의 정렬에 대한 컴파일러의 오류 메시지

이 길고 긴 오류 메시지를 해독하고 싶은 사람은 없을 것이다. 무엇이 잘못되었을까? 이 예에 쓰인 std::sort[3]의 구체적인 중복적재의 서명을 살펴보자

```
template< class RandomIt >
constexpr void sort( RandomIt first, RandomIt last );
```

std::sort는 RandomIt이라는 다소 이상한 이름의 인수를 사용한다. RandomIt은 임의 접근 반복자(random-access iterator)를 뜻한다. 이 점이 그림 3.5의 끔찍한 오류 메시지를 해독하는 중요한 힌트이다. std:sort는 임의 접근 반복자를 요구하지만, std::list는 양방향 반복자(bidirectional iterator)만 제공한다는 것이 문제의 핵심이다. 그림 3.6은 std::list의 구조를 표현한 도식인데, 이것을 보면 std::list가 임의 접근 반복자를 지원하지 않는 이유가 명확해질 것이다.

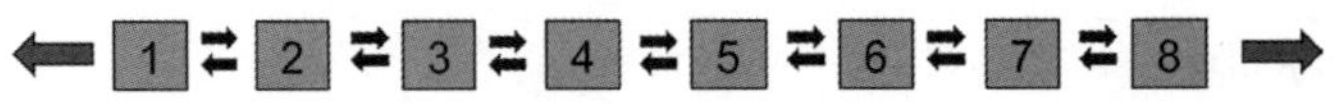

그림 3.6 std::list의 구조

C++20 이전에서 std::sort가 임의 접근 반복자를 요구한다는 조건은 단지 문서화나 식별자 이름 등에 암묵적으로만 표현되었다. C++20의 콘셉츠는 이러한 "개념(concept)적인" 템플릿 매개변수 형식 요구조건을 언어 자체의 일부로 공식화한다.

3.1.1.3 해결책은 콘셉츠

콘셉츠는 컴파일 시점 술어(§C.24)이다. 콘셉츠는 템플릿 매개변수에 의미론적(semantic) 제약을 가한다. std::sort의 중복적재 중에는 비교자(comparator)를 받는, 좀 더 강력한 버전이 있다.

```
template< class RandomIt, class Compare >
constexpr void sort(RandomIt first, RandomIt last, Compare comp);
```

이 강력한 중복적재 버전에 대한 형식 요구조건은 다음과 같다.

- RandomIt는 반드시 ValueSwappable과 LegacyRandomAccessIterator의 요구조건을 충족해야 한다.
- RandomIt의 역참조 형식(즉, RandomIt가 가리키는 객체의 형식)은 반드시 MoveAssignable과 MoveConstructible의 요구조건을 충족해야 한다.

---

3 *https://en.cppreference.com/w/cpp/algorithm/sort*

- RandomIt의 역참조 형식은 반드시 Compare의 요구조건을 충족해야 한다.

ValueSwappable이나 LegacyRandomAccessIterator 같은 요구조건을 명명된 (named) 요구조건이라고 부르기도 한다. C++20은 이런 몇몇 요구조건들을 '콘셉트'로 공식화한다.[4]

그럼 std::sort의 요구조건 중 하나인 LegacyRandomAccessIterator를 좀 더 자세히 살펴보자. C++20에서 이 요구조건은 <iterator>에 있는 random_access_iterator라는 콘셉트에 해당한다.

목록 3.4 std::random_access_iterator 콘셉트

```
template<class I>
    concept random_access_iterator =
        bidirectional_iterator<I> &&
        derived_from<ITER_CONCEPT(I), random_access_iterator_tag> &&
        totally_ordered<I> &&
        sized_sentinel_for<I, I> &&
        requires(I i, const I j, const iter_difference_t<I> n) {
            { i += n } -> same_as<I&>;
            { j + n } -> same_as<I>;
            { n + j } -> same_as<I>;
            { i -= n } -> same_as<I&>;
            { j - n } -> same_as<I>;
            { j[n] } -> same_as<iter_reference_t<I>>;
        };
```

형식 I가 random_access_iterator 콘셉트를 충족하려면 반드시 bidirectional_iterator 콘셉트와 그 뒤에 나오는 모든 요구조건을 충족해야 한다. 예를 들어, requires 절의 { i += n } -> same_as<I&>라는 요구조건 표현식은 i(I 형식의 객체)에 대해 반드시 { i += n }이 유효한 표현식이고 I& 형식의 값을 반환해야 한다는 뜻이다. 목록 3.3의 정렬의 예로 돌아가서, 이제는 이 예제의 문제점을 "std::list는 bidirectional_iterator 콘셉트를 지원할 뿐 std::sort가 요구하는 random_access_iterator 콘셉트를 지원하지 않으므로 컴파일 오류가 발생했다."라고 말할 수 있겠다.

C++20의 콘셉츠를 지원하는 컴파일러로 목록 3.3을 컴파일하면, 주어진 반복자가 random_access_iterator 콘셉트를 지원하지 않는 것이 문제라는 점을 알려주는 좀 더 간결하고 읽기 쉬운 오류 메시지가 나올 것이다.

---

4 *https://en.cppreference.com/w/cpp/language/constraints*

🔑 **일반적 프로그래밍의 핵심**

잠깐 숨을 돌리고 콘셉츠가 STL에 어떤 의미인지 간단하게나마 짚고 넘어가자. 알렉산더 스테파노프^Alexander Stepanov(STL을 만든 프로그래머)와 대니얼 로즈^Daniel Rose(정보 검색 연구자)가 쓴 귀중한 책 *From Mathematics to Generic Programming*[5]에는 이런 문장이 있다: "일반적 프로그래밍(generic programming)의 핵심은 콘셉트라는 개념에 놓여 있다. 콘셉트는 연관된 객체 형식(§C.6)들의 모임을 서술하는 한 방법이다." 이를테면 bool, char, int 같은 정수 형식들이 '연관된 객체 형식들'의 예이다. 하나의 콘셉트는 연관된 형식들에 대한 일단의 요구조건들(지원하는 연산들, 의미론, 시간 및 공간 복잡도 등등)을 구체화한다.

하나의 일반적 라이브러리로서의 표준 템플릿 라이브러리(STL)는 콘셉트들에 기반한다. STL의 구성요소들은 크게 세 종류로 나뉘는데, 하나는 데이터를 담는 컨테이너이고 다른 하나는 컨테이너에 대한 알고리즘, 나머지 하나는 컨테이너와 알고리즘을 연결하는 반복자(iterator)이다.

그림 3.7 표준 템플릿 라이브러리(STL)

각각의 컨테이너는 자신의 구조를 반영하는 반복자들을 제공하며, 알고리즘들은 그 반복자들을 이용해서 컨테이너에 대해 어떠한 연산을 수행한다. 순차 컨테이너나 연관 컨테이너 같은 컨테이너들은 반개구간(semi-open range)의 모형을 따른다. 알고리즘이 컨테이너의 특정 요소에 접근하거나, 요소들을 차례로 훑거나, 두 요소를 비교할 때는 항상 반복자를 사용한다. STL은 반개구간이나 반복자 같은 콘셉트에 기초해서 자료구조(data structure)와 알고리즘을 추상화하기 때문에 사용자는 구체적인 형식들의 세부사항에 신경 쓰지 않고 일관된 방식으로 STL의 구성요소들을 활용할 수 있다.

3.1.2 콘셉츠의 장점

앞에서 본 개선된 오류 메시지 외에도 콘셉츠에는 다음과 같은 장점이 있다.[†]

• 템플릿 매개변수에 대한 요구조건들이 인터페이스의 일부가 된다.

• 콘셉트에 기반해서 함수를 중복적재하거나 클래스 템플릿을 특수화할 수 있다.

---

5 *https://www.fm2gp.com/*
† [옮긴이] 몇몇 장점은 §3.1.4.4 "콘셉트의 용도"에서 예제와 함께 좀 더 자세히 설명한다.

- 함수 템플릿과 클래스 템플릿뿐만 아니라 클래스나 클래스 템플릿의 일반적 멤버 함수에도 콘셉트를 적용할 수 있다.
- 컴파일러는 템플릿 매개변수에 대한 요구조건들을 주어진 템플릿 인수와 비교함으로써 좀 더 개선된 오류 메시지를 생성할 수 있다.
- 다른 사람들이 미리 정의한 콘셉트들을 활용할 수 있다.
- auto와 콘셉트의 용법이 통합되었다. auto 대신 콘셉트를 사용할 수 있다.
- 함수 선언에 콘셉트가 있으면 그 함수 선언은 자동으로 함수 템플릿이 된다. 따라서 함수 템플릿을 작성하는 것이 그냥 보통의 함수를 작성하는 것만큼이나 쉬워진다.

3.1.3 길고 긴 역사

나(저자)는 2005~2006년경에 콘셉츠의 소식을 들었는데, 그때 내 머리에 떠오른 것은 하스켈[Haskell]의 형식 클래스였다. 하스켈의 형식 클래스는 비슷한 형식들에 대한 인터페이스이다. 그림 3.8에 하스켈 형식 클래스 위계구조(hierarchy)의 일부가 나와 있다.[6]

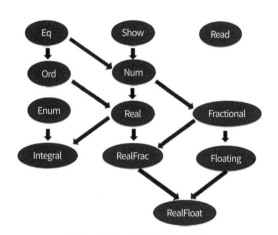

그림 3.8 하스켈 형식 클래스 위계구조

그러나 C++ 콘셉츠는 하스켈의 형식 클래스와 다르다. 다음은 몇 가지 차이점이다.

- 하스켈에서는 그 어떤 형식도 한 형식 클래스의 인스턴스가 될 수 있다. C++20에서는 형식이 콘셉트의 요구조건들을 반드시 충족해야 한다.

---

6 *https://en.wikipedia.org/wiki/Haskell_(programming_language)*

- C++에서는 하나의 콘셉트를 템플릿의 비형식(non-type) 인수에도 사용할 수 있다. 예를 들어 int 형식의 원소(요소)가 다섯 개인 std::array 객체를 생성할 때는 std::array<int, 5> myArray라고 선언하는데, 여기서 수치 5가 비형식 인수이다.
- C++ 콘셉츠는 실행 시점 비용을 추가하지 않는다.

원래 콘셉츠는 C++11에 추가될 핵심 기능이었지만, 2009년 6월 독일 프랑크푸르트에서 열린 표준위원회 회의에서 기각되었다†. 그 이유는 관련 블로그 글에 달린 비야네 스트롭스트룹의 댓글 "The C++0x concept design evolved into a monster of complexity(C++0x 콘셉트 설계는 복잡성의 괴물로 진화했다)."[7]가 극명하게 말해준다. 대안으로 제시된 것이 콘셉츠 라이트[Concept Lite]였지만, 이마저도 C++17 표준(C++11이 나오고 몇 년 후에 제정된)에 포함되지 못했다. 시간이 더 흘러 C++20이 되어서야 콘셉츠가 비로소 표준에 포함된 것이다.

3.1.4 콘셉트의 적용 방법과 용도
어떠한 콘셉트를 함수 템플릿이나 클래스 템플릿에 적용하는 방법은 크게 네 가지이다.

3.1.4.1 콘셉트 적용 방법 네 가지
목록 3.5의 conceptsIntegralVariations.cpp는 미리 정의된 std::integral 콘셉트를 적용하는 네 가지 방법을 모두 보여준다.

목록 3.5 std::integral 콘셉트의 네 가지 적용 방법

```
1  // conceptsIntegralVariations.cpp
2
3  #include <concepts>
4  #include <iostream>
5
6  template<typename T>
7  requires std::integral<T>
8  auto gcd(T a, T b) {
9      if( b == 0 ) return a;
10     else return gcd(b, a % b);
11 }
```

† [옮긴이] 기각 결정에 관한 추가 정보가 *https://occamsrazr.net/tt/221*에 있다.
7 *https://isocpp.org/blog/2013/02/concepts-lite-constraining-templates-with-predicates-andrew-sutton-bjarnes#comment_275*

```
12
13  template<typename T>
14  auto gcd1(T a, T b) requires std::integral<T> {
15      if( b == 0 ) return a;
16      else return gcd1(b, a % b);
17  }
18
19  template<std::integral T>
20  auto gcd2(T a, T b) {
21      if( b == 0 ) return a;
22      else return gcd2(b, a % b);
23  }
24
25  auto gcd3(std::integral auto a, std::integral auto b) {
26      if( b == 0 ) return a;
27      else return gcd3(b, a % b);
28  }
29
30  int main(){
31
32      std::cout << '\n';
33
34      std::cout << "gcd(100, 10)= "  << gcd(100, 10)  << '\n';
35      std::cout << "gcd1(100, 10)= " << gcd1(100, 10) << '\n';
36      std::cout << "gcd2(100, 10)= " << gcd2(100, 10) << '\n';
37      std::cout << "gcd3(100, 10)= " << gcd3(100, 10) << '\n';
38
39      std::cout << '\n';
40
41  }
```

행 3은 <concepts> 헤더를 이 소스 코드에 포함한다. 그러면 std::integral 콘셉트를 사용할 수 있게 된다. 이 콘셉트의 요구조건은 T가 정수 형식(integral type)[8]이면 충족된다. gcd라는 함수 이름은 greatest-common-divisor, 즉 최대공약수를 뜻한다. 이 함수는 유클리드 호제법[9]을 이용해서 두 수의 최대공약수를 구한다.

이 예제 코드에는 다음 네 가지 콘셉트 적용 방법이 모두 쓰였다.[†]

- requires 절(행 6)
- 후행(trailing) requires 절(행 13)

---

8 *https://en.cppreference.com/w/cpp/types/is_integral*

9 *https://ko.wikipedia.org/wiki/유클리드_호제법*

† [옮긴이] 제약 있는 템플릿 매개변수와 단축 함수 템플릿은 각각 §3.1.5와 §3.1.6에서 좀 더 이야기한다.

- 제약 있는 템플릿 매개변수(행 19)
- 단축 함수 템플릿(행 25)

단순함을 위해, 각 함수 템플릿은 그냥 auto를 돌려준다. 함수 템플릿 gcd, gcd1, gcd2와 함수 gcd3 사이에는 의미론적(semantic) 차이점이 존재한다. gcd, gcd1 gcd2는 두 매개변수 a와 b의 형식이 반드시 같지만, 함수 gcd3은 그렇지 않다. gcd3의 두 매개변수는 형식이 다를 수 있다. 둘 다 std::integral 콘셉트를 충족하기만 하면 된다.

```
gcd(100, 10)= 10
gcd1(100, 10)= 10
gcd2(100, 10)= 10
gcd3(100, 10)= 10
```

그림 3.9 std::integral 콘셉트 적용 예

함수 템플릿 gcd와 gcd1은 requires 절을 사용한다. requires 절(clause)은 생각보다 더 강력하다. 그럼 requires 절을 좀 더 자세히 살펴보자.

3.1.4.2 requires 절

앞에서 살펴본 conceptsIntegralVariations.cpp 프로그램(목록 3.5)에서는 함수 또는 함수 템플릿의 매개변수에 콘셉트를 적용했다. 완전함을 위해, 이번에는 함수나 함수 템플릿의 반환 형식에 콘셉트를 적용하는 예를 통해서 requires 절을 설명하겠다.

requires라는 키워드로 시작하는 requires 절은 템플릿 매개변수나 함수 선언에 대한 요구조건(requirement) 또는 제약(constraint)을 서술한다. 예제 3.5에서 gcd 함수의 requires 절은 템플릿 매개변수에 대한 제약이고 gcd1 함수의 '후행' requires 절은 함수 선언 전체에 대한 제약이다. requires 키워드 다음에는 하나의 명명된 콘셉트, 명명된 콘셉트들의 논리곱(conjunction, &&) 및 논리합(disjuntion, ||), requires 표현식(§3.1.8.2) 같은 컴파일 시점 술어(compile-time predicate)가† 와야 한다. gcd 함수의 requires 절에는 하나의 명명된 콘셉트가 쓰였다.

---

† [옮긴이] '술어'는 언어학과 논리학에서 비롯한 용어로, 참 또는 거짓으로 평가되는 표현식을 뜻한다. C++의 맥락에서 좀 더 구체적으로 말하면, 술어는 부울 값(true 또는 false)을 돌려주는 호출 가능(callable) 객체이다.

형식이 아닌 인수가 포함된 표현식을 requires 절의 컴파일 시점 술어에 사용하는 것도 가능하다. 목록 3.6이 그러한 예이다.

목록 3.6 비형식 인수 컴파일 시점 술어

```
1  // requiresClause.cpp
2
3  #include <iostream>
4
5  template <unsigned int i>
6  requires (i <= 20)
7  int sum(int j) {
8      return i + j;
9  }
10
11
12 int main() {
13
14     std::cout << '\n';
15
16     std::cout << "sum<20>(2000): " << sum<20>(2000) << '\n',
17     // std::cout << "sum<23>(2000): " << sum<23>(2000) << '\n',  // 오류
18
19     std::cout << '\n';
20
21 }
```

행 6에 쓰인 컴파일 시점 술어에 쓰인 i가 형식 인수가 아니라 비형식 인수라는 점에 주목하기 바란다.

```
sum<20>(2000): 2020
```

그림 3.10 비형식 인수 컴파일 시점 술어

행 17은 주어진 코드가 requires 절에 컴파일 시점 술어를 충족하지 못하는(즉, 술어가 거짓으로 평가되는) 예이다. 이 행을 실제로 컴파일하면 Clang 컴파일러는 그림 3.11과 같은 오류 메시지를 출력한다.

```
<source>:17:39: error: no matching function for call to 'sum'
    std::cout << "sum<23>(2000): " << sum<23>(2000) << '\n',  // ERROR
                                       ^~~~~~~~
<source>:7:5: note: candidate template ignored: constraints not satisfied [with i = 23]
int sum(int j) {
    ^
<source>:6:11: note: because '23U <= 20' (23 <= 20) evaluated to false
requires (i <= 20)
```

그림 3.11 requires 절의 컴파일 시점 술어를 충족하지 못한 경우의 오류 메시지

requires 절에 비형식 인수 술어를 사용하지 말자

템플릿 매개변수나 함수 템플릿 선언에 콘셉트로 제약을 가할 때는 명명된 콘셉트 또는 명명된 콘셉트들의 조합을 사용하는 것이 바람직하다. 콘셉트는 이름 그대로 '개념'적인 범주를 나타내는 수단이지 i <= 20 같은 세부적인 단언(assert)을 표현하는 수단이 아니다. 콘셉트에 이름을 붙이면 재사용이 가능해진다.

3.1.4.3 콘셉트를 함수 반환 형식에 사용

목록 3.7은 콘셉트를 함수의 반환 형식으로 사용하는 예이다. 템플릿 gcd와 함수 gcd1의 반환 형식에 std::integral 콘셉트가 적용되었다.

목록 3.7 콘셉트를 함수 반환 형식에 사용

```
template<typename T>
requires std::integral<T>
std::integral auto gcd(T a, T b) {
    if( b == 0 ) return a;
    else return gcd(b, a % b);
}

std::integral auto gcd1(std::integral auto a, std::integral auto b) {
    if( b == 0 )return a;
    else return gcd1(b, a % b);
}
```

3.1.4.4 콘셉트의 용도

무엇보다 강조하고 싶은 것은, 콘셉트가 결국은 하나의 컴파일 시점 술어라는 점이다. 여기서 컴파일 시점 술어는 컴파일 시점에서 실행되어서 하나의 부울(boolean) 값을 돌려주는 함수를 뜻한다. 콘셉트가 컴파일 시점에서 부울 값을 돌려주는 함수라는 점을 알아 두면 잠시 후 이야기할 콘셉트의 여러 용도와 용법을 이해하는 데 도움이 될 것이다.

컴파일 시점 술어

목록 3.8은 콘셉트를 컴파일 시점과 실행 시점에서 평가되는 술어로서 제어 구조의 조건식에 사용하는 예이다.

목록 3.8 컴파일 시점 술어로서의 콘셉트

```
1  // compileTimePredicate.cpp
2
```

```
 3   #include <compare>
 4   #include <iostream>
 5   #include <string>
 6   #include <vector>
 7
 8   struct Test{};
 9
10   int main() {
11
12       std::cout << '\n';
13
14       std::cout << std::boolalpha;
15
16       std::cout << "std::three_way_comparable<int>: "
17                 << std::three_way_comparable<int> << "\n";
18
19       std::cout << "std::three_way_comparable<double>: ";
20       if (std::three_way_comparable<double>) std::cout << "True";
21       else std::cout << "False";
22
23       std::cout << "\n\n";
24
25       static_assert(std::three_way_comparable<std::string>);
26
27       std::cout << "std::three_way_comparable<Test>: ";
28       if constexpr(std::three_way_comparable<Test>) std::cout << "True";
29       else std::cout << "False";
30
31       std::cout << '\n';
32
33       std::cout << "std::three_way_comparable<std::vector<int>>: ";
34       if constexpr(std::three_way_comparable<std::vector<int>>) std::cout << "True";
35       else std::cout << "False";
36
37       std::cout << '\n';
38
39   }
```

목록 3.8의 프로그램은 std::three_way_comparable<T>라는 콘셉트(§3.1.7.1)를
사용한다. 이 콘셉트는 T가 여섯 가지 비교 연산자들을 지원하는지를 컴파일 시
점에서 판정한다. 컴파일 시점 술어를 컴파일 시점뿐만 아니라 실행 시점에도
사용할 수 있음을 기억하기 바란다. 목록 3.8의 경우 행 16과 20의 콘셉트는 실
행 시점에서 평가되고, 행 25의 static_assert와 행 28, 34의 if constexpr[10]에
있는 콘셉트는 컴파일 시점에서 평가된다.

---

10 *https://en.cppreference.com/w/cpp/language/if*

```
std::three_way_comparable<int>: true
std::three_way_comparable<double>: True

std::three_way_comparable<Test>: False
std::three_way_comparable<std::vector<int>>: True
```

그림 3.12 컴파일 시점 술어로서의 콘셉트

콘셉트가 컴파일 시점 술어라는 점을 머리에 담아 두고, 콘셉트의 여러 용법과 용도를 살펴보자. 간결함을 위해 예제들에서는 콘셉트를 직접 정의하는 대신 미리 정의된 표준 콘셉트들을 사용한다. 이 예제들에서 사용하는 몇 가지 C++20 표준 콘셉트들을 §3.1.9.2 "SemiRegular 콘셉트와 Regular 콘셉트"에서 좀 더 자세히 설명할 것이다.

클래스 템플릿

목록 3.9에서 클래스 템플릿 MyVector의 템플릿 매개변수 T는 std::regular 콘셉트를 충족해야 한다. 이 콘셉트는 T가 정규(regular) 형식인지 판정하는데, 정규 형식(§C.33)이란 간단히 말하면 int처럼 복사, 기본 생성, 상등 판정이 가능한 형식을 뜻한다. std::regular의 공식적인 정의는 §3.1.9.2 "SemiRegular 콘셉트와 Regular 콘셉트"에 나온다.

목록 3.9 클래스 템플릿에 콘셉트를 적용한 예

```cpp
1  // conceptsClassTemplate.cpp
2
3  #include <concepts>
4  #include <iostream>
5
6  template <std::regular T>
7  class MyVector{};
8
9  int main() {
10
11     MyVector<int> myVec1;
12     MyVector<int&> myVec2;  // 오류: 참조는 정규 형식이 아님
13
14  }
```

행 12에서 컴파일 시점 오류가 발생하는데, 이는 참조(reference)가 정규 형식이 아니라서 regular 콘셉트를 충족하지 않기 때문이다. 그림 3.13은 이 점을 알려주는 GCC 컴파일러의 오류 메시지이다.

```
<source>:13:18: error: template constraint failure for 'template<class T>  requires  regular<T> class MyVector'
  13 |      MyVector<int&> myVec2;
```

그림 3.13 참조는 regular가 아님

일반적 멤버 함수

목록 3.10은 목록 3.9의 MyVector 클래스에 push_back이라는 일반적 멤버 함수 (generic member function)를 추가한 것이다. push_back의 인수들은 반드시 복사가 가능해야 한다(std::copyable 콘셉트).

목록 3.10 일반적 멤버 함수에 콘셉트를 적용한 예

```cpp
 1  // conceptMemberFunction.cpp
 2
 3  #include <concepts>
 4  #include <iostream>
 5
 6  struct NotCopyable {
 7      NotCopyable() = default;
 8      NotCopyable(const NotCopyable&) = delete;
 9  };
10
11  template <typename T>
12  struct MyVector{
13      void push_back(const T&) requires std::copyable<T> {}
14  };
15
16  int main() {
17
18      MyVector<int> myVec1;
19      myVec1.push_back(2020);
20
21      MyVector<NotCopyable> myVec2;
22      myVec2.push_back(NotCopyable());   // 오류: 복사 가능한 형식이 아님
23
24  }
```

행 22는 컴파일 오류를 발생한다. NotCopyable 클래스의 복사 생성자가 deleted 로 선언되어서 이 클래스의 인스턴스를 복사할 수 없기 때문이다.

가변 인수 템플릿

다음은 가변 인수 템플릿(variadic template) 안에서 콘셉트를 사용하는 예이다.

목록 3.11 가변 인수 템플릿에 콘셉트를 적용한 예

```cpp
1   // allAnyNone.cpp
2
3   #include <concepts>
4   #include <iostream>
5
6   template<std::integral... Args>
7   bool all(Args... args) { return (... && args); }
8
9   template<std::integral... Args>
10  bool any(Args... args) { return (... || args); }
11
12  template<std::integral... Args>
13  bool none(Args... args) { return not(... || args); }
14
15  int main(){
16
17      std::cout << std::boolalpha << '\n';
18
19      std::cout << "all(5, true, false): " << all(5, true, false) << '\n';
20
21      std::cout << "any(5, true, false): " << any(5, true, false) << '\n';
22
23      std::cout << "none(5, true, false): " << none(5, true, false) << '\n';
24
25  }
```

이 예제의 함수 템플릿들은 모두 접기 표현식(fold expression)을 사용한다. 임의의 개수의 템플릿 인수들을 받을 수 있는 가변 인수 템플릿은 C++11에 도입되었다. 임의의 개수의 템플릿 인수들은 소위 매개변수 팩(parameter pack)에 담긴다. 그리고 C++17에서 그러한 매개변수 팩을 이항 연산자를 이용해서 직접 '축약'하는(reduce) 기능이 도입되었다. 그러한 축약을 표현하는 코드를 '접기 표현식'[11] 또는 '접는 표현식'이라고 부른다. 지금 예제에서 행 7의 논리곱 &&와 행 10의 논리합 ||, 그리고 행 13의 논리 부정 not이 축약을 위한 이항 연산자들이다. 더 나아가서, 함수 템플릿 all과 any, none의 형식 매개변수들은 반드시 std::integral 개념을 지원해야 한다.

```
all(5, true, false): false
any(5, true, false): true
none(5, true, false): false
```

그림 3.14 가변 인수 템플릿에 콘셉트를 적용한 예

---

[11] *https://www.modernescpp.com/index.php/fold-expressions*

함수 중복적재

std::advanc[12]는 STL의 한 알고리즘이다. 이 알고리즘은 주어진 반복자 iter를 n 만큼 증가한다. 결과적으로 iter는 자신의 진행 방향으로 요소 n개만큼 전진한 다(advance). 그런데 주어진 반복자의 능력에 따라서 해당 컨테이너에 좀 더 특화된 전진 전략을 사용할 수 있으면 좋을 것이다. 예를 들어 std::forward_list 는 단방향 반복자(한 방향으로만 전진할 수 있는)를 지원하고, std::list는 양방향 반복자, std::vector는 임의 접근 반복자를 지원한다. iter가 std::forward_list나 std::list의 반복자라고 할 때 std::advance(iter, n) 호출은 그 반복자를 n번 증가해야 한다(그림 3.6 "std::list의 구조" 참고). 즉, 시간 복잡도 (§C.28)가 $O(n)$이다. 그렇지만 std::vector가 지원하는 std::random_access_iterator는 시간 복잡도가 이보다 훨씬 좋다. 이 반복자의 경우에는 그냥 수치 n을 반복자에 더하기만 하면 된다. 즉, 시간 복잡도가 $O(n)$이 아니라 $O(1)$이다. 반복자의 형식에 따라 advance를 중복적재할 때 콘셉트를 사용할 수 있다. 목록 3.1의 conceptsOverloadingFunctionTemplates.cpp는 이러한 개념을 보여주는 예제 프로그램이다.

목록 3.12 콘셉트에 기초한 함수 템플릿 중복적재

```
1  // conceptsOverloadingFunctionTemplates.cpp
2
3  #include <concepts>
4  #include <iostream>
5  #include <forward_list>
6  #include <list>
7  #include <vector>
8
9  template<std::forward_iterator I>
10 void advance(I& iter, int n){
11     std::cout << "forward_iterator" << '\n';
12 }
13
14 template<std::bidirectional_iterator I>
15 void advance(I& iter, int n){
16     std::cout << "bidirectional_iterator" << '\n';
17 }
18
19 template<std::random_access_iterator I>
20 void advance(I& iter, int n){
21     std::cout << "random_access_iterator" << '\n';
```

---

[12] *https://en.cppreference.com/w/cpp/iterator/advance*

```
22    }
23
24    int main() {
25
26        std::cout << '\n';
27
28        std::forward_list forwList{1, 2, 3};
29        std::forward_list<int>::iterator itFor = forwList.begin();
30        advance(itFor, 2);
31
32        std::list li{1, 2, 3};
33        std::list<int>::iterator itBi = li.begin();
34        advance(itBi, 2);
35
36        std::vector vec{1, 2, 3};
37        std::vector<int>::iterator itRa = vec.begin();
38        advance(itRa, 2);
39
40        std::cout << '\n';
41    }
```

이 예제 프로그램은 함수 advance를 각각 콘셉트 std::forward_iterator(행 9),
std::bidirectional_iterator(행 14), std::random_access_iterator(행 19)에 기
초해서 중복적재한다. 컴파일러는 주어진 advance 호출에 가장 적합한 중복적재
버전은 선택한다. 행 28의 std::forward_list 객체에 대한 advance 호출(행 30)
에 대해서는 std::forward_list 콘셉트에 기초한 중복적재 버전이 선택되고, 행
32의 std::list 객체에 대한 호출(행 34)은 std::bidirectional_iterator 콘셉
트에 기초한 버전, 행 36의 std::vector 객체에 대한 호출(행 38)은 std::random_
access_iterator 콘셉트에 기초한 버전이 선택된다.

```
forward_iterator
bidirectional_iterator
random_access_iterator
```

그림 3.15 콘셉트에 기초한 함수 템플릿 중복적재

std::random_access_iterator 콘셉트는 std::bidirectional_iterator 콘셉트를
포함하고(즉, 전자를 충족하는 반복자는 후자도 충족한다), std::bidirectional_
iterator 콘셉트는 std::forward_iterator 콘셉트를 포함한다는 점도 알아두자.

템플릿 특수화

템플릿을 특수화(specialization)하는 데에도 콘셉트를 사용할 수 있다.

목록 3.13 콘셉트에 기초한 템플릿 특수화

```cpp
1   // conceptsSpecialization.cpp
2
3   #include <concepts>
4   #include <iostream>
5
6   template <typename T>
7   struct Vector {
8       Vector() {
9           std::cout << "Vector<T>" << '\n';
10      }
11  };
12
13  template <std::regular Reg>
14  struct Vector<Reg> {
15      Vector() {
16          std::cout << "Vector<std::regular>" << '\n';
17      }
18  };
19
20  int main() {
21
22      std::cout << '\n';
23
24      Vector<int> myVec1;
25      Vector<int&> myVec2;
26
27      std::cout << '\n';
28
29  }
```

클래스 템플릿을 인스턴스화(instantiation)할 때 컴파일러는 가장 구체적으로 특수화된 버전을 선택한다. 목록 3.13의 경우 행 24의 Vector<int> myVec에 대해서는 std::regular에 대한 부분(partial) 템플릿 특수화(행 13)가 선택된다. 행 25의 Vector<int&> myVec2는 int 참조에 대한, 즉 정규 형식(std::regular 콘셉트)이 아닌 형식에 대한 벡터라서 컴파일러는 행 6의 기본(primary) 템플릿을 선택한다.

```
Vector<std::regular>
Vector<T>
```

그림 3.16 콘셉트에 기초한 부분 템플릿 특수화

여러 콘셉트를 동시에 적용

지금까지는 하나의 함수 템플릿이나 클래스 템플릿에 콘셉트를 하나만 적용하는 비교적 단순한 용법들을 소개했다. 그렇지만 실무에서는 동시에 둘 이상의 콘셉트를 적용할 때가 많다.

목록 3.14 여러 콘셉트를 동시에 적용

```
template<typename Iter, typename Val>
    requires std::input_iterator<Iter>
            && std::equality_comparable<Value_type<Iter>, Val>
Iter find(Iter b, Iter e, Val v)
```

find의 반복자 형식 Iter와 값 형식 Val은 다음 요구조건들을 충족해야 한다.

- Iter는 반드시 입력 반복자이어야 한다.
- Val은 반복자의 값 형식과 상등 비교가 가능한(equality comparable) 형식이어야 한다.

　반복자에 대한 제약을 다음처럼 제약 있는 템플릿 매개변수의 형태로 표현할 수도 있다.

목록 3.15 여러 콘셉트를 동시에 적용

```
template<std::input_iterator Iter, typename Val>
    requires std::equality_comparable<Value_type<Iter>, Val>
Iter find(Iter b, Iter e, Val v)
```

3.1.5 제약 있는 자리표와 제약 없는 자리표

제약 있는 자리표(contrained placeholder)와 제약 없는 자리표(unconstrained placeholder)를[†] 이야기하려면 먼저 C++14의 비대칭성(asymmetry)을 언급할 필요가 있다.

3.1.5.1 C++14의 큰 비대칭성

현대적 C++을 가르칠 때 나는 수강생들과 흔히 다음과 같은 방식으로 논의를 진행한다. C++14에서 일반적 람다(generic lambda)가 도입되었다. 일반적 람다란 구체적인 형식 대신 auto를 사용하는 람다이다. 다음은 통상적인 함수 템플릿과

---

† [옮긴이] 자리표는 어떤 구체적인 형식이나 객체가 들어갈 자리를 나타내는 표식을 뜻한다. C++에는 auto나 콘셉트 같은 형식 자리표 외에 std::placeholders::_1 같은 객체 자리표도 있다.

그에 대응되는 일반적 람다를 비교하는 예제 코드이다.

목록 3.16 일반적 람다와 함수 템플릿의 비교

```cpp
1   // genericLambdaTemplate.cpp
2
3   #include <iostream>
4   #include <string>
5
6   auto addLambda = [](auto fir, auto sec){ return fir + sec; };
7
8   template <typename T, typename T2>
9   auto addTemplate(T fir, T2 sec){ return fir + sec; }
10
11  int main(){
12
13      std::cout << std::boolalpha << '\n';
14
15      std::cout << addLambda(1, 5) << " " << addTemplate(1, 5) << '\n';
16      std::cout << addLambda(true, 5) << " " << addTemplate(true, 5) << '\n';
17      std::cout << addLambda(1, 5.5) << " " << addTemplate(1, 5.5) << '\n';
18
19      const std::string fir{"ge"};
20      const std::string sec{"neric"};
21      std::cout << addLambda(fir, sec) << " " << addTemplate(fir, sec) << '\n';
22
23      std::cout << '\n';
24
25  }
```

일반적 람다(행 6)와 함수 템플릿(행 8)은 같은 결과를 출력한다.

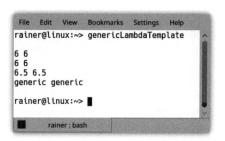

그림 3.17 일반적 람다와 함수 템플릿의 비교

그림 3.17의 결과에서 보듯이, 일반적 람다는 함수 템플릿을 정의하는 새로운 방법에 해당한다. 여기까지 설명한 후 나는 수강생들에게 이런 질문을 던진다: "일반적 람다를 사용하지 않고 그냥 보통의 함수에 auto를 적용해서 함수 템플릿을 만들 수 있으면 더 좋지 않을까?" C++14에서는 그럴 수 없었지만, C++20

에서는 가능하다.† C++20에서는 함수 선언에 제약 없는 자리표(auto)나 제약 있
는 자리표(콘셉트)를 사용하면 자동으로 함수 템플릿이 된다. 이에 관해서는
§3.1.6 "단축 함수 템플릿 구문"에서 좀 더 자세히 설명할 것이므로, 제약 없는
자리표 대신 제약 있는 자리표를 사용하는 간단한 예제 하나만 보고 넘어가자.

목록 3.17 제약 없는 자리표 대신 제약 있는 자리표를 사용하는 예제

```
1   // placeholders.cpp
2
3   #include <concepts>
4   #include <iostream>
5   #include <vector>
6
7   std::integral auto getIntegral(int val){
8       return val;
9   }
10
11  int main(){
12
13      std::cout << std::boolalpha << '\n';
14
15      std::vector<int> vec{1, 2, 3, 4, 5};
16      for (std::integral auto i: vec) std::cout << i << " ";
17      std::cout << '\n';
18
19      std::integral auto b = true;
20      std::cout << b << '\n';
21
22      std::integral auto integ = getIntegral(10);
23      std::cout << integ << '\n';
24
25      auto integ1 = getIntegral(10);
26      std::cout << integ1 << '\n';
27
28      std::cout << '\n';
29
30  }
```

이 예제는 std::integral 콘셉트를 반환 형식(행 7)에 사용했다. 이에 의해 get
Integral은 하나의 함수 템플릿이 된다. 그 외에도 std::integral 콘셉트는 구간

---

† [옮긴이] 이 문단은 이번 절 제목의 '큰 비대칭성'과 관련이 있다. 이번 절의 기반이 된 저자의 블로그 글
(*https://www.modernescpp.com/index.php/c-20-concepts-the-placeholder-syntax*)에 따르면, C++11에는 람다
가 형식에 묶여 있다는 "작은" 비대칭성이 있었고, C++14에서 일반적 람다가 도입되면서 그 비대칭성
은 사라졌지만 대신 함수 템플릿을 일반적 람다 구문으로 정의할 수 있다는 더 "큰" 비대칭성이 도입
되었으며, C++20에서 콘셉트가 도입되면서 비로소 모든 비대칭성이 사라졌다.

기반 for 루프(행 16)와 변수 b(행 19) 및 변수 integ(행 22)의 형식들에도 쓰였다. 행 22에서는 std::integral auto를 사용했지만 행 25에서는 auto만 사용했는데, 이는 auto와 콘셉트의 대칭성을 보여주기 위한 것이다. auto(제약 없는 자리표)만 사용한 integ1은 원칙적으로 그 어떤 형식의 값도 받을 수 있다.

```
1 2 3 4 5
true
10
10
```

그림 3.18 제약 없는 자리표 대신 제약 있는 자리표를 사용하는 예제

3.1.6 단축 함수 템플릿 구문

C++20에서는 제약 없는 자리표(auto)나 제약 있는 자리표(콘셉트)를 함수 선언 안에서 사용할 수 있으며, 그러면 해당 함수는 자동으로 함수 템플릿이 된다.

목록 3.18 단축 함수 템플릿

```cpp
1   // abbreviatedFunctionTemplates.cpp
2
3   #include <concepts>
4   #include <iostream>
5
6   template<typename T>
7   requires std::integral<T>
8   T gcd(T a, T b) {
9       if( b == 0 ) return a;
10      else return gcd(b, a % b);
11  }
12
13  template<typename T>
14  T gcd1(T a, T b) requires std::integral<T> {
15      if( b == 0 ) return a;
16      else return gcd1(b, a % b);
17  }
18
19  template<std::integral T>
20  T gcd2(T a, T b) {
21      if( b == 0 ) return a;
22      else return gcd2(b, a % b);
23  }
24
25  std::integral auto gcd3(std::integral auto a, std::integral auto b) {
26      if( b == 0 ) return a;
27      else return gcd3(b, a % b);
```

```
28  }
29
30  auto gcd4(auto a, auto b){
31      if( b == 0 ) return a;
32      return gcd4(b, a % b);
33  }
34
35  int main() {
36
37      std::cout << '\n';
38
39      std::cout << "gcd(100, 10)= "  <<  gcd(100, 10)  << '\n';
40      std::cout << "gcd1(100, 10)= " <<  gcd1(100, 10)  << '\n';
41      std::cout << "gcd2(100, 10)= " <<  gcd2(100, 10)  << '\n';
42      std::cout << "gcd3(100, 10)= " <<  gcd3(100, 10)  << '\n';
43      std::cout << "gcd4(100, 10)= " <<  gcd4(100, 10)  << '\n';
44
45      std::cout << '\n';
46
47  }
```

함수 템플릿 gcd(행 6), gcd1(행 13), gcd2(행 19)는 §3.1.4.1 "콘셉트 적용 방법 네
가지"의 목록 3.5에서 이미 만났었다. gcd는 requires 절, gcd1은 후행 requires
절, gcd2는 제약된 템플릿 매개변수를 이용해서 콘셉트를 적용한다. gcd3의 함수
서명은 그 앞엣것들과는 좀 다르다. gcd3의 반환 형식에는 std::integral 콘셉
트와 auto가 형식 매개변수로 쓰였으며, 이 때문에 gcd3은 제약 있는 형식 매개
변수를 가진 함수 템플릿이 된다. 한편 gcd4에는 콘셉트가 없고 auto만 있다. 그
래서 gcd4는 형식 매개변수에 아무런 제약이 없는 함수 템플릿이 된다. gcd3과
gcd4처럼 template< ... > 명세 없이 함수 템플릿을 만드는 구문을 단축 함수 템
플릿 구문(abbreviated function templates syntax)이라고 부른다.

```
gcd(100, 10)=  10
gcd1(100, 10)= 10
gcd2(100, 10)= 10
gcd3(100, 10)= 10
gcd4(100, 10)= 10
```

그림 3.19 단축 함수 템플릿 구문

이러한 대칭성을 강조하는 예제를 더 보자. 목록 3.19의 프로그램에서 add는
auto를 형식 매개변수로 사용하기 때문에 하나의 함수 템플릿이 된다. 이 add는
명시적으로 선언된 같은 이름의 함수 템플릿 add와 동일하게 작동한다.

목록 3.19 사실상 동일한 함수 템플릿 add와 단축 함수 템플릿 add

```
template<typename T, typename T2>
auto add(T fir, T2 sec) {
    return fir + sec;
}

auto add(auto fir, auto sec) {
    return fir + sec;
}
```

마찬가지로, 다음의 함수 템플릿 sub와 단축 함수 템플릿 sub 역시 동일하다. 동일한 뺄셈을 수행할 뿐만 아니라, std::integral 콘셉트에 의해 형식 매개변수가 제약된다는 점도 동일하다.

목록 3.20 사실상 동일한 함수 템플릿 add와 단축 함수 템플릿 add

```
template<std::integral T, std::integral T2>
std::integral auto sub(T fir, T2 sec) {
    return fir - sec;
}

std::integral auto sub(std::integral auto fir, std::integral auto sec)
{
    return fir - sec;
}
```

두 sub 모두 임의의 형식들을 받을 수 있다. 정수 형식에 해당하는 형식이기만 하면 두 인수의 형식이 달라도 된다. 예를 들어 sub(100, 10)뿐만 아니라 sub(100, true)도 유효하다.

단축 함수 템플릿 구문에는 기존 함수 템플릿 구문에는 없는 기능이 하나 있는데, 바로 auto나 콘셉트에 기초해서 함수를 중복적재할 수 있다는 것이다.

3.1.6.1 중복적재

목록 3.21의 예제는 함수 overload를 auto, std::integral 콘셉트, long 형식에 대해 중복적재한다.

목록 3.21 단축 함수 템플릿과 중복적재

```
1  // conceptsOverloading.cpp
2
3  #include <concepts>
4  #include <iostream>
5
```

```
 6  void overload(auto t){
 7      std::cout << "auto : " << t << '\n';
 8  }
 9
10  void overload(std::integral auto t){
11      std::cout << "Integral : " << t << '\n';
12  }
13
14  void overload(long t){
15      std::cout << "long : " << t << '\n';
16  }
17
18  int main(){
19
20      std::cout << '\n';
21
22      overload(3.14);
23      overload(2010);
24      overload(2020L);
25
26      std::cout << '\n';
27
28  }
```

행 22에서는 double 형식의 인수로 overload를 호출한다. 이에 대해 컴파일러는 auto에 대한 중복적재(행 6)를 선택한다. 행 23의 int 호출은 std::integral에 대한 중복적재(행 10)로 이어지며, long 호출은 long에 대한 중복적재(행 14)로 이어진다.

```
auto : 3.14
Integral : 2010
long : 2020
```

그림 3.20 단축 함수 템플릿과 중복적재

🔑 **빠진 기능: 템플릿 도입**

C++20의 콘셉츠에는 템플릿 도입(template introduction)이라는 기능이 빠졌다. 콘셉츠에 관한 기술 명세서인 콘셉츠 TS[13]에는 콘셉츠의 실험적 구현인 템플릿 도입이 있었지만, 최종 명세서에는 포함되지 못했다. 이 콘셉츠 TS는 GCC 6[14]이 완전히 구현한 바 있다. 기본적으로 콘셉츠 TS의 템플릿 도입은 C++20의 방식보다 좀 더 간결한 구문으로 템플릿 정의에 콘셉트를 적용하기 위한 것이다.

---

13 *ISO/IEC TS 19217:2015, https://www.iso.org/standard/64031.html*
14 *https://en.wikipedia.org/wiki/GNU_Compiler_Collection*

다음은 템플릿 도입의 예로, Integral이라는 콘셉트가 이미 정의되어 있다고 가정한다.

목록 3.22 콘셉트 TS의 템플릿 도입 예제

```
Integral{T}
Integral gcd(T a, T b){
    if( b == 0 ){ return a; }
    else{
        return gcd(b, a % b);
    }
}

Integral{T}
class ConstrainedClass{};
```

이 예제는 템플릿 도입의 두 가지 용법을 보여준다. 예제는 먼저 제약 있는 템플릿 매개변수가 있는 gcd라는 함수 템플릿을 템플릿 도입을 이용해서 정의하고, 그런 다음 제약 있는 템플릿 매개변수가 있는 ConstrainedClass라는 클래스 템플릿을 정의한다. 이러한 템플릿 도입 기능에는 한계가 하나 있다. 바로, 제약 있는 템플릿 매개변수(콘셉트)에만 사용할 수 있다는 것이다. 즉, 템플릿 도입은 제약 없는 템플릿 매개변수(auto)에는 사용할 수 없다. 이러한 비대칭성을 극복하는 한 가지 방법은 모든 템플릿 매개변수에 대해 무조건 true를 돌려주는 콘셉트를 정의해서 auto 대신 사용하는 것이다.

목록 3.23 무조건 충족되는 Generic 콘셉트

```
template<typename T>
concept bool Generic(){
    return true;
}
```

콘셉츠 TS는 템플릿 도입 외에 C++20의 것과는 조금 다른 콘셉트 정의 문법도 제안했는데, 목록 3.23의 Generic 콘셉트가 바로 콘셉츠 TS의 문법을 이용한 것이다. 이보다는 C++20의 문법이 약간 더 간결하다. C++20의 콘셉트 정의 문법은 §3.1.8 "콘셉트의 정의"에서 자세히 이야기한다.

3.1.7 미리 정의된 콘셉트들

"바퀴를 재발명하지 말라"는 황금률은 콘셉츠에도 적용된다. 이 규칙은 C++ 핵심 지침(C++ Core Guidelines)[15]의 T.11 "가능하면 표준 콘셉트를 사용하라" 항

---

15 *https://isocpp.github.io/CppCoreGuidelines/CppCoreGuidelines*

목에 아주 명확하게 나와 있다. 그런 만큼, C++20에 미리 정의된 주요 표준 콘셉트들을 여기서 소개하는 게 좋겠다. 용도가 특별하거나 보조적인 콘셉트들은 의도적으로 생략했음을 밝혀 둔다.

미리 정의된 표준 콘셉트는 모두 최신 C++20 명세서 작업 초안(working draft) N4860[16]에 상세하게 나와 있다. 대부분의 콘셉트는 C++20 명세서 작업 초안(이하 간단히 '작업 초안')의 제18장 "Concepts library"(콘셉츠 라이브러리)와 제24장 "Ranges library"(구간 라이브러리)에 있다. 그밖에 제17장 "Language support library"(언어 지원 라이브러리)와 제20장 "General utilities library"(일반 유틸리티 라이브러리), 제23장 "Iterators library"(반복자 라이브러리), 제26장 "Numerics library"(수치 라이브러리)에도 콘셉트들이 조금 있다. 언급한 각 장에는 해당 콘셉트의 구현 방법이 나와 있으며, 작업 초안 끝부분의 "Index of library concepts"에는 모든 라이브러리 컨셉트의 찾아보기가 있다.

3.1.7.1 언어 지원 라이브러리 장의 콘셉트들

작업 초안 제17장(언어 지원 라이브러리)에는 `three_way_comparable`이라는 흥미로운 콘셉트가 있다. '3중 비교 연산자'(§3.3)에 쓰이는 이 콘셉트는 `<compare>` 헤더에 정의되어 있다.

a와 b가 T 형식의 값이라 할 때, T가 `three_way_comparable` 콘셉트를 충족하려면 다음 요구조건들을 모두 충족해야 한다.

- (a <=> b == 0) == bool(a == b)가 true
- (a <=> b != 0) == bool(a != b)가 true
- ((a <=> b) <=> 0)과 (0 <=> (b <=> a))가 상등(equal)
- (a <=> b < 0) == bool(a < b)가 true
- (a <=> b > 0) == bool(a > b)가 true
- (a <=> b <= 0) == bool(a <= b)가 true
- (a <=> b >= 0) == bool(a >= b)가 true

3.1.7.2 콘셉츠 라이브러리 장의 콘셉트들

가장 자주 쓰이는 콘셉트들은 작업 초안 제18장(콘셉츠 라이브러리)에 나와 있다. 이들은 `<concepts>` 헤더에서 정의한다.

---

16 *https://isocpp.org/files/papers/N4860.pdf*

언어 관련 콘셉트들

언어 관련 콘셉트들(작업 초안 §18.4 "Language-related concepts" 참고)은 약 15 개인데, 대부분 이름만으로도 요구조건을 충분히 짐작할 수 있을 것이다. 이 콘셉트들은 형식들 사이의 관계, 형식 분류, 근본적인 형식 속성들을 표현한다. 이 들은 대부분 형식 특질(type-trait) 라이브러리[17]의 해당 함수를 그대로 사용해서 구현된다.

- std::same_as: 주어진 두 형식이 같음(이하 "주어진~" 생략)
- std::derived_from: 한 형식이 다른 형식의 파생 형식임.
- std::convertible_to: 한 형식을 다른 형식으로 변환할 수 있음.
- std::common_reference_with: 두 형식을 어떤 공통의 참조 형식으로 변환할 수 있음. 좀 더 구체적으로, std::common_reference_with<T, U>는 형식 T와 U 가 어떤 참조 형식 C로 변환할 수 있을 때만 충족되며, 이때 C는 std::common_reference_t<T, U>와 같다.
- std::common_with: std::common_reference_with와 비슷한데, 공통 형식 C가 std::common_type_t<T, U>와 같으며, 참조 형식이 아니어도 된다.
- std::assignable_from: 한 형식의 값을 다른 형식으로 배정할 수 있음.
- std::swappable: 두 형식의 값을 교환할 수 있음.

산술 콘셉트들

- integral: 정수 형식
- signed_integral:부호 있는 정수 형식
- unsigned_integral: 부호 없는 정수 형식
- floating_point: 부동소수점 형식

표준 산술 콘셉트들의 정의는 다음과 같이 자명하다.

```
template<class T>
concept integral = is_integral_v<T>;

template<class T>
concept signed_integral = integral<T> && is_signed_v<T>;

template<class T>
concept unsigned_integral = integral<T> && !signed_integral<T>;
```

---

17 *https://en.cppreference.com/w/cpp/header/type_traits*

```
template<class T>
concept floating_point = is_floating_point_v<T>;
```

객체 수명 콘셉트들

- destructible: 파괴(소멸) 가능
- constructible_from: 한 형식으로 다른 형식을 생성할 수 있음
- default_constructible: 기본 생성 가능
- move_constructible: 이동 생성 가능
- copy_constructible: 복사 생성 가능

비교 콘셉트들

작업 초안 §18.5에는 객체들의 비교와 관련한 콘셉트들이 있다.

- equality_comparable: 상등 비교 가능
- totally_ordered: 전순서

totally_ordered 콘셉트는 전순서 집합(totally ordered set)이라는 수학 개념을 표현한 것이다. a, b, c가 형식 T의 값이라고 할 때, T가 totally_ordered 콘셉트를 충족하려면 다음 요구조건들을 모두 만족해야 한다.

- bool(a < b), bool(a > b), bool(a == b) 중 단 하나만 true
- 만일 bool(a < b)이고 bool(b < c)이면 bool(a < c)
- bool(a > b) == bool(b < a)
- bool(a <= b) == !bool(b < a)
- bool(a >= b) == !bool(a < b)

객체 콘셉트들

작업 초안 §18.6에는 객체 자체에 관한 콘셉트들이 있다.

- movable: 이동 가능
- copyable: 복사 가능
- semiregular: 준정규 형식
- regular: 정규 형식

이 네 콘셉트는 다음과 같이 간결하게 정의된다.

```
template<class T>
concept movable = is_object_v<T> && move_constructible<T> &&
                  assignable_from<T&, T> && swappable<T>;

template<class T>
concept copyable = copy_constructible<T> && movable<T> &&
                   assignable_from<T&, T&> &&
                   assignable_from<T&, const T&> && assignable_from<T&, const T>;

template<class T>
concept semiregular = copyable<T> && default_initializable<T>;

template<class T>
concept regular = semiregular<T> && equality_comparable<T>;
```

보충 설명이 조금 필요할 것 같다. 형식 T가 movable 콘셉트를 충족하려면 is_object_v<T>가 true이어야 한다. 형식 특질 is_object<T>의 정의에 따르면, 이 것이 true라는 것은 T가 스칼라나 배열, 공용체(union), 클래스라는† 뜻이다.

semiregular 콘셉트와 regular 콘셉트를 §3.1.9.2 "SemiRegular 콘셉트와 Regular 콘셉트"에서 직접 구현해 본다. 비공식적으로 말하자면, semiregular 형식(준정규 형식; §C.36)은 int처럼 행동하는 형식이고 regular 형식(정규 형식)은 int처럼 행동할 뿐만 아니라 ==로 비교할 수 있는 형식이다.

호출 가능 콘셉트들

작업 초안 §18.7에는 호출 가능(callable; §C.41) 형식에 대한 콘셉트들이 있다.

- invocable: 호출 가능
- regular_invocable: 정규 호출 가능. 좀 더 구체적으로, 형식 T가 regular_invocable을 충족하려면 invocable을 충족하고, 상등을 보존하고(equality-preserving), 함수 인수들을 수정하지 않아야 한다. 여기서 상등 보존이란 같은 입력에 대해 항상 같은 출력을 산출한다는 뜻이다.
- predicate: 형식 T가 predicate를 충족하려면 invocable을 충족하고 부울 값을 돌려주어야 한다.

3.1.7.3 일반 유틸리티 라이브러리의 콘셉트들

작업 초안 제20장(일반 유틸리티 라이브러리)의 콘셉트들은 메모리와 관련한 특별한 콘셉트들이다. 이 책에서는 다루지 않기로 한다.

---

† [옮긴이] C++의 구조체(struct)는 기본 가시성이 public이라는 점만 빼고는 클래스와 완전히 동일하다. 특별한 언급이 없는 한, 이 책에서 클래스에 관한 내용은 구조체에도 적용된다.

3.1.7.4 반복자 라이브러리의 콘셉트들

작업 초안 제23장(반복자 라이브러리)에는 중요한 콘셉트가 많이 있다. 이들은 <iterator> 헤더에 정의되어 있다. C++의 반복자는 다음과 같은 여섯 가지 범주 (category)로 나뉜다.

- input_iterator: 입력 반복자
- output_iterator: 출력 반복자
- forward_iterator: 순방향(전진) 반복자
- bidirectional_iterator: 양방향 반복자
- random_access_iterator: 임의 접근 반복자
- contiguous_iterator: 연속 반복자

이 여섯 반복자 범주 각각에 대해 하나의 콘셉트가 있다. 표 3.1은 가장 자주 쓰이는 세 반복자 범주의 성질(유효한 연산)과 관련 표준 라이브러리 컨테이너를 정리한 것이다.

표 3.1 주요 반복자 범주의 성질과 컨테이너

반복자 범주	성질	컨테이너
std::forward_iterator	++It, It++, *It It == It2, It != It2	std::unordered_set std::unordered_map std::unordered_multiset std::unordered_multimap std::forward_list
std::bidirectional_iterator	--It, It--	std::set std::map std::multiset std::multimap std::list
std::random_access_iterator	It[i] It += n, It -= n It + n, It - n n + It It - It2 It < It2, It <= It2 It > It2, It >= It2	std::array std::vector std::deque std::string

반복자 범주 사이에는 다음과 같은 관계가 성립한다. 임의 접근 반복자는 양방향 반복자이고, 양방향 반복자는 순방향 반복자이다. 연속 반복자는 임의 접근

반복자이다. 연속 반복자(contiguous iterator)†를 지원하는 컨테이너는 요소들을 반드시 메모리 안에 연속해서 저장해야 한다. 따라서 std::array와 std::vector, std::string은 연속 반복자를 지원하지만, std::deque는 그렇지 않다.

알고리즘 콘셉트들

• permutable: 요소들의 제자리(in-place) 순서 변경이 가능함
• mergeable: 정렬된 순차열들을 병합(merge)해서 출력 순차열을 산출할 수 있음
• sortable: 요소들의 순서를 변경해서 정렬된 순차열을 만들 수 있음

3.1.7.5 구간 라이브러리의 콘셉트들

구간 라이브러리(Ranges library)를 정의하는 작업 초안 제24장에는 구간과 뷰 기능에 꼭 필요한 콘셉트들이 있다. 이들은 반복자 라이브러리의 콘셉트들(§ 3.1.7.4)과 비슷하며, <ranges> 헤더에 정의되어 있다.

구간 콘셉트들

• range: 주어진 형식이 구간에 해당하는지 판정하는 콘셉트이다. C++의 구간은 반복 가능한‡ 요소들의 그룹을 나타낸다. 구간은 구간의 첫 요소를 가리키는 반복자와 구간의 끝을 판정할 수 있는 반복자를 제공한다. STL의 컨테이너들은 모두 구간이다.

std::ranges::range로 대표되는 구간 콘셉트는 다음과 같은 좀 더 구체적인 콘셉트들로 나뉜다.

• input_range: 주어진 구간의 반복자 형식이 input_iterator 콘셉트를 충족함 (이를테면 시작부터 끝까지 적어도 한 번은 반복할 수 있음).
• output_range: 반복자 형식이 output_iterator 콘셉트를 충족함.
• forward_range: 반복자 형식이 forward_iterator 콘셉트를 충족함(시작부터 끝까지 여러 번 반복할 수 있음).
• bidirectional_range: 반복자 형식이 bidirectional_iterator 콘셉트를 충족함(순방향과 역방향으로 여러 번 반복할 수 있음).

---

† [옮긴이] 연속 반복자는 C++17에서 도입되었다.
‡ [옮긴이] 반복(iteration)은 요소들을 일정한 순서에 따라 하나씩 접근해서 처리하는 것을 말한다. 문맥에 따라서는 "(요소들을) 훑는다"라고 표현하기도 한다. 구별을 위해, 정확히 같은 일을 여러 번 수행하는 것은 '되풀이하다(repeat)' 또는 '거듭하다' 등으로 표현하기로 한다.

- random_access_range: 반복자 형식이 random_access_iterator 콘셉트를 충족함(색인 연산자 []를 이용해서 상수 시간에 임의의 요소로 점프할 수 있음)
- contiguous_range: 반복자 형식이 contiguous_iterator 콘셉트를 충족함(요소들이 메모리 안에 연속해서 저장됨)

표준 템플릿 라이브러리의 각 컨테이너는 각자 특정한 구간을 지원한다. 어떤 구간을 지원하느냐에 따라 해당 반복자들의 능력이 결정된다. 표 3.2는 각 구간 콘셉트의 성질과 컨테이너들을 정리한 것이다.

표 3.2 각 구간 콘셉트의 성질과 컨테이너

콘셉트	성질	컨테이너
std::ranges::input_range	++It, It++, *It It == It2, It != It2	std::unordered_set std::unordered_map std::unordered_multiset std::unordered_multmap std::forward_list
std::ranges::bidirectional_range	--It, It--	std::set std::map std::multiset std::multimap std::list
std::ranges::random_access_range	It[i] It += n, It -= n It + n, It - n n + It It - It2 It < It2, It <= It2 It > It2, It >= It2	std::deque
std::ranges::contiguous_range	It[i] It += n, It -= n It + n, It - n n + It It - It2 It < It2, It <= It2 It > It2, It >= It2	std::array std::vector std::string

이 표에서, 한 콘셉트를 충족하는 컨테이너는 그 위에 있는 다른 콘셉트들도 모두 충족한다. 예를 들어 std::ranges::contiguous_range 콘셉트를 충족하는 컨테이너는 std::ranges::random_access_range, std::ranges::bidirectional_range, std::ranges::input_range도 충족한다.

뷰 콘셉트

std::ranges::view 콘셉트는 주어진 구간이 '뷰^{view}'에 해당하는지를 나타낸다. 뷰는 자신이 데이터를 소유하지는 않으며, 복사·이동·배정에 걸리는 시간이 상수인 구간이다. C++20 구간 라이브러리(§4.1)의 기반이 된 에릭 니블러^{Eric} ^{Niebler}의 range-v3 구현에 따르면, "뷰는 구간의 합성 가능한 적용(composable adaptation)이며, 그러한 적용(변환)은 뷰가 반복될 때 지연되어 발생한다".

3.1.7.6 수치 라이브러리

수치 라이브러리(작업 초안 제26장)은 uniform_random_bit_generator라는 콘셉트를 제공한다. 이 콘셉트는 헤더 <random>에 정의되어 있다. g가 형식 G의 객체일 때, G가 uniform_random_bit_generator를 충족하려면 g는 반드시 고른 분포(uniform distribution)의 부호 없는 정수 난수를 생성해야 한다. 그리고 g는 반드시 멤버 함수 G::min과 G::max를 지원해야 한다.

3.1.8 콘셉트의 정의

C++20에 미리 정의된 표준 콘셉트 중에 여러분이 찾는 것이 없다면, 직접 만들어서 사용하면 된다. 이번 절에서는 몇 가지 '사용자 정의' 콘셉트가 나오는데, C++ 표준 콘셉트들과 구별하기 위해 낙타 등 표기법(CamelCase)에 따라 이름을 붙였다. 예를 들어 부호 없는 정수를 위한 표준 콘셉트는 signed_integral이지만, 이번 절의 사용자 정의 콘셉트는 SignedIntegral이다.

콘셉트를 정의하는 구문은 다음과 같이 상당히 간단하다.

목록 3.24 콘셉트 정의 구문

```
template <template-parameter-list>
concept concept-name = constraint-expression;
```

콘셉트의 정의는 키워드 template와 템플릿 매개변수들의 목록(template-parameter-list)으로 시작한다. 실질적인 정의는 둘째 줄인데, 키워드 concept 다음에 콘셉트의 이름(concept-name)과 콘셉트의 요구조건을 명시하는 제약 표현식(constraint-expression)이 온다.

제약 표현식은 다음 둘 중 하나이다.

• 기존 콘셉트나 컴파일 시점 술어의 논리 조합(logical combination)

- 논리 조합에는 논리 연산자 &&(논리곱, AND), ||(논리합, OR), !(부정, NOT)를 사용할 수 있다.
- 컴파일 시점 술어는 컴파일 시점에서 부울 값을 돌려주는 호출 가능 객체 (§C.41)이다.
- 요구조건 표현식
  - 단순 요구조건
  - 형식 요구조건
  - 복합 요구조건
  - 중첩 요구조건

그럼 콘셉트를 정의하는 다양한 방법을 살펴보자.

3.1.8.1 기존 콘셉트나 컴파일 시점 술어의 논리 조합을 이용한 콘셉트 정의

기존 콘셉트나 컴파일 시점 술어들을 논리곱(&&)이나 논리합(||)을 이용해서 조합해서 요구조건을 표현할 수 있다. 또한, 콘셉트나 컴파일 시점 술어 앞에 부정 연산자(!)를 붙일 수도 있다. 이러한 논리 조합에는 단축 평가(§C.10)가 적용된다.

형식 특질 라이브러리(type-traits library)[18]에 미리 정의되어 있는 다양한 컴파일 시점 술어들을 활용하면 강력한 콘셉트도 별 어려움 없이 정의할 수 있다.

⚠️ **재귀적 콘셉트 정의와 콘셉트 제약은 금물**

콘셉트는 재귀적으로 정의할 수 없다.

목록 3.25 콘셉트의 재귀적 정의

```
template<typename T>
concept Recursive = Recursive<T*>;
```

이 코드에 대해 GCC 컴파일러는 이 범위에 Recursive가 정의되어 있지 않다는 뜻의 컴파일 오류 메시지를 출력한다.

또한, 다음 예제처럼 제약 표현식으로 콘셉트에 제약을 가하려 하면 GCC는 콘셉트에 대해서는 제약을 가할 수 없다는 점을 명확히 말해주는 컴파일 오류 메시지 ("concept cannot be constrained.")를 출력한다.

목록 3.26 콘셉트의 제약

```
template<typename T>
```

---

[18] *https://en.cppreference.com/w/cpp/header/type_traits*

```
concept AlwaysTrue = true;

template<typename T>
requires AlwaysTrue<T>
concept Error = true;
```

그럼 정수 형식에 관한 세 콘셉트 Integral, SignedIntegral, UnsignedInteg ral로 시작하자.

목록 3.27 콘셉트 Integral, SignedIntegral, UnsignedIntegral

```
1  template <typename T>
2  concept Integral = std::is_integral<T>::value;
3
4  template <typename T>
5  concept SignedIntegral = Integral<T> && std::is_signed<T>::value;
6
7  template <typename T>
8  concept UnsignedIntegral = Integral<T> && !SignedIntegral<T>;
```

형식 특질 라이브러리의 컴파일 시점 술어 std::is_integral[19] 덕분에 첫 콘셉트 Integral(행 2)을 아주 간단하게 정의할 수 있었다. 부호 있는 정수에 대한 콘셉트 SignedIntegral(행 4)은 Integral과 std::is_signed를 조합해서 간단하게 정의했다. 그리고 UnsignedIntegral 콘셉트(행 7)는 SignedIntegral의 부정으로 역시 간단하게 정의했다.

목록 3.28은 이 콘셉트들을 사용하는 예제이다.

목록 3.28 콘셉트 Integral, SignedIntegral, UnsignedIntegral의 사용 예

```
1  // SignedUnsignedIntegrals.cpp
2
3  #include <iostream>
4  #include <type_traits>
5
6  template <typename T>
7  concept Integral = std::is_integral<T>::value;
8
9  template <typename T>
10 concept SignedIntegral = Integral<T> && std::is_signed<T>::value;
11
12 template <typename T>
13 concept UnsignedIntegral = Integral<T> && !SignedIntegral<T>;
```

---

19 *https://en.cppreference.com/w/cpp/types/is_integral*

```
14
15  void func(SignedIntegral auto integ) {
16      std::cout << "SignedIntegral: " << integ << '\n';
17  }
18
19  void func(UnsignedIntegral auto integ) {
20      std::cout << "UnsignedIntegral: " << integ << '\n';
21  }
22
23  int main() {
24
25      std::cout << '\n';
26
27      func(-5);
28      func(5u);
29
30      std::cout << '\n';
31
32  }
```

행 15와 행 19에서는 '단축 함수 템플릿' 구문(§3.1.6)을 이용해서 함수 func를 각각 SignedIntegral 콘셉트와 UnsignedIntegral 콘셉트에 대해 중복적재한다. 그림 3.21은 main 함수의 func 호출들에 대해 각각 해당 버전이 제대로 선택되었음을 보여준다.

```
SignedIntegral: -5
UnsignedIntegral: 5
```

그림 3.21 콘셉트 SignedIntegral과 UnsignedIntegral의 사용 예

앞의 예제는 논리곱과 부정만 사용했는데, 논리합을 이용한 예제도 있어야 논의가 완성될 것 같다. 목록 3.29의 Arithmetic 콘셉트는 컴파일 시점 술어들을 논리합으로 조합한다.

목록 3.29 Arithmetic 콘셉트

```
template <typename T>
concept Arithmetic = std::is_integral<T>::value || std::is_floating_point<T>::value;
```

3.1.8.2 요구조건 표현식을 이용한 콘셉트 정의

요구조건 표현식 또는 requires 표현식을 이용하면 강력한 콘셉트를 정의할 수 있다. 요구조건 표현식의 구문은 다음과 같다.

목록 3.30 요구조건 표현식

requires (*parameter-list*ₒₚₜ) {*requirement-seq*ₒₚₜ}

- parameter-list: 함수 선언에 쓰이는 것과 같은, 쉼표로 분리된 매개변수들의 목록. 생략 가능(아래 첨자ₒₚₜ).
- requirement-seq: 단순 요구조건, 형식 요구조건, 복합 요구조건, 중첩 요구조건으로 구성된 요구조건들의 순차열. 생략 가능.

단순 요구조건

다음의 Addable 콘셉트는 단순 요구조건(simple requirement)을 사용한다.

목록 3.31 Addable 콘셉트

```
template<typename T>
concept Addable = requires (T a, T b) {
    a + b;
};
```

Addable 콘셉트는 형식 T의 두 값 a와 b에 대해 a + b가 유효한 표현식이어야 함을, 다시 말해 두 값을 더할 수 있어야 함을 요구한다.

> **익명 콘셉트 또는 requires requires를 피하라**
>
> 익명 콘셉트, 즉 이름을 붙이지 않은 콘셉트를 정의해서 그 자리에서 사용하는 것이 가능하긴 하지만, 그렇게 하지 않는 것이 좋다. 익명 콘셉트는 코드의 가독성을 해칠 뿐만 아니라 재사용이 불가능하다.
>
> **목록 3.32** 더하기 가능에 대한 익명 콘셉트
>
> ```
> template<typename T>
>     requires requires (T x) { x + x; }
> T add1(T a, T b) { return a + b; }
> ```
>
> 이 함수 템플릿은 즉석에서 콘셉트를 정의해서 바로 적용한다. 첫 requires는 요구조건 표현식의 시작을 뜻하고, 둘째 requires부터는 하나의 'requires 절'(§3.1.4.2)이다. 이 익명 콘셉트는 앞에서 정의한 Addable 콘셉트(목록 3.31)와 동등하다. 다음의 함수 템플릿 add2는 앞의 add1과 정확히 동일하게 작동하지만, 명명된(이름이 붙은) 콘셉트 Addable을 사용하는 덕분에 코드의 의미가 좀 더 명확하다.
>
> **목록 3.33** 기존 Addable 콘셉트를 이용한 예
>
> ```
> template<Addable T>
> T add2(T a, T b) { return a + b; }
> ```

콘셉트는 일반적인 '개념'을 캡슐화해야 하며, 재사용을 위해서는 이해하기 쉽고 기억하기 쉬운 이름을 붙어야 한다. 콘셉트는 코드 유지보수와 관리에 더없이 소중한 수단이다. 익명 콘셉트는 어떠한 개념을 나타낸다기보다는, 템플릿 매개변수에 대한 구문적 제약을 표현한 것으로 보이기 쉽다.

형식 요구조건

형식 요구조건(type requirement)을 표현할 때는 다음 예처럼 키워드 typename 과 형식 이름을 사용한다.

목록 3.34 TypeRequirement 콘셉트

```
template<typename T>
concept TypeRequirement = requires {
    typename T::value_type;
    typename Other<T>;
};
```

TypeRequirement 콘셉트는 형식 T에 value_type이라는 멤버 형식이 존재하며 Other라는 클래스 템플릿을 T로 인스턴스화할 수 있어야 함을 요구한다.

그럼 이 콘셉트를 사용해 보자.

목록 3.35 TypeRequirement 콘셉트의 사용 예

```
1   #include <iostream>
2   #include <vector>
3
4   template <typename>
5   struct Other;
6
7   template <>
8   struct Other<std::vector<int>> {};
9
10  template<typename T>
11  concept TypeRequirement = requires {
12      typename T::value_type;
13      typename Other<T>;
14  };
15
16  int main() {
17
18      TypeRequirement auto myVec= std::vector<int>{1, 2, 3};
19
20  }
```

행 18의 TypeRequirement auto myVec = std::vector<int>{1, 2, 3}은 유효하다. 왜냐하면, std::vector[20]에는 value_type이라는 멤버 형식(행 12)이 존재하며, 클래스 템플릿 Other(행 13)를 std::vector<int>로 인스턴스화할 수 있기 때문이다.

복합 요구조건

복합 요구조건(compound requirement)의 구문은 다음과 같다.

목록 3.36 복합 구조건

{*expression*} **noexcept**opt *return-type-requirement*opt;

expression은 요구조건을 나타내는 표현식인데, 단순 요구조건과는 달리 중괄호로 감싸야 한다. 또한, 단순 요구조건과는 달리 복합 요구조건에는 **noexcept** 지정자[21]와 반환 형식 요구조건(return-type-requirement)을 붙일 수 있다(둘 다 생략 가능).[†]

　　다음은 복합 요구조건을 지정해서 Equal이라는 콘셉트를 정의하고 사용하는 예이다.

목록 3.37 복합 요구조건을 이용한 Equal 콘셉트의 정의와 사용

```
1  // conceptsDefinitionEqual.cpp
2
3  #include <concepts>
4  #include <iostream>
5
6  template<typename T>
7  concept Equal = requires(T a, T b) {
8      { a == b } -> std::convertible_to<bool>;
9      { a != b } -> std::convertible_to<bool>;
10 };
11
12 bool areEqual(Equal auto a, Equal auto b){
13     return a == b;
14 }
15
16 struct WithoutEqual{
17     bool operator==(const WithoutEqual& other) = delete;
18 };
19
```

---

20 *https://en.cppreference.com/w/cpp/container/vector*

21 *https://en.cppreference.com/w/cpp/language/noexcept_spec*

† [옮긴이] '반환 형식 요구조건' 자체는 -> 다음에 형식에 대한 제약을 나타낸 표현식이 오는 형태이다.

```
20  struct WithoutUnequal{
21    bool operator!=(const WithoutUnequal& other) = delete;
22  };
23
24  int main() {
25
26      std::cout << std::boolalpha << '\n';
27      std::cout << "areEqual(1, 5): " << areEqual(1, 5) << '\n';
28
29      /*
30
31      bool res = areEqual(WithoutEqual(), WithoutEqual());
32      bool res2 = areEqual(WithoutUnequal(), WithoutUnequal());
33
34      */
35
36      std::cout << '\n';
37
38  }
```

행 6에서 시작하는 Equal 콘셉트는 형식 매개변수 T가 상등 연산자(==)와 부등 연산자(!=)를 지원해야 함을 요구한다. 더 나아가서, 두 연산자는 반드시 부울 값으로 변환할 수 있는 값을 돌려주어야 한다. int는 Equal 콘셉트를 지원하지만, WithoutEqual(행 16)과 WithoutUnequal(행 20)은 Equal 콘셉트를 지원하지 않는다. 그래서 행 27의 areEqual 호출은 아무 문제가 없지만 행 31화 행 32의 호출들은 컴파일 오류를 발생한다. WithoutEqual을 사용하는 행 31에 대해 GCC 컴파일러는 그림 3.22와 같이 Equal 콘셉트의 요구조건들이 충족되지 않음을 뜻하는 컴파일 오류 메시지를 출력한다.

```
<source>:6:17:   in requirements with 'T a', 'T b' [with T = WithoutEqual]
<source>:7:9: note: the required expression '(a == b)' is invalid
   7 |      { a == b } -> std::convertible_to<bool>;
     |        ~~~^~~~
<source>:8:9: note: the required expression '(a != b)' is invalid
   8 |      { a != b } -> std::convertible_to<bool>;
     |        ~~~^~~~
```

그림 3.22 WithoutEqual은 Equal 콘셉트를 충족하지 못한다.

중첩 요구조건

중첩 요구조건(nested requirement)의 구문은 다음과 같다.[†]

---

† [옮긴이] requires로 시작하는 요구조건 표현식 안에 또다시 requires로 시작하는 표현식이 있어서 '중첩'이라는 이름이 붙었다.

목록 3.38 중첩 요구조건

```
requires constraint-expression;
```

여기서 *constraint-expression*은 형식 매개변수들에 대한 요구조건을 나타내는 제약 표현식이다.

　　다음은 §3.1.8.1 "기존 콘셉트나 컴파일 시점 술어의 논리 조합을 이용한 콘셉트 정의"의 UnsignedIntegral 콘셉트(목록 3.27)를 중첩 요구조건을 이용해서 정의한 예이다. 다른 두 콘셉트의 정의는 이전과 동일하다.

목록 3.39 콘셉트 Integral, SignedIntegral, UnsignedIntegral

```cpp
 1  // nestedRequirements.cpp
 2
 3  #include <type_traits>
 4
 5  template <typename T>
 6  concept Integral = std::is_integral<T>::value;
 7
 8  template <typename T>
 9  concept SignedIntegral = Integral<T> && std::is_signed<T>::value;
10
11  // template <typename T>
12  // concept UnsignedIntegral = Integral<T> && !SignedIntegral<T>;
13
14  template <typename T>
15  concept UnsignedIntegral = Integral<T> &&
16  requires(T) {
17      requires !SignedIntegral<T>;
18  };
19
20  int main() {
21
22      UnsignedIntegral auto n = 5u;   // OK
23      // UnsignedIntegral auto m = 5;    // 5가 부호 있는 정수라서 컴파일 오류
24
25  }
```

행 14에서 시작하는 UnsignedIntegral 콘셉트 정의에는 추가적인 제약으로 Integral 콘셉트를 '정련(refinement)'하는 중첩 요구조건이 쓰였다(행 17). 중첩 요구조건은 단지 이런 것이 가능함을 보여주기 위한 것일 뿐이다.† 사실 행 11의

---

† [옮긴이] 이 예는 또한 콘셉트나 컴파일 시점 술어뿐만 아니라 요구조건 표현식도 논리 조합에 사용할 수 있다는 점도 보여준다. 행 16에서 시작하는 요구조건 표현식은 행 15의 Integral<T>와 &&(논리곱) 으로 결합된다.

주석 처리된 UnsignedIntegral 콘셉트 정의가 이보다 훨씬 간결하다.

잠시 후 살펴볼 Ordering 콘셉트(§3.1.9.1)는 중첩 요구조건을 암묵적으로 사용한다.

3.1.9 콘셉트의 응용

이전 절에서는 "콘셉트를 어떻게 적용하는가?"와 "콘셉트를 어떻게 정의하는 가?"라는 두 가지 중요한 질문의 답을 살펴보았다. 이번 절에서는 앞에서 배운 이론 지식을 응용해서, Ordering, SemiRegular, Regular 같은 좀 더 고급의 콘셉 트를 정의한다.

3.1.9.1 Equal 콘셉트와 Ordering 콘셉트

§3.1.3 "길고 긴 역사"에서 콘셉츠와 하스켈 형식 클래스의 차이점을 이야기하면 서 하스켈의 형식 클래스 위계구조를 소개했다. 독자의 편의를 위해 그림 3.23 에 하스켈 형식 클래스 위계구조를 다시 제시하겠다.

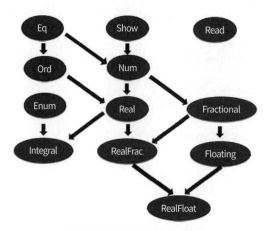

그림 3.23 하스켈 형식 클래스 위계구조

이 클래스 위계구조에서, 형식 클래스 Ord는 형식 클래스 Eq의 정련(refine-ment)이다. 하스켈에서는 이러한 정련을 다음과 같이 우아하게 표현한다.

목록 3.40 하스켈 형식 클래스 위계구조의 일부

```
1  class Eq a where
2      (==) :: a -> a -> Bool
3      (/=) :: a -> a -> Bool
4
```

```
 5  class Eq a => Ord a where
 6      compare :: a -> a -> Ordering
 7      (<) :: a -> a -> Bool
 8      (<=) :: a -> a -> Bool
 9      (>) :: a -> a -> Bool
10      (>=) :: a -> a -> Bool
11      max :: a -> a -> a
```

형식 클래스 Eq를 지원하는 각 형식 a는(행 1) 반드시 상등 관계(행 2)와 부등 관계(행 3)를 지원해야 한다. 형식 클래스 Ord를 지원하는 각 형식 a는 반드시 형식 클래스 Eq를 지원해야 한다(행 5의 class Eq a => Ord a). 더 나아가서, 형식 a는 네 가지 비교 연산자와 compare 함수, max 함수도 지원해야 한다(행 6~11).

여기서 도전 과제를 하나 제시하겠다. 하스켈 형식 클래스 Eq와 Ord의 이러한 관계를 C++20의 콘셉트로 표현할 수 있을까? 단순함을 위해 하스켈 함수 compare와 max는 고려하지 않기로 한다.

Ordering 콘셉트

다음은 하스켈 형식 클래스 ord에 해당하는 Ordering 콘셉트의 정의이다. 요구조건 표현식 덕분에 하스켈의 해당 정의와 상당히 비슷한 모습이다.

목록 3.41 Ordering 콘셉트

```
template <typename T>
concept Ordering =
    Equal<T> &&
    requires(T a, T b) {
        { a <= b } -> std::convertible_to<bool>;
        { a < b } -> std::convertible_to<bool>;
        { a > b } -> std::convertible_to<bool>;
        { a >= b } -> std::convertible_to<bool>;
    };
```

이 Ordering 콘셉트는 내부적으로 중첩 요구조건(p.80)을 사용한다. 형식 T는 Equal 콘셉트(목록 3.37)를 충족하고 네 가지 비교 연산자를 지원할 때만 Ordering 콘셉트를 충족한다. 그럼 이 콘셉트들을 정의하고 시험해 보는 완전한 프로그램을 살펴보자.

목록 3.42 Ordering 콘셉트의 정의와 사용

```
1  // conceptsDefinitionOrdering.cpp
2
3  #include <concepts>
```

```cpp
 4   #include <iostream>
 5   #include <unordered_set>
 6
 7   template<typename T>
 8   concept Equal =
 9       requires(T a, T b) {
10           { a == b } -> std::convertible_to<bool>;
11           { a != b } -> std::convertible_to<bool>;
12       };
13
14
15   template <typename T>
16   concept Ordering =
17       Equal<T> &&
18       requires(T a, T b) {
19           { a <= b } -> std::convertible_to<bool>;
20           { a < b } -> std::convertible_to<bool>;
21           { a > b } -> std::convertible_to<bool>;
22           { a >= b } -> std::convertible_to<bool>;
23       };
24
25   template <Equal T>
26   bool areEqual(const T& a, const T& b) {
27       return a == b;
28   }
29
30   template <Ordering T>
31   T getSmaller(const T& a, const T& b) {
32       return (a < b) ? a : b;
33   }
34
35   int main() {
36
37       std::cout << std::boolalpha << '\n';
38
39       std::cout << "areEqual(1, 5): " << areEqual(1, 5) << '\n';
40
41       std::cout << "getSmaller(1, 5): " << getSmaller(1, 5) << '\n';
42
43       std::unordered_set<int> firSet{1, 2, 3, 4, 5};
44       std::unordered_set<int> secSet{5, 4, 3, 2, 1};
45
46       std::cout << "areEqual(firSet, secSet): " << areEqual(firSet, secSet) << '\n';
47
48       // auto smallerSet = getSmaller(firSet, secSet);
49
50       std::cout << '\n';
51
52   }
```

함수 템플릿 areEqual(행 25)은 두 인수 a와 b가 같은 형식이고 둘 다 Equal 콘셉트를 충족함을 요구한다. 그리고 함수 템플릿 getSmaller(행 30)는 두 인수가 Ordering 콘셉트를 충족함을 요구한다. 1이나 5 같은 정수가 두 콘셉트를 충족함은 자명하다. 그러나 순서 없는 집합에 해당하는 컨테이너 std::unordered_set[22]은 이름이 말해 주듯이 Ordering 콘셉트를 충족하지 않는다. 행 48을 주석으로 처리한 것은 그 때문이다.

```
areEqual(1, 5): false
getSmaller(1, 5): 1
areEqual(firSet, secSet): true
```

그림 3.24 Ordering 콘셉트의 사용 예

만일 행 48의 auto smallerSet = getSmaller(firSet, secSet);를 실제로 컴파일하면 어떻게 될까? 그림 3.25에서 보듯이, GCC 컴파일러는 std::unordered_set이 함수 템플릿 getSmaller의 유효한 인수가 아니라는 점이 명확하게 표현된 컴파일 오류 메시지를 출력한다.

```
<source>:48:48:   required from here
<source>:16:9:   required for the satisfaction of 'Ordering<T>' [with T = std::unordered_set<int, std::hash<int>, std::equal_to<int>, std::allocator<int> >]
<source>:18:5:   in requirements with 'T a', 'T b' [with T = std::unordered_set<int, std::hash<int>, std::equal_to<int>, std::allocator<int> >]
<source>:19:13: note: the required expression '(a <= b)' is invalid
  19 |        { a <= b } -> std::convertible_to<bool>;
     |          ~~^~~~
<source>:20:13: note: the required expression '(a < b)' is invalid
  20 |        { a < b } -> std::convertible_to<bool>;
     |          ~~^~~~
<source>:21:13: note: the required expression '(a > b)' is invalid
  21 |        { a > b } -> std::convertible_to<bool>;
     |          ~~^~~~
<source>:22:13: note: the required expression '(a >= b)' is invalid
  22 |        { a >= b } -> std::convertible_to<bool>;
     |          ~~^~~~
```

그림 3.25 함수 템플릿 getSmaller의 잘못된 사용

이 Ordering 콘셉트에 해당하는 콘셉트들이 C++20 표준에 이미 들어 있다.

- std::three_way_comparable은 위에 나온 Ordering 콘셉트와 동등하다.
- std::three_way_comparable_with는 서로 다른 형식의 값들의 비교를 허용한다(이를테면 1.0 < 1.0f).

C++20에는 우주선 연산자라고도 부르는 3중 비교 연산자 <=>가 도입되었다. 이 연산자는 §3.3 "3중 비교 연산자"에서 자세히 살펴보았다.

---

22 *https://en.cppreference.com/w/cpp/container/unordered_set*

3.1.9.2 SemiRegular 콘셉트와 Regular 콘셉트

어떤 구체적인 형식을 정의할 때, 만일 그 형식이 C++ 생태계에서 잘 작동하게 만들고 싶다면 반드시 그 형식이 "마치 int처럼 행동하게" 만들어야 한다. 마치 int처럼 행동하는 형식을 좀 더 공식적인 용어로 표현한 것이 바로 **정규 형식**(regular type)이다. 이번 절에는 정규 형식과 **준정규 형식**(semiregular type)의 개념을 나타내는 Regular 콘셉트와 SemiRegular 콘셉트를 정의해 본다.

Regular와 SemiRegular는 C++의 핵심적인 개념, 아니 콘셉트이다. 실제로 C++ 핵심 지침에는 "T46: 템플릿 인수는 적어도 Regular 이거나 SemiRegular이어야 한다"라는 지침이 있다.[23] 그런데 정규 형식과 준 정규 형식이라는 것이 정확히 어떤 형식일까? 세부적인 논의로 들어가기 전에, 비공식적인 답부터 제시하겠다.

- 정규 형식은 "int처럼 행동하는 형식"이다. 즉, 복사할 수 있어야 하고, 복사 연산의 결과는 원래의 객체와 독립적이어야 하고, 원래의 객체와 값이 같아야 한다.

그럼 이런 개념들을 실제로 콘셉트로 구현해 보자. 정규 형식은 준정규 형식이기도 하므로, SemiRegular 콘셉트부터 시작한다.

🔑 **정규 형식**

표준 템플릿 라이브러리의 설계자인 알렉산더 스테파노프[24]는 정규 형식과 준정규 형식이라는 용어를 정의했다. 그의 정의에 따르면, 정규 형식은 반드시 다음 연산들을 지원해야 한다.

- 복사 생성
- 배정
- 상등 판정
- 소멸
- 전순서

복사 생성은 기본 생성을 함의하고 상등 판정은 부등 판정을 함의한다. 스테파노프가 위의 조건들을 정의했을 때는 C++에 이동 의미론(move semantics)이 도입되기 전이었다. 스테파노프가 폴 맥존스[Paul McJones][25]와 함께 쓴 책 *Elements of Programming*[26]은 하나의 장(chapter) 전체에서 정규 형식을 논의한다.

---

23 *http://isocpp.github.io/CppCoreGuidelines/CppCoreGuidelines#Rt-regular*
24 *https://en.wikipedia.org/wiki/Alexander_Stepanov*
25 *https://www.mcjones.org/paul/*
26 *http://elementsofprogramming.com/*

SemiRegular 콘셉트

준정규 형식 X는 '6대 연산(Big Six; §C.2)'을 지원해야 하며, 교환 가능(swappable)
이어야 한다. 6대 연산은 다음 함수들에 해당한다.

- 기본 생성자: X()
- 복사 생성자: X(const X&)
- 복사 배정 연산자: X& operator = (const X&)
- 이동 생성자: X(X&&)
- 이동 배정 연산자: X& operator = (X&&)
- 소멸자: ~X()

그리고 X는 반드시 교환 가능이어야 한다. 즉, swap(X&, X&)가 유효한 연산이어
야 한다.

형식 특질 라이브러리[27] 덕분에 준정규 형식이라는 개념에 해당하는 콘셉트
를 정의하는 것은 아주 간단하다. 다음 구현은 먼저 isSemiRegular라는 형식 특
질을 정의하고, 그것을 이용해서 SemiRegular 콘셉트를 정의한다.

```
1  template<typename T>
2  struct isSemiRegular: std::integral_constant<bool,
3                                 std::is_default_constructible<T>::value &&
4                                 std::is_copy_constructible<T>::value &&
5                                 std::is_copy_assignable<T>::value &&
6                                 std::is_move_constructible<T>::value &&
7                                 std::is_move_assignable<T>::value &&
8                                 std::is_destructible<T>::value &&
9                                 std::is_swappable<T>::value >{};
10
11
12 template<typename T>
13 concept SemiRegular = isSemiRegular<T>::value;
```

isSemiRegular 형식 특질(행 1)은 6대 연산의 모든 형식 특질(행 3~8)과 std::
is_swappable 형식 특질(행 9)이 충족될 때만 충족된다. 행 13에서는 이 isSemi
Regular 형식 특질을 사용해서 SemiRegular 콘셉트를 아주 간단하게 정의한다.

이제 Regular 콘셉트로 넘어가자.

---

27 *https://en.cppreference.com/w/cpp/header/type_traits*

Regular 콘셉트

SemiRegular 콘셉트에 요구조건 하나만 더 추가하면 Regular 콘셉트가 된다.
Regular 콘셉트는 SemiRegular 콘셉트의 모든 요구조건 외에, 형식이 상등 비교
가능(equality comparable)이어야 한다는 조건을 요구한다. §3.1.8.2 "요구조건
표현식을 이용한 콘셉트 정의"의 목록 3.37에서 정의한 Equal 콘셉트가 바로 상
등 비교 가능 개념에 해당한다. 따라서, Equal 콘셉트와 SemiRegular 콘셉트를
논리곱(&&)으로 조합하기만 하면 Regular 콘셉트가 만들어진다.

목록 3.43 Regular 콘셉트의 정의

```
template<typename T>
concept Regular = Equal<T> &&
                  SemiRegular<T>;
```

C++20에도 이상의 두 콘셉트에 해당하는 표준 콘셉트가 있다. 바로 std::
semiregular와 std::regular이다. 이들은 어떻게 정의되어 있을까?

std::semiregular 콘셉트와 std::regular 콘셉트

C++20의 std::semiregular와 std::regular도 우리의 콘셉트들과 비슷하게 기존
형식 특질들과 콘셉트들의 논리 조합으로 정의되어 있다.

목록 3.44 std::semiregular 콘셉트와 std::regular 콘셉트의 정의

```
template<class T>
concept movable = is_object_v<T> && move_constructible<T> &&
                  assignable_from<T&, T> && swappable<T>;

template<class T>
concept copyable = copy_constructible<T> && movable<T> &&
                   assignable_from<T&, T&> &&
                   assignable_from<T&, const T&> && assignable_from<T&, const T>;

template<class T>
concept semiregular = copyable<T> && default_initializable<T>;

template<class T>
concept regular = semiregular<T> && equality_comparable<T>;
```

std::regular 콘셉트는 Regular 콘셉트처럼 기존 콘셉트들의 조합이다. std::
semiregular 콘셉트 역시 기존 콘셉트들의 조합인데, std::copyable과 std::
moveable 같은 좀 더 기본적인 콘셉트들을 사용한다. std::movable 콘셉트는 형

식 특질 함수 std::is_object[28]에 기반한다. cppreference.com의 해당 페이지에
는 이 컴파일 시점 술어의 다음과 같은 구현 예도 나와 있다.

목록 3.45 형식 특질 std::is_object의 가능한 구현

```cpp
template< class T>
struct is_object : std::integral_constant<bool,
                        std::is_scalar<T>::value ||
                        std::is_array<T>::value  ||
                        std::is_union<T>::value  ||
                        std::is_class<T>::value> {};
```

만일 형식 T가 스칼라(§C.27)이거나, 배열이거나, 공용체이거나, 클래스이면 T의
인스턴스는 객체(object)이다.

사용자 정의 콘셉트 Regular와 C++20 표준 콘셉트 std::regular의 사용 방
법을 보여주는 regularSemiRegular.cpp 프로그램으로 이번 절을 마무리하겠다.

목록 3.46 Regular콘셉트와 std::regular 콘셉트의 사용 예

```cpp
1  // regularSemiRegular.cpp
2
3  #include <concepts>
4  #include <vector>
5  #include <type_traits>
6
7  template<typename T>
8  struct isSemiRegular: std::integral_constant<bool,
9                            std::is_default_constructible<T>::value &&
10                           std::is_copy_constructible<T>::value &&
11                           std::is_copy_assignable<T>::value &&
12                           std::is_move_constructible<T>::value &&
13                           std::is_move_assignable<T>::value &&
14                           std::is_destructible<T>::value &&
15                           std::is_swappable<T>::value >{};
16 17 template<typename T>
18 concept SemiRegular = isSemiRegular<T>::value;
19
20 template<typename T>
21 concept Equal =
22     requires(T a, T b) {
23         { a == b } -> std::convertible_to<bool>;
24         { a != b } -> std::convertible_to<bool>;
25 };
26
```

---

28 *https://en.cppreference.com/w/cpp/types/is_object*

```
27  template<typename T>
28  concept Regular = Equal<T> &&
29                    SemiRegular<T>;
30
31  template <Regular T>
32  void behavesLikeAnInt(T) {
33      // ...
34  }
35
36  template <std::regular T>
37  void behavesLikeAnInt2(T) {
38      // ...
39  }
40
41  struct EqualityComparable { };
42  bool operator == (EqualityComparable const&,
43                    EqualityComparable const&) {
44      return true;
45  }
46
47  struct NotEqualityComparable { };
48
49  int main() {
50
51      int myInt{};
52      behavesLikeAnInt(myInt);
53      behavesLikeAnInt2(myInt);
54
55      std::vector<int> myVec{};
56      behavesLikeAnInt(myVec);
57      behavesLikeAnInt2(myVec);
58
59      EqualityComparable equComp;
60      behavesLikeAnInt(equComp);
61      behavesLikeAnInt2(equComp);
62
63      NotEqualityComparable notEquComp;
64      behavesLikeAnInt(notEquComp);
65      behavesLikeAnInt2(notEquComp);
66
67  }
```

행 27의 Regular 콘셉트 정의와 그 앞의 관련 코드는 이전 예제들에 나온 것들이
다. 행 31의 함수 템플릿 behavesLikeAnInt와 행 36의 함수 템플릿 behavesLike
AnInt2는 주어진 인수의 형식이 "int처럼 행동하는가?"를 각각 사용자 정의 콘
셉트 Regular와 C++20 표준 콘셉트 std::regular를 이용해서 판정한다. 이름
에서 짐작하듯이 EqualityComparable 형식(행 41)은 상등 비교를 지원하지만

NotEqualityComparable 형식(행 47)은 지원하지 않는다. NotEqualityComparable 형식으로 두 함수 템플릿을 호출하는 지점(행 64와 65)이 이 프로그램에서 가장 흥미로운 부분이다.

이 책을 쓰는 현재 시점에서 컴파일러들의 콘셉츠 구현은 아직 초기 단계이지만, 최신 GCC와 MSVC 컴파일러†의 오류 메시지들을 비교해 보면 재미있을 것이다.

GCC

다음은 Compiler Explorer[29]에서 GCC 10.2로 목록 3.46을 컴파일했을 때 나온 오류 메시지들이다. C++20을 위해 컴파일러 명령줄 인수로 –std=c++20을 지정했다. 우선, 그림 3.26은 사용자 정의 콘셉트 Regular의 위반(행 64)에 관한 오류 메시지이다.

```
<source>:23:13: note: the required expression '(a == b)' is invalid
  23 |           { a == b } -> std::convertible_to<bool>;
     |             ~~^~~~
<source>:24:13: note: the required expression '(a != b)' is invalid
  24 |           { a != b } -> std::convertible_to<bool>;
     |             ~~^~~~
```

그림 3.26 Regular 콘셉트의 위반에 관한 GCC의 컴파일 오류 메시지

C++20 표준 콘셉트 std::regular에 대한 오류 메시지는 이보다 좀 더 상세하다. 행 65의 호출에 대해 GCC는 그림 3.27과 같이 좀 더 상세한 오류 메시지를 제공한다.

```
/opt/compiler-explorer/gcc-10.2.0/include/c++/10.2.0/concepts:282:10: note: the required expression '(__t == __u)' is invalid
 282 |     { __t == __u } -> __boolean_testable;
     |       ~~~~^~~~~~
/opt/compiler-explorer/gcc-10.2.0/include/c++/10.2.0/concepts:283:10: note: the required expression '(__t != __u)' is invalid
 283 |     { __t != __u } -> __boolean_testable;
     |       ~~~~^~~~~~
/opt/compiler-explorer/gcc-10.2.0/include/c++/10.2.0/concepts:284:10: note: the required expression '(__u == __t)' is invalid
 284 |     { __u == __t } -> __boolean_testable;
     |       ~~~~^~~~~~
/opt/compiler-explorer/gcc-10.2.0/include/c++/10.2.0/concepts:285:10: note: the required expression '(__u != __t)' is invalid
 285 |     { __u != __t } -> __boolean_testable;
     |       ~~~~^~~~~~
```

그림 3.27 std::regular 콘셉트의 위반에 관한 GCC의 컴파일 오류 메시지

---

† [옮긴이] MSVC 컴파일러는 Microsoft Visual C++(MSVC) 또는 Visual Studio와 함께 제공되는 명령줄 컴파일러(실행 파일은 cl.exe)를 뜻한다. 이 컴파일러의 정식 명칭은 'Microsoft (R) C/C++ Optimizing Compiler' 또는 'Microsoft (R) C/C++ 최적화 컴파일러(한국어판)'이다. 원서에는 'Microsoft compiler'라는 표현도 쓰였지만, 일관성을 위해 번역서에서는 'MSVC 컴파일러'로 통일한다.

29 *https://godbolt.org/*

MSVC

MSVC 컴파일러의 오류 메시지는 너무 추상적이다.

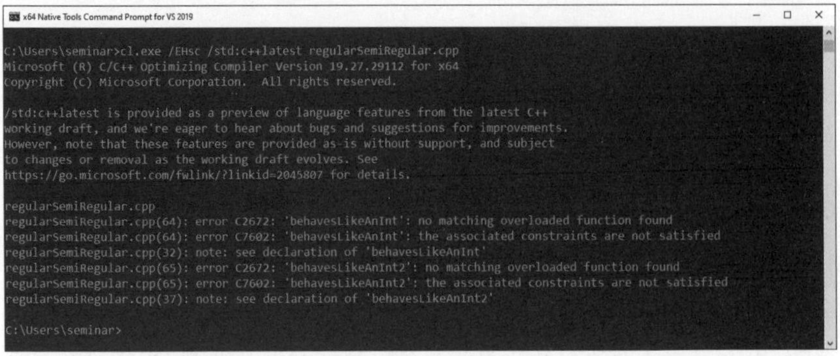

그림 3.28 Regular 콘셉트와 std::regular 콘셉트의 위반에 관한 MSVC 컴파일러의 컴파일 오류 메시지

그림 3.28의 처음 몇 행에서 보듯이, 이 결과는 x64용 MSVC 컴파일러 버전 19.27.29112에 명령줄 인수 /EHSC /std:c++latest를 지정해서 얻은 것이다.

🔑 C++20의 콘셉트: 진화인가 혁명인가?

잠깐 숨을 돌리고, 콘셉트가 진화(evolution; 점진적 변화)인지 아니면 혁명 (revolution; 단절적 변화)인지에 관한 내 의견을 말하고자 한다. 먼저 두 관점을 지지하는 사실관계들을 제시하고, 내 결론을 도출하겠다. 사실관계들은 이번 절의 내용에 기초한다.

진화

- 콘셉트는 프로그래머가 일반적 도구를 좀 더 높은 추상화 수준에서 다룰 수 있게 한다.
- 콘셉트의 주된 장점은 템플릿의 컴파일이 실패했을 때 프로그래머가 **이해할 수 있는 오류 메시지**를 컴파일러가 만들어 낼 수 있다는 것이다. 어차피 콘셉트로 할 수 있는 일은 형식 특질[30], SFINAE[31], static_assert[32]로도 할 수 있다.
- auto는 일종의 '제약 없는 자리표(§3.1.5)'이다. C++20에서는 콘셉트를 **제약 있는 자리표**로 사용할 수 있다.
- 함수 템플릿을 좀 더 간편하게 정의하는 수단으로 사용할 수 있는 **일반적 람다**(§ 3.1.5.1)가 C++14에 도입되었다. 콘셉트는 일반적 람다의 비대칭성을 제거한다.

---

30 *https://en.cppreference.com/w/cpp/header/type_traits*
31 *https://en.cppreference.com/w/cpp/language/sfinae*
32 *https://en.cppreference.com/w/cpp/language/static_assert*

혁명

- C++ 역사에서 최초로, 콘셉츠 덕분에 **템플릿 매개변수에 대한 요구조건의 검증**이 가능해졌다. 물론 형식 특질 라이브러리[33]와 SFINAE[34], static_assert[35]의 조합으로도 템플릿 매개변수에 대한 요구조건을 검증할 수 있지만, 이는 평범한 프로그래머가 사용할 수 있는 일반적인 해법이라고 하기에는 너무 고급 기법이다.
- '단축 함수 템플릿 구문'(§3.1.6) 덕분에 템플릿의 정의가 혁신적으로 개선되었다.
- 콘셉트는 구문적 제약이 아니라 **의미론적 범주**(semantic category)를 나타낸다. 주어진 형식이 + 연산자를 지원해야 한다는 요구조건을 명시하는 Addable(목록 3.31) 대신, Number 콘셉트의 관점에서 생각해야 한다. 여기서 Number는 주어진 형식이 수(number)의 개념을 충족해야 함을 뜻하는, Equal이나 Ordering 같은 의미론적 범주의 하나이다.

나의 결론

콘셉츠가 진화적인 한 걸음인지 아니면 혁명적인 도약인지에 관해 다양한 주장이 있을 것이다. 나는 혁명적 도약이라는 쪽으로 기울었는데, 주로는 의미론적 범주들 때문이다. Number나 Equal, Ordering 같은 콘셉트들은 플라톤[36]의 형이상학을 떠올리게 한다. **프로그래밍을 그런 범주들로 논할 수 있게 되었다는 것은 혁명적인 변화이다.**

ⓘ 콘셉츠 요약

- 구체적인 형식이나 형식 매개변수에 대해 정의된 함수나 클래스에는 나름의 문제점들이 있다. 콘셉츠는 형식 매개변수에 의미론적 제약을 가해서 그런 문제점들을 극복한다.
- 콘셉트를 requires 절이나 후행 requires 절, 단축 함수 템플릿 구문 안에서 적용할 수 있으며, 제약 있는 템플릿 매개변수로 사용할 수 있다.
- 콘셉트는 모든 종류의 템플릿에 사용할 수 있는 컴파일 시점 술어이다. 콘셉트에 대해 함수 템플릿을 중복적재할 수 있고, 콘셉트에 근거해서 템플릿을 특수화할 수 있을 뿐만 아니라 멤버 함수나 가변 인수 템플릿에도 콘셉트를 사용할 수 있다.
- C++20과 콘셉츠 덕분에 제약 없는 자리표(auto)와 제약 있는 자리표(콘셉트)의 용법이 통합되었다. C++20에는 auto를 사용할 수 있는 모든 곳에서 콘셉트를 사용할 수 있다.
- 새로운 단축 함수 템플릿 구문 덕분에 함수 템플릿을 정의하기가 아주 쉬워졌다.
- 바퀴를 재발명하지 말라. 새로운 콘셉트를 정의하기 전에, 먼저 C++20에 정의된

---

33 *https://en.cppreference.com/w/cpp/header/type_traits*
34 *https://en.cppreference.com/w/cpp/language/sfinae*
35 *https://en.cppreference.com/w/cpp/language/static_assert*
36 *https://en.wikipedia.org/wiki/Plato*

다양한 콘셉트들부터 살펴보아야 한다. 새로 콘셉트를 정의해야 한다면, 사용할 수 있는 기법은 크게 두 가지이다. 하나는 기존 콘셉트와 컴파일 시점 술어를 조합하는 것이고, 다른 하나는 요구조건 표현식을 사용하는 것이다.

3.2 모듈

그림 3.29 패키지들을 준비하는 시피

모듈은 C++20의 4대 기능 중 하나이다(나머지 셋은 콘셉츠, 구간, 코루틴). 모듈은 컴파일 시간 단축, 매크로 필요성 제거, 헤더 파일 필요성 제거, 보기 싫은 매크로 편법 제거 등 다양한 장점을 제공한다고 알려져 있다. 모듈을 정의하고 사용하는 구체적인 방법을 이야기하기 전에, 모듈이 왜 이런 장점들을 제공하는지부터 살펴보자.

3.2.1 모듈이 필요한 이유

간단하지만 실행 가능한 완결적인 예제 프로그램으로 시작하자. 목록 3.47의 helloWorld.cpp는 프로그래밍 서적의 예제로 즐겨 쓰이는 소위 '헬로 월드' 프로그램이다.

목록 3.47 간단한 '헬로 월드' 프로그램

```cpp
// helloWorld.cpp

#include <iostream>

int main() {
    std::cout << "Hello World" << '\n';
}
```

그림 3.30은 소스 코드 helloWorld.cpp를 GCC[37]로 컴파일해서 helloWorld라는 실행 파일을 만들고 그 크기를 측정해 본 것이다. 파일 크기가 무려 130배로 늘었다.

그림 3.30 실행 파일의 크기

그림에 나온 수치 100과 12928은 해당 파일의 바이트 수이다. 파일 크기가 왜 이렇게 커졌는지를 알려면 C++ 프로그램의 빌드(구축) 과정을 기본적인 수준으로나마 이해할 필요가 있다.

3.2.1.1 고전적인 빌드 과정

C++ 프로그램의 빌드 과정은 전처리, 컴파일, 링크라는 세 단계로 구성된다.

전처리

전처리기(preprocessor)는 소스 파일에 있는 #include나 #define 같은 지시자 (directive) 또는 지시문들을 처리한다. 전처리기는 #include 지시문을 헤더 파일의 내용으로 치환하며, #define으로 정의된 매크로들도 적절히 치환한다. 또한, #if, #else, #elif, #ifdef, #ifndef, #endif 같은 지시자를 해석해서 조건에 따라 소스 코드의 해당 부분을 포함하거나 제외한다.

    컴파일러 실행 시 적절한 옵션을 지정하면 이러한 직접적인 텍스트 치환 과정을 실제로 관찰할 수 있다. GCC나 Clang은 -E를, MSVC는 /E를 지정하면 된다.

그림 3.31 전처리기 출력

그림 3.31에서 보듯이, helloWorld.cpp에 대해 GCC의 전처리기는 60만 바이트가 넘는 코드를 출력한다. GCC가 문제는 아니다. 다른 컴파일러의 전처리기도

---

37 *http://gcc.gnu.org/*

비슷한 수준이기 때문이다.

전처리기의 출력은 컴파일러의 입력이 된다. 이 입력을 번역 단위(translation unit; §C.20)라고 부른다.

컴파일

컴파일 단계는 전처리기의 출력마다 개별적으로 수행된다. 컴파일러는 주어진 번역 단위에 담긴 C++ 소스 코드를 해석해서 어셈블리assembly 코드로 변환하고, 어셈블리 코드에 대응되는 이진 기계어 명령들로 이루어진 이진 파일을 출력한다. 이 이진 파일을 목적 파일(object file)이라고 부른다. 목적 파일은 목적 파일 자신이 정의하지 않은 기호(symbol)들도 참조할 수 있다.

목적 파일들을 링크link해서 하나의 실행 파일(executable)을 만들 수도 있고, 정적 라이브러리(static library) 파일이나 공유 라이브러리(shard library; 동적 라이브러리(dynamic library)라고도 한다) 파일을 만들 수도 있다. 컴파일러가 산출한 목적 파일들을 입력으로 하여 최종적인 파일을 생성하는 것이 바로 링커이다.

링크

링크 단계에서 링커는 실행 파일이나 정적/공유 라이브러리를 출력한다. 앞에서 언급한 '정의되지 않은 기호'를 해결하는 것도 링커의 임무이다. 기호들은 목적 파일이나 라이브러리 파일에 정의되어 있는데, 정의되지 않은 기호를 참조하는 것도 문제이지만 같은 기호가 여러 파일에 정의되어 있는 것도 문제이다. 링커는 이런 오류들을 점검한다.

지금까지 이야기한 3단계 빌드 과정은 C에서 물려받은 것이다. 번역 단위가 단 하나일 때는 이 빌드 과정이 충분히 잘 진행되지만, 번역 단위가 여러 개이면 다양한 문제가 발생할 수 있다.

3.2.1.2 빌드 과정의 문제점

다음은 고전적인 빌드 과정의 여러('모든'은 아님) 문제점이다. 이들은 모두 C++20의 모듈로 해결된다.

거듭된 치환

전처리기는 #include 지시문을 해당 헤더 파일로 치환한다. 그런데 상황에 따라서는 이런 치환이 여러 번 일어난다. 그럼 목록 3.47의 helloWorld.cpp 프로그램을 변형해서 이러한 거듭된 치환 문제를 살펴보기로 하자.

예제를 위해, 기존의 helloWorld.cpp를 hello.cpp와 world.cpp, hello World2.cpp라는 세 개의 소스 파일로 리팩터링했다. hello.cpp는 hello라는 함수를 제공하고 world.cpp는 world라는 함수를 제공하며, 두 소스 파일 모두 공통의 헤더들을 포함한다. 그리고 helloWorld2.cpp는 그 두 함수를 호출한다. 참고로 리팩터링refactoring은 겉으로 보이는 프로그램의 행동은 바꾸지 않고 내부 구조를 개선하는 것을 말한다. 이번 예제 역시 helloWorld.cpp처럼 "Hello World"를 출력하지만, 그 내부 구조가 바뀌었다. 새 파일들은 다음과 같다.

hello.cpp와 hello.h

목록 3.48 hello 함수를 정의하는 소스 파일

```
// hello.cpp

#include "hello.h"

void hello() {
    std::cout << "hello ";
}
```

목록 3.49 hello 함수의 선언을 제공하는 헤더 파일

```
// hello.h

#include <iostream>

void hello();
```

world.cpp와 world.h

목록 3.50 world 함수를 정의하는 소스 파일

```
// world.cpp

#include "world.h"

void world() {
    std::cout << "world";
}
```

목록 3.51 world 함수의 선언을 제공하는 헤더 파일

```
// world.h

#include <iostream>

void world();
```

helloWorld2.cpp

목록 3.52 hello와 world를 호출하는 소스 파일

```cpp
// helloWorld2.cpp

#include <iostream>

#include "hello.h"
#include "world.h"

int main() {

    hello();
    world();
    std::cout << '\n';

}
```

다음에서 보듯이, 이 소스 파일들로 프로그램을 빌드하고 실행하는 데에는 겉으로 보기에 아무 문제가 없다.

그림 3.32 간단한 예제 프로그램의 빌드 및 실행

그러나 그 내부를 들여다보면 비효율성이 드러난다. 빌드 과정에서 소스 파일마다 각각 전처리기가 실행되므로, <iostream> 헤더 파일은 총 세 번 포함(치환)된다. 그러다 보니 세 소스 파일 모두 각각 60만 바이트 이상의 번역 단위로 변환된다. 그림 3.33이 이 점을 보여준다.

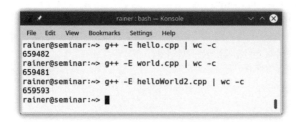

그림 3.33 전처리된 소스 파일의 크기

번역 단위가 커지면 컴파일 시간이 길어질 수밖에 없다.

헤더 파일과는 달리 모듈은 **단 한 번만 도입(import)되므로**, 비용(빌드 과정에 대한)이 **사실상 0**이다.

전처리기 매크로의 위험

C++ 공동체의 모든 사람이 동의하는 한 가지 사항이 있다면, 바로 C++에서 전처리기 매크로를 제거해야 한다는 것이다. 왜 그럴까? 매크로는 단순한 텍스트 치환인데, 문제는 그러한 치환이 C++의 의미론과는 무관하게 일어난다는 점이다. 이 때문에 여러 부정적인 후과가 발생한다. 예를 들어 매크로들을 포함하는 순서에 따라 프로그램의 의미가 달라지기도 하고, 매크로가 프로그램의 기존 매크로나 식별자와 충돌하기도 한다.

다음과 같은 두 헤더 파일 webcolors.h와 productinfo.h를 생각해 보자.

목록 3.53 매크로 RED의 첫 번째 정의

```
// webcolors.h

#define RED    0xFF0000
```

목록 3.54 매크로 RED의 두 번째 정의

```
// productinfo.h

#define RED    0
```

client.cpp라는 소스 파일이 두 헤더를 포함한다고 할 때, 매크로 RED의 값은 어떤 헤더 파일을 나중에 포함하느냐에 따라 달라진다. 이러한 의존성은 오류의 온상이 된다.

헤더 파일과는 달리 모듈은 **도입 순서에 따른 차이가 없다.**

기호 중복 정의

C++에는 ODR이라는 용어가 있는데, 이것은 One Definition Rule(단일 정의 규칙)을 줄인 것이다. 함수에 대한 ODR은 다음과 같다.

- 임의의 번역 단위(§C.20)에 함수의 정의는 많아야 하나이어야 한다.
- 프로그램 안에서 함수의 정의는 많아야 하나이어야 한다.

외부 링키지(external linkage)를 가진 인라인 함수는 한 번역 단위 안에서 여러 번 정의될 수 있다. 단, 그 정의들은 모두 동일해야 한다.

프로그램이 이러한 ODR을 위반한 것을 '중복 정의(mutiple definition)'라고 부른다. 링커는 이러한 중복 정의에 대해 링크 오류를 발생한다. 그럼 실제로 링크 오류를 체험해 보자. 이번 예제에는 header.h와 header2.h라는 두 개의 헤더 파일이 있는데, 후자는 전자를 포함한다. 주 프로그램은 두 헤더를 모두 포함하기 때문에 결과적으로 header.h가 두 번 포함되며, 그래서 한 프로그램 안에서 func가 두 번 정의되는 사태가 빚어진다.

목록 3.55 func 함수의 정의

```
// header.h

void func() {}
```

목록 3.56 간접적으로 func 함수의 정의를 포함하게 하는 헤더

```
// header2.h

#include "header.h"
```

목록 3.57 func 함수의 정의를 두 번 포함하는 프로그램

```
// main.cpp

#include "header.h"
#include "header2.h"

int main() {}
```

그림 3.34는 GCC 링커의 오류 메시지인데, func가 중복해서 정의되었음을 명확히 말해준다.

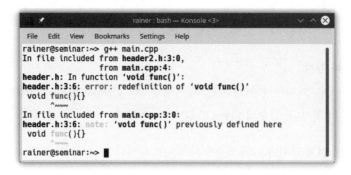

그림 3.34 ODR 위반의 예

C++ 공동체는 이런 문제를 피하고자 헤더를 포함 가드(include guard)로 감싸는 등의 우회책을 사용해 왔다. 다음은 header.h 헤더 파일에 FUNC_H라는 포함 가드

를 추가해서 중복 정의 문제를 해결한 예이다.

목록 3.58 ODR 위반을 피하기 위한 포함 가드

```
// header.h

#ifndef FUNC_H
#define FUNC_H

void func(){}

#endif
```

모듈에서는 이런 기호 중복 정의 문제가 거의 발생하지 않는다.

이상으로 기존 빌드 과정의 문제점을 살펴보았다. 그럼 이런 문제점들을 해결하는 모듈의 장점들을 간단히 정리하고 넘어가자.

3.2.2 모듈의 장점

모듈의 장점들을 간략히 요약하자면 다음과 같다.

- 모듈은 단 한 번만 도입되며, 비용이 사실상 0이다.
- 모듈을 도입하는 순서에 따른 차이가 없다.
- 모듈에서는 기호 중복 정의 문제가 거의 발생하지 않는다.
- 모듈은 코드의 논리적 구조를 표현하는 데 유리하다. 모듈에서는 어떤 이름을 모듈 밖으로 노출할 것인지를 명시적으로 지정할 수 있다. 또한, 다수의 모듈을 더 큰 모듈 하나로 묶어서 그 모듈들을 고객에게 하나의 논리적 패키지로 제공할 수 있다.
- 모듈 덕분에 이제는 소스 코드를 인터페이스 부분과 구현 부분으로 분리할 필요가 없다.

🔑 **모듈의 긴 역사**

C++의 모듈은 생각 보다 역사가 길다. 모듈이라는 착안이 어떻게 제기되고 C++ 표준에 도입되었는지 간단하게나마 요약해 보겠다.

모듈이라는 착안이 처음으로 서술된 문서는 2004년에 다비드 밴더보드^{Daveed Vandevoorde}가 작성한 표준 제안서(proposal) N1736.pdf[38]이다. 이후 2012년에 와서야 모듈 제안에 대한 연구 그룹 SG2(Modules)가 만들어졌다. 2017년에 Clang 5.0

---

38 *http://www.open-std.org/jtc1/sc22/wg21/docs/papers/2004/n1736.pdf*

과 MSVC가 처음으로 모듈 기능을 구현했다. 1년 후 Modules TS(모듈 기술 명세서)가 완성되었다. 비슷한 시기에 구글은 ATOM(Another Take On Modules)이라고 부르는 또 다른 모듈 제안서를 제출했다(P0947[39]). C++ 표준 위원회는 2019년에 Modules TS와 ATOM을 합쳐서 C++20 표준 명세서 작업 초안(N4842[40])에 포함했다.

3.2.3 첫 예제

이번 절의 목적은 모듈이 과연 어떤 것인지 여러분이 감을 잡게 하는 것이다. 모듈의 고급 기능은 다음 절(§3.2.4)에서 자세히 살펴보겠다. 그럼 수학 함수 하나를 담은 간단한 math 모듈로 시작하자.

목록 3.59 간단한 math 모듈

```
// math.ixx

export module math;

export int add(int fir, int sec){
    return fir + sec;
}
```

export module math라는 문구는 모듈의 선언이다. 그 아래에는 이 모듈의 유일한 함수인 add가 있다. add 선언 앞에 export 키워드가 있기 때문에, 이 모듈의 '클라이언트'가 이 함수를 사용할 수 있게 된다.

목록 3.60 간단한 math 모듈의 사용

```
// client.cpp

import math;

int main() {

    add(2000, 20);

}
```

import math는 math 모듈을 이 소스 파일(client.cpp)에 도입한다(import). 그러면 그 모듈이 내보내는(export) 이름들을 이 소스 파일 안에서 볼 수 있게 된다.

그럼 모듈의 인터페이스와 정의를 담은 모듈 파일을 좀 더 살펴보자.

---

39 *http://www.open-std.org/jtc1/sc22/wg21/docs/papers/2018/p0947r1.html*
40 *https://github.com/cplusplus/draft/releases/tag/n4842*

3.2.3.1 모듈 파일†

목록 3.59의 주석을 보면 math.ixx가 있는데, ixx라는 확장자는 다소 생소할 것이다.

- ixx는 **MSVC 컴파일러**가 모듈 파일에 사용하는 확장자이다. ixx의 i는 interface^{인터페이스}를 뜻하고 xx는 C++ 소스 파일을 뜻한다. Microsoft는 C++의 모듈 파일을 모듈 인터페이스 소스^{module interface source}라고 부른다.
- **Clang 컴파일러**는 예전에 cppm이라는 확장자를 사용했다. m은 아마도 module을 뜻할 것이다. 그러나 최근 버전들에서는 그냥 cpp를 사용하는 것으로 파일 명명 관례가 바뀌었다.
- **GCC 컴파일러**는 모듈 파일에 대해 특별한 확장자를 사용하지 않는다.

목록 3.59의 예와는 달리 모듈 파일에 전역 모듈 조각(global module fragment)‡을 둘 수도 있다. 전역 모듈 조각은 module 키워드에서 모듈 선언 바로 앞까지의 영역을 가리킨다. 이 영역은 흔히 모듈의 컴파일에 필요한 헤더 파일들을 포함하는 #include 지시문이나 기타 매크로 정의(#define)를 두는 장소로 쓰인다. 전역 모듈 조각에 있는 코드는 모듈 인터페이스의 일부가 아니므로 모듈 클라이언트에게는 보이지 않는다.

목록 3.61은 math 모듈의 두 번째 버전으로, 전역 모듈 조각과 getProduct라는 새 함수가 추가되었다.

목록 3.61 전역 모듈 조각이 있는 모듈 파일

```
1  // math1.ixx
2
3  module;
4
5  #include <numeric>
6  #include <vector>
7
8  export module math;
9
10 export int add(int fir, int sec){
```

---

† [옮긴이] 원서는 목록 3.39와 같이 모듈의 인터페이스와 정의를 담은 파일을 module declaration file(모듈 선언 파일)이라고 부르지만, 이 번역서에서는 '선언'을 빼고 모듈 파일이라고 부르기로 한다. 엄밀히 말해서 '모듈 선언'은 모듈 파일 중 모듈 이름을 선언하는 문장(목록 3.39의 export module math;)을 뜻한다. C++ 표준 명세서는 모듈 선언이 있는 번역 단위를 module unit(모듈 단위)이라고 부른다.

‡ [옮긴이] 모듈 '조각'은 Visual Studio 2019의 한국어 오류 메시지를 참고한 용어이다.

```
11        return fir + sec;
12    }
13
14    export int getProduct(const std::vector<int>& vec) {
15        return std::accumulate(vec.begin(), vec.end(), 1, std::multiplies<int>());
16    }
```

행 3에서 행 7까지가 전역 모듈 조각이다. 모듈을 컴파일하는 데 꼭 필요한 헤더들을 이 전역 모듈 조각에서 포함시켰다.

목록 3.62 개선된 math 모듈의 사용 예

```
// client1.cpp

#include <iostream>
#include <vector>

import math;

int main() {

    std::cout << '\n';

    std::cout << "add(2000, 20): " << add(2000, 20) << '\n';

    std::vector<int> myVec{1, 2, 3, 4, 5, 6, 7, 8, 9, 10};

    std::cout << "getProduct(myVec): " << getProduct(myVec) << '\n';

    std::cout << '\n';

}
```

목록 3.62의 client1.cpp는 목록 3.61의 math 모듈을 도입하고 그 함수들을 사용한다.

그림 3.35 client1.cpp를 빌드한 client1.exe의 실행 결과

그럼 모듈의 세부사항으로 들어가자.

3.2.4 컴파일러 지원

모듈을 사용하려면 Clang이나 GCC, MSVC의 최신 버전이 필요하다. 그리고 최신 C++ 컴파일러라도 C++20 모듈의 모든 기능을 지원하지는 않는다. 특히 Clang과 GCC 컴파일러는 지원 수준이 그리 높지 않다.

모듈을 컴파일하기가 그리 쉽지 않기 때문에, 앞의 math 모듈 예제를 3대 컴파일러인 MSVC 컴파일러와 Clang 컴파일러, GCC 컴파일러로 컴파일하는 구체적인 과정을 제시하겠다. 또한, 모듈을 제대로 사용하는 데 꼭 필요한 컴파일러 옵션들도 제시한다.

3대 컴파일러가 아직 모듈을 완전히 지원하지 않으므로, 이후 컴파일러들이 갱신되면 이번 절을 적절히 갱신하겠다.[†]

3.2.4.1 MSVC 컴파일러

내가 사용한 MSVC 컴파일러(cl.exe)는 64비트용 버전 19.29.30133이다.

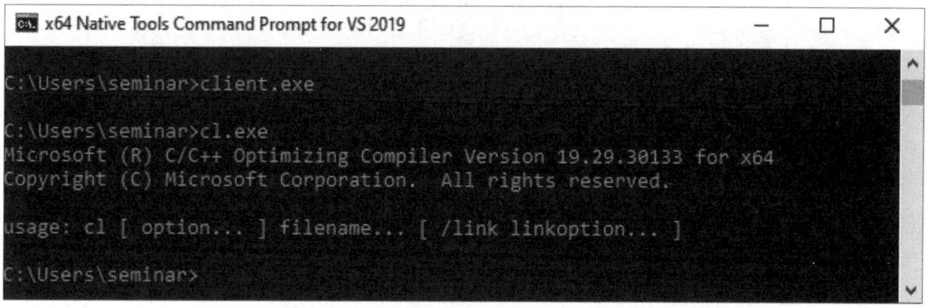

그림 3.36 모듈 컴파일을 위한 MSVC 컴파일러

MSVC 컴파일러로 모듈을 컴파일하고 링크하려면 특별한 설정이 필요하다. 여기서는 최소한의 명령줄 옵션만 제시하고, 논의를 진행하면서 차차 좀 더 고급의 옵션들을 제시하겠다. 또한, 내가 사용한 것보다 예전 버전의 MSVC 컴파일러에서는 /std:c++latest 플래그도 지정해야 할 수 있음을 유의하기 바란다.

목록 3.63 MSVC 컴파일러를 이용한 모듈의 컴파일 및 실행 파일 링크

```
1  cl.exe /std:c++latest /c math.ixx
2  cl.exe /std:c++latest /EHsc client.cpp math.obj
```

• 행 1은 모듈 파일(모듈 인터페이스 소스) math.ixx로부터 목적 파일 math.obj

---

† [옮긴이] 참고로 원서의 갱신에 관한 정보는 저자 블로그(*https://modernescpp.com/*)에서 알 수 있다. 또한, 원서 깃허브 저장소(*https://github.com/RainerGrimm/Cpp20*)도 주목해야 할 것이다.

와 IFC 파일 `math.ifc`를 생성한다. IFC 파일에는 모듈 인터페이스의 메타데이터가 들어 있다. IFC 파일은 가브리엘 도스 레이스[Gabriel Dos Reis]와 비야네 스트롭스트룹이 작성한 "A Principled, Complete, and Efficient Representation of C++"(2004/2005)[41]에 나온 IPR(Internal Program Representation)의 이진 형식을 따른다.

- 행 2는 실행 파일 `client.exe`를 생성한다. 명령 자체에는 명시되어 있지 않지만, Microsoft의 링커는 내부적으로 `math.ifc` 파일의 메타데이터를 이용해서 모듈을 참조한다.

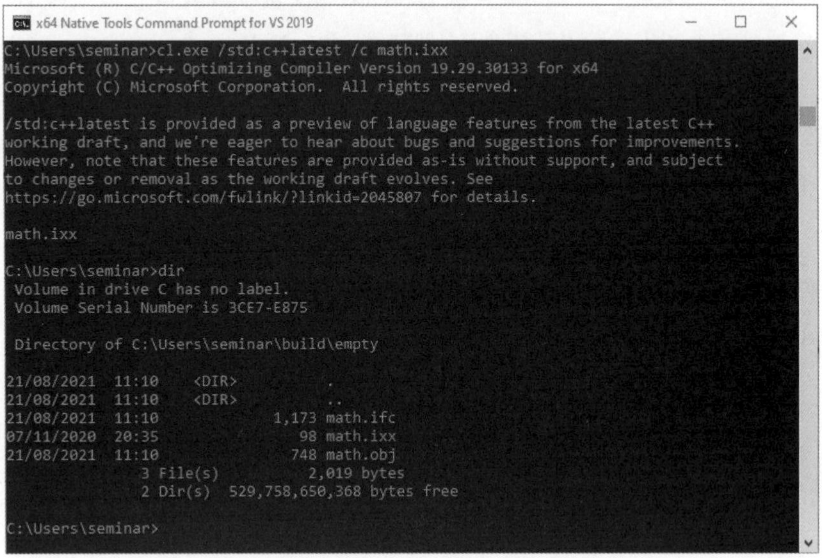

그림 3.37 암묵적으로 생성된 IFC 파일

실행 파일의 출력은 그림 3.35와 같으므로 생략한다.

MSVC 컴파일러는 모듈과 관련해서 다양한 옵션을 제공한다.

모듈 옵션

표 3.3은 MSVC 컴파일러의 모듈 관련 옵션들을 정리한 것이다.

표 3.3 MSVC 컴파일러의 모듈 관련 옵션

옵션	설명
`/interface`	입력 파일이 모듈 인터페이스 단위임을 명시한다.

---

[41] *https://www.stroustrup.com/gdr-bs-macis09.pdf*

/internalPartition	입력 파일이 분할(§3.2.8)임을 명시한다.
/reference	입력 파일이 IFC 파일임을 명시한다.
/ifcSearchDir	IFC 파일의 검색 경로를 지정한다.
/ifcOutput	IFC 파일이 어디에 어떤 이름으로 저장될지를 결정한다. 이 옵션의 값이 디렉터리이면 컴파일러는 인터페이스 이름이나 헤더 단위 이름에 기반해서 IFC 파일의 이름을 만든다.
/ifcOnly	IFC 파일만 생성할 것을 지시한다.
/exportHeader	입력 파일로부터 헤더 단위를 생성할 것을 지시한다.
/headerName	헤더 단위로 컴파일할 헤더 파일을 지정한다.
/headerUnit <*헤더 이름*>=<*IFC 파일 이름*>	헤더 단위를 도입(import)한다.
/translateInclude	도입 가능한 헤더의 경우 컴파일러가 자동으로 #include 지시문을 import 문으로 변환하게 한다.
/showResolvedHeader	컴파일 이후 헤더 단위의 완전한 해석 경로를 표시한다.
/validateIfcChecksum[-]	IFC에 저장된 내용 해시를 이용해서 추가적인 보안 점검을 수행하도록 한다. 기본은 비활성이다.

이 옵션들 외에, 아래 팁에 나온 일반적인 컴파일러 옵션들도 지정할 필요가 있다.

 일반적인 cl.exe 컴파일러 옵션

표 3.4 cl.exe 컴파일러 옵션

옵션	설명
/EHsc	C++ 표준 예외 처리 모형을 지정한다.
/TP	모든 소스 파일이 C++ 소스 파일임을 명시한다.
/std:c++latest	최신 C++ 표준을 사용한다.

다음은 이상의 옵션들을 사용하는 몇 가지 구체적인 예이다.

- 모듈 파일 math.cppm로 목적 파일과 IFC 파일 생성

  ```
  cl.exe /c /std:c++latest /interface /TP math.cppm
  ```
- 모듈 파일 math.cppm으로 IFC 파일만 생성

  ```
  cl.exe /c /std:c++latest /ifcOnly /interface /TP math.cppm
  ```

- 모듈 파일 math.cppm으로 목적 파일 math.obj와 IFC 파일 mathematic.ifc 생성

  cl.exe /c /std:c++latest /interface /TP math.cppm /ifcOutput mathematic.ifc
- IFC 파일 math.inter를 명시적으로 지정해서 실행 파일 client.exe 생성

  cl.exe /std:c++latest client.cpp math.obj /reference math.inter
- ifcFiles 디렉터리에 있는 IFC 파일 math.inter를 명시적으로 지정해서 실행

  파일 client.exe를 생성한다(전체가 한 줄의 명령임).

  cl.exe /std:c++latest client.cpp math.obj /ifcSearchDir ifcFiles
    /reference math.inter

나머지 모듈 옵션들의 예는 §3.2.12 "헤더 단위"에 나온다.

3.2.4.2 Clang 컴파일러

사용한 컴파일러는 **Clang** 12.0.0이다.

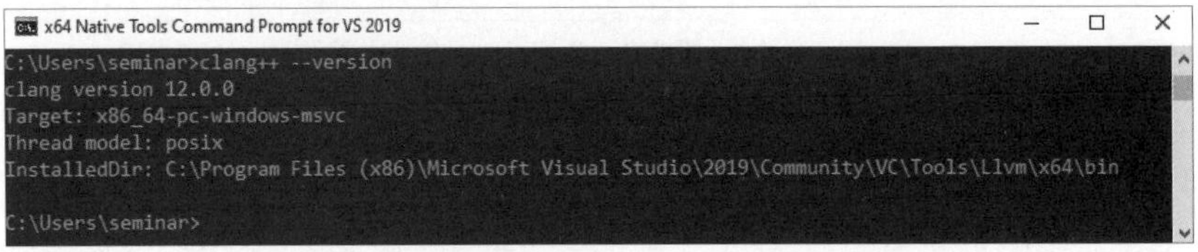

그림 3.38 모듈 컴파일을 위한 Clang 컴파일러

Clang 컴파일러에서는 모듈 파일(§3.2.3.1)의 확장자가 그냥 cpp이다. 그래서 math.ixx 파일의 이름을 math.cpp로 바꾸었다.

목록 3.64 간단한 math 모듈

```
// math.cpp

export module math;

export int add(int fir, int sec){
    return fir + sec;
}
```

클라이언트 파일 client.cpp는 바뀌지 않았다. 다음은 실행 파일을 빌드하는 과정이다.

목록 3.65 Clang 컴파일러로 실행 파일 만들기

```
1  clang++ -std=c++2a -c math.cpp -Xclang -emit-module-interface  -o math.pcm
2
3  clang++ -std=c++2a -fprebuilt-module-path=. client.cpp math.pcm -o client.exe
```

- 행 1은 모듈 파일 `math.cpp`로부터 `math.pcm`이라는 파일을 생성한다. 확장자 `pcm`은 precompiled module(미리 컴파일된 모듈)을 줄인 것으로, MSVC 컴파일러의 IFC 파일에 해당한다. `-Xclang`과 `-emit-module-interface`는 미리 컴파일된 모듈을 생성하는 데 꼭 필요한 옵션들이다.

- 행 3은 미리 컴파일된 모듈 파일 `math.pcm`을 이용해서 `client.exe`라는 실행 파일을 생성한다. MSVC 컴파일러와는 달리 Clang에서는 `pcm` 파일이 있는 디렉터리를 `-fprebuilt-module-path` 옵션으로 지정해야 한다. 그러지 않으면 컴파일러가 `pcm` 파일을 찾지 못해서 링크가 실패한다.

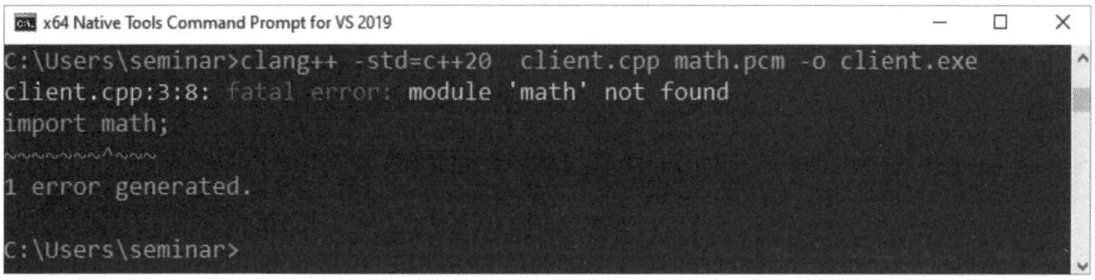

그림 3.39 pcm 파일이 있는 디렉터리를 지정하지 않은 경우

Clang 컴파일러는 모듈과 관련해서 다양한 옵션을 제공한다.

모듈 옵션

Clang은 **모듈 맵**^{module map}이라는 것을 사용한다. 모듈 맵은 기존 헤더들에 대응되는 모듈 구조에 관한 정보를 모아 둔 것이다. 모듈 맵은 개별적인 파일로 존재하는데, 흔히 쓰이는 이름은 `module.modulemap`이다. 컴파일러는 모듈 도입 시 자동으로 모듈 맵을 생성하며, 모듈이 참조하는 바탕 헤더가 변경되면 모듈 맵을 자동으로 다시 컴파일한다.

표 3.5는 모듈과 관련된 Clang 컴파일러의 옵션들을 정리한 것이다. 이 표의 내용 일부는 모듈에 관한 Clang의 공식 문서에 명확히 나와 있지 않아서 내가 시행착오를 거쳐서 알아낸 것임을 주의하기 바란다. 상황이 바뀌면 이 표를 적절히 갱신하겠다.

표 3.5 Clang 컴파일러의 모듈 관련 옵션

옵션	설명
`-fmodules`	모듈 기능을 활성화한다. `-std=c++20`을 지정하면 이 옵션이 자동으로 적용된다.
`-Xclang`	Clang 기반 앞단(frontend)을 지정한다.

(다음 쪽에 이어짐)

-emit-module-interface	모듈을 생성한다. 반드시 -Xclang -emit-module-interface 형태로 -Xclang과 함께 사용해야 한다.
-fbuiltin-module-map	Clang 내장 모듈 맵 파일을 적재한다.
-fimplicit-module-maps	모듈 맵 파일들의 암묵적 검색을 활성화한다.
-fimplicit-modules	#include 지시문을 import 문으로 자동으로 변환한다.
-module-file-info *<pcm 파일>*	지정된 pcm 파일(컴파일된 모듈 파일)에 관한 정보(디버깅에 도움이 되는)를 출력한다.
-fmodule-map-file=*<모듈 맵 파일>*	주어진 모듈 맵 파일을 적재한다(해당 디렉터리 또는 그 하위 디렉터리에서 헤더가 적재된 경우).
-fmodule-name=*<모듈 ID>*	소스 파일을 주어진 모듈의 일부로 간주한다.
-fmodules-cache-path=*< 디렉터리>*	모듈 캐시 경로를 지정한다. 이 옵션을 생략하면 Clang이 운영체제에 맞는 기본 경로를 선택한다.
-fmodules-decluse	모듈 use 선언 점검을 활성화한다.
-fmodules-ignore-macro=*< 매크로 이름>*	지정된 이름의 매크로를 모듈이 무시하게 한다.
-fmodules-search-all	찾을 수 없는 기호가 있으면, 참조된 모듈들에서 그 기호를 찾는다.
-fno-autolink	도입된 모듈들과 연관된 라이브러리들의 자동 링크를 비활성화한다.
-fno-implicit-modules	빌드에 쓰이는 모든 모듈이 반드시 -fmodule-file로 지정되어야 함을 명시한다.
-fprebuilt-implicit-modules	암묵적 모듈들의 사전 빌드를 활성화한다.
-fprebuilt-module-path=*< 디렉터리>*	미리 빌드된 모듈들이 있는 경로를 지정한다.
--precompile	입력 파일을 미리 컴파일한다.

좀 더 자세한 사항은 공식 Clang 문서[42]를 참고하기 바란다.

다음은 이상의 옵션들을 사용하는 몇 가지 구체적인 예이다.

- 확장자가 ixx인 모듈 파일(math.ixx)을 컴파일해서 pcm 파일(math.pcm)을 만든다.

  ```
  clang++ -std=c++20 --precompile -x c++-module math.ixx -o math.pcm
  ```

- 확장자가 cppm인 모듈 파일(math.cppm)을 컴파일해서 pcm 파일(math.pcm)을 만든다.

  ```
  clang++ -std=c++20 --precompile math.cppm -o math.pcm
  ```

---

42 https://clang.llvm.org/docs/Modules.html

- pcm 파일과 소스 파일로 실행 파일을 만든다.

  ```
  clang++ -std=c++20 -c math.pcm -o math.o
  clang++ -std=c++20 -fprebuilt-module-path=. math.o client.cpp -o client.exe
  ```

3.2.4.3 GCC 컴파일러

3대 컴파일러의 마지막인 GCC 컴파일러를 살펴보자. 내가 사용한 버전은 GCC 11.1.0이다.

그림 3.40 모듈 컴파일을 위한 GCC 컴파일러

MSVC 컴파일러나 Clang 컴파일러와는 달리 GCC에서는 모듈 파일에 특별한 확장자를 사용하지 않는다. 모듈 파일에도 그냥 .cpp를 사용하면 된다. GCC에서는 한 줄의 명령으로 실행 파일을 만들 수 있다.

```
g++ -std=c++20 -fmodules-ts math.cpp client.cpp -o client
```

이 명령은 모듈을 사용하는 프로그램의 실행 파일을 생성한다. 이 명령에서 흥미로운 점은, -std=c++20 옵션으로 C++20 표준을 지정하지 않아도 client.cpp의 컴파일에 아무 문제가 없다는 것이다. 그러나 모듈을 사용하기 위해서는 -fmodules-ts를 꼭 지정해야 한다. -fmodules-ts의 ts가 좀 거슬리는데, ts는 기술 명세서(technical specification)를 의미하기 때문이다.[†] 반면 Clang의 해당 옵션은 -fmodules이다. GCC는 이 명령을 실행하는 과정에서 현재 디렉터리에 gcm.cache라는 하위 디렉터리를 만들고, 그 안 어딘가에 math.gcm이라는 파일을 생성한다. math.gcm은 컴파일된 모듈 파일이다. gcm은 GCC compiled module을 줄인 것이라고 짐작한다.

---

† [옮긴이] 이 옵션은 GCC가 2013년에 나온 Modules TS(§3.2.2의 "모듈의 긴 역사" 참고)를 기준으로 모듈 기능을 구현한 시절의 유물일 것이다.

GCC의 모듈 관련 옵션은 그리 많지 않다.

모듈 옵션

표 3.6은 GCC 컴파일러가 제공하는 모듈 옵션들을 정리한 것이다.

표 3.6 GCC 컴파일러의 모듈 관련 옵션

옵션	설명
-fmodules-ts	모듈 기능을 활성화한다.
-fmodule-header	헤더 단위를 컴파일한다.
-fmodule-mapper=<값>	모듈 매퍼를 지정한다.
-fno-module-lazy	모듈 지연 적재(lazy loading)을 비활성화한다

3.2.4.4 컴파일러들의 모듈 지원 수준

이 글을 쓰는 현재(2020년 말), 모듈을 가장 잘 지원하는 것은 MSVC 컴파일러 (cl.exe)이다.[43] Microsoft는 모듈을 소개하는 훌륭한 글 두 개를 제공하는데, 하나는 Microsoft 문서화 사이트의 "Overview of modules in C++"[44]이고 다른 하나는 Microsoft 팀 블로그의 "C++ Modules conformance improvements with MSVC in Visual Studio 2019 16.5"[45]이다. Clang이나 GCC는 이런 수준의 참고 문서를 제공하지 않기 때문에, 해당 컴파일러들로는 모듈을 사용하기가 상당히 어렵다.

3.2.5 모듈 내보내기

모듈 파일에 선언된 이름들을 모듈 외부로 내보내는(export) 방법은 크게 세 가지이다. 그럼 그 방법들을 차례로 살펴보자.

3.2.5.1 개별 내보내기

다음 예처럼 각각의 이름에 export 키워드를 붙여서 이름들을 개별적으로 내보낼 수 있다.

목록 3.66 개별 내보내기

```
export module math;
```

---

[43] *https://en.cppreference.com/w/cpp/compiler_support*
[44] *https://docs.microsoft.com/en-us/cpp/cpp/modules-cpp?view=msvc-160&viewFallbackFrom=vs-2019*
[45] *https://devblogs.microsoft.com/cppblog/c-modules-conformance-improvements-with-msvc-in-visual-studio-2019-16-5/*

```
export int mult(int fir, int sec);

export void doTheMath();
```

3.2.5.2 그룹 내보내기

다음 예처럼 여러 이름을 하나의 그룹으로 묶어서 내보내는 것도 가능하다.

목록 3.67 그룹 내보내기

```
export module math;

export {

    int mult(int fir, int sec);
    void doTheMath();

}
```

3.2.5.3 이름공간 내보내기

더 나아가서, 이름공간(namespace)에 export를 붙여서 이름공간 전체를 내보낼
수도 있다.

목록 3.68 이름공간 내보내기

```
export module math;

export namespace math {

    int mult(int fir, int sec);
    void doTheMath();

}
```

이름공간 내보내기의 경우, 클라이언트는 이름공간의 이름을 명시한 완전 한정
이름(fully qualified name)을 사용해서 특정 이름에 접근해야 한다(지금 예에서
는 math::doTheMath).

내부 링키지(§3.2.10)가 아닌 이름만 내보낼 수 있다.

3.2.6 바람직한 모듈 구조

다음은 바람직한 모듈 구조를 의사 코드와 주석으로 표현한 것이다.

목록 3.69 바람직한 모듈 구조

```
module;                   // 전역 모듈 조각

#include <아직 모듈화되지 않은 라이브러리 헤더들>

export module math;       // 모듈 선언. 여기서부터 모듈 범위가 시작한다.

import <들여올 다른 모듈들>

<내보내지 않을 선언들>   // 이 모듈 안에서만 보이는 이름들

export namespace math {

    <내보낼 선언들>        // 모듈 사용자가 보게 될 이름들

}
```

목록 3.69는 모듈의 바람직한 기본 구조를 보여준다. 대부분 앞에서 이야기한 요소들로 구성되어 있는데, 간단히 정리하자면 다음과 같다.

- module로 시작하는 전역 모듈 조각은 생략할 수 있다. 전역 모듈 조각은 module 키워드와 모듈 선언 사이에서 모듈의 컴파일에 필요한 여러 헤더를 포함하는 용도로 쓰인다.
- export module math는 모듈 선언이다. 여기서부터 소위 '모듈 영역(module purview)'이 시작한다. 모듈 영역은 해당 번역 단위(§C.20)의 끝까지 이어진다.
- 모듈 영역의 시작 부분에서 다른 모듈들을 도입(import; 가져오기)할 수 있다. 도입된 모듈들은 모듈 링키지를 가지며, 모듈 외부에서는 볼 수 없다. 이 점은 내보내지 않은 선언들에도 적용된다.
- 모듈의 이름들을 math라는 이름공간에 담아서 내보낸다. 모듈 이름과 이름공간의 이름이 같게 했다.
- 이 모듈 파일은 내보낼 이름들을 선언하기만 한다. 실제 구현은 이와는 다른 모듈 파일에 담는다.
- 목록 3.69처럼 내보낼 이름들을 선언하기만 하는 모듈 파일을 모듈 인터페이스 단위라고 부르고, 실제 구현을 담은 모듈 파일을 모듈 구현 단위라고 부른다. 그럼 이러한 인터페이스와 구현의 분리를 좀 더 살펴보자.

3.2.7 모듈 인터페이스 단위와 모듈 구현 단위

모듈이 커지면, 그것을 하나의 모듈 인터페이스 단위(module interface unit)와 하나 이상의 모듈 구현 단위(module implementation unit)로 분할하는 것이 바람직하다. 그럼 이번 절의 주된 예제인 math 모듈을 §3.2.6의 바람직한 모듈 구조 및 인터페이스와 구현의 분리 원칙에 따라 리팩터링해 보자.

3.2.7.1 모듈 인터페이스 단위

목록 3.70 모듈 인터페이스 단위

```
 1  // mathInterfaceUnit.ixx
 2
 3  module;
 4
 5  #include <vector>
 6
 7  export module math;
 8
 9  export namespace math {
10
11     int add(int fir, int sec);
12
13     int getProduct(const std::vector<int>& vec);
14
15  }
```

- 모듈 인터페이스 단위에는 모듈 선언을 내보내는 문장이 있어야 한다. 행 7의 export module math가 바로 그것이다.
- 행 11과 13의 add와 getProduct는 이 모듈이 내보낼 이름들이다.
- 하나의 모듈에는 모듈 인터페이스 단위가 하나뿐이어야 한다.

3.2.7.2 모듈 구현 단위

목록 3.71 모듈 구현 단위

```
 1  // mathImplementationUnit.cpp
 2
 3  module;
 4
 5  #include <numeric>
 6
 7  module math;
 8
 9  namespace math {
```

```
10
11      int add(int fir, int sec) {
12          return fir + sec;
13      }
14
15      int getProduct(const std::vector<int>& vec) {
16          return std::accumulate(vec.begin(), vec.end(), 1, std::multiplies<int>());
17      }
18  }
```

- 모듈 구현 단위에도 모듈 선언이 있어야 하지만, export는 붙이지 않는다(행 3의 module math;)
- 하나의 모듈에 여러 개의 모듈 구현 단위가 있을 수 있다.

3.2.7.3 클라이언트 프로그램

목록 3.72 math 모듈을 사용하는 클라이언트 프로그램

```
1   // client3.cpp
2
3   #include <iostream>
4   #include <vector>
5
6   import math;
7
8   int main() {
9
10      std::cout << '\n';
11
12      std::cout << "math::add(2000, 20): " << math::add(2000, 20) << '\n';
13
14      std::vector<int> myVec{1, 2, 3, 4, 5, 6, 7, 8, 9, 10};
15
16      std::cout << "math::getProduct(myVec): " << math::getProduct(myVec) << '\n';
17
18      std::cout << '\n';
19
20  }
```

행 6은 math 모듈을 도입한다. 이에 의해 math라는 이름공간이 현재 범위에 포함된다. 이후부터는 통상적인 방식으로 해당 이름공간의 이름들(지금 예에서는 모듈이 내보낸 함수들)을 사용하면 된다.

설명 도중에 컴파일러에 의존적인 내용이 있으면 다음처럼 개별적인 '팁' 글상자로 표시하겠다. 예제들을 직접 실행해 보려는 독자에게 귀중한 정보가 될 것이다.

🔑 **MSVC 컴파일러로 모듈을 사용하는 프로그램의 실행 파일 만들기**

다음은 모듈 인터페이스 단위와 모듈 구현 단위로 분리된 모듈을 사용하는 프로그램을 MSVC 컴파일러로 컴파일하고 빌드하는 과정이다.

목록 3.73 모듈을 사용하는 프로그램의 빌드 과정

```
1  cl.exe /c /std:c++latest mathInterfaceUnit.ixx /EHsc
2  cl.exe /c /std:c++latest mathImplementationUnit.cpp /EHsc
3  cl.exe /c /std:c++latest client3.cpp /EHsc
4  cl.exe client3.obj mathInterfaceUnit.obj mathImplementationUnit.obj
```

- 행 1은 모듈 인터페이스 단위로부터 목적 파일 mathInterfaceUnit.obj와 모듈 인터페이스 파일 math.ifc를 생성한다.
- 행 2는 모듈 구현 단위로부터 목적 파일 mathImplementationUnit.obj를 생성한다.
- 행 3은 클라이언트 소스 코드로부터 목적 파일 client3.obj를 생성한다.
- 행 4는 목적 파일들을 링크해서 실행 파일 client3.exe를 생성한다.

/EHsc는 예외 처리 모형을 지정하는 옵션이고(이 옵션은 필수이다), /experimental: module 모듈 기능을 활성화하는 옵션이다.

다음은 최종 실행 파일의 출력이다.

그림 3.41 client2.exe 프로그램의 실행 결과

3.2.8 하위 모듈과 모듈 분할

모듈이 더욱더 커지면 단순히 모듈 인터페이스 단위와 모듈 구현 단위로 분리하는 것을 넘어서, 모듈 자체를 좀 더 작은 조각으로 나누어서 관리할 필요가 있다. 이를 위해 C++20의 모듈 기능은 하위 모듈(submodule)과 모듈 분할(module partition)이라는 두 가지 접근 방식을 제공한다.

3.2.8.1 하위 모듈

하나의 모듈이 다른 여러 모듈을 도입한 후 다시 내보낼 수 있다.

다음 예제에서, math 모듈은 하위 모듈 math.math1과 math.math2를 도입해서 다시 내보낸다.

목록 3.74 math 모듈

```
// mathModule.ixx

export module math;

export import math.math1;
export import math.math2;
```

export import math.math1은 math.math1이라는 하위 모듈을 도입하고 그것을 math 모듈의 일부로서 다시 내보낸다.

예제를 완성하기 위해 하위 모듈 math.math1과 math.math2도 제시하겠다. 이들이 math 모듈의 하위 모듈임을 나타내기 위해 모듈 이름에 마침표를 사용했지만, 이는 그저 하나의 명명 관례일 뿐 모듈의 문법 자체가 요구하는 것은 아니다.

목록 3.75 하위 모듈 math.math1

```
// mathModule1.ixx

export module math.math1;

export int add(int fir, int sec) {
    return fir + sec;
}
```

목록 3.76 하위 모듈 math.math2

```
// mathModule2.ixx

export module math.math2;

export {
    int mul(int fir, int sec) {
        return fir * sec;
    }
}
```

코드를 자세히 살펴보면 두 하위 모듈의 export 문들이 그 형태가 조금 다르다. math.math1은 개별 내보내기 방식을 사용했지만 math.math2는 (비록 이름이 하나뿐이지만) 그룹 내보내기 방식을 사용했다.

모듈을 하위 모듈들로 조직화하든 아니든 클라이언트의 관점에서는 차이가 없다. 그냥 math 모듈을 import로 도입해서 사용하면 된다.

목록 3.77 클라이언트 프로그램

```
// mathModuleClient.cpp

#include <iostream>

import math;

int main() {

    std::cout << '\n';

    std::cout << "add(3, 4): " << add(3, 4) << '\n';
    std::cout << "mul(3, 4): " << mul(3, 4) << '\n';

}
```

이전처럼 프로그램을 컴파일하고 실행하면 기대한 대로의 결과가 나온다.

그림 3.42 하위 모듈을 이용한 모듈 예제의 출력

🔑 **SVC 컴파일러로 하위 모듈들을 사용하는 프로그램의 실행 파일 만들기**

목록 3.78 모듈과 하위 모듈들로부터 실행 파일을 구축하는 과정

```
cl.exe /c /std:c++latest mathModule1.ixx /EHsc
cl.exe /c /std:c++latest mathModule2.ixx /EHsc
cl.exe /c /std:c++latest mathModule.ixx /EHsc
cl.exe /EHsc /std:c++latest mathModuleClient.cpp mathModule1.obj ^
mathModule2.obj mathModule.obj
```

처음 세 행은 두 하위 모듈과 그것들을 도입해서 내보내는 모듈을 컴파일한다. 각각 두 가지 파일을 산출하는데, 하나는 확장자가 .ifc인 IFC 파일(모듈 인터페이스 파일)이고 다른 하나는 확장자가 .obj인 목적 파일이다. 실행 파일을 만드는 마지막 행을 보면 목적 파일들은 명시적으로 지정했지만 IFC 파일들은 지정하지 않았다. IFC 파일들은 컴파일러가 스스로 찾아서 사용한다.

하위 모듈도 하나의 모듈임을 기억하기 바란다. 각각의 하위 모듈에는 하나의 모듈 선언이 있으며, 다른 모듈에 포함되지 않고 독립적으로 쓰일 수 있다.

목록 3.79는 이 점을 보여주는 예제이다. 이 프로그램은 **math.math1** 모듈을 직접 도입해서 사용한다.

목록 3.79 하위 모듈 math.math1을 직접 사용하는 프로그램

```cpp
// mathModuleClient1.cpp

#include <iostream>

import math.math1;

int main() {

    std::cout << '\n';

    std::cout << "add(3, 4): " << add(3, 4) << '\n';

}
```

그림 3.43 하위 모듈을 직접 사용하는 예

모듈을 하위 모듈들로 나누어서 조직화하면 모듈의 사용자는 모듈에서 자신이 원하는 기능만을 좀 더 세밀하게 도입해서 사용할 수 있게 된다. 이러한 장점은 다음에서 이야기하는 모듈 분할에는 적용되지 않는다.

3.2.8.2 모듈 분할

C++20은 하나의 모듈을 다수의 '분할(partition)'들로 쪼개는 기능을 제공한다. 하나의 분할은 하나의 모듈 인터페이스 단위(분할 인터페이스 파일)와 0개 이상의 모듈 구현 단위(§3.2.7 "모듈 인터페이스 단위와 모듈 구현 단위" 참고)로 구성된다. 이러한 분할들을 하나로 통합하는 모듈 파일을 1차(primary) 모듈 인터페이스 단위 또는 1차 인터페이스 파일이라고 부른다. 1차 모듈 인터페이스 단위는 분할들이 내보낸 이름들을 도입해서 다시 내보낸다. 한 분할의 이름들은 반드시 모듈(1차 모듈 인터페이스 단위가 선언하는)의 이름으로 시작해야 한다. 하위 모듈과는 달리 분할은 독립적으로 쓰일 수 없다.

다소 설명이 복잡했지만, 구현 자체는 상당히 간단하다. 목록 3.80, 3.81,

3.82는 §3.2.8.1 "하위 모듈"의 math 모듈과 그 하위 모듈 math.math1, math.math2를 모듈 분할들로 재작성한 것이다. §3.2.8.1의 예제들과 비교해 보기 바란다.

목록 3.80 1차 인터페이스 파일

```
1  // mathPartition.ixx
2
3  export module math;
4
5  export import :math1;
6  export import :math2;
```

1차 인터페이스 파일은 먼저 모듈을 선언하고(행 3), 분할 math1과 math2를 도입해서 다시 내보낸다(행 5와 6). 분할 이름의 콜론(:)은 그것이 하나의 모듈 분할임을 뜻한다. 콜론 앞에는 그 분할이 속한 모듈의 이름이 나와야 하지만, 지금처럼 1차 인터페이스 단위 안에서는 생략할 수 있다.

목록 3.81 첫 모듈 분할

```
1  // mathPartition1.ixx
2
3  export module math:math1;
4
5  export int add(int fir, int sec) {
6      return fir + sec;
7  }
```

목록 3.82 둘째 모듈 분할

```
1  // mathPartition2.ixx
2
3  export module math:math2;
4
5  export {
6      int mul(int fir, int sec) {
7          return fir * sec;
8      }
9  }
```

보통의 모듈 선언과 비슷하게, export module math:math1과 export module math:math2는 모듈 인터페이스 분할을 선언한다. 모듈 인터페이스 분할의 구조는 모듈 인터페이스 단위의 구조와 기본적으로 동일하다. 분할 선언에서 math는 이 분할이 속한 모듈의 이름이고 콜론 다음의 math1이나 math2는 분할의 이름이다.

목록 3.83 모듈 분할을 사용하는 클라이언트 프로그램

```cpp
// mathModuleClient.cpp

#include <iostream>

import math;

int main() {

    std::cout << '\n';

    std::cout << "add(3, 4): " << add(3, 4) << '\n';
    std::cout << "mul(3, 4): " << mul(3, 4) << '\n';

}
```

이미 짐작했겠지만, 모듈을 어떤 방식으로 구성하든 그것을 사용하는 클라이언트 프로그램은 다를 바가 없다. 목록 3.83은 §3.2.8.1 "하위 모듈"의 목록 3.77과 정확히 동일하며, 클라이언트 프로그램을 빌드하는 방법과 실행 결과 역시 이전과 기본적으로 동일하다.

그림 3.44 모듈 분할을 이용한 모듈 예제의 실행 결과

3.2.9 모듈 안의 템플릿

모듈과 관련해서 내가 흔히 받는 질문은 "모듈에서 템플릿을 내보내려면 어떻게 하나요?"이다. 템플릿을 인스턴스화하려면 템플릿의 정의가 필요하다. 템플릿 정의를 헤더 파일에 담는 것은 바로 이 때문이다. 논의를 위해, 템플릿이 쓰이는 기본적인 방식을 모듈을 사용하지 않을 때와 사용할 때로 나누어서 살펴보자.

3.2.9.1 모듈을 사용하지 않을 때

헤더 파일 templateSum.h

목록 3.84 함수 템플릿 sum의 정의

```cpp
// templateSum.h

template <typename T, typename T2>
```

```
auto sum(T fir, T2 sec) {
    return fir + sec;
}
```

주 프로그램 sumMain.cpp

목록 3.85 함수 템플릿 sum을 사용하는 프로그램

```
// sumMain.cpp

#include <templateSum.h>

int main() {

    sum(1, 1.5);

}
```

주 프로그램(sumMain.cpp)은 templateSum.h 헤더 파일을 직접 포함시킨다. main 함수의 sum(1, 1.5)에 의해 템플릿 인스턴스화가 진행된다. 이 경우 컴파일러는 함수 템플릿 sum으로부터 int 하나와 double 하나를 받는 구체적인 함수 sum을 생성한다. C++ Insights[46]를 이용하면 컴파일러가 어떤 코드를 생성하는지를 눈으로 확인할 수 있다.

3.2.9.2 모듈을 사용할 때

C++20의 모듈은 템플릿을 지원한다. 내부적으로 모듈은 소스 코드도 아니고 어셈블리도 아닌 고유한 형식으로 표현된다. 이 표현은 일종의 추상 구문 트리(abstract syntax tree, AST)[47]이다. 모듈을 AST로 표현하는 덕분에, 템플릿 인스턴스화 과정에서 컴파일러가 모듈에 담긴 템플릿 정의를 사용할 수 있다.

이번 예제의 math 모듈은 sum이라는 함수 템플릿을 정의한다.

모듈 파일 mathModuleTemplate.ixx

목록 3.86 함수 템플릿 sum을 정의하는 모듈

```
// mathModuleTemplate.ixx

export module math;

export namespace math {
```

---

46 *https://cppinsights.io/*
47 *https://en.wikipedia.org/wiki/Abstract_syntax_tree*

```
    template <typename T, typename T2>
    auto sum(T fir, T2 sec) {
        return fir + sec;
    }

}
```

주 프로그램 clientTemplate.cpp

목록 3.87 모듈에 있는 함수 템플릿 sum을 사용하는 클라이언트 프로그램

```
// clientTemplate.cpp

#include <iostream>
import math;

int main() {

    std::cout << '\n';

    std::cout << "math::sum(2000, 11): " << math::sum(2000, 11) << '\n';

    std::cout << "math::sum(2013.5, 0.5): " << math::sum(2013.5, 0.5) << '\n';

    std::cout << "math::sum(2017, false): " << math::sum(2017, false) << '\n';

}
```

이 예제 프로그램을 컴파일하는 과정은 §3.2.4 "컴파일러 지원"에서 말한 것과 동일하므로, 해당 명령들은 생략하겠다. 그림 3.43은 이 프로그램의 출력이다.

그림 3.45 모듈에 있는 함수 템플릿 sum을 사용하는 프로그램의 출력

이러한 용법을 지원하기 위해, C++20은 모듈과 함께 새로운 종류의 링키지를 도입했다.

3.2.10 모듈 링키지

C++20 이전에는 C++이 두 종류의 링키지^{linkage}(연결성, 링크 규약)를 지원했다. 하나는 내부 링키지이고 다른 하나는 외부 링키지이다.

- **내부 링키지**(internal linkage): 내부 링키지를 가진 이름은 해당 번역 단위 (§C.20) 바깥에서는 접근할 수 없다. static으로 선언된 이름공간 범위 이름들과 익명 이름공간의 이름들이 내부 링키지를 가진다.

- **외부 링키지**(external linkage): 외부 링키지를 가진 이름은 해당 번역 단위의 바깥에서도 접근할 수 있다. static으로 선언되지 않은 이름들, 클래스 형식들과 그 멤버들, 변수들, 템플릿들은 외부 링키지를 가진다.

C++20에 모듈이 도입되면서 모듈 링키지가 생겼다.

- **모듈 링키지**^{module linkage}: 모듈 링키지를 가진 이름은 해당 모듈 안에서만 접근할 수 있다. 모듈 안에서 선언된 이름 중 외부 링키지가 아니며 모듈이 내보내지 않은 이름은 모듈 링키지를 가진다.

목록 3.88은 모듈 링키지가 어떻게 작용하는지 보여주기 위한 예제로, §3.2.9.2의 mathModuleTemplate.ixx(목록 3.86)를 조금 수정한 것이다. 이번에는 함수 템플릿 sum이 수치들의 합뿐만 아니라 컴파일러가 연역(deduction)한† 그 합의 형식도 돌려준다.

목록 3.88 개선된 함수 템플릿 sum의 정의

```
1   // mathModuleTemplate1.ixx
2
3   module;
4
5   #include <iostream>
6   #include <typeinfo>
7   #include <utility>
8
9   export module math;
10
11  template <typename T>
12  auto showType(T&& t) {
13      return typeid(std::forward<T>(t)).name();
14  }
15
16  export namespace math {
17
18      template <typename T, typename T2>
19      auto sum(T fir, T2 sec) {
20          auto res = fir + sec;
21          return std::make_pair(res, showType(res));
22      }
```

---

† [옮긴이] 다른 프로그래밍 언어들에서는 흔히 추론(inference)이라는 용어를 사용하지만 C++에서는 좀 더 구체적으로 '연역'을 사용한다. 추론 방법은 연역, 귀납, 귀추 등 다양하지만, (적어도 C++에서) 형식을 추론하는 데 가장 적합한 방법은 연역일 것이다(http://occamsrazr.net/tt/311 참고).

```
23
24    }
```

이전에는 함수 템플릿 sum이 수치들의 합만 돌려주었지만, 이번에는 그 합과 그 합의 형식을 나타내는 문자열로 이루어진 하나의 std::pair[48] 객체를 돌려준다(행 21). 형식 식별자를 돌려주는 템플릿 showType이, 이 모듈이 내보내는 이름공간 math(행 16)의 바깥에(행 11) 정의되어 있음을 주목하기 바란다. 이 때문에 math 모듈 바깥에서는 showType을 직접 호출하지 못한다. showType은 함수 인수 t의 값 범주(value category)를 보존하기 위해 소위 '완벽 전달(perfect forwarding)'[49]을 사용한다. typeid 연산자[50]는 실행 시점에서 주어진 형식에 대한 정보를 조회한다. 이런 연산을 실행 시점 형식 식별(run-tim type identification, RTTI)[51]이라고 부른다.

목록 3.89 개선된 함수 템플릿 sum을 사용하는 프로그램[†]

```
1    // clientTemplate1.cpp
2
3    #include <iostream>
4    import math;
5
6    int main() {
7
8        std::cout << '\n';
9
10       auto [val, message] = math::sum(2000, 11);
11       std::cout << "math::sum(2000, 11): " << val << "; type: " << message << '\n';
12
13       auto [val1, message1] =  math::sum(2013.5, 0.5);
14       std::cout << "math::sum(2013.5, 0.5): " << val1 << "; type: " << message1
15               << '\n';
16
17       auto [val2, message2] =  math::sum(2017, false);
18       std::cout << "math::sum(2017, false): " << val2 << "; type: " << message2
19               << '\n';
20
21   }
```

개선된 예제 프로그램은 수치들의 합뿐 아니라 컴파일러가 자동으로 연역한 합의 형식을 나타내는 문자열도 출력한다.

---

48 *https://en.cppreference.com/w/cpp/utility/pair*
49 *https://www.modernescpp.com/index.php/perfect-forwarding*
50 *https://en.cppreference.com/w/cpp/language/typeid*
51 *https://en.cppreference.com/w/cpp/types*
†   [옮긴이] 참고로, 행 10, 13, 17에는 C++17에서 도입된 '구조적 바인딩(structured binding)'이 쓰였다.

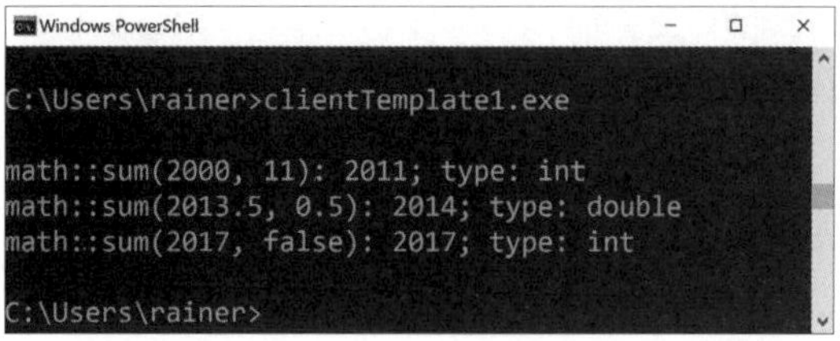

그림 3.46 개선된 함수 템플릿 sum을 사용하는 프로그램

3.2.11 헤더 단위

헤더 단위(header unit)는 전통적인 헤더에서 모듈로 매끄럽게 넘어가기 위한 수단이다. 적용 방법은 간단하다. 그냥 기존의 #include 지시문에서 #include 지시자를 새로운 import 지시자로 바꾸고 지시문 끝에 세미콜론을 붙이면 된다.

목록 3.90 #include 지시문을 import 지시문으로 바꾸기

```
#include <vector>       => import <vector>;
#include "myHeader.h"   => import "myHeader.h";
```

두 가지 사항을 덧붙이자면, 첫째로 import는 #include와 동일한 방식으로 해당 헤더를 찾는다. 즉, "myHeader.h"처럼 헤더의 이름을 큰따옴표로 감싼 경우 컴파일러는 먼저 현재 디렉터리에서 해당 헤더 파일을 찾은 후 없으면 시스템 검색 경로를 살펴본다.[†]

둘째로, 이것은 단순한 텍스트 치환이 아니다. 컴파일러는 import 지시문으로부터 모듈 비슷한 어떤 것을 생성해서 그것을 모듈처럼 취급한다. 컴파일러는 도입된 헤더 단위에 있는 모든 내보내기 가능(exportable) 이름을 마치 모듈에서 export를 지정한 이름처럼 내보낸다. 그러한 이름에는 매크로가 포함된다. 이런 합성된 헤더 단위의 도입은 #include를 이용한 통상적인 헤더 파일 포함보다 빠르다. 그 속도는 미리 컴파일된 헤더[52]와 비견할 수 있는 수준이다.

🔑 **모듈은 미리 컴파일된 헤더가 아니다**

미리 컴파일된 헤더(precompiled header)는 컴파일러가 좀 더 빠르게 처리하기 위해 헤더를 중간 형태로 컴파일해 둔 것이다. 미리 컴파일된 헤더 기능은 C++ 표준이 정의하는 것이 아니며, 컴파일러들이 각자 나름의 방식으로 구현한다. MSVC 컴파일러는 미리 컴파일된 헤더에 .pch 확장자를 사용하는 반면 GCC는 .gch를 사용한다. 미

---

† [옮긴이] 참고로, <와 >로 감싼 헤더의 위치나 그 형식은 전적으로 구현(컴파일러)이 결정한다. 그런 헤더가 반드시 파일 시스템의 한 파일이라는 보장도 없다.

52 *https://en.wikipedia.org/wiki/Precompiled_header*

리 컴파일된 헤더와 모듈의 주된 차이점은, 모듈은 이름들을 선택적으로 내보낼 수 있다는 것이다(§3.2.5 참고). 모듈 밖에서는 모듈이 내보낸 이름들만 볼 수 있다.

그럼 헤더 단위를 실제로 사용해 보자.

3.2.11.1 헤더 단위 사용

이번 예제는 파일 세 개로 이루어진다. 헤더 파일 head.h는 hello 함수를 선언하고, 구현 파일 head.cpp는 hello 함수를 정의하고, 클라이언트 파일 helloWorld3.cpp는 hello 함수를 사용한다.

목록 3.91 헤더 파일 head.h

```
// head.h

#include <iostream>

void hello();
```

head.h는 그냥 통상적인 헤더 파일이다. 특별한 손길이 필요한 것은 구현 파일 head.cpp와 클라이언트 파일 helloWorld3.cpp 뿐이다. 이들은 #include 지시문 대신 import "head.h";을 이용해서 이 헤더를 도입한다.

목록 3.92 헤더 단위를 도입하는 구현 파일 head.cpp

```
// head.cpp

import "head.h";

void hello() {

    std::cout << '\n';

    std::cout << "Hello World: header units\n";

    std::cout << '\n';

}
```

목록 3.93 헤더 단위를 도입하는 주 프로그램 helloWorld3.cpp

```
// helloWorld3.cpp

import "head.h";

int main() {
```

```
    hello();

}
```

다음은 MSVC 컴파일러를 이용해서 이 예제 프로그램을 빌드하는 과정이다.†

목록 3.94 헤더 파일로부터 모듈 head.h.ifc를 생성해서 적용

```
1  cl.exe /std:c++latest /EHsc /exportHeader head.h
2  cl.exe /c /std:c++latest /EHsc /headerUnit head.h=head.h.ifc head.cpp
3  cl.exe /std:c++latest /EHsc /headerUnit head.h=head.h.ifc helloWorld3.cpp head.obj
```

- 행 1의 /exporHeader 옵션에 의해 헤더 파일 head.h로부터 IFC 파일 head. h.ifc가 만들어진다.
- 행 2와 행 3은 헤더 단위를 이용해서 각각 구현 파일 head.cpp과 helloWordl3. cpp 파일을 컴파일한다. /headerUnit head.h=head.h.ifc 옵션은 헤더 파일 head.h에 해당하는 헤더 단위 IFC 파일이 head.h.ifc임을 컴파일러에 알려 준다.

그림 3.47 헤더 단위 예제의 출력

3.2.11.2 한 가지 단점

헤더 단위에는 한 가지 단점이 있다. 바로, 모든 헤더를 이런 식으로 도입할 수 는 없다는 것이다. 어떤 헤더가 도입 가능인지는 구현(컴파일러)이 정의한다.[53] 단, C++ 표준은 표준 라이브러리의 모든 헤더는 도입 가능한 헤더임을 보장한 다. C 헤더들은 무조건 도입 불가이다. C++ 표준 라이브러리의 C 헤더들은 그 냥 해당 C 표준 라이브러리의 헤더를 std 이름공간에 포함시키는 역할만 한다. 예를 들어 <cstring>은 C의 <string.h>를 감싼 것일 뿐이다. 일반적으로, C 표준 라이브러리의 헤더 xxx.h는 C++ 표준 라이브러리의 헤더 cxxx에 대응된다.

---

† [옮긴이] GCC도 헤더 단위를 지원한다. 옮긴이 블로그의 "g++ 11에서 C++20 헤더 단위 사용하기" (*http://occamsrazr.net/tt/375*)를 참고하기 바란다. 또한, "Visual Studio 2019에서 C++20 헤더 단위 사용 하기"(*http://occamsrazr.net/tt/373*)에는 Visual Studio IDE에서 헤더 단위를 사용하는 방법이 나와 있다.

53 *https://en.cppreference.com/w/cpp/language/ub*

> 🛈 **모듈 요약**
>
> - 모듈은 헤더의, 특히 매크로의 단점을 극복한다. 컴파일 시 모듈을 도입하는 비용은 사실상 0이며, 도입 순서에 따른 차이가 없다. 또한, 이름 충돌 문제도 거의 없다.
> - 일반적으로 하나의 모듈은 모듈 인터페이스 단위와 모듈 구현 단위로 구성된다. 모듈을 선언하는 모듈 인터페이스 단위는 하나의 모듈에 단 하나만 있어야 한다. 반면 모듈 구현 단위는 여러 개일 수 있다. 모듈 인터페이스 안에 있는, 내보내지 않은 이름들은 모듈 링키지를 가진다. 그런 이름들은 모듈 외부에서 사용할 수 없다.
> - 모듈 안에서 다른 헤더들을 포함할 수 있으며, 다른 모듈을 도입해서 다시 내보낼 수 있다.
> - C++20의 표준 라이브러리는 아직 모듈화되지 않았다. 그리고 모듈에 대한 컴파일러들의 지원도 아직 성숙하지 않았기 때문에, 모듈을 만들고 빌드하기가 쉽지는 않다.
> - 대형 소프트웨어 시스템의 구축을 위해 모듈은 두 가지 조직화 수단을 제공하는데, 하나는 하위 모듈이고 다른 하나는 모듈 분할이다. 분할과는 달리 하위 모듈은 독립적으로 사용할 수 있다.
> - 헤더에서 모듈로의 손쉬운 전환을 위해 C++20 모듈은 헤더 단위라는 기능을 제공한다. 이론적으로는, 그냥 #include를 import로 바꾸기만 하면 컴파일러가 자동으로 모듈을 생성해 준다.

3.3 3중 비교 연산자

그림 3.48 키를 재는 시피

3중 비교 연산자 <=>를 흔히 우주선(spaceship) 연산자라고 부른다. 주어진 두 값 A와 B에 대해 우주선 연산자는 A < B인지, 아니면 A == B인지, 아니면 A > B 인지를† 판정한다. 특정한 형식에 대해 3중 비교 연산자를 여러분이 직접 정의할

---

† [옮긴이] 반드시 이 순서대로 비교를 수행하는 것은 아니다.

수도 있고, 컴파일러가 자동으로 생성하게 할 수도 있다.

3중 비교 연산자의 장점을 보여주기 위해, 먼저 이 연산자가 없던 시절에는 두 값의 순서(대소 관계)를 어떻게 판정했는지 살펴보자.

3.3.1 C++20 이전의 순서 판정

목록 3.95는 기본 형식 int를 감싼 MyInt라는 클래스를 보여준다. MyInt는 int처럼 행동해야 하므로, 두 MyInt의 대소 관계를 비교할 수 있어야 한다. 이를 위해 MyInt에 대한 미만(less than) 연산자를 MyInt에 정의했고, 이 연산자를 시험해 보기 위한 함수 템플릿 isLessThan도 정의했다.

목록 3.95 MyInt는 미만 비교를 지원한다.

```cpp
// comparisonOperator.cpp
#include <iostream>
struct MyInt {
    int value;
    explicit MyInt(int val): value{val} { }
    bool operator < (const MyInt& rhs) const {
        return value < rhs.value;
    }
};
template <typename T>
constexpr bool isLessThan(const T& lhs, const T& rhs) {
    return lhs < rhs;
}
int main() {
    std::cout << std::boolalpha << '\n';
    MyInt myInt2011(2011);
    MyInt myInt2014(2014);
    std::cout << "isLessThan(myInt2011, myInt2014): "
              << isLessThan(myInt2011, myInt2014) << '\n';
    std::cout << '\n';
}
```

프로그램은 예상한 대로 잘 작동한다.

그림 3.49 미만 연산자 점검

그런데 미만 연산자만으로는 `MyInt`를 직관적으로 사용하기 어렵다. 여섯 가지 순서 관계 중 하나를 정의했다면, 나머지 관계들도 모두 정의해야 한다. 어떠한 형식을 직관적으로 사용할 수 있으려면 적어도 '준정규 형식'(§3.1.9.2)의 요건을 충족해야 한다. 다음은 나머지 다섯 비교 연산자들인데, 틀에 박힌 코드가 되풀이되는 모습을 볼 수 있다.

목록 3.96 나머지 다섯 비교 연산자

```cpp
bool operator == (const MyInt& rhs) const {
    return value == rhs.value;
}
bool operator != (const MyInt& rhs) const {
    return !(*this == rhs);
}
bool operator <= (const MyInt& rhs) const {
    return !(rhs < *this);
}
bool operator > (const MyInt& rhs)  const {
    return rhs < *this;
}
bool operator >= (const MyInt& rhs) const {
    return !(*this < rhs);
}
```

C++20의 3중 비교 연산자를 이용하면 코드의 중복을 크게 줄일 수 있다.

3.3.2 C++20부터의 순서 판정

3중 비교 연산자를 직접 정의하거나 `= default`를 지정해서 컴파일러가 자동으로 생성하게 하면, 여섯 가지 비교 연산자(`==`, `!=`, `<`, `<=`, `>`, `>=`)가 모두 자동으로 생긴다.

목록 3.97 3중 비교 연산자의 정의 및 자동 생성

```cpp
1  // threeWayComparison.cpp
2
3  #include <compare>
4  #include <iostream>
5
6  struct MyInt {
7      int value;
8      explicit MyInt(int val): value{val} { }
9      auto operator<=>(const MyInt& rhs) const {
10         return value <=> rhs.value;
11     }
```

```
12  };
13
14  struct MyDouble {
15      double value;
16      explicit constexpr MyDouble(double val): value{val} { }
17      auto operator<=>(const MyDouble&) const = default;
18  };
19
20  template <typename T>
21  constexpr bool isLessThan(const T& lhs, const T& rhs) {
22      return lhs < rhs;
23  }
24
25  int main() {
26
27      std::cout << std::boolalpha << '\n';
28
29      MyInt myInt1(2011);
30      MyInt myInt2(2014);
31
32      std::cout << "isLessThan(myInt1, myInt2): "
33                << isLessThan(myInt1, myInt2) << '\n';
34
35      MyDouble myDouble1(2011);
36      MyDouble myDouble2(2014);
37
38      std::cout << "isLessThan(myDouble1, myDouble2): "
39                << isLessThan(myDouble1, myDouble2) << '\n';
40
41      std::cout << '\n';
42
43  }
```

그림 3.50에서 보듯이, 직접 정의한 3중 비교 연산자(행 9)와 컴파일러가 생성한 3중 비교 연산자(행 17) 모두 기대한 대로 작동한다.

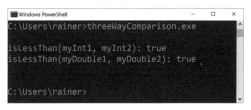

그림 3.50 사용자 정의 및 컴파일러 생성 우주선 연산자의 사용

그런데 이 예제의 경우 사용자 정의 3중 비교 연산자와 컴파일러가 생성한(이하 간단히 '컴파일러 생성') 3중 비교 연산자 사이에는 미묘한 차이가 있다. MyInt

의 우주선 연산자(행 9)에 대해 컴파일러가 연역한 반환 형식은 강 순서(strong order)를 지원하지만, MyDouble의 우주선 연산자(행 9)에 대해 컴파일러가 연역한 반환 형식은 부분 순서(partial ordering)를 지원한다.

⚠ **포인터 자동 비교**

컴파일러 생성 3중 비교 연산자는 포인터들에도 작동하지만, 포인터가 가리키는 객체가 아니라 포인터 자체(객체의 주소)를 비교한다는 점을 주의해야 한다.

목록 3.98 포인터 자동 비교

```cpp
1  // spaceshipPoiner.cpp
2
3  #include <iostream>
4  #include <compare>
5  #include <vector>
6
7  struct A {
8      std::vector<int>* pointerToVector;
9      auto operator <=> (const A&) const = default;
10 };
11
12 int main() {
13
14     std::cout << '\n';
15
16     std::cout << std::boolalpha;
17
18     A a1{new std::vector<int>()};
19     A a2{new std::vector<int>()};
20
21     std::cout << "(a1 == a2): " << (a1 == a2) << "\n\n";
22
23 }
```

놀랍게도 a1 == a2(행 21)의 결과는 true가 아니라 false이다. 이는 std::vector<int>*의 주소들을 비교했기 때문이다.

```
(a1 == a2): false
```

그림 3.51 포인터 비교

그럼 3중 비교 연산자와 관련된 C++20의 순서 관계 또는 '비교 범주(comparison category)' 세 가지를 살펴보자.

3.3.3 비교 범주

C++20의 비교 범주는 강 순서, 약 순서(weak ordering), 부분 순서 세 가지이다. 형식 T의 비교 범주가 셋 중 어떤 것인지는 다음 세 가지 성질의 성립 여부에 따라 결정된다.

1. T가 여섯 가지 비교 연산자(==, !=, <, <=, >, >=)를 모두 지원한다. (관계 연산자 성질)
2. 동치(equivalent) 값들은 모두 구별할 수 없다. (동치 성질)
3. T의 모든 값이 비교 가능이다. 즉, T의 임의의 값 a와 b에 대해 반드시 a < b, a == b, a > b 중 하나가 참이다. (비교 가능 성질)

예를 들어 어떤 영문 문자열의 대소문자 구분 없는 표현을 정렬 기준으로 사용하는 경우, 동치 값들이 다르게 취급되지 않게 해야 한다. 더 나아가서, 임의의 두 부동소수점 값이 반드시 비교 가능은 아니다. a = 5.5와 b = NaN(NaN은 Not a Number, 즉 유효한 수가 아닌 어떤 값을 뜻한다)에 대해 a < Nan, a == Nan, a > Nan 모두 true가 아니다.

주어진 형식의 비교 범주는 이 세 가지 성질의 성립 여부에 따라 강 순서, 약 순서, 부분 순서 중 하나가 된다. 표 3.7이 이를 정리한 것이다.

표 3.7 강 순서, 약 순서, 부분 순서

비교 범주	관계 연산자	동치	비교 가능
강 순서	성립	성립	성립
약 순서	성립		성립
부분 순서	성립		

강 순서를 지원하는 형식은 암묵적으로 약 순서와 부분 순서를 지원한다. 약 순서도 마찬가지이다. 약 순서를 지원하는 형식은 암묵적으로 부분 순서를 지원한다. 반대 방향으로는 이런 함의 관계가 성립하지 않는다.

그림 3.52 강 순서, 약 순서, 부분 순서의 함의 관계

3중 비교 연산자의 반환 형식을 auto로 지정하면, 실제 반환 형식은 비교할 객체의 기반 객체와 멤버 하위 객체, 멤버 배열 요소들의 공통 비교 범주에 따라 결정된다.

다음은 지금까지 말한 규칙을 보여주는 예제이다.

목록 3.99 3중 비교 연산자의 비교 범주

```
1   // strongWeakPartial.cpp
2
3   #include <compare>
4
5   struct Strong {
6       std::strong_ordering operator <=> (const Strong&)  const = default;
7   };
8
9   struct Weak {
10      std::weak_ordering operator <=> (const Weak&)  const = default;
11  };
12
13  struct Partial {
14      std::partial_ordering operator <=> (const Partial&)  const = default;
15  };
16
17  struct StrongWeakPartial {
18
19      Strong s;
20      Weak w;
21      Partial p;
22
23      auto operator <=> (const StrongWeakPartial&)  const = default;
24
25      // OK
26      // std::partial_ordering operator <=>
27      //                  (const StrongWeakPartial&) const = default;
28
29      // 오류
30      // std::strong_ordering operator <=>
31      //                  const StrongWeakPartial&) const = default;
32      // std::weak_ordering operator <=>
33      //                  (const StrongWeakPartial&) const = default;
34
35  };
36
37  int main() {
38
39      StrongWeakPartial a1, a2;
40
41      a1 < a2;
```

```
42
43  }
```

StrongWeakPartial 형식(행 17)에는 강 순서를 지원하는 하위 형식(행 6)과 약 순서를 지원하는 하위 형식(행 10), 그리고 부분 순서를 지원하는 하위 형식(행 14)이 있다. 따라서 StrongWeakPartial의 비교 범주는 부분 순서이고, 3중 비교 연산자의 반환 형식은 부분 순서에 해당하는 std::partial_ordering이 된다. 이보다 더 강한 비교 범주를 사용하면 컴파일 오류가 발생하는데, 행 29는 강 순서를 사용하는 예이고 행 30은 약 순서를 사용하는 예이다.

다음 절에서는 컴파일러가 생성한 우주선 연산자를 좀 더 자세히 살펴본다.

3.3.4 컴파일러 생성 우주선 연산자

3중 비교 연산자를 컴파일러가 자동으로 생성하게 하려면 반드시 <compare> 헤더를 포함해야 한다. 컴파일러 자동 생성 3중 비교 연산자에는 암묵적으로 constexpr와 noexcept[54]가 적용된다. 컴파일러 자동 생성 3중 비교 연산자는 어휘순 비교(§3.3.4.3)를 수행한다.

이전 예제들에서는 <나 ==를 통해서 3중 비교 연산자를 간접적으로 사용했지만, 직접 사용하는 것도 가능하다.

3.3.4.1 3중 비교 연산자의 직접 사용

목록 3.100의 spaceship.cpp 프로그램은 우주선 연산자를 직접 사용한다.

목록 3.100 3중 비교 연산자의 직접 사용

```cpp
1   // spaceship.cpp
2
3   #include <compare>
4   #include <iostream>
5   #include <string>
6   #include <vector>
7
8   int main() {
9
10      std::cout << '\n';
11
12      int a(2011);
13      int b(2014);
```

---

54 https://www.modernescpp.com/index.php/c-core-guidelines-the-noexcept-specifier-and-operator

```
14    auto res = a <=> b;
15    if (res < 0) std::cout << "a < b" << '\n';
16    else if (res == 0) std::cout << "a == b" << '\n';
17    else if (res > 0) std::cout << "a > b" << '\n';
18
19    std::string str1("2014");
20    std::string str2("2011");
21    auto res2 = str1 <=> str2;
22    if (res2 < 0) std::cout << "str1 < str2" << '\n';
23    else if (res2 == 0) std::cout << "str1 == str2" << '\n';
24    else if (res2 > 0) std::cout << "str1 > str2" << '\n';
25
26    std::vector<int> vec1{1, 2, 3};
27    std::vector<int> vec2{1, 2, 3};
28    auto res3 = vec1 <=> vec2;
29    if (res3 < 0) std::cout << "vec1 < vec2" << '\n';
30    else if (res3 == 0) std::cout << "vec1 == vec2" << '\n';
31    else if (res3 > 0) std::cout << "vec1 > vec2" << '\n';
32
33    std::cout << '\n';
34
35 }
```

이 프로그램은 int(행 14), string(행 21), vector(행 28)에 대해 우주선 연산자를 사용한다. 그림 3.52는 이 프로그램의 출력이다.

```
a < b
str1 > str2
vec1 == vec2
```

그림 3.53 3중 비교 연산자의 직접 사용

앞에서 언급했듯이 이 비교들은 모두 constexpr(상수 표현식)이다. 따라서 컴파일 시점에서 비교를 수행하는 것도 가능하다.

3.3.4.2 컴파일 시점 비교

3중 비교 연산자는 암묵적으로 constexpr이므로 컴파일 시점 비교에 사용할 수있다. 다음은 목록 3.97의 threeWayComparison.cpp를 수정한 것으로, MyDouble 객체들을 컴파일 시점에서 비교한다.

목록 3.101 컴파일러 생성 비교 연산자의 컴파일 시점 비교

```
1  // threeWayComparisonAtCompileTime.cpp
2
```

```
 3  #include <compare>
 4  #include <iostream>
 5
 6  struct MyDouble {
 7      double value;
 8      explicit constexpr MyDouble(double val): value{val} { }
 9      auto operator<=>(const MyDouble&) const = default;
10  };
11
12  template <typename T>
13  constexpr bool isLessThan(const T& lhs, const T& rhs) {
14      return lhs < rhs;
15  }
16
17  int main() {
18
19      std::cout << std::boolalpha << '\n';
20
21      constexpr MyDouble myDouble1(2011);
22      constexpr MyDouble myDouble2(2014);
23
24      constexpr bool res = isLessThan(myDouble1, myDouble2);
25
26      std::cout << "isLessThan(myDouble1, myDouble2): "
27                << res << '\n';
28
29      std::cout << '\n';
30
31  }
```

행 24의 res는 컴파일 시점에서 그 값이 결정된다. 그림 3.54에서 보듯이 이 프로그램은 예상한 대로 작동한다.

그림 3.54 컴파일러 생성 비교 연산자의 컴파일 시점 비교

3.3.4.3 어휘순 비교

컴파일러 생성 3중 비교 연산자는 어휘순 비교를 사용한다. 지금 문맥에서 어휘순 비교(lexicographical comparison; 또는 사전순 비교)란, 모든 기반 클래스를 왼쪽에서 오른쪽으로 훑으면서 각 클래스의 모든 비정적(non-static) 멤버들을

그 선언 순서로 비교하는 것을 말한다. 한 가지 주의할 점은, 성능상의 이유로 C++20에서 컴파일러가 생성한 == 연산자와 !==는 그 행동 방식이 다르다는 점이다. 이러한 차이는 잠시 후에 "최적화된 == 연산자와 != 연산자" 팁에서 좀 더 이야기한다.

Microsoft C++ 팀 블로그의 글 "Simplify Your Code with Rocket Science: C++ 20's Spaceship Operator"[55]에 이러한 어휘순 비교에 관한 인상적인 예제가 나온다. 목록 3.102는 그 예제에 가독성을 위한 주석을 몇 개 추가한 것이다.

목록 3.102 어휘순 비교

```cpp
#include <compare>
struct Basics {
  int i;
  char c;
  float f;
  double d;
  auto operator<=>(const Basics&) const = default;
};

struct Arrays {
  int ai[1];
  char ac[2];
  float af[3];
  double ad[2][2];
  auto operator<=>(const Arrays&) const = default;
};

struct Bases : Basics, Arrays {
  auto operator<=>(const Bases&) const = default;
};

int main() {
  constexpr Bases a = { { 0, 'c', 1.f, 1. },                // Basics
                        { { 1 }, { 'a', 'b' }, { 1.f, 2.f, 3.f }, // Arrays
                        { { 1., 2. }, { 3., 4. } } } };
  constexpr Bases b = { { 0, 'c', 1.f, 1. },                // Basics
                        { { 1 }, { 'a', 'b' }, { 1.f, 2.f, 3.f }, // Arrays
                        { { 1., 2. }, { 3., 4. } } } };
  static_assert(a == b);
  static_assert(!(a != b));
  static_assert(!(a < b));
  static_assert(a <= b);
  static_assert(!(a > b));
  static_assert(a >= b);
}
```

55 https://devblogs.microsoft.com/cppblog/simplify-your-code-with-rocket-science-c20s-spaceship-operator/

아마 이 예제 코드에서 가장 생소한 부분은 우주선 연산자가 아니라, Base 객체를 집합체 초기화(§C.38)를 이용해서 초기화하는 행들(행 23과 26)일 것이다. 집합체 초기화 구문을 이용하면 클래스 형식(class, struct, union)의 멤버들을 직접 초기화할 수 있다. 단, 이는 모든 멤버가 public일 때만 가능하다. 지금 예제에서는 집합체 초기화 대신 중괄호 초기화를 사용할 수도 있다. 집합체 초기화는 §3.4 "지명 초기화"에서 자세히 이야기한다.

🔑 **최적화된 == 연산자와 != 연산자**

문자열이나 벡터와 비슷한 형식들에는 추가적인 최적화를 적용할 여지가 있다. 그런 형식들에서는 컴파일러가 생성한 3중 비교 연산자보다 더 빠르게 ==와 !=를 구현할 수 있다. 만일 두 객체의 길이가 다르면, 그 요소들을 일일이 비교할 필요 없이 두 객체가 다르다고 판정해도 안전하다. 반면 컴파일러 생성 3중 비교 연산자처럼 곧이곧대로 어휘순 비교를 사용하면, 예를 들어 한 문자열이 다른 문자열의 접두어에 해당하는 경우 그 접두어의 끝까지 모든 문자를 일일이 비교한 후에야 두 문자열이 다르다고 판단하게 된다. 표준 위원회도 이런 성능상의 문제점을 인식하고, 그 수정안을 담은 문서 P1185R2[56]를 발표했다. 이 개선안을 반영한 컴파일러는 문자열이나 벡터 같은 형식의 == 연산자와 != 연산자를 생성할 때 먼저 길이를 비교하고 필요할 때만 내용을 비교하는 방법을 적용한다.

이제, 3중 비교 연산자와 관련해서 C++에 추가된 새로운 기능 하나를 살펴보자. C++20은 3중 비교 연산자와 함께 '표현식 재작성'이라는 개념을 도입했다.

3.3.5 표현식 재작성

a < b 같은 표현식을 만난 컴파일러는 이 표현식을 3중 비교 연산자를 이용해서 (a <=> b) < 0이라는 표현식으로 '재작성(rewriting)'한다. 물론 이러한 재작성 규칙은 <뿐만 아니라 여섯 가지 비교 연산자 모두에 적용된다.

규칙은 간단하다. a OP b는 (a <=> b) OP 0이 된다. 더 나아가서, 만일 형식 a에서 형식 b로의 변환이 정의되지 않으면 컴파일러는 0 OP (b <=> a)라는 새 표현식을 생성한다. 예를 들어 (a <=> b) < 0이 유효하지 않으면 컴파일러는 0 < (b <=> a)를 생성한다. 본질적으로 비교 연산자들의 대칭성을 고려해서 표현식을 재작성한다.

다음은 표현식 재작성의 몇 가지 예를 보여주는 예제 프로그램이다.

목록 3.103 MyInt에 대한 표현식 재작성

```
 1   // rewritingExpressions.cpp
 2
 3   #include <compare>
 4   #include <iostream>
 5
 6   class MyInt {
 7    public:
 8       constexpr MyInt(int val): value{val} { }
 9       auto operator<=>(const MyInt& rhs) const = default;
10    private:
11       int value;
12   };
13
14   int main() {
15
16       std::cout << '\n';
17
18       constexpr MyInt myInt2011(2011);
19       constexpr MyInt myInt2014(2014);
20
21       constexpr int int2011(2011);
22       constexpr int int2014(2014);
23
24       if (myInt2011 < myInt2014) std::cout << "myInt2011 < myInt2014" << '\n';
25       if ((myInt2011 <=> myInt2014) < 0) std::cout << "myInt2011 < myInt2014" << '\n';
26
27       std::cout << '\n';
28
29       if (myInt2011 < int2014) std:: cout << "myInt2011 < int2014" << '\n';
30       if ((myInt2011 <=> int2014) < 0) std:: cout << "myInt2011 < int2014" << '\n';
31
32       std::cout << '\n';
33
34       if (int2011 < myInt2014) std::cout << "int2011 < myInt2014" << '\n';
35       if (0 < (myInt2014 <=> int2011)) std:: cout << "int2011 < myInt2014" << '\n';
36
37       std::cout << '\n';
38
39   }
```

행 24와 29, 34에서는 미만 연산자를 사용했고 각각의 다음 행에서는 우주선 연산자를 사용했다. 가장 흥미로운 것은 행 35이다. 이 행은 int2011 < myInt2014라는 표현식에 대해 컴파일러가 0 < (myInt2014 <=> int2011)이라는 표현식을 생성한다는 점을 보여준다.

```
myInt2011 < myInt2014
myInt2011 < myInt2014

myInt2011 < int2014
myInt2011 < int2014

int2011 < myInt2014
int2011 < myInt2014
```

그림 3.55 표현식 재정의

사실 MyInt에는 문제점이 하나 있다. 바로, 인수 하나를 받은 생성자(행 8)의 선언에 explicit이 없다는 점이다. MyInt(int val)처럼 인수 하나를 받은 생성자는 변환 생성자(conversion constructor)에 해당한다. 이 생성자 덕분에, int로의 암묵적 변환이 가능한 모든 정수 형식과 부동소수점 형식의 값으로부터 MyInt의 인스턴스를 생성할 수 있다.†

해결책은 MyInt(int val) 생성자의 선언에 explicit을 추가하는 것이다. 그러나 그렇게 하면 암묵적 변환이 비활성화되어서 MyInt와 int의 비교가 불가능해진다. 그래서 목록 3.104의 예제는 int를 위한 또 다른 3중 비교 연산자를 MyInt에 추가했다.

목록 3.104 int를 위한 또 다른 3중 비교 연산자

```cpp
1  // threeWayComparisonForInt.cpp
2
3  #include <compare>
4  #include <iostream>
5
6  class MyInt {
7   public:
8      constexpr explicit MyInt(int val): value{val} { }
9
10     auto operator<=>(const MyInt& rhs) const = default;
11
12     constexpr auto operator<=>(const int& rhs) const {
13         return value <=> rhs;
14     }
15   private:
16     int value;
17  };
18
```

---

† [옮긴이] 이런 변환이 의도적인 것이라면 문제가 없겠지만, 그냥 실수로 explicit을 빼먹은 후 예기치 않은 변환 생성 때문에 낭패를 볼 때도 많다.

```
19  template <typename T, typename T2>
20  constexpr bool isLessThan(const T& lhs, const T2& rhs) {
21      return lhs < rhs;
22  }
23
24  int main() {
25
26      std::cout << std::boolalpha << '\n';
27
28      constexpr MyInt myInt2011(2011);
29      constexpr MyInt myInt2014(2014);
30
31      constexpr int int2011(2011);
32      constexpr int int2014(2014);
33
34      std::cout << "isLessThan(myInt2011, myInt2014): "
35                << isLessThan(myInt2011, myInt2014) << '\n';
36
37      std::cout << "isLessThan(int2011, myInt2014): "
38                << isLessThan(int2011, myInt2014) << '\n';
39
40      std::cout << "isLessThan(myInt2011, int2014): "
41                << isLessThan(myInt2011, int2014) << '\n';
42
43      constexpr auto res = isLessThan(myInt2011, int2014);
44
45      std::cout << '\n';
46
47  }
```

행 12가 int를 MyInt와 비교하기 위한 3중 비교 연산자이다. 선언에 constexpr 이 있음을 주목하자. 컴파일러 생성 3중 비교 연산자와는 달리 사용자 정의 3중 비교 연산자에는 constexpr가 자동으로 붙지 않는다. 이 연산자 덕분에 행 37의 MyInt 대 int 비교와 행 41의 int 대 MyInt 비교가 가능하다.

```
isLessThan(myInt2011, myInt2014): true
isLessThan(int2011, myInt2014): true
isLessThan(myInt2011, int2014): true
```

그림 3.56 int를 위한 3중 비교 연산자

이 예제에 나온 두 3중 비교 연산자의 구현은 상당히 우아하다. MyInt들을 비교하는 연산자는 컴파일러에 맡겼고, int와의 비교를 위한 연산자는 직접 정의했다. 더욱 중요한 점은, 표현식 재작성 기능 덕분에 단 두 개의 연산자를 정의해서 총 18 = 3×6개의 비교 연산자를 얻었다는 점이다. 여기서 3은 세 가지 비교 조합(int OP MyInt, MyInt OP MyInt, MyInt OP int)에 해당하고 6은 여섯 가지 비교 연산자에 해당한다.

3.3.6 사용자 정의 연산자와 컴파일러 생성 연산자

앞에서 보았듯이, 여섯 가지 비교 연산자 중 일부를 여러분이 직접 정의할 수도 있고, 우주선 연산자를 이용해서 여섯 개를 컴파일러가 자동으로 생성하게 할 수도 있다. 그렇다면, 두 종류의 연산자가 공존하는 경우 어느 쪽이 우선시될까? 예를 들어 이하(less than or equal) 연산자를 직접 정의함과 동시에 컴파일러가 여섯 가지 연산자를 모두 생성하게 하면, 이하 비교에 대해 어떤 연산자가 쓰일까?

목록 3.105는 MyInt를 이용해서 이 질문의 답을 구해본 것이다.

목록 3.105 사용자 정의 연산자와 컴파일러 생성 연산자의 공존

```cpp
1   // userDefinedAutoGeneratedOperators.cpp
2
3   #include <compare>
4   #include <iostream>
5
6   class MyInt {
7    public:
8       constexpr explicit MyInt(int val): value{val} { }
9       bool operator == (const MyInt& rhs) const {
10          std::cout << "==  " << '\n';
11          return value == rhs.value;
12      }
13      bool operator < (const MyInt& rhs) const {
14          std::cout << "<  " << '\n';
15          return value < rhs.value;
16      }
17
18      auto operator<=>(const MyInt& rhs) const = default;
19
20    private:
21       int value;
22  };
23
24  int main() {
25
26      MyInt myInt2011(2011);
27      MyInt myInt2014(2014);
28
29      myInt2011 == myInt2014;
30      myInt2011 != myInt2014;
```

```
31      myInt2011 < myInt2014;
32      myInt2011 <= myInt2014;
33      myInt2011 > myInt2014;
34      myInt2011 >= myInt2014;
35
36  }
```

이 프로그램은 == 연산자와 < 연산자를 직접 정의한다. 이들이 선택되었는지를 알아내기 위해, 두 연산자는 해당 비교를 수행할 뿐만 아니라 각각 ==와 <를 std::cout으로 출력한다. std::cout은 실행 시점 연산이므로, 두 연산자 모두 constexpr를 붙이지 않았다.

이 프로그램의 결과는 다음과 같다.

그림 3.57 사용자 정의 연산자와 컴파일러 생성 연산자의 공존

컴파일러는 행 29와 30에 대해서는 사용자 정의 == 연산자를, 행 31에 대해서는 사용자 정의 < 연산자를 선택했다.† 행 30의 !=에 대해 컴파일러가 자동 생성 !=를 사용하는 대신 사용자 정의 == 연산자를 사용했다는 점도 주목할 만하다(결과를 뒤집기 위해 !를 붙였을 것이다). 자신이 생성한 != 연산자로부터 ==를 합성하는 것도 가능하지만, 컴파일러는 사용자 정의 연산자를 우선으로 사용했다.

🔑 **파이썬과 비슷한 점**

파이썬 3의 컴파일러는 필요하면 ==로부터 !=를 생성하지만, 그 반대로 생성하지는 않는다. 파이썬 2에서는 소위 '풍부한 비교(rich compaison) 연산자', 즉 여섯 가지 사용자 정의 비교 연산자들이 파이썬의 3중 비교 연산자 __cmp__보다 우선시되었다. 파이썬 '2'를 언급한 것은, 파이썬 3에서는 3중 비교 연산자 __cmp__가 제거되었기 때문이다.

ℹ️ **3중 비교 연산자 요약**

- operator <>에 =default를 설정하면 컴파일러는 여섯 가지 비교 연산자를 자동으로 생성한다. 컴파일러가 생성한 비교 연산자들은 어휘순 비교를 적용한다.

---

† [옮긴이] 참고로, C++ Insights(*https://cppinsights.io/*)를 이용하면 컴파일러가 어떤 연산자를 선택했는지 좀 더 쉽게 알아낼 수 있다.

즉, 모든 기반 클래스를 왼쪽에서 오른쪽으로 훑으면서 각 클래스의 모든 비정적 (non-static) 멤버들을 그 선언순으로 비교한다.

- 컴파일러 생성 연산자와 사용자 정의 연산자가 함께 있는 경우 컴파일러는 사용자 정의 비교 연산자를 우선시한다.
- 컴파일러는 비교 연산자들의 대칭성을 고려해서 표현식을 재작성한다. 예를 들어 (a <=> b) < 0이 유효하지 않으면 컴파일러는 0 < (b <=> a)를 생성한다.

3.4 지명 초기화

그림 3.58 신의 손길을 받는 시피

지명 초기화(designated initialization)는 집합체 초기화의 한 특수 사례이다. 따라서 지명 초기화를 이해하려면 먼저 집합체 초기화에 관해 알 필요가 있다.

3.4.1 집합체 초기화

집합체 초기화(aggregate initialization)란 무엇일까? 배열과 클래스 형식을 통틀어 집합체(aggregate)라고 부른다. 그리고 클래스 형식이란 클래스(class)와 구조체(struct), 공용체(union)를 말한다.

C++20에서 어떤 클래스 형식이 집합체 초기화를 지원하려면 다음과 같은 조건을 충족해야 한다.

- private 멤버나 protected 멤버, 비정적(non-static) 데이터 멤버가 없다.
- 사용자 정의 생성자나 상속된 생성자가 없다.
- 가상(virtual), 비공개, 보호된 기반 클래스가 없다.
- 가상 멤버 함수가 없다.

다음은 집합체 초기화의 예를 보여주는 간단한 예제 프로그램이다.

목록 3.106 집합체 초기화

```cpp
1   // aggregateInitialization.cpp
2
3   #include <iostream>
4
5   struct Point2D{
6       int x;
7       int y;
8   };
9
10  class Point3D{
11  public:
12      int x;
13      int y;
14      int z;
15  };
16
17  int main(){
18
19      std::cout << '\n';
20
21      Point2D point2D{1, 2};
22      Point3D point3D{1, 2, 3};
23
24      std::cout << "point2D: " << point2D.x << " " << point2D.y << '\n';
25      std::cout << "point3D: " << point3D.x << " " << point3D.y << " "
26                                << point3D.z << '\n';
27
28      std::cout << '\n';
29
30  }
```

행 21과 22는 중괄호를 이용해서 집합체들을 직접 초기화한다. 중괄호 안에 나열된 초기치(initializer)들의 순서는 해당 멤버들의 선언 순서와 반드시 일치해야 한다. §3.3 "3중 비교 연산자"의 목록 3.102에 좀 더 복잡한 집합체 초기화의 예가 나오니 참고하기 바란다.

그림 3.59 집합체 초기화

행 21, 22 같은 중괄호를 이용한 집합체 초기화는 C++11에서 도입되었다.†
C++20에서 도입된 지명 초기화는 C++11의 집합체 초기화 구문을 확장한 것이
다. 2020년 말 현재 지명 초기화를 완전히 지원하는 컴파일러는 MSVC 컴파일러
뿐이다.

3.4.2 클래스 멤버 이름을 명시적으로 지명하는 초기화

지명 초기화에서는 클래스 형식의 멤버 이름들을 명시적으로 지명해서 초기치
들을 배정한다. 공용체의 경우에는 하나의 초기치만 지정할 수 있다는 제약이
있다. 집합체 초기화에서처럼, 중괄호 안 초기치들의 순서는 해당 멤버들의 선
언 순서와 일치해야 한다.

목록 3.107 지명 초기화 예제

```cpp
1  // designatedInitializer.cpp
2
3  #include <iostream>
4
5  struct Point2D{
6      int x;
7      int y;
8  };
9
10 class Point3D{
11 public:
12     int x;
13     int y;
14     int z;
15 };
16
17 int main(){
18
19     std::cout << '\n';
20
21     Point2D point2D{.x = 1, .y = 2};
22     Point3D point3D{.x = 1, .y = 2, .z = 3};
23
24     std::cout << "point2D: " << point2D.x << " " << point2D.y << '\n';
25     std::cout << "point3D: " << point3D.x << " " << point3D.y << " "
26                             << point3D.z << '\n';
27
28     std::cout << '\n';
```

---

† [옮긴이] 참고로, T obj = {a1, a2, ...}처럼 등호와 중괄호를 이용한 집합체 초기화는 C++98에도 있
었다. C++11에 도입된 것은 등호가 없는 형태이다.

```
29
30  }
```

행 21과 22는 지명 초기화 구문을 이용해서 집합체들을 초기화한다. 초기치 목록에서 .x나 .y 같은 요소를 흔히 지명자(designator)라고 부른다.

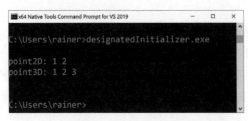

그림 3.60 지명 초기화 예제

집합체의 정의에 따라서는 특정 멤버들에 기본값이 정의되어 있을 수도 있다. 초기화 시 초기치가 주어지지 않은 멤버는 해당 기본값으로 초기화된다(기본값이 있는 경우). 단, 공용체에는 이러한 기본값 규칙이 적용되지 않는다.

목록 3.108 기본값이 있는 지명 초기화 예제

```cpp
1   // designatedInitializersDefaults.cpp
2
3   #include <iostream>
4
5   class Point3D{
6   public:
7       int x;
8       int y = 1;
9       int z = 2;
10  };
11
12  void needPoint(Point3D p) {
13      std::cout << "p: " << p.x << " " << p.y << " " << p.z << '\n';
14  }
15
16  int main(){
17
18      std::cout << '\n';
19
20      Point3D point1{.x = 0, .y = 1, .z = 2};
21      std::cout << "point1: " << point1.x << " " << point1.y << " "
22                             << point1.z << '\n';
23
24      Point3D point2;
25      std::cout << "point2: " << point2.x << " " << point2.y << " "
```

```
26                               << point2.z << '\n';
27
28      Point3D point3{.x = 0, .z = 20};
29      std::cout << "point3: " << point3.x << " " << point3.y << " "
30                               << point3.z << '\n';
31
32      // Point3D point4{.z = 20, .y = 1}; // 오류
33
34      needPoint({.x = 0});
35
36      std::cout << '\n';
37
38  }
```

행 21은 모든 멤버에 초기치를 지정했지만, 행 24는 멤버 x에 대한 초기치를 지정하지 않았다. Point3D는 x에 대한 기본값을 정의하지 않았으므로, 이 경우 x는 초기화되지 않는다. 반면 행 28과 34에서 생략된 멤버 y와 z에는 기본값이 정의되어 있으므로, 이 멤버들은 해당 기본값으로 초기화된다. 행 32는 멤버 선언 순서와 지명자들의 순서가 달라서(z가 y보다 앞에 있다) 오류를 발생한다.

그림 3.61 기본값이 있는 지명 초기화 예제

지명 초기화에서 좁히기 변환(narrowing conversion; 또는 축소 변환)이 발생하면 컴파일러는 컴파일 오류를 보고한다. 좁히기 변환이 일어나면 정밀도(precision)가 소실되어서 문제가 생길 수 있다.

목록 3.109 좁히기 변환이 발생하는 지명 초기화 예제

```
1   // designatedInitializerNarrowingConversion.cpp
2
3   #include <iostream>
4
5   struct Point2D{
6       int x;
7       int y;
8   };
```

```
 9
10 class Point3D{
11 public:
12     int x;
13     int y;
14     int z;
15 };
16
17 int main(){
18
19     std::cout << '\n';
20
21     Point2D point2D{.x = 1, .y = 2.5};
22     Point3D point3D{.x = 1, .y = 2, .z = 3.5f};
23
24     std::cout << "point2D: " << point2D.x << " " << point2D.y << '\n';
25     std::cout << "point3D: " << point3D.x << " " << point3D.y << " "
26                             << point3D.z << '\n';
27
28     std::cout << '\n';
29
30 }
```

행 21과 22는 컴파일 오류이다. .y = 2.5와 .z = 3.5f는 double 및 float에서 int로의 좁히기 변환을 유발하기 때문이다.

그림 3.62 좁히기 변환이 발생하는 지명 초기화 예제

흥미롭게도, C의 지명 초기화는 C++의 지명 초기화와 조금 다르게 작동한다.

⚠️ **C와 C++의 차이점**

C의 지명 초기화는 C++의 지명 초기화가 지원하지 않는 몇 가지 용례를 지원한다. C는 다음을 허용한다.

- 집합체의 멤버들을 선언 순서와는 다르게 지정할 수 있다.
- 중첩된 집합체의 멤버들을 초기화할 수 있다.

- 지정 초기치와 보통의 초기치를 섞어서 사용할 수 있다.
- 배열에 지명 초기화를 적용할 수 있다.

다음은 C++20 지명 초기화 제안서 P0329R4[57]에 있는, 이러한 용례들에 대한 자명한 예들이다.

목록 3.110 C와 C++의 차이

```
struct A { int x, y; };
struct B { struct A a; };
struct A a = {.y = 1, .x = 2}; // C에서는 유효, C++에서는 위법(순서 틀림)
int arr[3] = {[1] = 5};        // C에서는 유효, C++에서는 위법(배열)
struct B b = {.a.x = 0};       // C에서는 유효, C++에서는 위법(중첩된 집합체)
struct A a = {.x = 1, 2};      // C에서는 유효, C++에서는 위법(혼합)
```

C++의 지명 초기화가 C와 다른 이유도 제안서에 나와 있다. "C++에서는 멤버들이 그 생성 순서의 역순으로 소멸(파괴)되며, 초기치 목록의 요소들은 어휘순으로 평가되므로, 필드 초기치는 반드시 정확한 순서로 지정되어야 한다. 배열 지명자는 람다 표현식 구문과 충돌한다. 중첩 지명자는 거의 쓰이지 않는다." 더 나아가서, 제안서는 흔히 쓰이는 용례는 집합체의 순서 틀린 초기화뿐이라고 주장한다.

ℹ️ **지명 초기화 요약**

- 지명 초기화는 집합체 초기화의 한 특수 사례로, 클래스 멤버들을 그 이름을 지정해서 초기화할 수 있다. 초기화 순서는 반드시 선언 순서와 일치해야 한다.

3.5 consteval과 constinit

그림 3.63 다이아몬드를 노리는 시피

---

57 *http://www.open-std.org/jtc1/sc22/wg21/docs/papers/2017/p0329r4.pdf*

C++20에는 consteval과 constinit이라는 두 키워드가 추가되었다. 함수 선언에 consteval 지정자를 붙이면 그 함수는 반드시 컴파일 시점에서 평가(evaluation)된다. 변수 선언에 constinit 지정자를 붙이면 그 변수는 반드시 컴파일 시점에서 초기화된다. 두 지정자(specifier)가 기존의 constexpr와 비슷하다는 생각이 들 것이다. 실제로 이들은 비슷하다. 먼저 새 지정자 consteval과 constinit을 소개하고, 그런 다음 이들을 constexpr 및 유서 깊은 const와 비교하겠다.

3.5.1 consteval

consteval은 소위 '즉시 함수(immediate function)'를 생성한다.

목록 3.111 consteval 함수

```
consteval int sqr(int n) {
    return n * n;
}
```

모든 즉시 함수 호출은 하나의 컴파일 상수로 평가된다. 좀 더 간단히 말하면, consteval이 붙은 함수(즉시 함수)는 컴파일 시점에서 실행된다.

소멸자나 메모리를 할당·재할당하는 함수에는 consteval을 적용할 수 없다. 그리고 하나의 함수 선언에 consteval과 constexpr, constinit 중 많아야 하나만 사용할 수 있다. 즉시 함수(consteval)는 암묵적으로 인라인 함수가 되며, 반드시 constexpr 함수의 요구조건을 충족해야 한다.

consteval 함수가 충족해야 하는 constexpr 함수의 요구조건(C++14에서 도입되었다)은 다음과 같다.

- constexpr 함수에(따라서 consteval 함수도) 다음이 허용된다.
  - 조건부 점프 문과 루프 문.
  - 하나 이상의 문장
  - constexpr 함수 호출. consteval 함수는 오직 constexpr 함수만 호출할 수 있다(그 역은 참이 아니다).
  - 기본 형식의 변수. 단, 반드시 상수 표현식으로 초기화해야 함.
- constexpr 함수에(따라서 consteval 함수도) 다음은 허용되지 않는다.
  - static 변수와 thread_local 변수
  - try 블록과 goto 문
  - 비 consteval 함수의 호출과 비 constexpr 변수의 사용

목록 3.112의 constevalSqr.cpp 프로그램은 sqr이라는 함수에 consteval을 적용한다.

목록 3.112 consteval 함수 예제

```cpp
1   // constevalSqr.cpp
2
3   #include <iostream>
4
5   consteval int sqr(int n) {
6       return n * n;
7   }
8
9   int main() {
10
11      std::cout << "sqr(5): " << sqr(5) << '\n';
12
13      const int a = 5;
14      std::cout << "sqr(a): " << sqr(a) << '\n';
15
16      int b = 5;
17      // std::cout << "sqr(b): " << sqr(b) << '\n'; ERROR
18
19  }
```

5는 하나의 상수 표현식이므로 함수 sqr의 인수로 사용할 수 있다(행 11). 변수 a도 마찬가지이다(행 13). 상수 표현식으로 초기화된 a 같은 상수 변수는 상수 표현식 안에서 사용할 수 있다. 반면 변수 b는 상수 표현식이 아니므로, 행 17의 sqr(b) 호출은 유효하지 않다.

다음은 이 프로그램의 출력이다.

```
sqr(5): 25
sqr(a): 25
```

그림 3.64 consteval 함수 예제

3.5.2 constinit

constinit은 저장 기간(storage duration)이 정적(static)이거나 스레드[thread]인 변수에 적용할 수 있다.

- 전역 변수(이름공간 변수), 정적 변수, 정적 클래스 멤버의 저장 기간은 정적이다. 이런 객체들은 프로그램이 시작될 때 할당되고 프로그램이 종료될 때 해제된다.

- 스레드 지역 변수(thread_local로 선언된 변수)는 스레드 저장 기간을 가진다. 스레드 지역 변수는 해당 데이터를 사용하는 스레드마다 따로 생성된다. 각 thread_local 데이터는 오직 해당 스레드에만 속한다. 이런 데이터는 처음 쓰일 때 생성되고, 자신이 속한 스레드의 수명이 끝날 때 소멸된다. 스레드 지역 데이터를 흔히 스레드 지역 저장소(thread-local storage)라고 부른다.

이런 종류의 변수(정적 저장 기간 또는 스레드 저장 기간을 가진)에 constinit을 붙여서 선언하면 그 변수는 반드시 컴파일 시점에서 초기화된다. constinit이 상수성(constness)을 함의하지는 않는다. 즉, constinit을 붙인다고 해서 상수 변수가 되는 것은 아니다.

목록 3.113 constinit 변수 예제

```cpp
// constinitSqr.cpp
#include <iostream>
consteval int sqr(int n) {
    return n * n;
}
constexpr auto res1 = sqr(5);
constinit auto res2 = sqr(5);
int main() {
    std::cout << "sqr(5): " << res1 << '\n';
    std::cout << "sqr(5): " << res2 << '\n';
    constinit thread_local auto res3 = sqr(5);
    std::cout << "sqr(5): " << res3 << '\n';
}
```

이 예제에서 res1과 res2는 정적 저장 기간 변수이고 res3은 스레드 저장 기간 변수이다.

```
sqr(5): 25
sqr(5): 25
sqr(5): 25
```

그림 3.65 constinit 변수 예제

그럼 const와 constexpr, consteval, constinit의 차이점을 살펴보자. 먼저 함수 실행 측면에서 차이점을 논의한 후 변수 초기화 측면의 차이점을 이야기하겠다.

3.5.3 함수 실행

목록 3.114의 consteval.cpp는 목록 3.113의 sqr 함수를 세 가지 방식으로 정의한다.

목록 3.114 sqr 함수의 세 가지 버전

```cpp
1   // consteval.cpp
2
3   #include <iostream>
4
5   int sqrRunTime(int n) {
6       return n * n;
7   }
8
9   consteval int sqrCompileTime(int n) {
10      return n * n;
11  }
12
13  constexpr int sqrRunOrCompileTime(int n) {
14      return n * n;
15  }
16
17  int main() {
18
19      // constexpr int prod1 = sqrRunTime(100); // 오류
20      constexpr int prod2 = sqrCompileTime(100);
21      constexpr int prod3 = sqrRunOrCompileTime(100);
22
23      int x = 100;
24
25      int prod4 = sqrRunTime(x);
26      // int prod5 = sqrCompileTime(x); // 오류
27      int prod6 = sqrRunOrCompileTime(x);
28
29  }
```

특별한 지정자 없이 선언한 sqrRunTime(행 5)은 이름이 암시하듯이 실행 시점에서 실행되고, consteval을 붙인 sqrCompileTime 함수(행 9)는 컴파일 시점에서 실행('평가')된다. 그리고 constexpr를 붙인 sqrRunOrCompileTime 함수(행 13)는 컴파일 시점에서 실행될 수도 있고 실행 시점에서 실행될 수도 있다. 행 19는 sqrRunTime을 컴파일 시점에서 실행하려 들기 때문에 컴파일 오류이다. 반대로, 행 26은 컴파일 시점 함수 sqrCompileTime을 비상수 표현식(실행 시점에서 평가되는)으로 호출하려 들기 때문에 컴파일 오류이다.

constexpr 함수 sqrRunOrCompileTime과 consteval 함수 sqrCompileTime의 차이는, sqrCompileTime은 반드시 컴파일 시점에서 실행되어야 하지만 sqrRunOrCompileTime은 컴파일 시점 평가를 요구하는 문맥에서만 컴파일 시점에서 실행되고 그 외의 경우에는 실행 시점에서 실행된다는 점이다.

목록 3.115 컴파일 시점 실행과 실행 시점 실행

```
 1  static_assert(sqrRunOrCompileTime(10) == 100);            // 컴파일 시점
 2  int arrayNewWithConstExprFunction[sqrRunOrCompileTime(100)]; // 컴파일 시점
 3  constexpr int prod = sqrRunOrCompileTime(100);            // 컴파일 시점
 4
 5  int a = 100;
 6  int runTime = sqrRunOrCompileTime(a);                     // 실행 시점
 7
 8  int runTimeOrCompiletime = sqrRunOrCompileTime(100); // 실행 또는 컴파일 시점
 9
10  int alwaysCompileTime = sqrCompileTime(100);             // 컴파일 시점
```

행 1~3은 컴파일 시점 평가를 요구한다. 행 6은 실행 시점에서만 평가될 수 있다. a가 상수 표현식이 아니기 때문이다. 이 예제의 핵심은 행 8이다. 행 8의 sqrRunOrCompileTime 호출은 컴파일러의 특성이나 최적화 수준에 따라 컴파일 시점에서 실행될 수도 있고 실행 시점에서 실행될 수도 있다. 반면, 행 10은 선택의 여지가 없다. consteval 함수는 항상 컴파일 시점에서 실행된다.

3.5.4 변수 초기화

다음의 constexprConstinit.cpp 프로그램은 변수 초기화에서 const와 constexpr, constinit이 어떻게 다른지 보여준다.

목록 3.116 const, constexpr, constinit의 차이점

```
 1  // constexprConstinit.cpp
 2
 3  #include <iostream>
 4
 5  constexpr int constexprVal = 1000;
 6  constinit int constinitVal = 1000;
 7
 8  int incrementMe(int val){ return ++val;}
 9
10  int main() {
11
12      auto val = 1000;
13      const auto res = incrementMe(val);
14      std::cout << "res: " << res << '\n';
15
16      // std::cout << "res: " << ++res << '\n';                    // 오류
17      // std::cout << "++constexprVal: " << ++constexprVal << '\n'; // 오류
18      std::cout << "++constinitVal: " << ++constinitVal << '\n';
19
20      constexpr auto localConstexpr = 1000;
```

```
21      // constinit auto localConstinit = 1000; // 오류
22
23  }
```

이 예제에서, 실행 시점에서 초기화되는 것은 const만 지정된 행 13의 res 변수 뿐이다. constexpr나 constinit이 지정된 변수는 반드시 컴파일 시점에서 초기화된다.

const처럼 constexpr도 상수성을 함의한다(그래서 행 16과 17은 컴파일 오류이다). 그러나 constinit은 상수성을 함의하지 않는다(행 18은 오류가 아니다). const와 constexpr는 지역 변수에 적용할 수 있지만(행 13과 20), constinit은 지역 변수에 적용할 수 없다(행 21은 컴파일 오류).

```
res: 1001
++constinitVal: 1001
```

그림 3.66 const, constexpr, constinit의 차이점

3.5.5 정적 변수 초기화 순서 낭패와 그 해법

isocpp.org의 FAQ[58]에 따르면, 정적 변수 초기화 순서(static initialization order)의 '낭패'(fiasco; 커다란 실수 또는 실패)는 "당신의 프로그램을 미묘한(subtle) 방식으로 충돌하게 만든다." 더 나아가서, FAQ에 따르면 "정적 변수 초기화 순서 문제는 대단히 미묘하고 흔히 오해되는 C++의 한 측면"이다.

정적 변수 초기화 순서 문제를 자세히 살펴보기 전에, 일러둘 것이 하나 있다. 여러분의 코드가 서로 다른 번역 단위(§C.20)에 있는 정적 저장 기간(§3.5.2) 변수들의 순서에 의존한다는 것은 일반적으로 '코드 악취(code smell)'에 해당하며, 따라서 리팩터링이 필요하다. 만일 적절한 리팩터링으로 그런 의존성을 제거한다면, 이번 절의 논의는 여러분의 코드에 적용되지 않는다.

3.5.5.1 정적 변수 초기화 순서 낭패

한 번역 단위의 정적 변수들은 그 정의 순서대로 초기화된다. 여기에는 문제의 소지가 없다.

문제는 정적 변수가 있는 번역 단위가 여러 개일 때 발생한다. 한 번역 단위에 staticA라는 정적 변수가 있고, 또 다른 번역 단위에 staticB라는 정적 변수

---

58 *https://isocpp.org/wiki/faq/ctors#static-init-order*

가 있다고 하자. 그리고 staticB를 초기화하려면 staticA의 값이 필요하다고 하자. 그러면, 만일 staticB가 staticA보다 먼저 초기화되면 staticB는 의도와는 다른 값을 가지게 된다. 이것이 정적 변수 초기화 순서 낭패의 전형적인 예이다. 이처럼 실행 시점(동적 단계)에서 어떤 정적 변수가 먼저 초기화되느냐에 따라 제대로 작동할 수도 있고 아닐 수도 있는 프로그램은 '부적격(ill-formed)' 프로그램에 해당한다.

이에 대한 해법을 제시하기 전에, 정적 변수 초기화 순서 낭패의 실제 사례를 하나 살펴보기로 하자.

잘 될 확률은 반반

정적 변수의 초기화는 어떤 특징이 있을까? 정적 변수들의 초기화는 '정적'과 '동적' 두 단계로 진행된다.

정적 단계(컴파일 시점)에서 상수 표현식으로 초기화할 수 있는 정적 변수는 해당 상수 값으로 초기화된다. 그렇지 않은 변수는 일단 0으로 초기화된다.

동적 단계(실행 시점)에서는 정적 단계에서 일단 0으로 초기화해 둔 정적 변수들을 실행 시점의 값으로 초기화한다.

목록 3.117 정적 변수 초기화 순서 낭패 예제 - 첫 번역 단위

```
// sourceSIOF1.cpp
int square(int n) {
    return n * n;
}
auto staticA  = square(5);
```

목록 3.118 정적 변수 초기화 순서 낭패 예제 - 둘째 번역 단위

```
1   // mainSOIF1.cpp
2
3   #include <iostream>
4
5   extern int staticA;
6   auto staticB = staticA;
7
8   int main() {
9
10      std::cout << '\n';
11
12      std::cout << "staticB: " << staticB << '\n';
13
14      std::cout << '\n';
```

```
15
16  }
```

목록 3.118의 행 5는 staticA이라는 외부 정적 변수를 선언한다. 이 staticA는 행 6의 staticB 변수를 초기화하는 데 쓰인다. staticB의 초기치는 상수 표현식이 아니므로, staticB는 정적 단계컴파일 시점에서 일단 0으로 초기화된 후 동적 단계에서 staticA의 실제 값으로 초기화된다. 문제는, staticA와 staticB가 각자 다른 번역 단위(§C.20)에 속해 있기 때문에 staticA가 반드시 staticB보다 먼저 초기화되리라는 보장이 없다는 점이다. staticB는 50%의 확률로 0일 수도 있고 25일 수도 있다.

이 점을 보여주기 위해, 나는 목적 파일들의 링크 순서를 달리해서 두 개의 실행 파일을 만들었다. 그림 3.67을 보면 두 실행 파일에서 staticB의 값이 서로 다름을 확인할 수 있다.

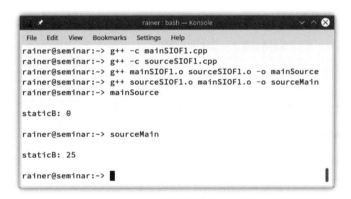

그림 3.67 정적 변수 초기화 순서 낭패 예제

왜 이 문제를 '낭패'라고 부르는지 이해가 될 것이다. 실행 파일의 결과가 목적 파일들의 링크 순서에 따라 달라지는 이러한 심각한 문제를 C++20 이전에는 어떻게 해결했을까?

지역 범위 정적 변수의 지연 초기화를 이용한 해법

지역 범위(local scope)의 정적 변수란 간단히 말하면 중괄호 쌍 안에 선언된 정적 변수이다. 지역 범위 정적 변수는 그것이 처음 쓰일 때 생성된다. 이를 지연 초기화 또는 느긋한 초기화(lazy initialization)라고 부른다. 지연 초기화는 C++98이 제공하는 보장이다. C++11은 지역 범위 정적 변수가 스레드에 안전한 (thread-safe; 줄여서 스레드 안전) 방식으로 초기화된다는 추가적인 보장을 제공한다. 스콧 마이어스^{Scott Meyers}[59]의 스레드 안전 단일체(singleton)는 이러한 추가 보장에 기초한다.

그런데 이 지연 초기화는 정적 변수 초기화 순서 문제를 해결하는 수단이기도 하다.

목록 3.119 지연 초기화를 이용한 해법 — 첫 번역 단위

```cpp
1  // sourceSIOF2.cpp
2
3  int square(int n) {
4      return n * n;
5  }
6
7  int& staticA() {
8
9      static auto staticA  = square(5);
10     return staticA;
11
12 }
```

목록 3.120 지연 초기화를 이용한 해법 — 둘째 번역 단위

```cpp
1  // mainSOIF2.cpp
2
3  #include <iostream>
4
5  int& staticA();
6
7  auto staticB = staticA();
8
9  int main() {
10
11     std::cout << '\n';
12
13     std::cout << "staticB: " << staticB << '\n';
14
15     std::cout << '\n';
16
17 }
```

sourceSIOF2.cpp(목록 3.119)의 행 9에 있는 staticA 변수는 같은 이름의 함수(행 7) 안에 선언된 지역 범위 정적 변수이다. mainSOIF2.cpp(목록 3.120)는 행 5에서 staticA 함수를 선언하고, 그 함수를 이용해서 자신의 정적 변수 staticB를 초기화한다. 정적 변수 staticA는 지역 범위이므로 실행 시점에서 처음 쓰일 때

---

[59] *https://en.wikipedia.org/wiki/Scott_Meyers*

초기화된다. 결과적으로, 목적 파일들을 어떤 순서로 링크하든 staticB는 항상 같은 값으로 초기화된다.

그림 3.68 지연 초기화를 이용한 해법

그럼 C++20의 새로운 기능을 이용해서 정적 변수 초기화 순서 낭패를 해결하는 방법으로 넘어가자.

정적 변수의 컴파일 시점 초기화를 이용한 해법

핵심은 staticA에 constinit을 적용하는 것이다. constinit을 적용하면 staticA는 반드시 컴파일 시점에서 초기화된다.

목록 3.121 정적 변수의 컴파일 시점 초기화를 이용한 해법 — 첫 번역 단위

```
1  // sourceSIOF3.cpp
2
3  constexpr int square(int n) {
4      return n * n;
5  }
6
7  constinit auto staticA = square(5);
```

목록 3.122 정적 변수의 컴파일 시점 초기화를 이용한 해법 — 둘째 번역 단위

```
1  // mainSOIF3.cpp
2
3  #include <iostream>
4
5  extern constinit int staticA;
6
7  auto staticB = staticA;
8
9  int main() {
```

```
10
11     std::cout << '\n';
12
13     std::cout << "staticB: " << staticB << '\n';
14
15     std::cout << '\n';
16
17 }
```

mainSOIF3.cpp(목록 3.122)의 행 5에 선언된 staticA 변수는 sourceSIOF3.cpp(목록 3.121)의 행 7에서 초기화되는데, 이 초기화는 컴파일 시점에서 일어난다. 참고로 mainSOIF3.cpp의 행 5에서 constinit 대신 constexpr를 사용하면 안 된다. constexpr 지정자는 선언이 아니라 정의에 적용해야 하기 때문이다.

그림 3.69 정적 변수의 컴파일 시점 초기화를 이용한 해법

지역 정적 변수의 지연 초기화 예제에서처럼, staticB의 값은 링크 순서와 무관하게 25이다.

ℹ consteval과 constinit 요약

- C++20에는 consteval과 constinit이라는 두 키워드가 추가되었다. 함수 선언에 consteval 지정자를 붙이면 그 함수는 반드시 컴파일 시점에서 평가된다. 변수 선언에 constinit 지정자를 붙이면 그 변수는 반드시 컴파일 시점에서 초기화된다.
- C++11의 constexpr과는 달리 consteval로 선언된 함수는 반드시 컴파일 시점에서 실행된다.
- const, constexpr, constinit에는 미묘한 차이점이 있다. const와 constexpr이 적용된 변수는 상수 변수가 되고, constexpr과 constinit이 적용된 함수는 컴파일 시점에서 실행된다.

3.6 템플릿 개선사항

그림 3.70 새 도구를 사용하는 시비

C++20의 템플릿 개선사항들 덕분에 일반적 프로그램을 좀 더 일관적으로 작성할 수 있으며, 결과적으로 오류가 발생할 여지가 줄어든다.

3.6.1 조건부 explicit

클래스를 만들다 보면 다른 형식의 객체를 받는 생성자들을 둘 필요가 종종 생긴다. 목록 3.123의 VariantWrapper라는 클래스가 그러한 예이다. 이 클래스에는 다양한 형식을 받는 std::variant 형식의 멤버가 있다.

목록 3.123 std::variant 형식의 멤버가 있는 VariantWrapper 클래스

```cpp
class VariantWrapper {
    std::variant<bool, char, int, double, float, std::string> myVariant;
};
```

이 VariantWrapper의 인스턴스를 bool, char, int, double, float, std::string으로 생성할 수 있어야 한다고 하자. 그러면 그 형식들 각각에 대한 생성자가 필요하다. 게으름은 미덕이므로(적어도 프로그래머에게), 일반적 생성자 하나로 이 형식들을 모두 처리하는 편법을 사용하면 어떨까?

다음 예제는 일반적 생성자를 가진 두 클래스를 보여준다.

목록 3.124 암묵적인 일반적 생성자와 명시적인 일반적 생성자

```cpp
1  // implicitExplicitGenericConstructor.cpp
2
3  #include <iostream>
4  #include <string>
5
```

```
 6  struct Implicit {
 7      template <typename T>
 8      Implicit(T t) {
 9          std::cout << t << '\n';
10      }
11  };
12
13  struct Explicit {
14      template <typename T>
15      explicit Explicit(T t) {
16          std::cout << t << '\n';
17      }
18  };
19
20  int main() {
21
22      std::cout << '\n';
23
24      Implicit imp1 = "implicit";
25      Implicit imp2("explicit");
26      Implicit imp3 = 1998;
27      Implicit imp4(1998);
28
29      std::cout << '\n';
30
31      // Explicit exp1 = "implicit";
32      Explicit exp2{"explicit"};
33      // Explicit exp3 = 2011;
34      Explicit exp4{2011};
35
36      std::cout << '\n';
37
38  }
```

두 클래스 모두 문제가 있다. Implicit 클래스의 일반적 생성자(행 7)는 그 어떤 형식에 대해서도 암묵적 변환을 지원한다는 점에서 너무 탐욕적이다. 원래 의도는 bool, char, int, double, float, std::string으로 인스턴스를 생성하는 것이지만, 이 클래스는 그 외의 모든 형식을 지원한다. 반면 Explicit 클래스는 너무 까다롭다. 이 클래스의 생성자(행 14)에는 explicit 지정자가 붙어 있기 때문에, 암묵적 변환(행 31과 33)은 유효하지 않고 오직 명시적 생성(행 32와 34)만 유효하다.

```
implicit
explicit
1998
1998

explicit
2011
```

그림 3.71 암묵적인 일반적 생성자와 명시적인 일반적 생성자

C++20에는 explicit에 새로운 용법이 생겼다. bool로부터의 암묵적 변환만 지원하고 그 밖의 암묵적 변환은 지원하지 않는 **MyBool**이라는 클래스를 만든다고 하자. 다음 예제처럼 특정 조건이 성립할 때만 explicit이 적용되게 하면 그런 클래스를 만들 수 있다.

목록 3.125 bool로부터의 암묵적 변환만 허용하는 일반적 생성자

```cpp
1  // conditionallyConstructor.cpp
2
3  #include <iostream>
4  #include <type_traits>
5  #include <typeinfo>
6
7  struct MyBool {
8      template <typename T>
9      explicit(!std::is_same<T, bool>::value) MyBool(T t) {
10         std::cout << typeid(t).name() << '\n';
11     }
12 };
13
14 void needBool(MyBool b){ }
15
16 int main() {
17
18     MyBool myBool1(true);
19     MyBool myBool2 = false;
20
21     needBool(myBool1);
22     needBool(true);
23     // needBool(5);
24     // needBool("true");
25
26 }
```

행 9의 explicit(!std::is_same<T, bool>::value)가 바로 조건부 explicit 구문이다. 괄호 안의 조건식 덕분에 MyBool은 오직 bool 값으로부터의 암묵적 변환

만 허용한다. 참고로 std::is_same 함수는 형식 특질 라이브러리[60]의 컴파일 시점 술어이다. std::is_same 같은 컴파일 시점 술어들은 컴파일 시점에서 평가되며 하나의 부울 값을 돌려준다. bool(행 19와 22)에 대해서는 explicit의 조건식이 false가 되어서 explicit이 적용되지 않으며, 결과적으로 암묵적 변환이 허용된다. 그러나 int나 C 문자열(주석 처리된 행 23과 24)에 대해서는 explicit의 조건식이 true가 되어서 암묵적 변환이 허용되지 않는다.

3.6.2 비형식 템플릿 매개변수

C++에서 비형식(not-type) 객체를 템플릿 매개변수로 사용할 수 있음은 이미 알 것이다. 다음 형식들이 '비형식'에 해당한다.

- 정수와 열거자(열거형의 멤버)
- 객체, 함수, 클래스 멤버를 가리키는 포인터나 참조
- std::nullptr_t

🔑 **전형적인 비형식 템플릿 매개변수**

내 강좌의 학생들에게 비형식 템플릿 매개변수를 써본 적이 있냐고 물어보면 모두들 "아니요!"라고 대답한다. 그러면 나는 이 '낚시성' 질문의 답으로, 다음과 같은 비형식 템플릿 매개변수의 흔한 예를 보여준다.

목록 3.126 비형식 템플릿 매개변수를 이용한 std::array 객체 생성

```
std::array<int, 5> myVec;
```

여기서 상수 5가 비형식 템플릿 매개변수이다.

첫 C++ 표준인 C++98이 발표되었을 때부터 C++ 공동체는 부동소수점 템플릿 매개변수의 지원을 두고 논쟁을 벌였다. 그 논쟁은 C++20에서 드디어 종지부를 찍게 되었다. C++20에서는 부동소수점, 리터럴 형식, 문자열 리터럴을 비형식 템플릿 매개변수로 사용할 수 있다.

3.6.2.1 부동소수점과 리터럴 형식

다음 두 조건을 충족하는 리터럴 형식(literal type; §C.15)은 비형식 템플릿 매개변수로 사용할 수 있다.

---

60 *https://en.cppreference.com/w/cpp/header/type_traits*

- 모든 기반 클래스와 비정적 데이터 멤버가 공개(public)이고 불변(non-mutable)이다.
- 모든 기반 클래스와 비정적 데이터 멤버가 구조적 형식(structural type)† 또는 구조적 형식의 배열이다.

그리고 리터럴 형식에는 반드시 constexpr 생성자가 있어야 한다. 다음은 부동소수점 형식과 리터럴 형식을 비형식 템플릿 매개변수로 사용하는 예제이다.

목록 3.127 부동소수점 형식과 리터럴 형식을 비형식 템플릿 매개변수로 사용하는 예제

```cpp
1  // nonTypeTemplateParameter.cpp
2
3  struct ClassType {
4      constexpr ClassType(int) {}
5  };
6
7  template <ClassType cl>
8  auto getClassType() {
9      return cl;
10 }
11
12 template <double d>
13 auto getDouble() {
14     return d;
15 }
16
17 int main() {
18
19     auto c1 = getClassType<ClassType(2020)>();
20
21     auto d1 = getDouble<5.5>();
22     auto d2 = getDouble<6.5>();
23
24 }
```

ClassType 클래스에는 constexpr 생성자(행 4)가 있으므로, 이 클래스의 인스턴스를 템플릿 인수로 사용할 수 있다(행 19). double만 받는 함수 템플릿 getDouble(행 13)도 마찬가지이다. 함수 템플릿 getDouble의 두 호출(행 21과 22)은 하나의 getDouble 버전을 생성한다는 점을 강조하고 싶다. 이 버전은 주어진 double 값에 대한 완전 특수화(full specialization)이다.

---

† [옮긴이] 구조적 형식에는 왼값(lvalue; 또는 좌측값) 참조 형식, 정수 형식, 포인터 형식, 멤버 포인터 형식, 열거형, std::nullptr_t, 부동소수점 형식, 리터럴 클래스 형식이 포함된다.

C++20부터는 문자열 리터럴도 비형식 템플릿 인수로 사용할 수 있다.

3.6.2.2 문자열 리터럴

목록 3.128의 예제 프로그램은 constexpr 생성자를 가진 StringLiteral 클래스를 비형식 템플릿 매개변수로 사용한다.

목록 3.128 문자열 리터럴을 비형식 템플릿 매개변수로 사용하는 예제

```
1   // nonTypeTemplateParameterString.cpp
2
3   #include <algorithm>
4   #include <iostream>
5
6   template <int N>
7   class StringLiteral {
8     public:
9       constexpr StringLiteral(char const (&str)[N]) {
10          std::copy(str, str + N, data);
11      }
12      char data[N];
13  };
14
15  template <StringLiteral str>
16  class ClassTemplate {};
17
18  template <StringLiteral str>
19  void FunctionTemplate() {
20      std::cout << str.data << '\n';
21  }
22
23  int main() {
24
25      std::cout << '\n';
26
27      ClassTemplate<"string literal"> cls;
28      FunctionTemplate<"string literal">();
29
30      std::cout << '\n';
31
32  }
```

StringLiteral은 §3.6.2.1에서 이야기한 조건들을 충족하는 리터럴 형식이므로 ClassTemplate(행 15)와 FunctionTemplate(행 18)의 비형식 템플릿 매개변수로 사용할 수 있다. constexpr 생성자(행 9)는 C 문자열을 인수로 받는다.

string literal

그림 3.72 문자열 리터럴을 비형식 템플릿 매개변수로 사용하는 예제

문자열 리터럴을 비형식 템플릿 매개변수로 사용하는 이유가 궁금하다면 다음 팁을 참고하기 바란다.

🔑 컴파일 시점 정규표현식

문자열 리터럴 템플릿 매개변수의 대단히 인상적인 용례로 '정규표현식의 컴파일 시점 파싱'[61]이 있다. 실제로, C++23에 이런 용례와 관련된 기능을 추가하자는 제안서 P1433R0: Compile-Time Regular Expressions[62]이 제출되어서 논의 중이다. 제안서 저자 하나 두시코바[Hana Dusíková]는 C++의 컴파일 시점 정규표현식 지원을 주장하면서 다음과 같이 말한다(괄호는 저자가 추가했음): "std::regex의 현재 설계와 구현(정규표현식 라이브러리[63])은 느리다. 주된 이유는 RE(정규표현식) 패턴을 실행 시점에서 파싱하고 컴파일하기 때문이다. 대다수의 일반적인 용례에서 정규표현식 패턴은 컴파일 시점에 이미 알려져 있으므로, 실행 시점 RE 파서 엔진이 필요하지 않을 때가 많다. 나는 이 점이 '사용하지 않는 것에는 지불하지 않는다'라는 C++의 약속을 깨는 결함이라고 생각한다.

만일 RE 패턴이 컴파일 시점에서 알려진다면, 그 패턴을 컴파일 시점에서 점검해야 마땅하다. RE 입력이 실행 시점 문자열이고 구문 오류를 예외로 보고하는 std::regex 설계는 이것(컴파일 시점 평가)을 허용하지 않는다."

ℹ️ 템플릿 개선사항 요약

- 조건부 explicit을 이용하면 특정 형식들에 대해서만 일반적 생성자에 explicit을 적용함으로써 암묵적 변환을 선택적으로 허용할 수 있다.
- C++20에서는 부동소수점과 문자열 리터럴도 비형식 템플릿 매개변수로 사용할 수 있다.

61 *https://github.com/hanickadot/compile-time-regular-expressions*

62 *http://www.open-std.org/jtc1/sc22/wg21/docs/papers/2019/p1433r0.pdf*

63 *https://en.cppreference.com/w/cpp/regex*

3.7 람다 개선사항

그림 3.73 미끄럼틀을 타고 내려오는 시피

C++20에서는 람다 표현식(lambda expression)에 템플릿 매개변수를(따라서 콘셉트도) 사용할 수 있다. 그리고 상태(state)가 없는 람다 표현식이 기본 생성과 복사 배정을 지원한다는 점도 C++20의 개선사항이다. 더 나아가서, C++20은 this 포인터의 암묵적 복사를 허용하지 않는다. 이는 람다와 관련된 '미정의 행동(undefined behavior; 정의되지 않은 행동)'(§C.19)의 중요한 원인 하나가 사라졌음을 듯한다.

그럼 람다의 템플릿 매개변수 지원부터 살펴보자.

3.7.1 람다의 템플릿 매개변수 지원

C++11의 형식 있는 람다(typed lambda)와 C++14의 일반적 람다(generic lambda), C++20의 템플릿 람다(템플릿 매개변수를 가진 람다)의 차이는 사실 미묘하다.

목록 3.129 형식 있는 람다, 일반적 람다, 템플릿 람다의 미묘한 차이점

```
1  // templateLambda.cpp
2
3  #include <iostream>
4  #include <string>
5  #include <vector>
6
7  auto sumInt = [](int fir, int sec) { return fir + sec; };
8  auto sumGen = [](auto fir, auto sec) { return fir + sec; };
9  auto sumDec = [](auto fir, decltype(fir) sec) { return fir + sec; };
10 auto sumTem = []<typename T>(T fir, T sec) { return fir + sec; };
```

```
11
12  int main() {
13
14      std::cout << '\n';
15
16      std::cout << "sumInt(2000, 11): " << sumInt(2000, 11) << '\n';
17      std::cout << "sumGen(2000, 11): " << sumGen(2000, 11) << '\n';
18      std::cout << "sumDec(2000, 11): " << sumDec(2000, 11) << '\n';
19      std::cout << "sumTem(2000, 11): " << sumTem(2000, 11) << '\n';
20
21      std::cout << '\n';
22
23      std::string hello = "Hello ";
24      std::string world = "world";
25      // std::cout << "sumInt(hello, world): " << sumInt(hello, world) << '\n';
26      std::cout << "sumGen(hello, world): " << sumGen(hello, world) << '\n';
27      std::cout << "sumDec(hello, world): " << sumDec(hello, world) << '\n';
28      std::cout << "sumTem(hello, world): " << sumTem(hello, world) << '\n';
29
30
31      std::cout << '\n';
32
33      std::cout << "sumInt(true, 2010): " << sumInt(true, 2010) << '\n';
34      std::cout << "sumGen(true, 2010): " << sumGen(true, 2010) << '\n';
35      std::cout << "sumDec(true, 2010): " << sumDec(true, 2010) << '\n';
36      // std::cout << "sumTem(true, 2010): " << sumTem(true, 2010) << '\n';
37
38      std::cout << '\n';
39
40  }
```

이 예제 프로그램의 출력을 보고 다소 놀랄 독자도 있을 것이다. 출력을 보기 전에, 네 가지 람다의 특징을 요약하자면 다음과 같다.

- sumInt
  - C++11
  - 형식 있는 람다
  - int로 변환 가능한 형식들만 받아들임
- sumGen
  - C++14
  - 일반적 람다
  - 모든 형식을 받아들임
- sumDec
  - C++14

– 일반적 람다

– 둘째 형식은 반드시 첫 형식으로 변환 가능해야 함

- sumTem

  – C++20

  – 템플릿 람다

  – 첫 형식과 둘째 형식이 반드시 같아야 함

예제 프로그램은 먼저 int 값들로 네 가지 람다를 호출하고(행 16~19), C++ 문자열(std::string)로 sumInt를 제외한 람다들을 호출한다(행 26~28). sumInt 은 int만을 위한 형식 있는 람다이므로 문자열로 호출할 수 없다(행 25).

이 예제에서 주목할 부분은 형식이 다른 인수들로 람다들을 호출하는 것이 다. 행 33~36에서는 bool 형식의 true와 int 형식의 2010으로 람다들을 호출하 는데, 다소 놀라운 결과가 나온다.

- sumInt는 2011을 돌려준다. 이는 bool에서 int로의 승격(promotion)에 의해 true가 1이 되기 때문이다.
- sumGen 역시 bool에서 int로의 승격에 의해 2011을 돌려준다. 단, sumInt와 sumGen의 행동에는 미묘한 차이가 있는데, 잠시 후에 이야기하겠다.
- sumDec는 2를 돌려준다. 왜 그럴까? 이 경우 둘째 매개변수 sec의 형식은 첫 매개변수 fir의 형식을 따른다. decltype(fir) sec(행 9) 덕분에 컴파일러는 fir 의 형식을 연역하고, 그것으로 sec의 형식을 결정한다. 결과적으로 2010은 true가 된다. 표현식 fir + sec에서 fir는 int 값 1로 승격하며, 그래서 덧셈의 결과는 2이다.
- sumTem 호출은 유효하지 않다.

```
sumInt(2000, 11): 2011
sumGen(2000, 11): 2011
sumDec(2000, 11): 2011
sumTem(2000, 11): 2011

sumGen(hello, world): Hello world
sumDec(hello, world): Hello world
sumTem(hello, world): Hello world

sumInt(true, 2010): 2011
sumGen(true, 2010): 2011
sumDec(true, 2010): 2
```

그림 3.74 형식 있는 람다, 일반적 람다, 템플릿 람다의 미묘한 차이점

템플릿 람다의 좀 더 전형적인 용법은 람다 안에서 컨테이너를 사용하는 것이다. 다음 예제 프로그램은 세 가지 람다를 정의하는데, 셋 다 컨테이너를 받아서 그 컨테이너의 크기를 돌려준다.

목록 3.130 컨테이너를 받는 세 가지 람다

```cpp
// templateLambdaVector.cpp

#include <concepts>
#include <deque>
#include <iostream>
#include <string>
#include <vector>

auto lambdaGeneric = [](const auto& container) { return container.size(); };
auto lambdaVector = []<typename T>(const std::vector<T>& vec) { return vec.size(); };
auto lambdaVectorIntegral = []<std::integral T>(const std::vector<T>& vec) {
    return vec.size();
};

int main() {


    std::cout << '\n';

    std::deque deq{1, 2, 3};
    std::vector vecDouble{1.1, 2.2, 3.3, 4.4};
    std::vector vecInt{1, 2, 3, 4, 5};

    std::cout << "lambdaGeneric(deq): " << lambdaGeneric(deq) << '\n';
    // std::cout << "lambdaVector(deq): " << lambdaVector(deq) << '\n';
    // std::cout << "lambdaVectorIntegral(deq): "
    //           << lambdaVectorIntegral(deq) << '\n';

    std::cout << '\n';

    std::cout << "lambdaGeneric(vecDouble): " << lambdaGeneric(vecDouble) << '\n';
    std::cout << "lambdaVector(vecDouble): " << lambdaVector(vecDouble) << '\n';
    // std::cout << "lambdaVectorIntegral(vecDouble): "
    //           << lambdaVectorIntegral(vecDouble) << '\n';

    std::cout << '\n';

    std::cout << "lambdaGeneric(vecInt): " << lambdaGeneric(vecInt) << '\n';
    std::cout << "lambdaVector(vecInt): " << lambdaVector(vecInt) << '\n';
    std::cout << "lambdaVectorIntegral(vecInt): "
              << lambdaVectorIntegral(vecInt) << '\n';
```

```
42
43      std::cout << '\n';
44
45  }
```

행 9의 lambdaGeneric은 size()라는 멤버 함수가 있는 그 어떤 형식으로도 호출할 수 있다. 행 10의 lambdaVector는 좀 더 구체적이다. 이 람다는 오직 std::vector 형식의 인수만 받는다. 행 11의 lambdaVectorIntegral은 C++20 표준 콘셉트 std::integral을 사용한다. 따라서 이 람다는 int 같은 정수 형식의 요소들을 담는 std::vector만 받는다. std::integral 콘셉트를 위해 <concepts> 헤더를 포함시켰다는 점도 주목하자. 나머지 코드는 자명하므로 따로 설명이 필요 없을 것이다.

```
lambdaGeneric(deq) : 3

lambdaGeneric(vecDouble) : 4
lambdaVector(vecDouble) : 4

lambdaGeneric(vecInt) : 5
lambdaVector(vecInt) : 5
lambdaVectorIntegral(vecInt) : 5
```

그림 3.75 컨테이너를 받는 세 가지 람다

인수 기반 클래스 템플릿 형식 연역

templateLambdaVector.cpp(목록 3.130)에서 뭔가 생소한 부분을 발견한 독자도 있을 것이다. C++17부터는 컴파일러가 클래스 템플릿의 형식을 인수들로부터 연역할 수 있다. 즉, std::vector<int> myVec{1, 2, 3}이라는 장황한 표현을 std::vector myVec{1, 2, 3}으로 좀 더 간결하게 표현할 수 있다. 행 20~22에 이러한 연역 기능이 쓰였다.

3.7.2 this 포인터의 암묵적 복사 방지

C++20 컴파일러는 this 포인터의 암묵적 복사를 검출해서 오류를 보고한다. this 포인터가 복사를 통해서 암묵적으로 람다 안에 갈무리(capture)되면 미정의 행동(§C.19)이 발생할 수 있다. 미정의 행동이란 간단히 말해서 해당 프로그램의 행동에 대해 그 어떤 보장도 없다는 뜻이다. 다음이 미정의 행동을 가진 프로그램의 예이다.

목록 3.131 복사에 의한 this의 암묵적 갈무리

```cpp
1   // lambdaCaptureThis.cpp
2
3   #include <iostream>
4   #include <string>
5
6   struct LambdaFactory {
7       auto foo() const {
8           return [=] { std::cout << s << '\n'; };
9       }
10      std::string s = "LambdaFactory";
11      ~LambdaFactory() {
12          std::cout << "Goodbye" << '\n';
13      }
14  };
15
16  auto makeLambda() {
17      LambdaFactory lambdaFactory;
18
19      return lambdaFactory.foo();
20  }
21
22
23  int main() {
24
25      std::cout << '\n';
26
27      auto lam = makeLambda();
28      lam();
29
30      std::cout << '\n';
31
32  }
```

이 예제 프로그램은 아무 문제 없이 컴파일되지만, 막상 실행해 보면 심각한 오류를 일으킨다.

그림 3.76 미정의 행동에 의한 프로그램 충돌

lambdaCaptureThis.cpp에서 문제가 되는 부분을 찾아보기 바란다. 멤버 함수 foo(행 7)는 lambda [=] { std::cout << s << '\n'; }를 돌려주는데, [=] 때문에 암묵적으로 this 포인터의 복사본이 람다 안에 만들어진다. 이 포인터 복사본은 그것이 가리키는 객체가 유효할 때만 유효하다. 이 포인터 복사본은 행 17에서 생성한 지역 객체를 가리키는데, 이 객체는 해당 범위(scope)의 끝에서 수명이 끝난다. 결과적으로, 행 19에서 돌려준 람다(행 27) 안에 있는 this 포인터 복사본은 존재하지 않는 객체를 가리키게 된다. 그리고 존재하지 않는 객체를 가리키는 포인터는 미정의 행동을 유발한다.

C++20 표준을 준수하는 컴파일러는 이러한 암묵적 this 포인터 갈무리를 검출해서 경고 메시지를 발생해야 한다. 그림 3.77은 GCC의 경우이다.

```
<source>:8:16: warning: implicit capture of 'this' via '[=]' is deprecated in C++20 [-Wdeprecated]
    8 |          return [=] { std::cout << s << std::endl; };
      |                 ^
<source>:8:16: note: add explicit 'this' or '*this' capture
Execution build compiler returned: 0
Program returned: 139

  Goodbye
```

그림 3.77 C++20 표준을 준수하는 GCC 컴파일러의 경고 메시지

다음 절에서 살펴볼 C++20의 나머지 두 람다 개선사항은 둘을 조합해서 사용할 때 특히나 유용하다. C++20에서 상태가 없는 람다는 기본 생성과 복사 배정을 지원한다. 그리고 C++20에서는 람다를 미평가 문맥(unevaluated context; 평가되지 않은 문맥)에서 사용할 수 있다.

3.7.3 미평가 문맥의 람다와 상태 없는 람다의 기본 생성 및 복사 배정 지원

이번 절의 제목에 나온 '미평가 문맥'과 '상태 없는 람다'가 생소한 독자들이 있을 것이다. 미평가 문맥부터 살펴보자.

3.7.3.1 미평가 문맥

함수 선언(function declaration)과 함수 정의(function definition)의 차이는 이미 잘 알고 있을 것이다.

목록 3.132 함수의 선언과 정의

```cpp
int add1(int, int);                 // 선언
int add2(int a, int b) { return a + b; }  // 정의
```

함수 add1은 선언만 되었고, add2는 정의까지 되었다. add1은 정의된 적이 없으므로, 이 함수를 호출하면 링크 오류가 발생한다. 그렇지만 typeid[64]나 decltype[65]처럼 평가되지 않은 피연산자를 받는 연산자에서는 add1을 사용할 수 있다. 이처럼 어떤 대상을 평가(실행 또는 호출) 없이 사용할 수 있는 문맥을 미평가 문맥이라고 부른다.

목록 3.133 미평가 문맥 예제

```
1   // unevaluatedContext.cpp
2
3   #include <iostream>
4   #include <typeinfo>  // typeid
5
6   int add1(int, int);                    // 선언
7   int add2(int a, int b) { return a + b; }  // 정의
8
9   int main() {
10
11      std::cout << '\n';
12
13      std::cout << "typeid(add1).name(): " << typeid(add1).name() << '\n';
14
15      decltype(*add1) add = add2;
16
17      std::cout << "add(2000, 20): " << add(2000, 20) << '\n';
18
19      std::cout << '\n';
20
21  }
```

행 13의 typeid(add1).name()은 주어진 형식의 문자열 표현을 돌려준다. 그리고 행 15의 decltype은 주어진 인수의 형식을 연역한다.

그림 3.78 미평가 문맥 예제

---

64 *https://en.cppreference.com/w/cpp/language/typeid*

65 *https://en.cppreference.com/w/cpp/language/decltype*

3.7.3.2 상태 없는 람다

상태 없는 람다(stateless lambda)는 주어진 환경에서 아무것도 갈무리하지 않는 람다이다. 다른 말로 하면, 람다 정의의 초기화 대괄호 쌍 [] 안에 아무것도 없는 람다가 곧 상태 없는 람다이다. 예를 들어 표현식 auto add = [ ](int a, int b) { return a + b; };는 상태 없는 람다를 정의한다.

3.7.3.3 개선된 람다를 이용한 STL 연관 컨테이너 적응

개선된 람다를 활용하는 예제를 살펴보기 전에, std::set과 STL의 모든 순서 있는 연관 컨테이너(std::map, std::multiset, std::multimap)는 키들을 정렬할 때 기본적으로 함수 객체(§C.40) std::less를 이용해서 키들을 정렬한다는 점을 기억해 두기 바란다. std::set[66]의 선언을 보면 암묵적으로 std::less가 쓰인다는 점을 알 수 있다.

목록 3.134 std::less의 선언

```
template<
    class Key,
    class Compare = std::less<Key>,
    class Allocator = std::allocator<Key>
> class set;
```

다음 예제 프로그램은 std::less 대신 람다 표현식을 커스텀 비교 함수 객체로 사용해서 연관 컨테이너의 키들을 정렬한다. 람다들이 상태 없는 람다이고 미평가 문맥에서 쓰인다는 점에 주목하기 바란다.

목록 3.135 미평가 문맥에서 상태 없는 람다 사용

```
1  // lambdaUnevaluatedContext.cpp
2
3  #include <cmath>
4  #include <iostream>
5  #include <memory>
6  #include <set>
7  #include <string>
8
9  template <typename Cont>
10 void printContainer(const Cont& cont) {
11     for (const auto& c: cont) std::cout << c << "  ";
12     std::cout << "\n";
13 }
```

---

[66] *https://en.cppreference.com/w/cpp/container/set*

```
14
15   int main() {
16
17       std::cout << '\n';
18
19       std::set<std::string> set1 = {"scott", "Bjarne", "Herb", "Dave", "michael"};
20       printContainer(set1);
21
22       using SetDecreasing = std::set<std::string,
23                                       decltype([](const auto& l, const auto& r) {
24                                           return l > r;
25                                       })>;
26       SetDecreasing set2 = {"scott", "Bjarne", "Herb", "Dave", "michael"};
27       printContainer(set2);
28
29       using SetLength = std::set<std::string,
30                                   decltype([](const auto& l, const auto& r) {
31                                       return l.size() < r.size();
32                                   })>;
33       SetLength set3 = {"scott", "Bjarne", "Herb", "Dave", "michael"};
34       printContainer(set3);
35
36       std::cout << '\n';
37
38       std::set<int> set4 = {-10, 5, 3, 100, 0, -25};
39       printContainer(set4);
40
41       using setAbsolute = std::set<int, decltype([](const auto& l, const auto& r) {
42                                           return std::abs(l)< std::abs(r);
43                                       })>;
44       setAbsolute set5 = {-10, 5, 3, 100, 0, -25};
45       printContainer(set5);
46
47       std::cout << "\n\n";
48
49   }
```

set1(행 19)과 set4(행 38)는 키들을 그냥 오름차순으로 정렬하지만, set2(행 26), set3(행 33), set5(행 44)는 키들을 주어진 람다에 기초해서 고유한 방식으로 정렬한다. 각 행에서 람다는 미평가 문맥에 쓰였는데, C++20 이전에는 불가능했다. 행 22는 using 키워드를 이용해서 해당 set의 형식 별칭(type alias)을 선언한다. 행 26은 그 형식 별칭을 이용해서 해당 set 객체를 생성한다. std::set의 생성자는 상태 없는 람다의 기본 생성자를 호출하는데, 이러한 기본 생성 역시 C++20 이전에는 불가능했다.

다음은 이 예제 프로그램의 출력이다.

```
Bjarne  Dave  Herb  michael  scott
scott  michael  Herb  Dave  Bjarne
Herb  scott  Bjarne  michael

-25  -10  0  3  5  100
0  3  5  -10  -25  100
```

그림 3.79 미평가 문맥에서 상태 없는 람다 사용

출력에서 뭔가 이상한 부분을 발견했을 것이다. 출력의 셋째 행은 람다 [](const auto& l, const auto& r){ return l.size() < r.size(); }를 비교 술어로 사용하는 set3의 내용인데, "Dave"가 없다. 이유는 간단하다. "Dave"는 set3에 그보다 먼저 추가된 "Herb"와 길이가 같다. 중복 없는 집합에 해당하는 std::set의 키들은 유일(고유)하며, set3의 비교 술어(람다)는 주어진 문자열의 길이를 키로 사용한다. 결과적으로, "Dave"는 set3에 이미 존재하는 키에 해당해서 추가되지 않았다. 중복을 허용하는 std::multiset을 사용했다면 이런 현상이 나타나지 않았을 것이다.

ℹ️ **람다 개선사항 요약**

- C++20의 람다는 템플릿 매개변수를 가질 수 있다.
- C++20 컴파일러는 this 포인터의 암묵적 복사를 검출한다.
- C++20에서는 미평가 문맥에서 람다를 사용할 수 있다.
- C++20의 상태 없는 람다는 기본 생성과 복사 배정을 지원한다.

3.8 새 특성들

그림 3.80 경주 준비를 마친 시피

C++20에는 여러 가지 새 특성이 추가되었다. [[likely]][[unlikely]], [[no_unique_address]]는 완전히 새로운 특성이고, [[nodiscard("문자열")]]은 기존 [[nodiscard]] 특성을 개선한 것이다. [[nodiscard("문자열")]]는 인터페이스의 의도를 명시적으로 표현하는 데 유용하다.

🔑 **특성**

특성(attribute)은 소스 코드에 대한 추가적인 제약을 표현하거나 추가적인 최적화 가능성을 컴파일러에 제시하는 수단이다. 특성은 형식, 변수, 함수, 식별자, 코드 블록에 적용할 수 있다. 하나의 대상에 여러 개의 특성을 적용하는 경우 각각을 따로 지정할 수도 있고(아래의 func1), 하나의 이중 대괄호 쌍 안에 각 특성 이름을 쉼표로 분리해서 나열할 수도 있다(아래의 func2).

목록 3.136 다중 특성 적용 방법

```
1  [[attribute1]]  [[attribute2]] [[attribute3]]
2  int func1();
3
4  [[attribute1, attribute2, attribute3]]
5  int func2();
```

표준에 정의된 특성들 외에, 구현(컴파일러)이 언어 확장의 일부로 나름의 특성을 제공할 수도 있다. 다음은 C++11에서 C++17까지의 표준 특성들이다.

- [[noreturn]](C++11): 해당 함수가 아무 값도 반환하지 않음을 나타낸다.
- [[carries_dependency]](C++11): 해제-소비 순서(release-consume ordering)의 의존 관계 사슬(dependency chain)을 나타낸다.[67]
- [[deprecated]](C++14): 해당 식별자를 사용하지 말아야 함을 나타낸다.
- [[fallthrough]](C++17): 해당 case의 '떨어짐(fallthrough)'이[†] 의도적임을 나타낸다.
- [[maybe_unused]](C++17): 사용되지 않은 식별자에 대한 컴파일러의 경고 메시지를 억제한다.
- [[nodiscard]](C++17): 반환값 폐기를 검출한다.

3.8.1 [[nodiscard("문자열")]] 특성

[[nodiscard]] 특성은 C++17에 추가된 것인데, 폐기 경고에 관한 추가적인 정보를 제공하는 수단이 없었다. C++20에서는 소괄호 안에 문자열 리터럴을 추가해

---

67 *https://en.cppreference.com/w/cpp/atomic/memory_order#Release-Consume_ordering*
† [옮긴이] switch 문의 case 블록이 break;로 끝나지 않고 그다음 case 블록으로 넘어가는(아래로 '떨어지는') 것을 말한다.

서 폐기 경고의 이유를 명시할 수 있다. 우선, [[nodiscard]] 특성의 용도부터 살펴보자. 다음은 [[nodiscard]] 특성을 사용하지 않는 경우이다.

목록 3.137 객체와 오류 코드의 폐기

```cpp
1  // withoutNodiscard.cpp
2
3  #include <utility>
4
5  struct MyType {
6
7      MyType(int, bool) {}
8
9  };
10
11 template <typename T, typename ... Args>
12 T* create(Args&& ... args) {
13   return new T(std::forward<Args>(args)...);
14 }
15
16 enum class ErrorCode {
17     Okay,
18     Warning,
19     Critical,
20     Fatal
21 };
22
23 ErrorCode errorProneFunction() { return ErrorCode::Fatal; }
24
25 int main() {
26
27     int* val = create<int>(5);
28     delete val;
29
30     create<int>(5);
31
32     errorProneFunction();
33
34     MyType(5, true);
35
36 }
```

행 11의 create는 임의의 형식의 객체를 생성해 주는 '팩토리' 함수(factory function)로, 힙에 객체를 생성해서 그 포인터를 돌려준다. 완벽 전달(perfect forwarding)과 매개변수 팩pack 덕분에 이 함수는 그 어떤 생성자도 호출할 수 있다.

그런데 이 예제 프로그램에는 몇 가지 문제점이 있다. 첫째로, 행 30은 메모리 누수(memory leak)를 유발한다. 이는 힙에 생성된 int 객체가 제대로 소멸되지 않기 때문이다. 둘째로, 이 프로그램은 errorProneFunction 호출(행 32)이 돌려준 오류 코드를 점검하지 않는다. 마지막으로, 행 34의 생성자 호출 MyType(5, true)는 임시 객체를 생성하는데, 그 객체는 생성 직후 소멸된다. 이는 아마도 프로그래머가 의도한 것이 아닐 것이며, 의도한 것이라 해도 자원의 낭비이다. [[nodiscard]] 특성은 이런 문제점들을 검출하는 데 도움이 된다.

[[nodiscard]]는 함수 선언이나 열거형 선언, 클래스 선언에 적용할 수 있다. [[nodiscard]]가 적용된 함수의 반환값이 쓰이지 않고 그대로 폐기되면 (discard) 컴파일러는 경고 메시지를 발생한다. [[nodiscard]]가 적용된 열거형의 값이나 클래스의 객체를 돌려주는 함수에 대해서도 마찬가지로 컴파일러가 반환값 폐기를 점검한다. 그런 함수의 반환값을 의도적으로 폐기하는 경우, 경고 메시지가 발생하지 않게 하려면 반환값을 void로 강제 형변환(type casting) 하면 된다.

그럼 앞의 예제에 실제로 [[nodiscard]] 특성을 적용해 보자. 우선, 다음은 C++17의 [[nodiscard]]를 적용한 예이다.

목록 3.138 C++17 [[nodiscard]]를 적용한 예제

```
1  // nodiscard.cpp
2
3  #include <utility>
4
5  struct MyType {
6
7      MyType(int, bool) {}
8
9  };
10
11 template <typename T, typename ... Args>
12 [[nodiscard]]
13 T* create(Args&& ... args){
14   return new T(std::forward<Args>(args)...);
15 }
16
17 enum class [[nodiscard]] ErrorCode {
18     Okay,
19     Warning,
20     Critical,
21     Fatal
22 };
23
24 ErrorCode errorProneFunction() { return ErrorCode::Fatal; }
25
```

```
26  int main() {
27
28    int* val = create<int>(5);
29    delete val;
30
31    create<int>(5);
32
33    errorProneFunction();
34
35    MyType(5, true);
36
37  }
```

팩토리 함수 create(행 13)와 열거형 ErrorCode(행 17)에 [[nodiscard]] 특성이 적용되었기 때문에, 컴파일러는 해당 반환값이 폐기되는 행 31과 33에 대해 경고 메시지를 발생한다.

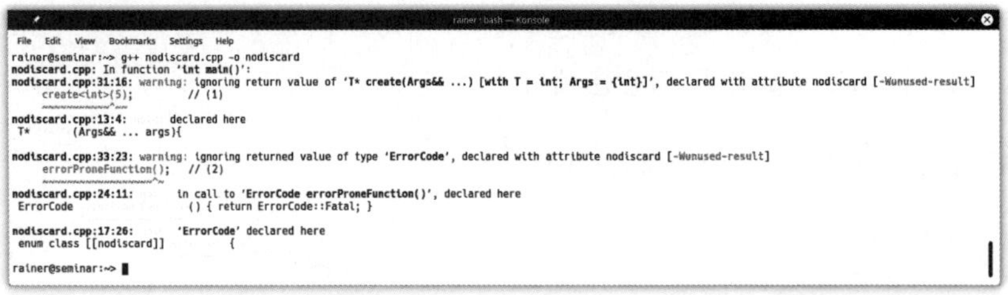

그림 3.81 폐기된 객체와 오류 코드에 대한 C++17 컴파일러의 경고 메시지

이전보다는 훨씬 나아졌지만, 그래도 여전히 몇 가지 문제가 있다. 우선, C++17의 [[nodiscard]]는 생성자처럼 아무것도 돌려주지 않는 함수에는 적용할 수 없다. 그래서 행 35의 MyType(5, true)는 여전히 아무 경고 없이 임시 객체를 생성했다 폐기한다. 둘째로, 컴파일러의 경고 메시지가 너무 일반적이다. 함수의 반환값을 폐기하는 게 왜 문제가 되는지를 함수 사용자에게 명확히 전달할 수 있으면 좋을 것이다.

두 문제 모두 C++20에서 해결되었다. 이제는 생성자에 [[nodiscard]]를 적용할 수 있으며, [[nodiscard]] 안에 문자열을 지정해서 함수 사용자에게 추가 정보를 제공할 수 있다.

목록 3.139 C++17 [[nodiscard]]를 적용한 예제

```
1  // nodiscardString.cpp
2
3  #include <utility>
4
```

```
 5  struct MyType {
 6
 7      [[nodiscard("Implicit destroying of temporary MyInt.")]] MyType(int, bool) {}
 8
 9  };
10
11  template <typename T, typename ... Args>
12  [[nodiscard("You have a memory leak.")]]
13  T* create(Args&& ... args){
14    return new T(std::forward<Args>(args)...);
15  }
16
17  enum class [[nodiscard("Don't ignore the error code.")]] ErrorCode {
18      Okay,
19      Warning,
20      Critical,
21      Fatal
22  };
23
24  ErrorCode errorProneFunction() { return ErrorCode::Fatal; }
25
26  int main() {
27
28      int* val = create<int>(5);
29      delete val;
30
31      create<int>(5);
32
33      errorProneFunction();
34
35      MyType(5, true);
36
37  }
```

[[nodiscard]] 특성에 적절한 메시지를 추가한 덕분에, 함수 사용자는 코드에 어떤 문제점이 있는지를 좀 더 명확히 알 수 있다. 다음은 MSVC 컴파일러의 출력이다.

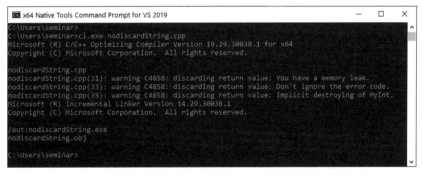

그림 3.82 폐기된 객체와 오류 코드에 대한 C++20 컴파일러의 경고 메시지

⚠️ **std::async의 반환값 폐기**

기존 C++ 함수 중에 [[nodiscard]]를 적용하면 도움이 되는 것이 많다. 이상적인 예가 std::async 함수이다. std::asnyc의 반환값을 사용하지 않고 폐기하면, 비동기(asynchronous) std::async 호출은 암묵적으로 동기(synchronous) 호출이 되어버린다. 애초에 std::async를 사용하는 의도는 어떤 함수를 현재 스레드와는 다른 스레드에서 비동기적으로 실행하는 것이지만, 반환값을 사용하지 않으면 의도와는 달리 해당 호출은 그냥 현재 스레드에서 실행되며, 따라서 함수가 반환될 때까지 실행이 차단(blocking)된다. 내 블로그 글 "The Special Futures"[68]에 std::async의 비직관적인 행동이 좀 더 자세히 나와 있으니 참고하기 바란다.

cppreference.com의 [[nodiscard]] 특성 페이지[69]에서 이 특성을 연구하다가 나는 C++20에서 std::async의 선언이 바뀌었음을 발견했다. 선언은 다음과 같다.[70]

목록 3.140 [[nodiscard]] 특성이 적용된 C++20의 std::async 선언

```
template<class Function, class... Args>
[[nodiscard]]
std::future<std::invoke_result_t<std::decay_t<Function>,
                                 std::decay_t<Args>...>>
    async( Function&& f, Args&&... args );
```

이처럼 C++20의 std::async에는 [[nodiscard]]가 적용되었기 때문에, 이 함수가 돌려주는 미래(future) 객체를 폐기하면 경고 메시지가 발생한다.

다음으로, 최적화와 관련된 두 특성 [[likely]]와 [[unlikely]]를 살펴보자.

3.8.2 [[likely]] 특성과 [[unlikely]] 특성

[[likely]] 특성과 [[unlikely]] 특성을 제안하는 P0479R5[71]는 내가 아는 한 가장 짧은 제안서이다. 이 두 특성이 어떤 것인지는 감을 잡을 수 있도록, 제안서에 있는 흥미로운 문장들을 인용하겠다.

"likely 특성의 용도는, 이 특성이 있는 문장이나 레이블을 포함한 실행 경로(path of execution)가 선택될 가능성이 이 특성이 있는 문장이나 레이블을 포함하지 않은 실행 경로가 선택될 가능성보다 임의로 큰 경우에 대한 최적화 기회를 구현들에 알려주는 것이다. unlikely 특성의 용도는, 이 특성이 있는 문장이나 레이블을 포함한 실행 경로가 선택될 가능성이 이 특성이 있는 문장이나 레이블을 포함하지 않은 실행 경로가 선택될 가능성보다 임의로 작은 경우에 대한 최적화 기회를 구

---

68 *https://www.modernescpp.com/index.php/the-special-futures*
69 *https://en.cppreference.com/w/cpp/language/attributes/nodiscard*
70 *https://en.cppreference.com/w/cpp/thread/async*
71 *http://www.open-std.org/jtc1/sc22/wg21/docs/papers/2018/p0479r5.html*

현들에게 알려주는 것이다. 하나의 실행 경로가 레이블을 포함할 필요충분조건은 그 레이블로의 점 프 명령이 그 실행 경로에 존재한다는 것이다."

간단히 요약하자면, 이 두 특성은 선택될 가능성이 큰 또는 작은 실행 경로에 대한 힌트를 컴파일러 최적화기(optimizer)에 제공하기 위한 것이다.

목록 3.141 [[likely]]로 컴파일러에 힌트를 주는 예제

```
for(size_t i=0; i < v.size(); ++i){
    if (v[i] < 0) [[likely]] sum -= sqrt(-v[i]);
    else sum += sqrt(v[i]);
}
```

또 다른 새 특성 [[no_unique_address]] 역시 최적화에 관한 것이다. 단, 이번에는 실행 시간 최적화가 아니라 주소 공간 최적화이다.

3.8.3 [[no_unique_address]] 특성

[[no_unique_address]]는 클래스의 데이터 멤버에 적용하는 특성이다. 이 특성은 해당 데이터 멤버(멤버 변수)의 주소가 고유할 필요가 없음을, 다시 말해 클래스의 다른 모든 비정적 데이터 멤버와 구별되는 주소를 가질 필요가 없음을 나타낸다. 따라서, 만일 이 특성이 적용된 데이터 멤버의 형식이 빈 형식(empty type)이면, 컴파일러는 그 데이터 멤버가 메모리를 전혀 차지하지 않도록 최적화할 수 있다.

다음은 [[no_unique_address]] 특성의 용법을 보여주는 예제이다.

목록 3.142 [[no_unique_address]] 특성의 용법

```
1   // uniqueAddress.cpp
2
3   #include <iostream>
4
5   struct Empty {};
6
7   struct NoUniqueAddress {
8       int d{};
9       [[no_unique_address]] Empty e{};
10  };
11
12  struct UniqueAddress {
13      int d{};
14      Empty e{};
15  };
```

```
16
17   int main() {
18
19       std::cout << '\n';
20
21       std::cout << std::boolalpha;
22
23       std::cout << "sizeof(int) == sizeof(NoUniqueAddress): "
24                 << (sizeof(int) == sizeof(NoUniqueAddress)) << '\n';
25
26       std::cout << "sizeof(int) == sizeof(UniqueAddress): "
27                 << (sizeof(int) == sizeof(UniqueAddress)) << '\n';
28
29       std::cout << '\n';
30
31       NoUniqueAddress NoUnique;
32
33       std::cout << "&NoUnique.d: " <<  &NoUnique.d << '\n';
34       std::cout << "&NoUnique.e: " <<  &NoUnique.e << '\n';
35
36       std::cout << '\n';
37
38       UniqueAddress unique;
39
40       std::cout << "&unique.d: " <<  &unique.d << '\n';
41       std::cout << "&unique.e: " <<  &unique.e << '\n';
42
43       std::cout << '\n';
44
45   }
```

NoUniqueAddress 클래스(행 7)는 크기가 int와 같지만, UniqueAddress 클래스(행 12)는 그렇지 않다. UniqueAddress 클래스의 멤버 d와 e는 주소가 다르지만(행 40과 41), NoUniqueAddress 클래스의 멤버 d와 e는 주소가 같다(행 33과 34). 이는 멤버 e에 [[no_unique_address]]가 적용되었기 때문이다(행 9).

```
sizeof(int) == sizeof(NoUniqueAddress): true
sizeof(int) == sizeof(UniqueAddress): false

&NoUnique.d: 0x7fff44f8fd0c
&NoUnique.e: 0x7fff44f8fd0c

&unique.d: 0x7fff44f8fd04
&unique.e: 0x7fff44f8fd08
```

그림 3.83 [[no_unique_address]] 특성의 용법

> ⓘ **새 특성들 요약**
>
> - C++20에는 몇 가지 새 특성이 추가되었다. [[nodiscard("문자열")]]는 여러 문맥에서 함수 반환값의 폐기를 점검하는 데 쓰인다.
> - [[likely]]와 [[unlikely]]는 특정 코드 경로의 실행 가능성에 관한 힌트를 컴파일러에 제공하는 데 쓰인다.
> - [[no_unique_address]] 특성을 이용하면 한 클래스의 여러 데이터 멤버가 같은 주소를 가지게 할 수 있다.

3.9 기타 개선사항

그림 3.84 계단을 오르는 시피

이번 절에서는 C++20 핵심 언어의 소소한 나머지 개선사항들을 소개한다.

3.9.1 volatile

다음은 해당 제안서 P1152R0[72]의 초록에 있는, volatile의 개선사항을 요약한 문구이다.

> "제안된 비권장(deprecation)[†]은 volatile의 유용한 부분을 보존하고 의심스럽거나 이미 고장난(broken) 부분들을 제거한다. 이 제안서는 오늘날 실행 시점에서 또는 컴파일러 갱신을 통해서 미묘하게 고장난 컴파일 시점 코드와의 단절을 의도한다."

volatile의 개선사항을 자세히 살펴보기 전에, "volatile을 언제 사용해야 바람직한가?"라는 중요한 질문 하나를 던지고자 한다. C++ 표준 명세서의 한 참고사

---

[72] *http://www.open-std.org/jtc1/sc22/wg21/docs/papers/2018/p1152r0.html*
[†] [옮긴이] '비권장'은 해당 기능을 현재 사용할 수 있긴 하지만 이후 표준에서 폐기(제거)될 예정이므로 더 이상 사용하지 않는 것이 좋다는 뜻이다.

항(note)에 따르면, "volatile은 주어진 객체의 값이 구현이 검출할 수 없는 수단에 의해 변경될 수도 있으므로 그러한 객체와 관련된 코드에 공격적인 최적화를 적용하지 말라는 힌트를 구현에게 제공한다." 단일 실행 스레드의 경우 이는 컴파일러가 실행 파일 안에 적재(load) 명령이나 저장(store) 명령을 소스 코드의 해당 연산만큼이나 자주 수행해야 함을 뜻한다. 즉, 컴파일러는 volatile 연산들을 제거하거나 그 순서를 바꿀 수 없다. 따라서 프로그래머는 처리부(handler)가 하나인 통신에 대해서는 안심하고 volatile 객체들을 사용할 수 있다. 그러나 다른 실행 스레드와의 통신에 대해서는 그렇지 않다.

C++20의 volatile에서 "보존된" 유용한 부분은 잠시 후에 소개하고, 먼저 비권장(폐기 예정) 기능들부터 살펴보자.

1. 복합 배정과 전/후 증가/감소에 대한 volatile은 비권장된다.
2. 함수 매개변수나 반환 형식에 대한 volatile은 비권장된다.
3. 구조적 바인딩 선언에 대한 volatile은 비권장된다.

복잡한 세부사항을 모두 알고 싶은 독자에게는 JF 배스티언[JF Bastien]의 CppCon 2019 강연 "Deprecating volatile"[73]을 강력히 추천한다. 다음은 그 강연에 나온 몇 가지 예인데, 소스 코드의 몇몇 오타는 내가 수정했다. 주석의 괄호 친 번호들은 앞에 나온 세 가지 비권장 사항에 대응된다.

목록 3.143 volatile의 비권장 용법들

```
// (1)
int neck, tail;
volatile int brachiosaur;
brachiosaur = neck;      // OK: volatile 저장 연산
tail = brachiosaur;      // OK: volatile 적재 연산
// 비권장: brachisaur가 한 번 접근될까, 두 번 접근될까?
tail = brachiosaur = neck;
// 비권장: brachisaur가 한 번 접근될까, 두 번 접근될까?
brachiosaur += neck;
// OK: volatile 적재 연산, 덧셈, volatile 저장 연산
brachiosaur = brachiosaur + neck;
// ###################################
// (2)
// 비권장: 반환 형식에 대한 volatile은 무의미함
volatile struct amber jurassic();
// 비권장: volatile 매개변수는 호출자에게 무의미함
```

---

73 https://www.youtube.com/watch?v=KJW_DLaVXIY

```
//        volatile은 함수 안에서만 적용됨
void trex(volatile short left_arm, volatile short right_arm);
// OK: 포인터는 volatile이 아니고 포인터가 가리키는 데이터가 volatile
void fly(volatile struct pterosaur* pterandon);
// ####################################
(3)
struct linhenykus { volatile short forelimb; };
void park(linhenykus alvarezsauroid) {
    // 비권장: 바인딩이 forelibms를 복사할까?
    auto [what_is_this] = alvarezsauroid;  // 구조적 바인딩
    // ...
}
```

> ⚠️ **volatile과 다중 스레드 의미론**
>
> 일반적으로 volatile은 주어진 객체가 보통의 프로그램 흐름과는 독립적으로 변할 수 있음을 나타내는 데 쓰인다. 내장형(embedded) 프로그램에서 외부 장치(메모리 맵드 I/O)를 나타내는 객체가 그러한 예이다. 그런 객체는 보통의 프로그램 흐름과는 독립적으로 변하며, 객체의 값은 주 메모리에 직접 기록되므로 캐시 저장과 관련된 최적화를 적용할 수 없다. **다른 말로 하면, volatile은 공격적 최적화에서 제외되며, 다중 스레드 의미론(다중 스레드 상황에서의 유효한 행동 방식)이 없다.**

3.9.2 구간 기반 for 루프 안의 초기치

C++20에서는 구간 기반(range-based) for 루프 안에서 초기치(initializer)를 직접 사용할 수 있다.

목록 3.144 구간 기반 for 루프 내부 초기치

```
1  // rangeBasedForLoopInitializer.cpp
2
3  #include <iostream>
4  #include <string>
5  #include <vector>
6
7  int main() {
8
9      for (auto vec = std::vector{1, 2, 3}; auto v : vec) {
10         std::cout << v << " ";
11     }
12
13     std::cout << "\n\n";
14
15     for (auto initList = {1, 2, 3}; auto e : initList) {
16         e *= e;
```

```
17          std::cout << e << " ";
18      }
19
20      std::cout << "\n\n";
21
22      using namespace std::string_literals;
23      for (auto str = "Hello World"s; auto c: str) {
24          std::cout << c << " ";
25      }
26
27      std::cout << '\n';
28
29 }
```

행 9의 구간 기반 for 루프는 std::vector를 사용하고 행 15의 구간 기반 for 루프는 std::initializer_list를, 행 23은 std::string을 사용한다. 행 9와 행 15에는 클래스 템플릿에 대한 자동 형식 연역도 쓰였는데, 이 연역 기능은 C++17에서 도입된 것이다. 행 9에서는 std::vector<int> 대신 std::vector라고 했고, 행 15에서는 std::vector도 생략했다.

```
1 2 3

1 4 9

Hello   World
```

그림 3.85 구간 기반 for 루프 안의 초기치

3.9.3 가상 constexpr 함수

constexpr 함수는 가능하면 컴파일 시점에서 실행되고, 그렇지 않으면 실행 시점에서 실행된다. constexpr 함수가 실행 시점에서 실행될 수 있다는 것은 가상 함수가 될 수 있다는 뜻인데, C++20에서 실제로 그런 일이 가능해졌다. 가상 constexpr의 재정의(overriding)는 유연하다. 기반(부모) 클래스의 가상 constexpr 함수를 파생(자식) 클래스에서 비 constexpr 함수로 재정의할 수 있으며, 반대로 기반 클래스의 비 constexpr 함수를 파생 클래스에서 가상 constexpr 함수로 재정의하는 것도 가능하다. (물론, 재정의가 가능하려면 기반 클래스의 비 constexpr 함수가 가상 함수이어야 한다.)

다음의 virtualConstexpr.cpp는 이러한 여러 재정의 조합을 보여준다.

목록 3.145 가상 constexpr 함수의 재정의

```cpp
1   // virtualConstexpr.cpp
2
3   #include <iostream>
4
5   struct X1 {
6       virtual int f() const = 0;
7   };
8
9   struct X2: public X1 {
10      constexpr int f() const override { return 2; }
11  };
12
13  struct X3: public X2 {
14      int f() const override { return 3; }
15  };
16
17  struct X4: public X3 {
18      constexpr int f() const override { return 4; }
19  };
20
21  int main() {
22
23      X1* x1 = new X4;
24      std::cout << "x1->f(): " << x1->f() << '\n';
25
26      X4 x4;
27      X1& x2 = x4;
28      std::cout << "x2.f(): " << x2.f() << '\n';
29
30  }
```

행 24는 포인터를 통한 가상 디스패치(vitual dispatch; 지연 바인딩(late binding))를 사용하고, 행 28은 참조를 통한 가상 디스패치를 사용한다.

```
x1->f(): 4
x2.f(): 4
```

그림 3.86 가상 constexpr 함수의 재정의

3.9.4 UTF-8 문자열의 새로운 문자 형식: char8_t

C++11의 char16_t와 char32_t 외에, C++20에는 char8_t라는 새 문자 형식이 추가되었다. char8_t 형식은 8비트라서 임의의 UTF-8 코드 단위(code unit)를 담기에 충분하다. char8_t는 unsigned char와 크기, 부호 여부, 정렬(alignment; 또는 정합) 특성이 동일하지만, unsigned char와는 구별되는 형식이다.

> 🔑 **char와 char8_t**
>
> 하나의 char 값은 1바이트이다. 1바이트의 비트수는 C++ 표준이 명시적으로 정의하지 않으므로, char8_t와는 달리 char의 비트수는 정의되지 않는다. 그렇지만 거의 모든 구현에서 1바이트는 8비트이다.† std::string은 char들의 std::basic_string에 대한 별칭(alias)이다.
>
> **목록 3.146** std::string 형식과 std::string 리터럴
>
> ```
> std::string std::basic_string<char>
> "Hello World"s
> ```

새로운 문자 형식 char8_t와 함께, C++20에는 std::u8string이라는 UTF-8 문자열 형식이 추가되고, UTF-8 문자열 리터럴은 이제 char8_t를 사용한다.‡

목록 3.147 새 char8_t 문자 형식에 대한 UTF-8 문자열 형식과 리터럴

```
std::u8string std::basic_string<char8_t>
u8"Hello World"
```

다음의 char8Str.cpp 프로그램은 새 문자 형식 char8_t의 용법을 직관적으로 보여준다.

목록 3.148 새 문자 형식 char8_t의 직관적인 용법

```cpp
1  // char8Str.cpp
2
3  #include <iostream>
4  #include <string>
5
6  int main() {
7
8      const char8_t* char8Str = u8"Helloworld";
9      std::basic_string<char8_t> char8String = u8"helloWorld";
10     std::u8string char8String2 = u8"helloWorld";
11
12     char8String2 += u8".";
13
14     std::cout << "char8String.size(): " << char8String.size() << '\n';
15     std::cout << "char8String2.size(): " << char8String2.size() << '\n';
16
17     char8String2.replace(0, 5, u8"Hello ");
```

---

† [옮긴이] 특별한 언급이 없는 한, 이 책에서도 1바이트가 8비트라고 가정한다.

‡ [옮긴이] std::string처럼 std::u8string도 std::basic_string 특수화의 별칭이다. u8을 접두사로 사용하는 UTF-8 문자열 리터럴 자체는 C++17에서 도입되었는데, 그때는 그냥 char를 사용했다.

```
18
19    std::cout << "char8String2.size(): " << char8String2.size() << '\n';
20
21  }
```

다음은 이 프로그램의 출력이다.

```
char8String.size(): 10
char8String2.size(): 11
char8String2.size(): 12
```

그림 3.87 새 문자 형식 char8_t의 직관적인 용법

3.9.5 지역 범위 using enum

using enum 선언은 주어진 열거형의 열거자(enumerator)들을 현재 지역 범위에 도입한다.

목록 3.149 열거자들을 지역 범위에 도입

```
1   // enumUsing.cpp
2
3   #include <iostream>
4   #include <string_view>
5
6   enum class Color {
7       red,
8       green,
9       blue
10  };
11
12  std::string_view toString(Color col) {
13    switch (col) {
14      using enum Color;
15      case red:   return "red";
16      case green: return "green";
17      case blue:  return "blue";
18    }
19    return "unknown";
20  }
21
22  int main() {
23
24      std::cout << '\n';
25
26      std::cout << "toString(Color::red): " << toString(Color::red) << '\n';
27
```

```
28      using enum Color;
29
30      std::cout << "toString(green): " << toString(green) << '\n';
31
32      std::cout << '\n';
33
34  }
```

행 14의 using enum 선언에 의해, 범위 있는 열거형 Color의 열거자들이 지역 범위에 도입된다. 그때부터는 그 열거자들을 범위 없는(unscoped) 열거자처럼(즉, Color::를 붙이지 않고) 사용할 수 있다(행 15~17).

그림 3.88 열거자들을 지역 범위에 도입

3.9.6 비트 필드 멤버의 기본값 초기화

비트 필드가 무엇인지 기억이 잘 안 나는 독자를 위해, 다음은 위키백과에 있는 정의이다.[74]

> "비트 필드(bit field)는 컴퓨터 프로그래밍에 쓰이는 자료구조이다. 수많은 인접 컴퓨터 메모리 위치들로 이루어져 있으며 일련의 비트를 보유하기 위해 할당되며 하나의 비트나 여러 비트의 그룹의 주소를 참조할 수 있도록 저장된다. 비트 필드는 알려진 고정 비트 너비의 정수형을 표현하기 위해 흔히 사용된다."

C++20에서는 비트 필드의 각 멤버를 특정한 기본값으로 초기화할 수 있다.

목록 3.150 비트 필드 멤버의 기본값 초기화

```
1   // bitField.cpp
2
3   #include <iostream>
4
5   struct Class11 {
6       int i = 1;
7       int j = 2;
```

---

74 *https://ko.wikipedia.org/wiki/비트_필드*

```
 8        int k = 3;
 9        int l = 4;
10        int m = 5;
11        int n = 6;
12    };
13
14    struct BitField20 {
15        int i : 3 = 1;
16        int j : 4 = 2;
17        int k : 5 = 3;
18        int l : 6 = 4;
19        int m : 7 = 5;
20        int n : 7 = 6;
21    };
22
23    int main () {
24
25        std::cout << '\n';
26
27        std::cout << "sizeof(Class11): " << sizeof(Class11) << '\n';
28        std::cout << "sizeof(BitField20): " << sizeof(BitField20) << '\n';
29
30        std::cout << '\n';
31
32    }
```

행 6~11은 클래스의 멤버들을 기본값으로 초기화하는데, 이 초기화 기능은 C++11에서 도입되었다. 행 15~20은 C++20에서 도입된 비트 필드 멤버의 기본값 초기화 기능을 보여준다. 비트 필드 멤버들의 비트수 3, 4, 5, 6, 7, 7을 모두 더하면 32가 된다. 즉, 비트 필드 BitField20의 크기는 32비트이며, 이는 곧 4바이트이다. 프로그램의 출력도 이 점을 확인해준다.

그림 3.89 비트 필드의 크기 정보

ℹ️ **기타 개선사항 요약**

- volatile의 의미가 C++20에서 좀 더 명확해졌다. volatile에는 다중 스레드 의미론이 없다. 이제 volatile은 보통의 프로그램과는 독립적으로 변할 수 있는 객체에 대한 공격적 최적화를 방지하는 용도로만 사용해야 한다.

- 구간 기반 for 루프에 초기치를 사용할 수 있다.
- 새 문자 형식 char8_t는 8비트를 표현하기에 충분히 크다.
- using enum 선언은 주어진 열거형의 열거자들을 지역 범위에 도입한다.
- 비트 필드의 멤버들을 기본값으로 초기화할 수 있다.
- constexpr 함수를 가상 함수로 사용할 수 있다.

4장

표준 라이브러리

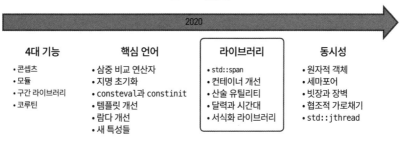

그림 4.1 C++20 표준 라이브러리

C++20 표준 라이브러리에는 구간 라이브러리 외에도 여러 가지 새 기능이 추가 되었다. 예를 들어 연속 메모리 영역에 대한 비소유(non-owning) 참조로서의 std::span이 도입되었고, 문자열과 컨테이너의 구현이 개선되었고, 여러 알고리 즘이 개선되었다. 또한 C++11의 크로노 라이브러리에 달력 기능과 시간대 기능 이 추가되었다. 마지막으로, 텍스트를 안전하고 강력하게 서식화(formattig)하는 수단들이 도입되었다는 점도 특기할 사항이다.

4.1 구간 라이브러리

그림 4.2 파이프라인 업무를 시작한 시피

C++20의 구간 라이브러리(Ranges library) 덕분에 STL(Standard Template Library; 표준 템플릿 라이브러리)을 좀 더 편하고 강력하게 다룰 수 있게 되었다. 구간 라이브러리의 알고리즘들은 지연 평가(lazy evalution)를 지원하며, 컨테이너에 대해 직접 작용하며, 합성하기 쉽다. 간단히 말하면, 구간 라이브러리는 함수형 프로그래밍의 개념들을 반영한 덕분에 사용하기 편하고 강력하다.

세부사항으로 들어가기 전에, 구간 라이브러리의 기본적인 용법을 보여주는 예제를 살펴보자.

목록 4.1 transform 함수와 filter 함수의 합성

```cpp
// rangesFilterTransform.cpp

#include <iostream>
#include <ranges>
#include <vector>

int main() {

    std::vector<int> numbers = {1, 2, 3, 4, 5, 6};

    auto results = numbers | std::views::filter([](int n){ return n % 2 == 0; })
                           | std::views::transform([](int n){ return n * 2; });

    for (auto v: results) std::cout << v << " ";      // 4 8 12
}
```

auto results 우변의 표현식은 왼쪽에서 오른쪽으로 읽어야 한다. 파이프 기호 (|)는 함수 합성(function composition)을 뜻한다. std::views::filter([](int n) { return n % 2 == 0; })은 주어진 numbers의 값들에서 짝수만 통과시킨다. 그 다음의 std::views::transform([](int n){ return n * 2; })는 그 값들을 두 배로 만든다. 이 작은 예제는 C++20에 새로 추가된 구간 라이브러리의 두 주요 기능인 함수 합성 기능과 컨테이너 전체에 대한 함수 적용 기능을 보여준다.

그럼 세부사항으로 들어가서, 구간 라이브러리의 기초를 이루는 range 콘셉트와 view 콘셉트부터 살펴보자.

4.1.1 range 콘셉트와 view 콘셉트

range 콘셉트와 view 콘셉트는 제3장의 §3.1.7.5에서 소개했다. 다음 요약을 보면 기억이 날 것이다.

- range 콘셉트(std::ranges::range)는 구간의 요구조건들을 정의한다. 구간 (range)은 반복할(훑을) 수 있는 요소들의 묶음이다. 구간은 구간의 시작을 가리키는 반복자와 끝을 넘어선 곳을 가리키는 반복자를 제공한다. STL의 컨테이너들은 구간이다.
- view 콘셉트(std::ranges::view)는 주어진 구간이 뷰일 수 있는 요구조건들을 정의한다. 뷰는 구간에 어떠한 연산을 수행하기 위한 수단으로, 스스로 데이터를 소유하지는 않으며, 복사·이동·배정 연산의 시간 복잡도(§C.28)가 상수이다.

목록 4.2 구간에 대한 뷰

```cpp
std::vector<int> numbers = {1, 2, 3, 4, 5, 6};

auto results = numbers | std::views::filter([](int n){ return n % 2 == 0; })
                       | std::views::transform([](int n){ return n * 2; });
```

이 예제 코드에서 numbers는 구간이고 std::views::filter와 std::views:: transform은 뷰이다.

합성이 가능하고 지연 평가가 적용되는 뷰 덕분에 C++에서도 함수형 스타일의 프로그래밍이 가능하다. C++20은 앞의 예제에 나온 두 뷰를 비롯해 다양한 뷰를 제공한다.

표 4.1 C++20의 뷰들[†]

뷰	설명
std::views::all_t std::views::all	주어진 구간의 모든 요소를 포함한 뷰를 돌려준다.
std::ranges::ref_view	주어진 구간의 모든 요소에 대한 참조로 이루어진 뷰를 돌려준다.
std::ranges::filter_view std::views::filter	주어진 술어를 충족하는 모든 요소로 이루어진 뷰를 돌려준다.
std::ranges::transform_view std::views::transform	모든 요소를 각각 변환해서 만든 뷰를 돌려준다.
std::ranges::take_view std::views::take	주어진 뷰에서 처음 n개의 요소를 취해서 만든 뷰를 돌려준다.
std::ranges::take_while_view std::views::take_while	주어진 뷰의 요소 중 주어진 술어가 true를 돌려주는 요소들로 이루어진 뷰를 돌려준다.
std::ranges::drop_view std::views::drop	주어진 뷰에서 처음 n개의 요소를 제외한 요소들로 이루어진 뷰를 돌려준다.
std::ranges::drop_while_view std::views::drop_while	주어진 뷰에서 주어진 술어가 처음으로 false를 돌려주기까지의 요소들을 제외한 요소들로 이루어진 뷰를 돌려준다.
std::ranges::join_view std::views::join	여러 구간을 결합한 뷰를 돌려준다.
std::ranges::split_view std::views::split	주어진 뷰를 주어진 분리자를 이용해서 여러 뷰로 분할한다.
std::ranges::common_view std::views::common	주어진 뷰를 std::ranges::common_range로 변환한다.
std::ranges::reverse_view std::views::reverse	주어진 뷰의 요소들을 역순으로 훑는 뷰를 돌려준다.
std::ranges::basic_istream_view std::ranges::istream_view	입력 스트림에 operator>>를 적용한다.
std::ranges::elements_view std::views::elements	주어진 뷰에 있는 각 튜플의 n번째 요소로 이루어진 뷰를 돌려준다.
std::ranges::keys_view std::views::keys	주어진 뷰에 있는 각 쌍(pair) 객체(또는 쌍과 유사한 값)의 첫 요소로 이루어진 뷰를 돌려준다.
std::ranges::values_view std::views::values	주어진 뷰에 있는 각 쌍 객체(또는 쌍과 유사한 값)의 둘째 요소(값)로 이루어진 뷰를 돌려준다.

[†] [옮긴이] 참고로 std::views는 std::ranges::views의 이름공간 별칭이다. 예를 들어 std::views::filter는 std::ranges::views::fiter와 같다. 표 4.1의 std::views::*들은 엄밀히 말해서 뷰가 아니라 '주어진 구간에 대한 뷰를 대표하는 구간 적응자(range adaptor) 객체'인데, 간단히 말하면 컨테이너에 특정 연산을 적용해서 만든 뷰 객체를 돌려주는 함수 객체이다.

std::views::transform과 std::ranges::transform_view처럼, 일반적으로 std::views::*에는 그에 대응되는 std::ranges::*_view가 있다. 이들은 이름만 다를 뿐 그 용도와 용법은 사실상 동일하다.

4.1.2 컨테이너에 직접 작용하는 알고리즘들

STL의 알고리즘들을 사용하기가 조금 불편할 때가 있다. 특히, 꼭 필요한 것도 아닌데 시작 반복자(begin iterator; 구간의 시작 요소를 가리키는 반복자)와 끝 반복자(end iterator; 실제로는 끝 요소를 하나 지나친 요소를 가리킨다)를 모두 요구할 때 그렇다. 다음은 이러한 불편함을 보여주는 예제이다.

목록 4.3 STL의 알고리즘들은 시작 반복자와 끝 반복자를 모두 요구한다.

```cpp
// sortClassical.cpp

#include <algorithm>
#include <iostream>
#include <vector>

int main() {

    std::vector<int> myVec{-3, 5, 0, 7, -4};
    std::sort(myVec.begin(), myVec.end());
    for (auto v: myVec) std::cout << v << " "; // -4, -3, 0, 5, 7

}
```

이 예제처럼 컨테이너 전체를 정렬하는 경우, 그냥 컨테이너 자체를 인수로 해서 std::sort를 호출하면 더 편할 것이다. 구간 라이브러리 덕분에 C++20에서는 그렇게 할 수 있다.

목록 4.4 구간 라이브러리의 알고리즘들은 컨테이너에 직접 작용한다.

```cpp
// sortRanges.cpp

#include <algorithm>
#include <iostream>
#include <vector>

int main() {

    std::vector<int> myVec{-3, 5, 0, 7, -4};
    std::ranges::sort(myVec);
    for (auto v: myVec) std::cout << v << " "; // -4, -3, 0, 5, 7

}
```

std::sort와 std::ranges::sort 외에도, 기존 알고리즘 라이브러리[1]의 알고리즘 들(<algorithm> 헤더[2]에 정의된)에는 각각 그에 대응되는 구간 라이브러리 알고리즘이 존재한다.

그런데 이 예제에는 쓰이지 않았지만, std::ranges::sort는 '사영(projection; 또는 투영)'을 지원한다.

4.1.2.1 사영

std::ranges::sort에는 두 개의 중복적재 버전이 있다.

목록 4.5 std::ranges::sort의 중복적재들

```
template< std::random_access_iterator I, std::sentinel_for<I> S,
          class Comp = ranges::less, class Proj = std::identity >
requires std::sortable<I, Comp, Proj>
constexpr I sort( I first, S last, Comp comp = {}, Proj proj = {} );

template< ranges::random_access_range R, class Comp = ranges::less,
          class Proj = std::identity >
requires std::sortable<ranges::iterator_t<R>, Comp, Proj>
constexpr ranges::borrowed_iterator_t<R> sort( R&& r, Comp comp = {},
                                               Proj proj = {} );
```

둘째 버전이 지금 이야기하는 "컨테이너에 직접 작용하는" 버전이다. 그런데 이 버전은 정렬 가능한 구간 R과 비교를 위한 술어(§C.24) Comp 외에 Proj라는 사영 객체를 받는다. Comp의 기본값은 '미만'을 뜻하는 std::ranges::less이고, Proj의 기본값은 항등(identity) 사영에 해당하는 std::identity이다. 사영은 하나의 집합을 그것의 한 부분집합에 대응시키는 사상(mapping)이다. 예제를 보면 사영의 용도가 더 명확해질 것이다.

목록 4.6 자료 형식에 사영을 적용하는 예제

```
1  // rangeProjection.cpp
2
3  #include <algorithm>
4  #include <functional>
5  #include <iostream>
6  #include <vector>
7
8  struct PhoneBookEntry{
```

---

1 *https://en.cppreference.com/w/cpp/algorithm*

2 *https://en.cppreference.com/w/cpp/header/algorithm*

```
 9        std::string name;
10        int number;
11   };
12
13   void printPhoneBook(const std::vector<PhoneBookEntry>& phoneBook) {
14        for (const auto& entry: phoneBook) std::cout << "(" << entry.name << ", "
15                                                     << entry.number << ")";
16        std::cout << "\n\n";
17   }
18
19   int main() {
20
21        std::cout << '\n';
22
23        std::vector<PhoneBookEntry> phoneBook{ {"Brown", 111}, {"Smith", 444},
24        {"Grimm", 666}, {"Butcher", 222}, {"Taylor", 555}, {"Wilson", 333} };
25
26        std::ranges::sort(phoneBook, {}, &PhoneBookEntry::name);    // name 오름차순
27        printPhoneBook(phoneBook);
28
29        std::ranges::sort(phoneBook, std::ranges::greater(),
30                          &PhoneBookEntry::name);                    // name 내림차순
31        printPhoneBook(phoneBook);
32
33        std::ranges::sort(phoneBook, {}, &PhoneBookEntry::number); // number 오름차순
34        printPhoneBook(phoneBook);
35
36         std::ranges::sort(phoneBook, std::ranges::greater(),
37                          &PhoneBookEntry::number);                  // number 내림차순
38        printPhoneBook(phoneBook);
39
40        std::cout << '\n';
41
42   }
```

phoneBook(행 23)은 PhoneBookEntry(행 8) 객체들의 벡터이다. PhoneBookEntry에는 name이라는 멤버와 number라는 멤버가 있다. 행 26에서는 phoneBook의 요소들을 해당 name의 오름차순으로 정렬하는데, 이를 위해 PhoneBookEntry 객체를 해당 name 멤버로 '사영'했다. 마찬가지 방식으로 행 29는 phoneBook을 name의 내림차순으로 정렬하고, 행 33은 number의 오름차순, 행 36은 number의 내림차순으로 정렬한다.

```
(Brown, 111)(Butcher, 222)(Grimm, 666)(Smith, 444)(Taylor, 555)(Wilson, 333)

(Wilson, 333)(Taylor, 555)(Smith, 444)(Grimm, 666)(Butcher, 222)(Brown, 111)

(Brown, 111)(Butcher, 222)(Wilson, 333)(Smith, 444)(Taylor, 555)(Grimm, 666)

(Grimm, 666)(Taylor, 555)(Smith, 444)(Wilson, 333)(Butcher, 222)(Brown, 111)
```

그림 4.3 자료 형식에 사영을 적용하는 예제

구간 라이브러리에 있는 대부분의 알고리즘이 사영을 지원한다.

4.1.2.2 키들과 값들에 직접 접근하는 뷰

구간 라이브러리는 연관 컨테이너(associative container)의 키들과 값들에 직접
접근하는 뷰들을 제공한다. 다음은 std::unordered_map에 대한 예제이다.

목록 4.7 std::unordered_map의 키들과 값들에 대한 뷰들

```cpp
1   // rangesEntireContainer.cpp
2
3   #include <iostream>
4   #include <ranges>
5   #include <string>
6   #include <unordered_map>
7
8
9   int main() {
10
11      std::unordered_map<std::string, int> freqWord{ {"witch", 25}, {"wizard", 33},
12                                                      {"tale", 45}, {"dog", 4},
13                                                      {"cat", 34}, {"fish", 23} };
14
15      std::cout << "Keys:" << '\n';
16      auto names = std::views::keys(freqWord);
17      for (const auto& name : names){ std::cout << name << " "; }
18      std::cout << '\n';
19      for (const auto& name : std::views::keys(freqWord)){ std::cout << name << " "; }
20
21      std::cout << "\n\n";
22
23      std::cout << "Values: " << '\n';
24      auto values = std::views::values(freqWord);
25      for (const auto& value : values){ std::cout << value << " "; }
26      std::cout << '\n';
27      for (const auto& value : std::views::values(freqWord)) {
28                          std::cout << value << " ";
29                      }
```

30
31　}

이 예제는 키들에 대한 뷰(행 16)와 값들에 대한 뷰(행 24)를 생성해서 각각 출력

한다(행 17과 25). 뷰들을 따로 만들지 않고 즉석에서 생성해서 출력하는 것도

가능하다(행 19와 27). 두 경우의 출력은 동일하다.

```
Keys:
fish cat dog tale wizard witch
fish cat dog tale wizard witch

Values:
23 34 4 45 33 25
23 34 4 45 33 25
```

그림 **4.4** std::unordered_map의 키들과 값들에 대한 뷰들

알고리즘들을 컨테이너에 직접 적용한다는 것이 그리 대단한 일은 아닐 수

도 있겠다. 그렇지만 함수 합성과 지연 평가는 확실히 대단한 일이다.

4.1.3 함수 합성

목록 4.8의 rangesComposition.cpp는 뷰들의 합성을 보여준다. 키들의 순서가

중요하기 때문에 std::map을 사용했다.

목록 **4.8** 뷰들의 합성

```cpp
1  // rangesComposition.cpp
2
3  #include <iostream>
4  #include <ranges>
5  #include <string>
6  #include <map>
7
8
9  int main() {
10
11     std::map<std::string, int> freqWord{ {"witch", 25}, {"wizard", 33},
12                                          {"tale", 45}, {"dog", 4},
13                                          {"cat", 34}, {"fish", 23} };
14
15     std::cout << "All words: ";
16     for (const auto& name : std::views::keys(freqWord)) { std::cout << name << " "; }
17
18     std::cout << '\n';
19
```

```
20    std::cout << "All words, reverses: ";
21    for (const auto& name : std::views::keys(freqWord)
22                            | std::views::reverse) { std::cout << name << " "; }
23
24    std::cout << '\n';
25
26    std::cout << "The first 4 words: ";
27    for (const auto& name : std::views::keys(freqWord)
28                            | std::views::take(4)) { std::cout << name << " "; }
29
30    std::cout << '\n';
31
32    std::cout << "All words starting with w: ";
33    auto firstw = [](const std::string& name){ return name[0] == 'w'; };
34    for (const auto& name : std::views::keys(freqWord)
35                            | std::views::filter(firstw)) { std::cout << name << " "; }
36
37    std::cout << '\n';
38
39  }
```

이 예제는 키들만 다룬다. 행 15는 모든 키를 출력하고, 행 20은 키들을 역순으로 출력하고, 행 26은 처음 네 개만 출력하고, 행 32는 영문자 'w'로 시작하는 키들만 출력한다.

다음은 이 예제 프로그램의 출력이다.

```
All words: cat dog fish tale witch wizard
All words, reversed: wizard witch tale fish dog cat
The first 4 words: cat dog fish tale
All words starting with w: witch wizard
```

그림 4.5 뷰들의 합성

파이프 기호(|)는 함수 합성을 위한 편의 구문(syntactic sugar)[3]이다. R | C는 C(R)와 같다. 예를 들어 다음 세 줄은 모두 동등하다.

목록 4.9 함수 합성의 세 가지 구문 형태

```
auto rev1 = std::views::reverse(std::views::keys(freqWord));
auto rev2 = std::views::keys(freqWord) | std::views::reverse;
auto rev3 = freqWord | std::views::keys | std::views::reverse;
```

---

3 *https://en.wikipedia.org/wiki/Syntactic_sugar*

4.1.4 지연 평가

std::views::iota는 구간 팩토리 함수로, 주어진 초기 값을 1씩 증가한 값들로 이루어진 순차열을 생성한다. 이 순차열은 유한할 수도 있고 무한할 수 있다. 목록 4.10의 rangesIota.cpp는 0부터 시작하는 int 값 10개를 std::vector에 채운다.

목록 4.10 std::views::iota로 std::vector를 채우는 예제

```
1  // rangesIota.cpp
2
3  #include <iostream>
4  #include <numeric>
5  #include <ranges>
6  #include <vector>
7
8  int main() {
9
10     std::cout << std::boolalpha;
11
12     std::vector<int> vec;
13     std::vector<int> vec2;
14
15     for (int i: std::views::iota(0, 10)) vec.push_back(i);
16
17     for (int i: std::views::iota(0) | std::views::take(10)) vec2.push_back(i);
18
19     std::cout << "vec == vec2: " << (vec == vec2) << '\n';
20
21     for (int i: vec) std::cout << i << " ";
22
23  }
```

첫 iota 호출(행 15)은 0에서 9까지 1씩 증가해서 정수 10개를 생성한다. 둘째 iota 호출(행 17)은 0에서 시작해서 1씩 증가하는 무한 데이터 스트림을 생성한다. std::views::iota(0)은 지연 평가(lazy evaluation)된다. 즉, 이 iota는 값을 요청할 때만 실제로 평가된다. 예제는 값을 10번 요청하므로 (std::views::take(10)), 두 벡터는 상등이다.

```
vec == vec2: true
0 1 2 3 4 5 6 7 8 9
```

그림 4.6 std::views::iota로 std::vector를 채우는 예제

다음으로, 좀 더 어려운 과제에 도전해 보자. 목록 4.11은 1,000,000부터 시작해서 소수素數(prime number) 20개를 찾는다.

목록 4.11 1,000,000보다 큰 소수 20개

```cpp
1   // rangesLazy.cpp
2
3   #include <iostream>
4   #include <ranges>
5
6
7   bool isPrime(int i) {
8       for (int j=2; j*j <= i; ++j){
9           if (i % j == 0) return false;
10      }
11      return true;
12  }
13
14  int main() {
15
16      std::cout << "Numbers from 1'000'000 to 1'001'000 (displayed each 100th): "
17                << '\n';
18      for (int i: std::views::iota(1'000'000, 1'001'000)) {
19          if (i % 100 == 0) std::cout << i << " ";
20      }
21
22      std::cout << "\n\n";
23
24      auto odd = [](int i){ return i % 2 == 1; };
25      std::cout << "Odd numbers from 1'000'000 to 1'001'000 (displayed each 100th): "
26                << '\n';
27      for (int i: std::views::iota(1'000'000, 1'001'000) | std::views::filter(odd)) {
28          if (i % 100 == 1) std::cout << i << " ";
29      }
30
31      std::cout << "\n\n";
32
33      std::cout << "Prime numbers from 1'000'000 to 1'001'000: " << '\n';
34      for (int i: std::views::iota(1'000'000, 1'001'000) | std::views::filter(odd)
35                                                         | std::views::filter(isPrime)) {
36          std::cout << i << " ";
37      }
38
39      std::cout << "\n\n";
40
41      std::cout << "20 prime numbers starting with 1'000'000: " << '\n';
42      for (int i: std::views::iota(1'000'000) | std::views::filter(odd)
43                                              | std::views::filter(isPrime)
44                                              | std::views::take(20)) {
45          std::cout << i << " ";
46      }
47
48      std::cout << '\n';
```

```
49
50  }
```

이 예제 프로그램은 소수를 구하는 방법을 점차 발전시켜 나간다.

- 행 18: 1,000,000보다 큰 소수 20개의 상한이 어느 정도인지 아직 알지 못한 다. 1,001,000 정도면 충분하리라고 가정하고, 일단 1,000,000부터 1,000개의 정수를 생성한다. 출력이 너무 길어질 것이므로 100번째 정수만 출력한다.†
- 행 27: 짝수는 소수일 수 없으므로, 짝수들을 모두 제거하고 홀수만 출력 한다.
- 행 34: 이제부터 실제로 소수를 찾는다. isPrime 술어(행 7)는 주어진 수가 소 수이면 true를 돌려준다. 그림 4.7에서 보듯이, 이 시도는 너무 탐욕적이다. 20개만 출력해야 하는데 75개가 출력되었다.
- 행 42: 게으름은 미덕이다. 지연 평가 덕분에 std::iota는 1,000,000부터 시작 하는 무한 정수 팩토리로 작용한다. 여기에 앞의 홀수 필터와 소수 필터를 적 용하고, 정확히 20개의 소수만 요청한다.

```
Numbers from 1'000'000 to 1'001'000 (displayed each 100th):
1000000 1000100 1000200 1000300 1000400 1000500 1000600 1000700 1000800 1000900

Odd numbers from 1'000'000 to 1'001'000 (displayed each 100th):
1000001 1000101 1000201 1000301 1000401 1000501 1000601 1000701 1000801 1000901

Prime numbers from 1'000'000 to 1'001'000:
1000003 1000033 1000037 1000039 1000081 1000099 1000117 1000121 1000133 1000151
1000159 1000171 1000183 1000187 1000193 1000199 1000211 1000213 1000231 1000249
1000253 1000273 1000289 1000291 1000303 1000313 1000333 1000357 1000367 1000381
1000393 1000397 1000403 1000409 1000423 1000427 1000429 1000453 1000457 1000507
1000537 1000541 1000547 1000577 1000579 1000589 1000609 1000619 1000621 1000639
1000651 1000667 1000669 1000679 1000691 1000697 1000721 1000723 1000763 1000777
1000793 1000829 1000847 1000849 1000859 1000861 1000889 1000907 1000919 1000921
1000931 1000969 1000973 1000981 1000999

20 prime numbers starting with 1'000'000:
1000003 1000033 1000037 1000039 1000081 1000099 1000117 1000121 1000133 1000151
1000159 1000171 1000183 1000187 1000193 1000199 1000211 1000213 1000231 1000249
```

그림 4.7 1,000,000보다 큰 소수 20개

4.1.5 뷰의 정의

구간 라이브러리는 새로운 뷰를 정의하는 데 요긴한 수단들도 제공한다.

---

† [옮긴이] 참고로, 자릿수를 세기 좋도록 정수 리터럴에 작은따옴표를 끼워 넣을 수 있게 된 것은 C++14 부터이다.

4.1.5.1 std::ranges::view_interface

보조 클래스(helper class) std::ranges::view_interface[4]를 이용하면 뷰를 손쉽게 정의할 수 있다. 여러분의 뷰가 view 콘셉트를 충족하려면 기본 생성자가 적어도 하나는 있어야 하며, 멤버 함수 begin()과 end()도 있어야 한다.

목록 4.12 나만의 뷰 만들기

```cpp
class MyView : public std::ranges::view_interface<MyView> {
public:
    auto begin() const { /*...*/ }
    auto end() const { /*...*/ }
};
```

MyView는 보조 클래스 std::ranges::view_interface를 public으로 상속하는데, 이때 MyView 자신을 템플릿 매개변수로 사용한다. 이렇게 하면 MyView는 view 콘셉트를 충족하는 뷰가 된다. 클래스 자신을 기반 클래스의 템플릿 매개변수로 사용해서 기반 클래스를 상속하는 기법을 CRTP(Curiously Recurring Template Pattern; 묘하게 되풀이되는 템플릿 패턴)[5]라고 부른다.

이 CRTP 기법은 다음 예제에서 STL 컨테이너로부터 뷰를 만드는 데에도 쓰인다.

4.1.5.2 컨테이너 뷰

ContainerView 뷰는 임의의 컨테이너에 대한 뷰를 생성한다.

목록 4.13 컨테이너로부터 뷰 만들기

```cpp
1  // containerView.cpp
2
3  #include <iostream>
4  #include <ranges>
5  #include <string>
6  #include <vector>
7
8  template<std::ranges::input_range Range>
9  requires std::ranges::view<Range>
10 class ContainerView : public std::ranges::view_interface<ContainerView<Range>> {
11 private:
12   Range range_{};
13   std::ranges::iterator_t<Range> begin_{ std::begin(range_) };
```

---

[4] *https://en.cppreference.com/w/cpp/ranges/view_interface*

[5] *https://www.modernescpp.com/index.php/c-is-still-lazy*

```
14    std::ranges::iterator_t<Range> end_{ std::end(range_) };
15
16  public:
17    ContainerView() = default;
18
19    constexpr ContainerView(Range r): range_(std::move(r)),
20                                      begin_(std::begin(r)), end_(std::end(r)) {}
21
22    constexpr auto begin() const {
23        return begin_;
24    }
25    constexpr auto end() const {
26        return end_;
27    }
28  };
29
30  template<typename Range>
31  ContainerView(Range&& range) -> ContainerView<std::ranges::views::all_t<Range>>;
32
33  int main() {
34
35    std::vector<int> myVec{ 1, 2, 3, 4, 5, 6, 7, 8, 9};
36
37    auto myContainerView = ContainerView(myVec);
38    for (auto c : myContainerView) std::cout << c << " ";
39    std::cout << '\n';
40
41    for (auto i : std::views::reverse(ContainerView(myVec))) std::cout << i <<  ' ';
42    std::cout << '\n';
43
44    for (auto i : ContainerView(myVec) | std::views::reverse) std::cout << i <<  ' ';
45    std::cout << '\n';
46
47    std::cout << std::endl;
48
49    std::string myStr = "Only for testing purpose.";
50
51    auto myContainerView2 = ContainerView(myStr);
52    for (auto c: myContainerView2) std::cout << c << " ";
53    std::cout << '\n';
54
55    for (auto i : std::views::reverse(ContainerView(myStr))) std::cout << i << ' ';
56    std::cout << '\n';
57
58    for (auto i : ContainerView(myStr) | std::views::reverse) std::cout << i <<  ' ';
59    std::cout << '\n';
60
61  }
```

클래스 템플릿 ContainerView(행 8)는 보조 클래스 std::ranges::view_interface를 상속하며, 템플릿 매개변수 Range가 반드시 std::ranges::view 콘셉트를 충족함을 요구한다(행 9). 이 클래스 템플릿은 view 콘셉트를 충족하기 위한 최소한의 멤버들인 기본 생성자(행 17), begin()(행 22), end()(행 25)를 자명한 방식으로 구현한다. 행 32는 이 클래스 템플릿을 좀 더 편하게 사용하기 위한, '클래스 템플릿 인수 연역을 위한 사용자 정의 연역 지침'이다(잠시 후의 "클래스 템플릿 인수 연역 지침" 팁 참고).

main 함수는 ContainerView를 std::vector(행 37)와 std::string(행 49)에 적용해서 각각을 순방향과 역방향으로 반복한다.

```
1 2 3 4 5 6 7 8 9
9 8 7 6 5 4 3 2 1
9 8 7 6 5 4 3 2 1

O n l y   f o r   t e s t i n g   p u r p o s e .
. e s o p r u p   g n i t s e t   r o f   y l n O
. e s o p r u p   g n i t s e t   r o f   y l n O
```

그림 4.8 컨테이너로부터 뷰 만들기

앞에서 언급한 클래스 템플릿 인수 연역 지침(class template argument deduction guide)이 무엇인지 잠깐 살펴보고 넘어가자.

🔑 **클래스 템플릿 인수 연역 지침**

C++17부터 컴파일러는 템플릿 인수로부터 템플릿 매개변수를 연역할 수 있다. 템플릿 인수 연역 지침이란 컴파일러가 템플릿 매개변수를 연역하는 데 참고할 패턴이다.

목록 4.13의 ContainerView(myVec)에 대해 컴파일러는 다음과 같은 사용자 정의 연역 지침을 따른다.

목록 4.14 ContainerView에 대한 사용자 정의 연역 지침

template<**class** Range>
ContainerView(Range&& range) -> ContainerView<std::ranges::views::all_t<Range>>;

Container(myVec)이라는 호출에 대해 컴파일러는 이 지침의 -> 우변에 있는 코드를 인스턴스화한다.

목록 4.15 Container(myVec)에 연역 지침을 적용한 결과

ContainerView<std::ranges::views::all_t<std::vector<**int**>&>>(myVec);

cppreference.com[6]에 클래스 템플릿에 대한 사용자 정의 연역 가이드에 관한 좀 더 자세한 정보가 있으니 참고하기 바란다.

다음 절에서는 구간 라이브러리에 대해 작은 실험 하나를 해 볼 것이다. C++에 파이썬의 '향(flavor)'을 첨가할 수 있을까?

4.1.6 파이썬 향 첨가

프로그래밍 언어 파이썬Python[7]의 표준 라이브러리에는 filter와 map이라는 편리한 함수들이 있다.

- filter: 반복 가능(iterable) 객체의 모든 요소에 술어를 적용해서, 그 술어가 true를 돌려준 요소들만 돌려준다('필터링').
- map: 반복 가능(iterable) 객체의 모든 요소에 함수를 적용해서, 그 함수의 반환값들로 이루어진 새 반복 가능 객체를 돌려준다('매핑').

파이썬의 반복 가능 객체에 해당하는 C++의 구성요소는 구간 기반 for 루프에 사용할 수 있는 형식의 객체일 것이다.

더 나아가서, 파이썬의 목록 형성(list comprehension)[†] 구문을 이용하면 이 두 함수의 조합을 좀 더 간결하게 표현할 수 있다.

- **목록 형성**: 반복 가능 객체에 필터링 단계와 매핑 단계를 적용해서 새 반복 가능 객체를 만든다.[‡]

이제부터 하고자 하는 일은 파이썬의 것들과 비슷한 filter 함수와 map 함수, 그리고 목록 형성 구문을 C++20의 구간 라이브러리를 이용해서 구현하는 것이다.

---

6 *https://en.cppreference.com/w/cpp/language/class_template_argument_deduction*

7 *https://www.python.org/*

† [옮긴이] comprehension을 '함축'이나 '내포'로 옮기기도 하지만, comprehension에는 "the act or process of comprising"이라는 뜻도 있다. 실제로 list comprehension 구문은 일정한 조건과 연산을 적용해서 목록(값들의 순차열)을 만들어 내는 것이므로, 함축이나 내포보다 형성이 더 직접적인 선택일 것이다. '형성'은 generation이나 construction에 대응되는 '생성'과의 중복을 피하고자 선택한 단어이다.

‡ [옮긴이] 예를 들어 [i*2 for i in range(1,10) if i%2==0]에서 i*2가 매핑, if i%2==0이 필터링에 해당한다. 참고로 파이썬은 필터링 부분이 없는 목록 형성 구문도 지원한다.

4.1.6.1 filter 함수 구현

구간 라이브러리 덕분에 파이썬 filter 함수에 해당하는 C++ 함수를 어렵지 않게 구현할 수 있다.

목록 4.16 C++로 구현한 파이썬 filter 함수

```
1  // filterRanges.cpp
2
3  #include <iostream>
4  #include <numeric>
5  #include <ranges>
6  #include <string>
7  #include <vector>
8
9  template <typename Func, typename Seq>
10 auto filter(Func func, const Seq& seq) {
11
12     typedef typename Seq::value_type value_type;
13
14     std::vector<value_type> result{};
15     for (auto i : seq | std::views::filter(func)) result.push_back(i);
16
17     return result;
18 }
19
20
21 int main() {
22
23     std::cout << '\n';
24
25     std::vector<int> myInts(50);
26     std::iota(myInts.begin(), myInts.end(), 1);
27     auto res = filter([](int i){ return (i % 3) == 0; }, myInts);
28     for (auto v: res) std::cout << v << " ";
29
30
31     std::vector<std::string> myStrings{"Only", "for", "testing", "purposes"};
32     auto res2 = filter([](const std::string& s){ return std::isupper(s[0]); },
33                        myStrings);
34
35     std::cout << "\n\n";
36
37     for (auto word: res2) std::cout << word << '\n';
38
39     std::cout << '\n';
40
41 }
```

우선 이 예제 프로그램의 출력부터 살펴보자.

```
3  6  9  12  15  18  21  24  27  30  33  36  39  42  45  48

Only
```

그림 4.9 C++ filter 함수의 구현과 사용 예

행 9에서 시작하는 filter 함수를 읽고 이해하기가 그리 어렵지 않을 것이다. 행 12는 바탕 요소(주어진 순차열에 담긴)의 형식을 검출한다. 행 15는 주어진 호출 가능 객체(§C.41) func를 순차열의 각 요소에 적용해서, func의 반환값인 true인 요소들만 result 벡터에 담는다. 행 27은 1에서 50까지의 정수 i 중에서 (i % 3) == 0인 값들만 선택한다. 행 32는 대문자로 시작하는 문자열들만 선택한다.

4.1.6.2 map 함수 구현

map 함수는 입력 순차열의 각 요소에 호출 가능 객체를 적용한다.

목록 4.17 C++로 구현한 파이썬 map 함수

```cpp
1   // mapRanges.cpp
2
3   #include <iostream>
4   #include <list>
5   #include <ranges>
6   #include <string>
7   #include <vector>
8   #include <utility>
9
10
11  template <typename Func, typename Seq>
12  auto map(Func func, const Seq& seq) {
13
14      typedef typename Seq::value_type value_type;
15      using return_type = decltype(func(std::declval<value_type>()));
16
17      std::vector<return_type> result{};
18      for (auto i :seq | std::views::transform(func)) result.push_back(i);
19
20      return result;
21  }
22
23  int main() {
24
25      std::cout << '\n';
26
```

```
27        std::list<int> myInts{1, 2, 3, 4, 5, 6, 7, 8, 9, 10};
28        auto res = map([](int i){ return i * i; }, myInts);
29
30        for (auto v: res) std::cout << v << " ";
31
32        std::cout << "\n\n";
33
34        std::vector<std::string> myStrings{"Only", "for", "testing", "purposes"};
35        auto res2 = map([](const std::string& s){
36                        return std::make_pair(s.size(), s);}, myStrings);
37
38        for (auto p: res2) std::cout << "(" <<  p.first << ", " << p.second << ") " ;
39
40        std::cout << "\n\n";
41
42  }
```

map 함수의 본문 중에 행 15가 상당히 흥미롭다. 표현식 decltype(func(std::declval<value_type>()))은 func의 반환 형식, 즉, 순차열 요소로 func를 호출했을 때 func가 돌려주는 값의 형식을 연역한다. std::declval<value_type>() 자체는 하나의 오른값(rvalue; 또는 우측값) 참조를 돌려주며, decltype은 그 참조로부터 반환 형식을 연역한다. 결과적으로, 행 28의 map([](int i){ return i * i; }, myInts) 호출은 myInt의 각 요소를 그것의 제곱으로 사상(매핑)하고, 행 35의 map([](const std::string& s){ return std::make_pair(s.size(), s); }, myStrings)는 myString의 각 문자열을 문자열 크기와 문자열 자체로 이루어진 쌍(pair)으로 사상한다.

```
1 4 9 16 25 36 49 64 81 100

(4, Only) (3, for) (7, testing) (8, purposes)
```

그림 4.10 C++ map 함수의 구현과 사용 예

4.1.6.3 목록 형성

목록 4.18의 listComprehensionRanges.cpp 프로그램은 파이썬 목록 형성 구문처럼 매핑과 필터링을 함께 적용하는 mapFilter라는 C++ 함수를 보여준다.

목록 4.18 파이썬 목록 형성 구문처럼 매핑과 필터링을 함께 적용하는 C++ 함수

```
1  // listComprehensionRanges.cpp
2
3  #include <algorithm>
```

```cpp
 4  #include <cctype>
 5  #include <functional>
 6  #include <iostream>
 7  #include <ranges>
 8  #include <string>
 9  #include <vector>
10  #include <utility>
11
12  template <typename T>
13  struct AlwaysTrue {
14      constexpr bool operator()(const T&) const {
15          return true;
16      }
17  };
18
19  template <typename Map, typename Seq, typename Filt = AlwaysTrue<
20                                               typename Seq::value_type>>
21  auto mapFilter(Map map, Seq seq, Filt filt = Filt()) {
22
23      typedef typename Seq::value_type value_type;
24      using return_type = decltype(map(std::declval<value_type>()));
25
26      std::vector<return_type> result{};
27      for (auto i :seq | std::views::filter(filt)
28                       | std::views::transform(map)) result.push_back(i);
29      return result;
30  }
31
32  int main() {
33
34      std::cout << '\n';
35
36      std::vector myInts{1, 2, 3, 4, 5, 6, 7, 8, 9, 10};
37
38      auto res = mapFilter([](int i){ return i * i; }, myInts);
39      for (auto v: res) std::cout << v << " ";
40
41      std::cout << "\n\n";
42
43      res = mapFilter([](int i){ return i * i; }, myInts,
44                      [](auto i){ return i % 2 == 1; });
45      for (auto v: res) std::cout << v << " ";
46
47      std::cout << "\n\n";
48
49      std::vector<std::string> myStrings{"Only", "for", "testing", "purposes"};
50      auto res2 = mapFilter([](const std::string& s){
51                                  return std::make_pair(s.size(), s);
52                              }, myStrings);
```

```
53      for (auto p: res2) std::cout << "(" <<  p.first << ", " << p.second << ") " ;
54
55      std::cout << "\n\n";
56
57      myStrings = {"Only", "for", "testing", "purposes"};
58      res2 = mapFilter([](const std::string& s){
59                          return std::make_pair(s.size(), s);
60                      }, myStrings,
61                      [](const std::string& word){ return std::isupper(word[0]); });
62
63      for (auto p: res2) std::cout << "(" <<  p.first << ", " << p.second << ") " ;
64
65      std::cout << "\n\n";
66
67  }
```

mapFilter의 기본 술어(필터)는 AlwaysTrue인데(행 19), 이름에서 짐작하겠지만
이 술어는 항상 true를 돌려준다(행 15). 따라서, 필터를 명시적으로 지정하지
않고 mapFilter를 호출하면 mapFilter는 그냥 map 함수(목록 4.17)처럼 작동한
다. 따라서, 행 38과 행 50의 mapFilter를 map으로 대체해도 프로그램은 동일한
결과를 낸다. 행 43과 58의 mapFilter 호출에서는 필터를 명시적으로 지정한다.
이들은 map 함수와 filter 함수를 하나의 호출에서 한꺼번에 적용하는 것에 해당
한다.

```
1 4 9 16 25 36 49 64 81 100

1 9 25 49 81

(4, Only) (3, for) (7, testing) (8, purposes)

(4, Only)
```

그림 4.11 파이썬 목록 형성 구문처럼 매핑과 필터링을 함께 적용하는 C++ 함수

ℹ **구간 라이브러리 요약**

- 구간 라이브러리는 기존 STL 알고리즘들에 대응되는 알고리즘들을 제공한다.
- 구간 라이브러리의 알고리즘들은:
  - 지연 평가되며, 따라서 무한 데이터 스트림에 사용할 수 있다.
  - 컨테이너에 적용할 수 있다. 시작 반복자와 끝 반복자로 구간을 정의할 필요가
    없다.
  - 파이프 기호(|)를 이용해서 합성할 수 있다.

4.2 std::span

그림 4.12 개와 산책하는 시피

종종 뷰라고도 부르는 std::span은 연속 객체 순차열(contiguous sequence of objects), 즉 객체들이 메모리 안에 연달아 저장되는 순차열을 참조하는 객체이다. 뷰처럼 std::span도 해당 객체들을 소유하지 않는다. 연속 객체 순차열에는 보통의 C 배열, 포인터와 크기(객체 개수)의 조합, std::array, std::vector, std::string이 포함된다.

std::span은 그 길이(extent)가 정적일 수도 있고 동적일 수도 있다. 기본적으로 std::span의 길이는 동적이다.

목록 4.19 std::span의 선언

```
template <typename T, std::size_t Extent = std::dynamic_extent>
class span;
```

4.2.1 정적 길이 대 동적 길이

크기가 컴파일 시점에서 알려지며 해당 형식 자체에 크기 정보가 포함된 std::span을 가리켜서 "**정적 길이**(static extent)를 가진다"라고 표현한다. 크기가 알려져 있고 형식에 포함되어 있으므로, 연속된 객체들의 순차열의 첫 요소를 가리키는 포인터만으로 std::span을 구현할 수 있다.

반대로 **동적 길이**(dynamic extent)를 가진 std::span은 그 크기가 실행 시점에서 결정된다. 동적 길이를 가진 std::span을 구현하려면 연속 객체 순차열의 첫 요소를 가리키는 포인터뿐만 아니라 그 순차열의 크기(요소 개수)도 필요하다. 동적 길이를 가진 std::span의 형식은 그냥 std::span<T>이다. 크기 정보가 형식에 포함되어 있지 않음을 주목하기 바란다.

목록 4.20의 예제 프로그램(staticDynamicExtentSpan.cpp)은 정적 길이 std::span과 동적 길이 std::span의 차이점을 보여준다.

목록 4.20 정적 길이 std::span과 동적 길이 std::span

```cpp
1   // staticDynamicExtentSpan.cpp
2
3   #include <iostream>
4   #include <span>
5   #include <vector>
6
7   void printMe(std::span<int> container) {
8
9       std::cout << "container.size(): " << container.size() << '\n';
10      for (auto e : container) std::cout << e << ' ';
11      std::cout << "\n\n";
12  }
13
14  int main() {
15
16      std::cout << '\n';
17
18      std::vector myVec1{1, 2, 3, 4, 5};
19      std::vector myVec2{6, 7, 8, 9};
20
21      std::span<int> dynamicSpan(myVec1);
22      std::span<int, 4> staticSpan(myVec2);
23
24      printMe(dynamicSpan);
25      printMe(staticSpan);  // 동적 span으로 암묵적 변환
26
27      // staticSpan = dynamicSpan; // 오류
28      dynamicSpan = staticSpan;
29
30      printMe(staticSpan);
31
32      std::cout << '\n';
33
34  }
```

행 21의 dynamicSpan은 동적 길이를 가진 std::span이고 행 22의 staticSpan은 정적 길이를 가진 std::span이다. 두 객체 모두, 자신의 크기(길이)를 돌려주는 size() 멤버 함수가 있다. 행 7의 printMe 함수는 이 멤버 함수를 이용해서 주어진 std::span의 크기를 출력한다(행 9). 정적 길이 std::span 객체는 동적 길이 std::span에 배정할 수 있지만, 그 반대 방향의 배정은 불가능하다. 그래서 행 7, 25, 28은 유효하지만, 행 27은 컴파일 오류를 일으킨다.

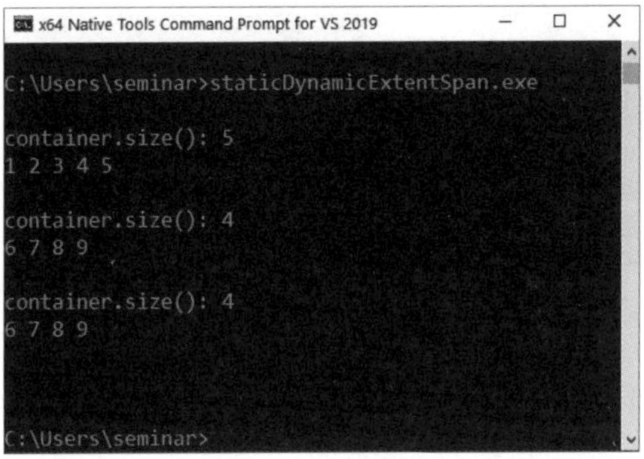

그림 4.13 정적 길이 std::span과 동적 길이 std::span

C++20에 std::span<T>가 도입된 중요한 이유 하나는, 보통의 C 배열을 함수로 전달하면 크기 정보가 없는 포인터로 변한다는 점이다. 배열에서 포인터로의 이러한 '붕괴(decay)'는[8] C/C++에서 전형적인 오류의 원인이다.

4.2.2 연속 객체 순차열 크기 자동 연역

C 배열과는 달리 std::span<T>는 연속 객체 순차열의 크기를 자동으로 연역한다.

목록 4.21 std::span의 자동 크기 연역

```
1   // printSpan.cpp
2
3   #include <iostream>
4   #include <vector>
5   #include <array>
6   #include <span>
7
8   void printMe(std::span<int> container) {
9
10      std::cout << "container.size(): " << container.size() << '\n';
11      for (auto e : container) std::cout << e << ' ';
12      std::cout << "\n\n";
13  }
14
15  int main() {
16
17      std::cout << '\n';
18
19      int arr[]{1, 2, 3, 4};
20      printMe(arr);
```

---

8 *https://en.cppreference.com/w/cpp/types/decay*

```
21
22      std::vector vec{1, 2, 3, 4, 5};
23      printMe(vec);
24
25      std::array arr2{1, 2, 3, 4, 5, 6};
26      printMe(arr2);
27
28  }
```

이 예제 프로그램은 int 값들을 담은 C 배열(행 19), std::vector(행 22), std::
array(행 25)로 printMe 함수를 호출한다. 따라서 printMe의 std::span 매개변수
containter도 int 값들을 참조하게 되는데, 이때 주어진 연속 객체 순차열의 크
기가 자동으로 연역된다. 행 10에서는 그 크기를 출력하는데, 그림 4.14의 출력
은 크기들이 정확히 연역되었음을 보여준다.

그림 4.14 std::span의 자동 크기 연역

앞의 예제들에 나온 것 외에도 std::span 객체를 생성하는 여러 방법이
있다.

4.2.3 포인터와 크기로 std::span 생성

다음은 포인터와 크기로 std::span 객체를 생성하는 예이다.

목록 4.22 포인터와 크기로 std::span 생성

```
1   // createSpan.cpp
2
3   #include <algorithm>
4   #include <iostream>
5   #include <span>
6   #include <vector>
7
8   int main() {
9
```

```
10      std::cout << '\n';
11      std::cout << std::boolalpha;
12
13      std::vector myVec{1, 2, 3, 4, 5};
14
15      std::span mySpan1{myVec};
16      std::span mySpan2{myVec.data(), myVec.size()};
17
18      bool spansEqual = std::equal(mySpan1.begin(), mySpan1.end(),
19                                   mySpan2.begin(), mySpan2.end());
20
21      std::cout << "mySpan1 == mySpan2: " << spansEqual << '\n';
22
23      std::cout << '\n';
24
25  }
```

행 15는 예제처럼 std::vector로부터 mySpan1을 생성하고, 행 16은 포인터와 크기로부터 mySpan2를 생성한다. 두 std::span은 동일한 int 값들을 참조하므로 상등이다(행 21).

그림 4.15 포인터와 크기로 std::span 생성

⚠ **std::span은 std::string_view도 아니고 뷰도 아니다**

이번 절 도입부에서 std::span을 종종 뷰라고 부르기도 한다고 했었다. 그러나 std::span은 구간 라이브러리(§4.1)의 뷰나 std::string_view[9][†]와는 다른 것임을 명심하자.

구간 라이브러리의 뷰는 구간에 적용해서 구간의 요소들에 어떠한 연산을 수행하는 수단이라 할 수 있다. 뷰는 데이터를 소유하지 않으며, 복사·이동·배정 연산의 시간 복잡도가 상수이다.

std::span과 std::string_view 역시 데이터를 소유하지 않는다. std::string_view는 문자열에 특화된 뷰라고 할 수 있다. std::span과 std::string_view의 주된 차이는, std::span은 참조하는 객체들을 수정할 수 있다는 점이다.

---

9 *https://www.modernescpp.com/index.php/c-17-what-s-new-in-the-library*

† [옮긴이] string_view는 C++17에서 도입되었다. *http://occamsrazr.net/tt/316*에 한국어로 된 소개가 있다.

4.2.4 참조하는 객체의 수정

std::span의 요소들을 수정하면 그것이 참조하는 객체들이 실제로 수정된다. std::span 전체를 수정할 수도 있고, 일부분만 수정할 수도 있다. 한 std::span의 일부분을 '부분 스팬(subspan)'이라고 부른다.

다음 예제 프로그램은 부분 스팬을 이용해서 std::vector의 일부 객체들을 수정하는 방법을 보여준다.

목록 4.23 std::span이 참조하는 객체들을 수정하는 예제

```cpp
1  // spanTransform.cpp
2
3  #include <algorithm>
4  #include <iostream>
5  #include <vector>
6  #include <span>
7
8  void printMe(std::span<int> container) {
9
10     std::cout << "container.size(): " << container.size() << '\n';
11     for (auto e : container) std::cout << e << ' ';
12     std::cout << "\n\n";
13 }
14
15 int main() {
16
17     std::cout << '\n';
18
19     std::vector vec{1, 2, 3, 4, 5, 6, 7, 8, 9, 10};
20     printMe(vec);
21
22     std::span span1(vec);
23     std::span span2{span1.subspan(1, span1.size() - 2)};
24
25
26     std::transform(span2.begin(), span2.end(),
27                    span2.begin(),
28                    [](int i){ return i * i; });
29
30
31     printMe(vec);
32     printMe(span1);
33
34 }
```

행 22의 span1은 std::vector vec 전체를 참조한다. 반면 행 23의 span2는 vec 의 첫 요소와 마지막 요소를 제외한 요소들만 참조한다. 따라서 행 26의 std::

transform은 그 요소들에만 접근해서 각 요소를 해당 제곱으로 사상한다.

그림 4.16 std::span이 참조하는 객체들을 수정하는 예제

std::span은 다양한 요소 접근 멤버 함수들을 제공한다.

4.2.5 std::span 요소 접근

표 4.2는 std::span의 요소들에 접근하는 멤버 함수들과 요소들에 관한 정보를 돌려주는 멤버 함수들을 정리한 것이다.

표 4.2 std::span의 인터페이스(sp는 임의의 std::span 객체)

함수	설명
sp.front()	첫 요소에 접근한다.
sp.back()	마지막 요소에 접근한다.
sp[i]	i번째 요소에 접근한다.
sp.data()	순차열의 첫 요소를 가리키는 포인터를 돌려준다.
sp.size()	순차열 요소들의 개수를 돌려준다.
sp.size_bytes()	순차열의 바이트 단위 크기를 돌려준다.
sp.empty()	순차열이 비었으면 true를 돌려준다.
sp.first<count>() sp.first(count)	순차열의 첫 요소부터 count개의 요소들로 이루어진 부분 스팬을 돌려준다.
sp.last<count>() sp.last(count)	순차열의 마지막 요소부터 count개의 요소들로 이루어진 부분 스팬을 돌려준다.
sp.subspan<first, count>() sp.subspan(first, count)	first번째 요소부터 count개의 요소들로 이루어진 부분 스팬을 돌려준다.

멤버 함수 subspan은 좀 더 설명이 필요할 것이다. 목록 4.24의 subspan.cpp는 멤버 함수 subspan의 용법을 보여준다.

목록 4.24 멤버 함수 subspan의 용법

```cpp
1  // subspan.cpp
2
3  #include <iostream>
4  #include <numeric>
5  #include <span>
6  #include <vector>
7
8  int main() {
9
10     std::cout << '\n';
11
12     std::vector<int> myVec(20);
13     std::iota(myVec.begin(), myVec.end(), 0);
14     for (auto v: myVec) std::cout << v << " ";
15
16     std::cout << "\n\n";
17
18     std::span<int> mySpan(myVec);
19     auto length = mySpan.size();
20
21     std::size_t count = 5;
22     for (std::size_t first = 0; first <= (length - count); first += count ) {
23         for (auto ele: mySpan.subspan(first, count)) std::cout << ele << " ";
24         std::cout << '\n';
25     }
26
27  }
```

행 13은 std::iota 알고리즘[10]을 이용해서 0에서 19까지의 정수들을 벡터(std::vector 객체)에 채운다. 행 18에서는 이 벡터를 참조하는 std::span 객체를 생성한다. 행 22의 for 루프는 first번째 요소부터 count개의 요소들로 이루어진 부분 스팬을 생성해서 그 요소들을 출력하는 작업을 mySpan의 모든 요소가 출력될 때까지 반복한다.

킬리안 헤네베르거[†]는 std::span의 특별한 용도 하나를 일깨워 주었다. 바로, '수정 가능 요소들의 상수 구간(constant range of modifiable elements)'이다.

---

[10] *https://en.cppreference.com/w/cpp/algorithm/iota*

[†] [옮긴이] 원서의 감수자 중 한 명이다. 홈페이지는 *https://ukilele.github.io/*.

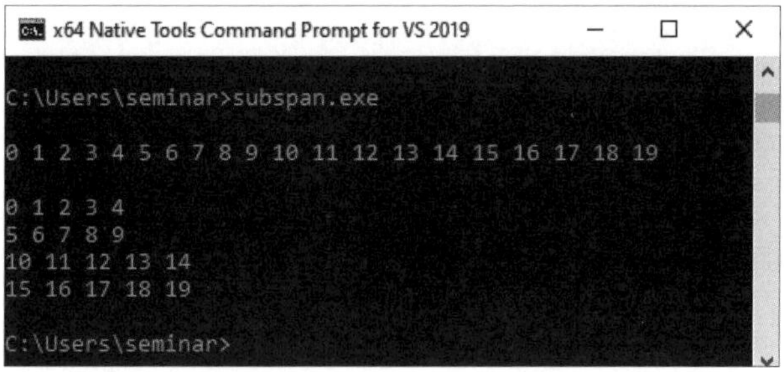

그림 **4.17** 멤버 함수 subspan의 용법

4.2.6 수정 가능 요소들의 상수 구간

편의상 std::vector와 std::span을 둘 다 구간(range)이라고 부르기로 하겠다. std::vector<T> 형태로 선언된 std::vector 객체는 std::string처럼 수정 가능 (modifiable) 요소들의 수정 가능 구간이라는 모형을 따른다. std::vector에 const를 붙여서 const std::vector<T> 형태로 선언하면 상수(constant) 요소들의 상수 구간이 된다. std::vector만으로는 수정 가능 요소들의 상수 구간을 만들 수 없다. 이를 위해서는 std::span이 필요하다. std::span은 수정 가능 요소들의 상수 구간이라는 모형을 따른다. 표 4.3은 상수/수정 가능 구간들과 상수/수정 가능 요소들의 세 가지 조합을 정리한 것이다.

표 **4.3** 상수/수정 가능 구간과 상수/수정 가능 요소의 조합

	수정 가능 요소	상수 요소
수정 가능 구간	std::vector<T>	
상수 구간	std::span<T>	const std::vector<T>
		std::span<const T>

목록 4.25의 constRangeModifiableElements.cpp 프로그램은 이 조합들 각각을 시험해 본다.

목록 **4.25** 상수/수정 가능 구간과 상수/수정 가능 요소의 조합

```
1  // constRangeModifiableElements.cpp
2
3  #include <iostream>
4  #include <span>
5  #include <vector>
6
7  void printMe(std::span<int> container) {
```

```
 8
 9      std::cout << "container.size(): " << container.size() << '\n';
10      for (auto e : container) std::cout << e << ' ';
11      std::cout << "\n\n";
12  }
13
14  int main() {
15
16      std::cout << '\n';
17
18      std::vector<int> origVec{1, 2, 2, 4, 5};
19
20      // 수정 가능 요소들의 수정 가능 구간
21      std::vector<int> dynamVec = origVec;
22      dynamVec[2] = 3;
23      dynamVec.push_back(6);
24      printMe(dynamVec);
25
26      // 상수 요소들의 상수 구간
27      const std::vector<int> constVec = origVec;
28      // constVec[2] = 3;         // 오류
29      // constVec.push_back(6);   // 오류
30      std::span<const int> constSpan(origVec);
31      // constSpan[2] = 3;        // 오류
32
33      // 수정 가능 요소들의 상수 구간
34      std::span<int> dynamSpan{origVec};
35      dynamSpan[2] = 3;
36      printMe(dynamSpan);
37
38      std::cout << '\n';
39
40  }
```

벡터 dynamVec(행 21)은 수정 가능 요소들의 수정 가능 구간이다. 그러나 벡터 constVec(행 27)은 상수 요소들의 상수 구간이다. 즉, 요소들의 값을 변경할 수 없고 구간 자체를 수정할(요소 추가, 삭제 등) 수도 없다. constSpan(행 30)도 상수 요소들의 상수 구간이다. dynamSpan은 수정 가능 요소들의 상수 구간인데, 이 것이 앞에서 언급한 std::span의 특별한 용도이다.

```
x64 Native Tools Command Prompt for VS 2019                    —    □    ×

C:\Users\seminar>constRangeModifiableElements.exe

container.size(): 6
1 2 3 4 5 6

container.size(): 5
1 2 3 4 5


C:\Users\seminar>
```

그림 4.18 상수/수정 가능 구간과 상수/수정 가능 요소의 조합

ℹ **std::span 요약**

- std::span은 연속 객체 순차열을 참조하는 객체이다. 종종 뷰라고도 부르는 std::span은 객체들을 소유하지 않으며, 따라서 메모리를 할당하지 않는다. 연속 객체 순차열에는 보통의 C 배열, 포인터와 크기(객체 개수)의 조합, std::array, std::vector, std::string이 포함된다.
- C 배열과는 달리 std::span<T>는 연속 객체 순차열의 크기를 자동으로 연역한다.
- std::span의 요소를 수정하면 해당 객체(std::span이 참조하는)가 실제로 수정된다.

4.3 컨테이너 개선사항

그림 4.19 컨테이너를 조사하는 시피

C++20은 STL의 컨테이너들과 관련해서도 많은 것을 개선했다. 무엇보다도, std::vector와 std::string의 인터페이스에 constexpr가 적용되었다(§4.3.1).

이는 이 컨테이너들을 컴파일 시점에서 사용할 수 있게 되었다는 뜻이다. std::array와 관련한 개선사항들도 있다(§4.3.2). 그리고 모든 컨테이너는 이제 일관된 컨테이너 삭제(consistent container erasure)를 지원하며(§4.3.3), 연관 컨테이너들에 contains라는 멤버 함수가 추가되었다(§4.3.4). 또한, 접두사 또는 접미사를 점검하는 멤버 함수들이 std::string에 추가되었다(§4.3.5).

4.3.1 constexpr 컨테이너와 알고리즘

C++20에서 std::vector와 std::string이 constexpr 컨테이너가 되었다. constexpr 컨테이너는 생성자와 멤버 함수들에 constexpr가 적용된, 그래서 컴파일 시점에서 사용할 수 있는 컨테이너를 뜻한다. 더 나아가서, 100개 이상의 STL 알고리즘들도 constexpr로 선언되어 있다.[11]

목록 4.26의 예제 프로그램은 int들을 담은 std::vector를 컴파일 시점에서 사용한다.

목록 4.26 std::vector를 컴파일 시점에서 정렬하는 예제

```
1   // constexprVector.cpp
2
3   #include <algorithm>
4   #include <iostream>
5   #include <vector>
6
7   constexpr int maxElement() {
8       std::vector myVec = {1, 2, 4, 3};
9       std::sort(myVec.begin(), myVec.end());
10      return myVec.back();
11  }
12  int main() {
13
14      std::cout << '\n';
15
16      constexpr int maxValue = maxElement();
17      std::cout << "maxValue: " << maxValue << '\n';
18
19      constexpr int maxValue2 = [] {
20          std::vector myVec = {1, 2, 4, 3};
21          std::sort(myVec.begin(), myVec.end()) ;
22          return myVec.back();
23      }();
24
```

---

[11] *https://en.cppreference.com/w/cpp/algorithm*

```
25    std::cout << "maxValue2: " << maxValue2 << '\n';
26
27    std::cout << '\n';
28
29  }
```

행 7의 maxElement는 constexpr 함수이므로, 행 8의 std::vector 객체는 컴파일 시점에서 생성되며, 행 9의 sort 호출 역시 컴파일 시점에서 실행된다. maxElement 함수는 정렬된 벡터의 마지막 요소를 돌려준다. 행 19에서는 constexpr 표현식의 람다 안에서 std::vector를 생성해서 정렬하는데, 이 생성과 정렬 역시 컴파일 시점에서 일어난다.

```
maxValue: 4
maxValue2: 4
```

그림 4.20 std::vector를 컴파일 시점에서 정렬하는 예제

4.3.2 std::array

C++20에는 배열을 생성하는 두 가지 편의 수단이 추가되었다. 기존 배열로부터 std::array를 생성하는 std::to_array 함수가 새로 생겼고, 배열을 가리키는 std::shared_ptr을 생성하는 중복적재 버전이 std::make_shared에 추가되었다.

4.3.2.1 std::to_array

std::to_array는 기존의 1차원 배열로부터 std::array 객체를 생성한다. 생성된 std::array의 요소들은 기존 1차원 배열로부터 복사 초기화된다.

'기존 1차원 배열'에 해당하는 것은 C 문자열, std::initializer_list, std::pair들의 1차원 배열 등이다. 목록 4.27의 예제 프로그램은 cppreference.com/to_array[12]의 예제를 참고해서 만든 것이다.

목록 4.27 여러 1차원 배열로부터 std::array를 생성하는 예제

```
1  // toArray.cpp
2
3  #include <iostream>
4  #include <utility>
5  #include <array>
6  #include <memory>
```

---

12 *https://en.cppreference.com/w/cpp/container/array/to_array*

```
 7
 8  int main() {
 9
10      std::cout << '\n';
11
12      auto arr1 = std::to_array("A simple test");
13      for (auto a: arr1) std::cout << a;
14      std::cout << "\n\n";
15
16      auto arr2 = std::to_array({1, 2, 3, 4, 5});
17      for (auto a: arr2) std::cout << a;
18      std::cout << "\n\n";
19
20      auto arr3 = std::to_array<double>({0, 1, 3});
21      for (auto a: arr3) std::cout << a;
22      std::cout << '\n';
23      std::cout << "typeid(arr3[0]).name(): " << typeid(arr3[0]).name() << '\n';
24      std::cout << '\n';
25
26      auto arr4 = std::to_array<std::pair<int, double>>({ {1, 0.0}, {2, 5.1},
27                                                          {3, 5.1} });
28      for (auto p: arr4) {
29          std::cout << "(" << p.first << ", " << p.second << ")" << '\n';
30      }
31
32      std::cout << "\n\n";
33
34  }
```

이 예제 프로그램은 C 문자열(행 12), std::initializer_list(행 16과 20), std::pair들의 std::initializer_list(행 26)로부터 std::array 객체를 생성한다. 일반적으로 컴파일러는 std::array의 요소(배열 원소) 형식을 연역할 수 있다. 하지만 행 20과 26처럼 요소 형식을 명시적으로 지정하는 것도 가능하다.

```
A simple test

12345

013
typeid(arr3[0]).name(): d

(1, 0)
(2, 5.1)
(3, 5.1)
```

그림 4.21 여러 1차원 배열로부터 std::array를 생성하는 예제

4.3.2.2 `std::make_shared`

std::shared_ptr 객체를 좀 더 편하게 생성할 수 있는 std::make_shared[13]라는 팩토리 함수가 도입된 것은 C++11이다. C++20에는 배열을 가리키는 std::shared_ptr을 생성해 주는 다음 두 중복적재 버전이 std::make_shared에 추가되었다.

- std::shared_ptr<double[]> shar = std::make_shared<double[]>(1024): 기본값으로 초기화된 double 1,024개를 담은 배열을 가리키는 shared_ptr를 생성한다.

- std::shared_ptr<double[]> shar = std::make_shared<double[]>(1024, 1.0): 1.0으로 초기화된 double 1,024개를 담은 배열을 가리키는 shared_ptr를 생성한다.

4.3.3 일관된 컨테이너 삭제

C++20 이전에는 컨테이너에서 요소들을 제거하기가 너무 복잡했다. 왜, 어떻게 복잡한지를 예제를 통해 살펴보자.

4.3.3.1 erase-remove 관용구

컨테이너에서 요소를 제거하는 것은 간단한 일처럼 보인다. std::vector라면 std::remove_if 함수를 사용하면 될 것이다.

목록 4.28 std::remove_if를 이용한 컨테이너 요소 제거

```
1   // removeElements.cpp
2
3   #include <algorithm>
4   #include <iostream>
5   #include <vector>
6
7   int main() {
8
9       std::cout << '\n';
10
11      std::vector myVec{-2, 3, -5, 10, 3, 0, -5 };
12
13      for (auto ele: myVec) std::cout << ele << " ";
14      std::cout << "\n\n";
15
```

---

13 *https://en.cppreference.com/w/cpp/memory/shared_ptr/make_shared*

```
16      std::remove_if(myVec.begin(), myVec.end(), [](int ele){ return ele < 0; });
17      for (auto ele: myVec) std::cout << ele << " ";
18
19      std::cout << "\n\n";
20
21  }
```

행 16은 std::vector에서 0보다 작은 모든 요소를 제거한다. 더 설명할 것이 없을 정도로 자명한 예제이지만, 출력을 보면 뜻밖에도 0보다 작은 요소가 남아 있다(그림 4.22). 이것은 경험 있는 C++ 프로그래머들도 많이 빠진, 잘 알려진 함정이다.

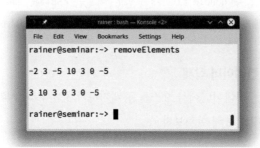

그림 4.22 std::remove_if를 이용한 컨테이너 요소 제거

std::remove_if(행 16)는 사실 아무것도 제거하지 않는다. 호출 후에도 std::vector의 크기(요소 개수)는 변하지 않는다. std::remove_if는 주어진 조건을 충족하는 요소들을 컨테이너의 뒤쪽으로 옮기고, 새로운 논리적 끝 위치(옮겨지지 않은 마지막 요소의 다음 요소)를 가리키는 반복자를 돌려줄 뿐이다.

요소들을 실제로 제거하려면, 논리적 끝에서부터 나머지 모든 요소를 std::erase 함수를 이용해서 삭제해야(erase) 한다.

목록 4.29 erase-remove 관용구를 이용한 컨테이너 요소 제거

```
1   // eraseRemoveElements.cpp
2
3   #include <algorithm>
4   #include <iostream>
5   #include <vector>
6
7   int main() {
8
9       std::cout << '\n';
10
11      std::vector myVec{-2, 3, -5, 10, 3, 0, -5 };
```

```
12
13    for (auto ele: myVec) std::cout << ele << " ";
14    std::cout << "\n\n";
15
16    auto newEnd = std::remove_if(myVec.begin(), myVec.end(),
17                                 [](int ele){ return ele < 0; });
18    myVec.erase(newEnd, myVec.end());
19    // myVec.erase(std::remove_if(myVec.begin(), myVec.end(),
20    //                 [](int ele){ return ele < 0; }), myVec.end());
21    for (auto ele: myVec) std::cout << ele << " ";
22
23    std::cout << "\n\n";
24
25  }
```

행 16은 컨테이너 myVec의 새로운 논리적 끝을 newEnd 변수에 담는다. 행 18에서는 newEnd가 가리키는 요소부터 나머지 모든 요소를 실제로 삭제한다. 이것이 erase-remove 관용구(idiom)이다. remove-erase가 아니라 erase-remove라고 부르는 이유는, 행 19처럼 erase와 remove를 하나의 표현식에서 사용하는 경우가 많기 때문이다.

그림 4.23 erase-remove 관용구를 이용한 컨테이너 요소 제거

C++20에는 이러한 관용구를 사용하지 않고 컨테이너에서 요소들을 좀 더 편하게 삭제할 수 있는 std::erase와 std::erase_if라는 알고리즘이 추가되었다.

4.3.3.2 C++20의 std::erase와 std::erase_if

erase-remove 관용구는 두 번의 호출이 필요하고 요소들의 구간을 두 개의 반복자로 지정해야 해서 상당히 번거롭다. 반면 C++20의 std::erase와 std::erase_if는 한 번의 호출로 컨테이너의 요소들을 제거하며, 컨테이너 자체에 직접 작용한다.

그럼 erase와 erase_if를 실제로 사용해 보자. 다음 예제 프로그램은 여러 가지 컨테이너의 요소들을 다양한 방식으로 삭제한다.

목록 4.30 erase와 erase_if를 이용한 컨테이너 요소 삭제

```cpp
1   // eraseCpp20.cpp
2
3   #include <iostream>
4   #include <numeric>
5   #include <deque>
6   #include <list>
7   #include <string>
8   #include <vector>
9
10  template <typename Cont>
11  void eraseVal(Cont& cont, int val) {
12      std::erase(cont, val);
13  }
14
15  template <typename Cont, typename Pred>
16  void erasePredicate(Cont& cont, Pred pred) {
17      std::erase_if(cont, pred);
18  }
19
20  template <typename Cont>
21  void printContainer(Cont& cont) {
22      for (auto c: cont) std::cout << c << " ";
23      std::cout << '\n';
24  }
25
26  template <typename Cont>
27  void doAll(Cont& cont) {
28      printContainer(cont);
29      eraseVal(cont, 5);
30      printContainer(cont);
31      erasePredicate(cont, [](auto i) { return i >= 3; } );
32      printContainer(cont);
33  }
34
35  int main() {
36
37      std::cout << '\n';
38
39      std::string str{"A Sentence with an E."};
40      std::cout << "str: " << str << '\n';
41      std::erase(str, 'e');
42      std::cout << "str: " << str << '\n';
43      std::erase_if( str, [](char c){ return std::isupper(c); });
44      std::cout << "str: " << str << '\n';
```

```
45
46        std::cout << "\nstd::vector " << '\n';
47        std::vector vec{1, 2, 3, 4, 5, 6, 7, 8, 9};
48        doAll(vec);
49
50        std::cout << "\nstd::deque " << '\n';
51        std::deque deq{1, 2, 3, 4, 5, 6, 7, 8, 9};
52        doAll(deq);
53
54        std::cout << "\nstd::list" << '\n';
55        std::list lst{1, 2, 3, 4, 5, 6, 7, 8, 9};
56        doAll(lst);
57
58    }
```

행 41은 str에 담긴 문자열에서 'e' 자를 모두 삭제한다. 행 43은 람다를 이용해서 str에서 모든 대문자를 삭제한다.

예제 프로그램의 나머지 부분에서는 순차 컨테이너 std::vector(행 47), std::deque(행 51), std::list(행 55)에 함수 템플릿 doAll을 적용해서 각 컨테이너의 요소들을 삭제한다. 해당 정의(행 26)에서 보듯이 doAll은 컨테이너의 5번째 요소와 3 이상의 모든 요소를 삭제한다. doAll이 호출하는 함수 템플릿 eraseVal(행 10)은 새 함수 erase를 사용하고, 함수 템플릿 erasePredicate(행 15)는 새 함수 erase_if를 사용한다.

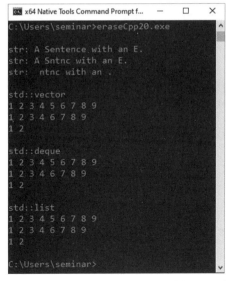

그림 4.24 erase와 erase_if를 이용한 컨테이너 요소 삭제

새 함수 erase와 erase_if는 STL의 모든 컨테이너에 사용할 수 있다. 그러나 다음 절에서 소개하는 편의 함수 contains는 연관 컨테이너들에만 사용할 수 있다.

4.3.4 연관 컨테이너를 위한 contains

C++20의 STL 연관 컨테이너들에는 주어진 요소가 연관 컨테이너에 들어 있는지의 여부를 돌려주는 멤버 함수 contains가 추가되었다. 그런데 그런 요소 존재 (포함 여부) 점검은 기존 멤버 함수 find나 count로도 할 수 있는 일이 아닌가 의아해하는 독자도 있을 것이다.

find나 count로도 그런 점검이 가능하긴 하지만, 이 멤버 함수들은 초보자가 다루기 어려울 뿐만 아니라 나름의 단점들을 가지고 있다.

목록 4.31 find와 count를 이용한 요소 포함 여부 점검

```
1  // checkExistence.cpp
2
3  #include <set>
4  #include <iostream>
5
6  int main() {
7
8      std::cout << '\n';
9
10     std::set mySet{3, 2, 1};
11     if (mySet.find(2) != mySet.end()) {
12         std::cout << "2 inside" << '\n';
13     }
14
15     std::multiset myMultiSet{3, 2, 1, 2};
16     if (myMultiSet.count(2)) {
17         std::cout << "2 inside" << '\n';
18     }
19
20     std::cout << '\n';
21
22  }
```

그림 4.25에 이 예제 프로그램의 출력이 나와 있다.

```
2 inside
2 inside
```

그림 4.25 find와 count를 이용한 요소 포함 여부 점검

두 함수의 문제점은 이런 것이다. 우선, 행 11의 find 호출은 너무 장황하다. 게다가, 포함 여부를 점검하는 용도로 count는 비효율적이다. 주어진 요소가 컨테이너에 있는지 없는지만 알면 되므로, 하나가 발견되면 그것으로 검색을 멈추어야 마땅하다. 그렇지만 count는 컨테이너의 모든 요소를 훑으면서 해당 요소를 찾아서 그 개수를 센다. 지금 예제에서 myMultiSet.count(2)는 2를 돌려준다.

find나 count와는 달리 C++20의 contains는 사용하기 편하고 효율적이다.

목록 4.32 C++20의 contains 멤버 함수를 이용한 요소 포함 여부 점검

```cpp
1  // containsElement.cpp
2
3  #include <iostream>
4  #include <set>
5  #include <map>
6  #include <unordered_set>
7  #include <unordered_map>
8
9  template <typename AssocCont>
10 bool containsElement5(const AssocCont& assocCont) {
11     return assocCont.contains(5);
12 }
13
14 int main() {
15
16     std::cout << std::boolalpha;
17
18     std::cout << '\n';
19
20     std::set<int> mySet{1, 2, 3, 4, 5, 6, 7, 8, 9, 10};
21     std::cout << "containsElement5(mySet): " << containsElement5(mySet);
22
23     std::cout << '\n';
24
25     std::unordered_set<int> myUnordSet{1, 2, 3, 4, 5, 6, 7, 8, 9, 10};
26     std::cout << "containsElement5(myUnordSet): " << containsElement5(myUnordSet);
27
28     std::cout << '\n';
29
30     std::map<int, std::string> myMap{ {1, "red"}, {2, "blue"}, {3, "green"} };
31     std::cout << "containsElement5(myMap): " << containsElement5(myMap);
32
33     std::cout << '\n';
34
35     std::unordered_map<int, std::string> myUnordMap{ {1, "red"},
36                                                      {2, "blue"}, {3, "green"} };
37     std::cout << "containsElement5(myUnordMap): " << containsElement5(myUnordMap);
```

```
38
39       std::cout << '\n';
40
41   }
```

별로 설명할 것이 없을 정도로 간단한 코드이다. 함수 템플릿 containsElement5 (행 9)는 주어진 연관 컨테이너에 5라는 키가 있으면 true를 돌려준다. 이 예제 프로그램은 STL의 연관 컨테이너 중 std::set, std::unordered_set, std::map, std::unordered_map만 사용하는데, 이들은 모두 키의 중복을 허용하지 않는(즉, 하나의 키가 많아야 한 번만 저장되는) 연관 컨테이너들이다.

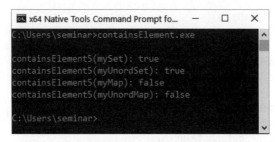

그림 4.26 C++20의 contains 멤버 함수를 이용한 요소 포함 여부 점검

4.3.5 문자열 접두사·접미사 점검

std::string에 starts_with와 ends_with라는 두 멤버 함수가 추가되었다. 이들은 std::string이 특정 부분 문자열로 시작하는지 또는 끝나는지를 점검한다. 다른 말로 하면, 이들은 주어진 부분 문자열이 std::string의 접두사(prefix)인지 또는 접미사(suffix)인지를 점검한다.

목록 4.33 std::string이 특정 문자열로 시작하거나 끝나는지 점검

```
1   // stringStartsWithEndsWith.cpp
2
3   #include <iostream>
4   #include <string_view>
5   #include <string>
6
7   template <typename PrefixType>
8   void startsWith(const std::string& str, PrefixType prefix) {
9       std::cout << "                starts with " << prefix << ": "
10                << str.starts_with(prefix) << '\n';
```

```
11  }
12
13  template <typename SuffixType>
14  void endsWith(const std::string& str, SuffixType suffix) {
15      std::cout << "              ends with " << suffix << ": "
16                << str.ends_with(suffix) << '\n';
17  }
18
19  int main() {
20
21      std::cout << '\n';
22
23      std::cout << std::boolalpha;
24
25      std::string helloWorld("Hello World");
26
27      std::cout << helloWorld << '\n';
28
29      startsWith(helloWorld, helloWorld);
30
31      startsWith(helloWorld, std::string_view("Hello"));
32
33      startsWith(helloWorld, 'H');
34
35      std::cout << "\n\n";
36
37      std::cout << helloWorld << '\n';
38
39      endsWith(helloWorld, helloWorld);
40
41      endsWith(helloWorld, std::string_view("World"));
42
43      endsWith(helloWorld, 'd');
44
45  }
```

멤버 함수 starts_with와 ends_with는 둘 다 술어(§C.24)에 해당한다. 즉, 이들은 부울 값을 돌려준다. std::string(행 29와 39)뿐만 아니라 std::string_view(행 31과 41)와 char(행 33과 43)도 starts_with와 ends_with의 인수(접두사 또는 접미사)로 사용할 수 있다.

```
Hello World
            starts with Hello World: true
            starts with Hello: true
            starts with H: true


Hello World
            ends with Hello World: true
            ends with World: true
            ends with d: true
```

그림 4.27 std::string이 특정 문자열로 시작하거나 끝나는지 점검

ℹ️ 컨테이너 개선사항 요약

- 이제 std::vector와 std::string은 컴파일 시점에서 사용할 수 있는 constexpr 컨테이너이다. 컴파일 시점에서 std::vector와 std::string을 생성하고 STL의 constexpr 알고리즘들을 적용할 수 있다.
- C++20에는 배열을 생성하는 두 가지 편의 수단이 추가되었다. 기존 배열로부터 std::array를 생성하는 std::to_array 함수가 새로 생겼고, 배열을 가리키는 std::shared_ptr을 생성하는 중복적재 버전이 std::make_shared에 추가되었다.
- 임의의 STL 컨테이너에서 특정 요소들 또는 주어진 술어를 충족하는 요소들을 좀 더 간편하게 제거할 수 있는 새 알고리즘 std::erase와 std::erase_if가 추가되었다.
- 연관 컨테이너들에 추가된 멤버 함수 contains 덕분에 연관 컨테이너에 특정 키가 포함되어 있는지 점검할 수 있다.
- 문자열이 특정한 접두사로 시작하거나 접미사로 끝나는지 점검하는 멤버 함수 start_with와 end_with가 std::string에 추가되었다.

4.4 산술 유틸리티

그림 4.28 산수 공부 중인 시피

부호 있는 정수와 부호 없는 정수의 비교는 예상외의 결과를 내기 쉬우며, 따라서 미묘한 버그의 원인이 된다. 그런 버그들을 피할 수 있도록, C++20에는 std::cmp_로 시작하는 안전한 정수 비교 함수들이 추가되었다(§4.4.1). 그리고 C++20에는 e, π, ϕ 같은 수학 상수들에 해당하는 상수들이 추가되었으며(§4.4.2), 두 수의 중점을 계산하는 std::midpoint 함수와 두 수의 선형 보간을 계산하는 std::lerp 함수도 추가되었다. 또한, 개별 비트 또는 비트열에 접근하거나 조작하는 함수들이 추가되었다(§4.4.4).

4.4.1 안전한 정수 비교

부호 있는 정수와 부호 없는 정수를 비교하면 예상 밖의 결과가 나올 수 있다. C++20에 추가된 여섯 가지 std::cmp_* 함수들 덕분에 이제는 그런 문제가 사라졌다. 먼저 "안전하지 않은" 정수 비교의 예부터 살펴보자.

🔑 **integral 대 integer**

C++에서 integral과 integer는 동의어이다. 표준 명세서에서 기본 형식들을 정의하는 부분에 이런 문장들이 있다: "Types bool, char, char8_t, char16_t, char32_t, wchar_t, and the signed and unsigned integer types are collectively called integral types. A synonym for [an] integral type is integer type(bool, char, char8_t, char16_t, char32_t, wchar_t 형식과 부호 있는/없는 정수 형식들을 통칭해서 integral types라고 부른다. integral type의 동의어는 integer type이다)." 이 책에서는 integer를 주로 사용하지만, integral도 종종 등장한다.†

4.4.1.1 안전하지 않은 정수 비교

unsafeComparison.cpp라는 파일 이름에서 짐작하겠지만, 다음 예제는 안전하지 않은 정수 비교의 예를 보여준다.

목록 4.34 안전하지 않은 정수 비교

```
1  // unsafeComparison.cpp
2
3  #include <iostream>
```

---

† [옮긴이] 이 번역서에서는 integral과 integer 모두 '정수'로 번역하므로 크게 상관이 없는 내용이지만, integral과 integer가 동의어임을 알아 두면 독자가 영문 자료(특히 *cppreference.com*)를 참조할 때 도움이 될 것으로 판단해서 이 팁을 생략하지 않았다. 참고로, 이 번역서의 원서에서 integral이 '적분'을 의미하는 경우는 없다.

```
4
5   int main() {
6
7       std::cout << '\n';
8
9       std::cout << std::boolalpha;
10
11      int x = -3;
12      unsigned int y = 7;
13
14      std::cout << "-3 < 7:  " << (x < y) << '\n';
15      std::cout << "-3 <= 7: " << (x <= y) << '\n';
16      std::cout << "-3 > 7:  " << (x > y) << '\n';
17      std::cout << "-3 => 7: " << (x >= y) << '\n';
18
19      std::cout << '\n';
20
21  }
```

그림 4.29는 이 프로그램의 출력인데, 아마 의외의 결과라고 생각하는 독자들이 많을 것이다.

그림 4.29 안전하지 않은 정수 비교의 의외의 결과

프로그램 출력에 따르면 -3이 7보다 작지 않다. 이런 결과가 나온 이유를 추측해 보기 바란다. 이유는 signed int x(행 11)와† unsigned int y(행 12)를 비교했기 때문이다. 다음은 이러한 비교가 내부적으로 어떻게 진행되는지를 보여주는 예제이다.

목록 4.35 안전하지 않은 정수 비교의 분석

```
1   // unsafeComparison2.cpp
2
```

---

† [옮긴이] 예제 코드에서 signed는 생략되어 있는데, signed가 없어도 int는 기본적으로 부호 있는 정수이다. 다른 정수 형식들도 마찬가지이다.

```
3   int main() {
4       int x = -3;
5       unsigned int y = 7;
6
7       bool val = x < y;
8       static_assert(static_cast<unsigned int>(-3) == 4'294'967'293);
9   }
```

이 예제는 미만 연산자(<)만 다룬다. 이 예제 코드에 대해 C++ Insights는 다음을 출력한다.[14]

```
int main()
{
  int x = -3;
  unsigned int y = 7;
  bool val = static_cast<unsigned int>(x) < y;
  /* PASSED: static_assert(static_cast<long>(static_cast<unsigned int>(-3)) == 4294967293L); */
}
```

그림 4.30 안전하지 않은 정수 비교의 분석

내부적으로 이런 일이 진행된다.

- 컴파일러는 표현식 x < y(행 7)를 static_cast<unsigned int>(x) < y로 변환한다. 부호 있는 x가 unsigned int로 변환되었음을 주목하자.
- 이 변환에서 –3은 4'294'967'293이 된다.
- 4'294'967'293은 -3 mod 2^{32}와 같다.
- 32는 C++ Insights에서 unsigned int의 비트수이다.

  C++20에서는 이런 함정에 빠지지 않고 정수들을 안전하게 비교할 수 있다.

4.4.1.2 안전한 정수 비교

C++20에는 여섯 가지 정수 비교 함수가 추가되었다. 표 4.4는 이들을 정리한 것이다.

표 4.4 여섯 가지 정수 비교 함수

비교 함수	의미
std::cmp_equal	==
std::cmp_not_equal	!=

(다음 쪽에 이어짐)

---

14 *https://cppinsights.io/s/62732a01*

std::cmp_less	<
std::cmp_less_equal	<=
std::cmp_greater	>
std::cmp_greater_equal	>=

목록 4.36의 safeComparison.cpp는 목록 4.35의 unsafeComparison.cpp를 안전한 비교 함수들을 이용해서 개선한 것으로, 목록 4.35에는 없던 상등 비교와 부등 비교도 추가했다.

목록 4.36 안전한 정수 비교

```cpp
// safeComparison.cpp

#include <iostream>
#include <utility>

int main() {

    std::cout << '\n';

    std::cout << std::boolalpha;

    int x = -3;
    unsigned int y = 7;

    std::cout << "-3 == 7:  " << std::cmp_equal(x, y) << '\n';
    std::cout << "-3 != 7:  " << std::cmp_not_equal(x, y) << '\n';
    std::cout << "-3 < 7:   " << std::cmp_less(x, y) << '\n';
    std::cout << "-3 <= 7:  " << std::cmp_less_equal(x, y) << '\n';
    std::cout << "-3 > 7:   " << std::cmp_greater(x, y) << '\n';
    std::cout << "-3 => 7:  " << std::cmp_greater_equal(x, y) << '\n';

    std::cout << '\n';

}
```

새 비교 함수들을 사용하려면 <utility> 헤더를 포함시켜야 한다는 점도 기억하기 바란다. 그림 4.31은 이 예제 프로그램의 출력이다.

```
-3 == 7:   false
-3 != 7:   true
-3 <  7:   true
-3 <= 7:   true
-3 >  7:   false
-3 => 7:   false
```

그림 4.31 안전한 정수 비교

double처럼 정수가 아닌 형식의 인수로 안전한 정수 비교 함수를 호출하면 컴파일 오류가 발생한다.

목록 4.37 unsigned int와 double의 안전한 비교

```cpp
// safeComparison2.cpp

#include <iostream>
#include <utility>

int main() {

    double x = -3.5;
    unsigned int y = 7;

    std::cout << "-3.5 < 7:  " << std::cmp_less(x, y);  // 오류

}
```

double과 unsigned int의 비교는 예전처럼 비교 연산자로 수행하면 된다. 다음의 classicalComparison.cpp 프로그램은 double과 unsigned int를 예전과 같은 방식으로 비교한다.

목록 4.38 unsigned int와 double의 비교

```cpp
// classicalComparison.cpp

int main() {

    double x = -3.5;
    unsigned int y = 7;

    auto res = x < y;    // true

}
```

이 경우 unsigned int는 부동소수점 형식인 double로 승격된다.[15] C++ Insights의 출력이 이 점을 보여준다.[16]

```
int main()
{
  double x = -3.5;
  unsigned int y = 7;
  bool res = x < static_cast<double>(y);
}
```

그림 4.32 unsigned int는 부동소수점 형식 double로 승격된다.

4.4.2 수학 상수들

표 4.5는 C++20에서 도입된 수학 상수들을 정리한 것이다. 이들은 모두 std::numbers 이름공간 안에 있으며, 사용하려면 <numbers> 헤더를 포함시켜야 한다.

표 4.5 수학 상수들

수학 상수	설명
std::numbers::e	e
std::numbers::log2e	$\log_2 e$
std::numbers::log10e	$\log_{10} e$
std::numbers::pi	π
std::numbers::inv_pi	$\frac{1}{\pi}$
std::numbers::inv_sqrtpi	$\frac{1}{\sqrt{\pi}}$
std::numbers::ln2	$\ln 2$
std::numbers::ln10	$\ln 10$
std::numbers::sqrt2	$\sqrt{2}$
std::numbers::sqrt3	$\sqrt{3}$
std::numbers::inv_sqrt3	$\frac{1}{\sqrt{3}}$
std::numbers::egamma	오일러-마스케로니 상수[17]
std::numbers::phi	ϕ

---

15 *https://en.cppreference.com/w/cpp/language/implicit_conversion*

16 *https://cppinsights.io/s/44216566*

17 *https://ko.wikipedia.org/wiki/오일러-마스케로니_상수*

목록 4.39의 예제 프로그램 mathematicConstants.cpp는 이 수학 상수들의 이름과 값을 출력한다.

목록 4.39 수학 상수들

```cpp
// mathematicConstants.cpp

#include <iomanip>
#include <iostream>
#include <numbers>

int main() {

    std::cout << '\n';

    std::cout << std::setprecision(10);

    std::cout << "std::numbers::e: " <<  std::numbers::e << '\n';
    std::cout << "std::numbers::log2e: " <<  std::numbers::log2e << '\n';
    std::cout << "std::numbers::log10e: " <<  std::numbers::log10e << '\n';
    std::cout << "std::numbers::pi: " <<  std::numbers::pi << '\n';
    std::cout << "std::numbers::inv_pi: " <<  std::numbers::inv_pi << '\n';
    std::cout << "std::numbers::inv_sqrtpi: " <<  std::numbers::inv_sqrtpi << '\n';
    std::cout << "std::numbers::ln2: " <<  std::numbers::ln2 << '\n';
    std::cout << "std::numbers::sqrt2: " <<  std::numbers::sqrt2 << '\n';
    std::cout << "std::numbers::sqrt3: " <<  std::numbers::sqrt3 << '\n';
    std::cout << "std::numbers::inv_sqrt3: " <<  std::numbers::inv_sqrt3 << '\n';
    std::cout << "std::numbers::egamma: " <<  std::numbers::egamma << '\n';
    std::cout << "std::numbers::phi: " <<  std::numbers::phi << '\n';

    std::cout << '\n';

}
```

그림 4.33은 MSVC 컴파일러로 빌드한 예제 프로그램의 출력이다.

그림 4.33 수학 상수들

이 수학 상수들은 float, double, long double을 지원한다.† 기본 형식은 double이
지만, std::numbers::pi_v<float>나 std::numbers::pi_v<long double>처럼 float
나 long double을 명시적으로 지정하면 해당 형식의 상수를 얻게 된다.

4.4.3 중점과 선형 보간

- **std::midpoint(a, b)**: 주어진 정수/부동소수점/포인터 a와 b의 중점(midpoint)
  (a + (b - a) / 2)를 계산한다. a와 b가 포인터인 경우, 그 둘은 반드시 같은
  배열의 원소들을 가리켜야 한다. 이 함수를 사용하려면 헤더 <numeric>을 포
  함시켜야 한다.
- **std::lerp(a, b, t)**: 선형 보간(linear interpolation) (a + t(b - a))를 계산
  한다. t가 [0, 1] 구간 바깥이면 이 함수는 선형 외삽(linear extrapolation)을
  계산한다. 이 함수를 사용하려면 헤더 <cmath>를 포함시켜야 한다.

목록 4.40은 두 함수의 사용법을 보여주는 다음 midpointLerp.cpp 프로그램
이다.

목록 4.40 두 수의 중점과 선형 보간 계산

```
1   // midpointLerp.cpp
2
3   #include <cmath>
4   #include <numeric>
5   #include <iostream>
6
7   int main() {
8
9       std::cout << '\n';
10
11      std::cout << "std::midpoint(10, 20): " << std::midpoint(10, 20) << '\n';
12
13      std::cout << '\n';
14
15      for (auto v: {0.0, 0.1, 0.2, 0.3, 0.4, 0.5, 0.6, 0.7, 0.8, 0.9, 1.0}) {
16          std::cout << "std::lerp(10, 20, " << v << "): " << std::lerp(10, 20, v)
17                    << '\n';
18      }
19
20      std::cout << '\n';
21
22  }
```

---

† [옮긴이] 이 상수들은 C++14에서 도입된 '변수 템플릿(variable template)'으로 정의되어 있다.

따로 설명이 없어도 출력(그림 4.34)과 함께 살펴보면 코드를 이해하는 데 문제가 없을 것이다.

```
std::midpoint(10, 20): 15

std::lerp(10, 20, 0): 10
std::lerp(10, 20, 0.1): 11
std::lerp(10, 20, 0.2): 12
std::lerp(10, 20, 0.3): 13
std::lerp(10, 20, 0.4): 14
std::lerp(10, 20, 0.5): 15
std::lerp(10, 20, 0.6): 16
std::lerp(10, 20, 0.7): 17
std::lerp(10, 20, 0.8): 18
std::lerp(10, 20, 0.9): 19
std::lerp(10, 20, 1): 20
```

그림 4.34 두 수의 중점과 선형 보간 계산

4.4.4 비트 조작

C++20에는 개별 비트 또는 비트열(bit sequence)에 접근하거나 조작하는 함수들과 기타 편의 수단을 제공하는 `<bit>`라는 표준 라이브러리 헤더가 추가되었다.

4.4.4.1 std::endian

먼저, 새로 추가된 `std::endian` 형식 덕분에 이제는 스칼라 형식의 엔디안 특성(endianess)을 코드 안에서 알아낼 수 있다. 엔디안 특성은 주어진 플랫폼 또는 CPU 아키텍처에서 스칼라값을 구성하는 바이트들이 어떤 순서로 저장되는지를 뜻하는데, 주로 쓰이는 엔디안 특성은 빅엔디안^{big-endian}과 리틀엔디안^{little-endian}이다. 빅엔디안은 최상위 바이트(most significant byte)가 제일 왼쪽 바이트가 되는 방식이고 리틀엔디안은 최하위 바이트(least significant byte)가 제일 왼쪽 바이트가 되는 방식이다. 참고로 C++에서 '스칼라 형식(scalar type; §C.27)'은 산술 형식들이나 열거형(enum), 포인터, 멤버 포인터, `std::nullptr_t`를 뜻한다.

열거형 클래스 `std::endian`에는 스칼라 형식들이 가질 수 있는 세 가지 엔디안 특성에 해당하는 열거자들이 정의되어 있다.

목록 4.41 enum class endian

```cpp
enum class endian
{
    little = /*implementation-defined*/,
    big    = /*implementation-defined*/,
    native = /*implementation-defined*/
};
```

열거자들의 구체적인 값은 구현이 정의하며(*implementation-defined*), native의 값은 기본적으로 다음과 같이 결정된다.

- 만일 모든 스칼라 형식이 리틀엔디안이면 std::endian::native는 std::endian::little과 같다.
- 만일 모든 스칼라 형식이 빅엔디안이면 std::endian::native는 std::endian::big과 같다.
- 좀 더 특이한 경우들도 명시적으로 정의되어 있다.
- 만일 모든 스칼라 형식의 크기가 1바이트이면, 따라서 엔디안 특성이 중요하지 않으면, 열거자 std::endian::little, std::endian::big, std::endian::native의 값은 모두 같다.
- 혼합 엔디안(일부 형식은 리틀엔디안, 일부 형식은 빅 엔디안)을 사용하는 플랫폼에서는 std::endian::native가 std::endian::big과도, std::endian::little과도 같지 않다.

목록 4.42의 getEndianness.cpp는 현재 플랫폼의 엔디안 특성을 출력한다. x86 아키텍처에서 이 프로그램을 실행하면 little-endian이 출력된다.

목록 4.42 현재 플랫폼 엔디안 특성 출력

```cpp
// getEndianness.cpp

#include <bit>
#include <iostream>

int main() {

    if constexpr (std::endian::native == std::endian::big) {
        std::cout << "big-endian" << '\n';
    }
    else if constexpr (std::endian::native == std::endian::little) {
        std::cout << "little-endian"  << '\n';   // little-endian이 출력됨
    }
```

```
}
```

이 예제에는 컴파일 시점에서 소스 코드를 조건에 따라 컴파일하기 위해 constexpr if 구문이† 쓰였다. 이 예제의 경우 아키텍처의 엔디안 특성에 따라 하나의 std::cout 출력문만 컴파일된다.

4.4.4.2 개별 비트 또는 비트열 접근 및 조작

표 4.6은 <bit> 헤더에 있는 모든 비트 조작 함수를 정리한 것이다.

표 4.6 비트 조작 함수들

함수	설명
std::bit_cast	객체의 표현을 재해석(reinterpreting; 강제적인 형식 변환)한다.
std::has_single_bit	주어진 수가 2의 거듭제곱인지 점검한다.
std::bit_ceil	주어진 수보다 작지 않으면서 가장 작은 2의 거듭제곱을 돌려준다.
std::bit_floor	주어진 수보다 크지 않으면서 가장 큰 2의 거듭제곱을 돌려준다.
std::bit_width	주어진 수를 나타낼 수 있는 가장 적은 비트 개수를 돌려준다.
std::rotl	비트 단위 왼쪽 순환 자리 이동(bitwise left-rotation) 결과를 돌려준다.
std::rotr	비트 단위 오른쪽 순환 자리 이동(bitwise left-rotation) 결과를 돌려준다.
std::countl_zero	왼쪽(최상위 비트)에서 오른쪽으로 연속된 0들의 개수를 센다.
std::countl_one	왼쪽에서 오른쪽으로 연속된 1들의 개수를 센다.
std::countr_zero	오른쪽(최하위 비트)에서 왼쪽으로 연속된 0들의 개수를 센다.
std::countr_one	오른쪽에서 왼쪽으로 연속된 1들의 개수를 센다.
std::popcount	1들의 개수를 센다.

std::bit_cast를 제외한 모든 함수는 부호 없는 정수 형식(unsigned char, unsigned short, unsigned int, unsigned long, unsigned long long)을 요구한다.

목록 4.43의 bit.cpp 프로그램은 이 함수들을 하나씩 사용해본다.

목록 4.43 비트 조작 예제

```
// bit.cpp
```

---

† [옮긴이] 조건부 컴파일 구문 constexpr if는 C++17에서 추가되었다. constexpr if는 이 구문의 이름 이고, 실제로는 constexpr가 뒤에 붙는 if constexpr (**조건식**) 형태로 쓰인다.

```
#include <bit>
#include <bitset>
#include <iostream>

int main() {

    std::uint8_t num= 0b00110010;

    std::cout << std::boolalpha;

    std::cout << "std::has_single_bit(0b00110010): " << std::has_single_bit(num)
              << '\n';

    std::cout << "std::bit_ceil(0b00110010): " << std::bitset<8>(std::bit_ceil(num))
              << '\n';
    std::cout << "std::bit_floor(0b00110010): "
              << std::bitset<8>(std::bit_floor(num)) << '\n';

    std::cout << "std::bit_width(5u): " << std::bit_width(5u) << '\n';

    std::cout << "std::rotl(0b00110010, 2): " << std::bitset<8>(std::rotl(num, 2))
              << '\n';
    std::cout << "std::rotr(0b00110010, 2): " << std::bitset<8>(std::rotr(num, 2))
              << '\n';

    std::cout << "std::countl_zero(0b00110010): " << std::countl_zero(num) << '\n';
    std::cout << "std::countl_one(0b00110010): " << std::countl_one(num) << '\n';
    std::cout << "std::countr_zero(0b00110010): " << std::countr_zero(num) << '\n';
    std::cout << "std::countr_one(0b00110010): " << std::countr_one(num) << '\n';
    std::cout << "std::popcount(0b00110010): " << std::popcount(num) << '\n';

}
```

다음은 이 예제 프로그램의 출력 예이다.

```
std::has_single_bit(0b00110010): false
std::bit_ceil(0b00110010): 01000000
std::bit_floor(0b00110010): 00100000
std::bit_width(5u): 3
std::rotl(0b00110010, 2): 11001000
std::rotr(0b00110010, 2): 10001100
std::countl_zero(0b00110010): 2
std::countl_one(0b00110010): 0
std::countr_zero(0b00110010): 1
std::countr_one(0b00110010): 0
std::popcount(0b00110010): 3
```

그림 4.35 비트 조작 예제

목록 4.44의 예제 프로그램은 2에서 7까지의 정수들에 대한 std::bit_floor,
std::bit_ceil, std::bit_width, std::bit_popcount의 결과를 출력한다.

목록 4.44 몇 가지 수에 대한 std::bit_floor, std::bit_ceil, std::bit_width, std::popcount 출력

```cpp
// bitFloorCeil.cpp

#include <bit>
#include <bitset>
#include <iostream>

int main() {

    std::cout << '\n';

    std::cout << std::boolalpha;

    for (auto i = 2u; i < 8u; ++i) {
        std::cout << "bit_floor(" << std::bitset<8>(i) << ") = "
                  << std::bit_floor(i) << '\n';

        std::cout << "bit_ceil(" << std::bitset<8>(i) << ") = "
                  << std::bit_ceil(i) << '\n';

        std::cout << "bit_width(" << std::bitset<8>(i) << ") = "
                  << std::bit_width(i) << '\n';

        std::cout << "popcount(" << std::bitset<8>(i) << ") = "
                  << std::popcount(i) << '\n';

        std::cout << '\n';
    }

    std::cout << '\n';

}
```

ℹ️ **산술 유틸리티 요약**

- C++20의 `cmp_*` 함수들은 주어진 두 정수의 부호 여부를 감지해서 안전한 방식으로 비교한다. 주어진 수들을 안전하게 비교할 수 없으면 컴파일 오류를 발생한다.
- e, $\log_2 e$, π 같은 여러 수학 상수가 추가되었다.
- 두 수의 중점을 계산하는 함수와 두 수의 선형 보간을 계산하는 함수가 추가되었다.
- 개별 비트 또는 비트열에 접근하거나 조작하는 새 함수들이 추가되었다.

```
bit_floor(00000010) = 2
bit_ceil(00000010) = 2
bit_width(00000010) = 2
popcount(00000010) = 1

bit_floor(00000011) = 2
bit_ceil(00000011) = 4
bit_width(00000011) = 2
popcount(00000011) = 2

bit_floor(00000100) = 4
bit_ceil(00000100) = 4
bit_width(00000100) = 3
popcount(00000100) = 1

bit_floor(00000101) = 4
bit_ceil(00000101) = 8
bit_width(00000101) = 3
popcount(00000101) = 2

bit_floor(00000110) = 4
bit_ceil(00000110) = 8
bit_width(00000110) = 3
popcount(00000110) = 2

bit_floor(00000111) = 4
bit_ceil(00000111) = 8
bit_width(00000111) = 3
popcount(00000111) = 3
```

그림 4.36 몇 가지 수에 대한 std::bit_floor, std::bit_ceil, std::bit_width, std::popcount 출력

4.5 달력과 시간대

그림 4.37 달력을 공부하는 시피

🔑 컴파일러 지원 부족 문제와 우회책

2020년 말 현재 크로노 라이브러리를 완전히 지원하는 C++ 컴파일러는 없다. 다행히, 하워드 히넌트[Howard Hinnant]의 *date* 라이브러리[18]를 이용하면 C++20의 날짜·시간 관련 기능을 시험해 볼 수 있다. 이 라이브러리는 C++20의 확장된 날짜·시간 기능들에 기초하며, 소스 코드가 깃허브에 공개되어 있다. 현재 시점에서 이 라이브러리를 사용하는 방법은 여러 가지이다.

- Wandbox에서 바로 사용해 볼 수 있다. 하워드는 date.h 헤더를 Wandbox에 올려 두었다. 이 헤더 하나만으로도 C++의 새 형식 std::time_of_day와 달력 기능을 시험해 볼 수 있다. 해당 깃허브 저장소 페이지의 **Try it out on Wandbox!** 링크[19]를 클릭해 보기 바란다.
- date.h 헤더를 여러분의 C++ 컴파일러가 헤더 파일들을 찾는 디렉터리에 복사한다.
- 프로젝트 전체를 내려받아서 빌드한다. 언급한 깃허브 저장소 페이지[20]의 **Build & Test** 섹션에 자세한 방법이 나와 있다. C++20의 새 시간대(time zone) 기능을 시험해 보려면 이러한 빌드 과정이 꼭 필요하다.

이번 절의 예제들은 하워드 히넌트의 라이브러리를 사용하지만, 설명에는 C++20의 용어들을 사용한다. C++ 컴파일러들이 확장된 크로노 라이브러리를 지원하게 되면 C++20 문법에 맞게 예제들을 갱신하겠다.

C++20은 다음과 같은 새로운 구성요소들을 추가해서 크로노 라이브러리를 확장했다.

- **하루 중 시간**(time of day) 기능: 자정(0시 0분 0초)부터 흐른 시간을 시, 분, 초, 분수 초 단위로 분할한다.
- **달력** 기능: 연도, 월, 요일, *n*째 *x*요일 같은 다양한 달력 날짜들을 표현한다.
- **시간대** 기능: 지리적 영역에 따른 시간을 표현한다.

본질적으로 시간대 기능(C++20)은 달력 기능(C++20)에 기초하며, 달력 기능(C++20)은 크로노 기능(C++11)에 기초한다.

---

18 *https://github.com/HowardHinnant/date*
19 *https://wandbox.org/permlink/L8MwjzSSC3fXXrMd*
20 *https://github.com/HowardHinnant/date*

🔑 **C++11의 시간 라이브러리**

이번 절의 내용을 제대로 이해하려면 크로노 라이브러리에 대한 기본적인 지식이 필요하다. 다음은 시간을 다루기 위해 C++11에 도입된 세 가지 주요 구성요소이다.

- **시점**(time point)은 '기원(epoch)'이라고 부르는 시작점과 지속시간(time duration; 또는 시간 간격)으로 구성된다. 지속시간은 생략할 수 있다.
- **지속시간**은 두 시점의 차이다. 단위는 틱^{tick} 수이다.
- **클록**^{clock}은 하나의 시작점(기원)과 하나의 틱 주기(tick period)로† 구성된다. 시작점으로부터 흐른 틱 수와 틱 주기로부터 현재 시점을 계산할 수 있다.

솔직히 시간은 불가사의한 개념이다. 시간이 무엇인지는 누구나 직관적으로 알고 있지만, 막상 정식으로 정의하려면 아주 어렵다. 예를 들어 시간의 세 구성요소인 시점, 지속시간, 클록은 서로 의존한다. C++11의 시간 기능성을 좀 더 알고 싶은 독자는 내 블로그의 시간 관련 글들[21]을 참고하기 바란다.

또한, C++20에는 새로운 클록들이 추가되었다. C++20의 서식화 라이브러리(§4.6) 덕분에 지속시간을 손쉽게 읽어 들이거나 출력할 수 있다.

4.5.1 하루 중 시간

std::chrono::hh_mm_ss는 자정부터 흐른 시간에 해당하는 지속시간을 시, 분, 초, 분수 초(fractional second)로 분할한 것이다. 이 형식은 흔히 서식화(formatting) 도구로 쓰인다. 표 4.7은 std::chrono::hh_mm_ss의 주요 멤버 함수들을 정리한 것이다. tOfDay는 std::chrono::hh_mm_ss의 인스턴스이다.

표 4.7 하루 중 시간

함수	설명
tOfDay.hours()	자정부터 흐른 시간의 시 성분을 돌려준다.
tOfDay.minutes()	자정부터 흐른 시간의 분 성분을 돌려준다.
tOfDay.seconds()	자정부터 흐른 시간의 초 성분을 돌려준다.
tOfDay.subseconds()	자정부터 흐른 시간의 분수 초 성분을 돌려준다.
tOfDay.to_duration()	자정부터 흐른 시간에 해당하는 지속시간 객체를 돌려준다.
std::chrono::make12(hour)	24시간 형식으로 주어진 시간의 12시간 형식 표현을 돌려준다.

---

† [옮긴이] 틱 주기는 한 틱과 그다음 틱 사이의 시간으로, 단위는 초이다.

21 *https://www.modernescpp.com/index.php/tag/time*

std::chrono::make24(hour)	12시간 형식으로 주어진 시간의 24시간 형식 표현을 돌려준다.
std::chrono::is_am(hour)	주어진 24시간 형식 시간이 오전(a.m.)인지 판정한다.
std::chrono::is_pm(hour)	주어진 24시간 형식 시간이 오후(p.m.)인지 판정한다.

다음 예제에서 보듯이 이 함수들의 사용법은 간단하다.

목록 4.45 하루 중 시간

```
1  // timeOfDay.cpp
2
3  #include "date.h"
4  #include <iostream>
5
6  int main() {
7      using namespace date;
8
9      using namespace std::chrono_literals;
10
11      std::cout << std::boolalpha << '\n';
12      auto timeOfDay = date::hh_mm_ss(10.5h + 98min + 2020s + 0.5s);
13
14      std::cout << "timeOfDay: " << timeOfDay << '\n';
15
16      std::cout << '\n';
17
18      std::cout << "timeOfDay.hours(): " << timeOfDay.hours() << '\n';
19      std::cout << "timeOfDay.minutes(): " << timeOfDay.minutes() << '\n';
20      std::cout << "timeOfDay.seconds(): " << timeOfDay.seconds() << '\n';
21      std::cout << "timeOfDay.subseconds(): " << timeOfDay.subseconds() << '\n';
22      std::cout << "timeOfDay.to_duration(): " << timeOfDay.to_duration() << '\n';
23
24      std::cout << '\n';
25
26      std::cout << "date::hh_mm_ss(45700.5s): " << date::hh_mm_ss(45700.5s) << '\n';
27
28      std::cout << '\n';
29
30      std::cout << "date::is_am(5h): " << date::is_am(5h) << '\n';
31      std::cout << "date::is_am(15h): " << date::is_am(15h) << '\n';
32
33      std::cout << '\n';
34
35      std::cout << "date::make12(5h): " << date::make12(5h) << '\n';
36      std::cout << "date::make12(15h): " << date::make12(15h) << '\n';
37
38  }
```

이 프로그램은 먼저 행 12에서 std::chrono::hh_mm_ss 형식의 객체 timeOfDay를 생성한다. 이때 C++14의 크로노 리터럴들을 이용해서 시간의 시, 분, 초, 분수 초를 직관적으로 지정했음을 주목하자. 이론적으로 C++20에서는 timeOfDay를 직접 출력(행 14)할 수 있지만, 이를 지원하는 컴파일러가 아직 없다. 이 예제가 행 1에서 date 헤더를 포함시키고 행 7에서 date 이름공간을 도입한 것은 이 때문이다. 나머지 코드도 별 어려움 없이 이해할 수 있을 것이다. 행 18~21에서는 현재 시간(자정부터 흐른 시간)의 시, 분, 초, 분수 초 성분을 각각 출력한다. 행 22는 자정부터 흐른 시간의 초 수를 출력한다. 행 26은 좀 더 흥미롭다. 주어진 초 수(45700.5s)는 행 12에서 생성하고 행 14에서 출력하는 timeOfDay와 동일한 하루 중 시간에 해당한다. 행 30과 31은 주어진 시가 오전인지의 여부를 출력하고, 행 35와 36은 주어진 시를 12시간 형식으로 출력한다.

다음은 이 예제 프로그램의 출력 예이다.

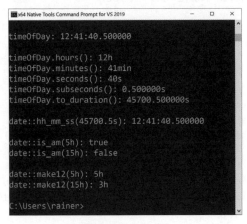

그림 4.38 하루 중 시간

4.5.2 달력 날짜

C++20은 크로노 라이브러리에 달력 날짜(calendar date)를 위한 새 형식들과 달력 날짜를 생성하고 조작하는 여러 수단을 추가했다. 그런데 '달력 날짜'가 무엇일까?

- **달력 날짜**는 연도(year), 월(month), 일(day)로 이루어진 날짜이다. 이 정의에 직접적으로 대응되는 C++20의 형식은 std::chrono::year_month_day이다. 이 외에도 C++20은 표 4.8에 나와 있는 여러 가지 달력 날짜 형식들을 추가했다. 잠시 후에 이들의 용법을 예제와 함께 살펴볼 것이다.

표 4.8 여러 달력 날짜 형식

형식	설명
std::chrono::last_spec	주어진 날짜가 한 달의 말일 또는 마지막 요일임을 나타낸다.
std::chrono::day	일(한 달 중 어떤 날)을 나타낸다.
std::chrono::month	월(한 해 중 어떤 달)을 나타낸다.
std::chrono::year	그레고리력을 기준으로 연도(해)를 나타낸다.
std::chrono::weekday	그레고리력을 기준으로 한 주의 한 요일을 나타낸다.
std::chrono::weekday_indexed	한 달의 *n*째 *x*요일을 나타낸다.[†]
std::chrono::weekday_last	한 달의 마지막 *x*요일을 나타낸다.
std::chrono::month_day	특정 월의 특정 일을 나타낸다.
std::chrono::month_day_last	특정 월의 말일을 나타낸다.
std::chrono::month_weekday	특정 월의 *n*째 *x*요일을 나타낸다.
std::chrono::month_weekday_last	특정 월의 마지막 주를 나타낸다.
std::chrono::year_month	특정 연도의 특정 월을 나타낸다.
std::chrono::year_month_day	특정 연, 월, 일을 나타낸다.
std::chrono::year_month_day_last	특정 연도 특정 월의 말일을 나타낸다.
std::chrono::year_month_weekday	특정 연도 특정 월의 *n*째 요일을 나타낸다.
std::chrono::year_month_day_weekday_last	특정 연도 특정 월의 마지막 요일을 나타낸다.
std::chrono::operator /	날짜 성분들을 조합해서 하나의 날짜(그레고리력 기준)를 생성하는 데 쓰이는 연산자이다.

여러 방식으로 달력 날짜들을 생성하는 예제를 보면 이들의 의미가 좀 더 명확해질 것이다.

4.5.2.1 달력 날짜 생성

목록 4.46의 createCalendar.cpp 프로그램은 다양한 방식으로 달력 날짜들을 생성한다.

---

† [옮긴이] '*n*째 *x*요일'은 이를테면 "이번 달 둘째 일요일", '마지막 요일'은 이를테면 "이번 달 마지막 토요일" 같은 방식으로 특정 날짜를 지칭하는 표현이다.

목록 4.46 달력 날짜 생성

```
1   // createCalendar.cpp
2
3   #include <iostream>
4   #include "date.h"
5
6   int main() {
7
8       std::cout << '\n';
9
10      using namespace date;
11
12      constexpr auto yearMonthDay{year(1940)/month(6)/day(26)};
13      std::cout << yearMonthDay << " ";
14      std::cout << date::year_month_day(1940_y, June, 26_d) << '\n';
15
16      std::cout << '\n';
17
18      constexpr auto yearMonthDayLast{year(2010)/March/last};
19      std::cout << yearMonthDayLast << " ";
20      std::cout << date::year_month_day_last(2010_y, month_day_last(month(3)))
21              << '\n';
22      constexpr auto yearMonthWeekday{year(2020)/March/Thursday[2]};
23      std::cout << yearMonthWeekday << " ";
24      std::cout << date::year_month_weekday(2020_y, month(March), Thursday[2])
25              << '\n';
26      constexpr auto yearMonthWeekdayLast{year(2010)/March/Monday[last]};
27      std::cout << yearMonthWeekdayLast << " ";
28      std::cout << date::year_month_weekday_last(2010_y, month(March),
29                                      weekday_last(Monday)) << '\n';
30
31      std::cout << '\n';
32
33      constexpr auto day_{day(19)};
34      std::cout << day_  << " ";
35      std::cout << date::day(19) << '\n';
36
37      constexpr auto month_{month(1)};
38      std::cout << month_  << " ";
39      std::cout << date::month(1) << '\n';
40
41      constexpr auto year_{year(1988)};
42      std::cout << year_  << " ";
43      std::cout << date::year(1988) << '\n';
44
45      constexpr auto weekday_{weekday(5)};
46      std::cout << weekday_  << " ";
47      std::cout << date::weekday(5) << '\n';
```

```
48
49      constexpr auto yearMonth{year(1988)/1};
50      std::cout << yearMonth  << " ";
51      std::cout << date::year_month(year(1988), January) << '\n';
52
53      constexpr auto monthDay{10/day(22)};
54      std::cout << monthDay  << " ";
55      std::cout << date::month_day(October, day(22)) << '\n';
56
57      constexpr auto monthDayLast{June/last};
58      std::cout << monthDayLast << " ";
59      std::cout << date::month_day_last(month(6)) << '\n';
60
61      constexpr auto monthWeekday{2/Monday[3]};
62      std::cout << monthWeekday << " ";
63      std::cout << date::month_weekday(February, Monday[3]) << '\n';
64
65      constexpr auto monthWeekDayLast{June/Sunday[last]};
66      std::cout << monthWeekDayLast << " ";
67      std::cout << date::month_weekday_last(June, weekday_last(Sunday)) << '\n';
68
69      std::cout << '\n';
70
71   }
```

달력 날짜를 생성하는 방법은 본질적으로 두 가지이다. 하나는 행 12의 year
MonthDay{year(1940)/month(6)/day(26)}처럼 소위 '깜찍한 구문(cute syntax)'
을 사용하는 것이고, 다른 하나는 행 14의 date::year_month_day(1940y, June,
26d)처럼 해당 날짜 형식을 명시적으로 지정하는 것이다. 논의의 초점이 흐려질
수 있으므로 깜찍한 구문은 다음 절에서 설명하겠다. 1940y, 26d 같은 날짜 시간
리터럴과 June 같은 미리 정의된 상수 덕분에, 형식을 명시적으로 지정하는 방식
도 그리 어렵지 않다. 명시적 방식을 예제에 포함시킨 것은 이 점을 보여주기 위
한 것이다.

행 18, 22, 26은 추가적인 달력 날짜 생성 방법을 보여준다.

- 행 18은 2010년 3월 말일을 {year(2010)/March/last}로 표현한다. 이는 행 20
  의 year_month_day_last(2010y, month_day_last(month(3)))와 동등하다.

- 행 22는 2020년 3월 둘째 목요일을 {year(2020)/March/Thursday[2]}로 표현
  한다. 이는 행 24의 year_month_weekday(2020y, month(March), Thursday[2])
  와 동등하다.

- 행 26은 2010년 3월 마지막 월요일을 {year(2010)/March/Monday[last]}로

표현한다. 이는 행 28의 year_month_weekday_last(2010y, month(March),
weekday_last(Monday))와 동등하다.

행 33부터는 특정 달력 날짜에 속하지 않은 개별 날짜 성분을 생성하는 방법을
보여준다. 행 33은 일, 행 37은 월, 행 41은 연도, 행 45는 요일이다. 그리고 행
49부터는 이런 성분들을 조합해서 부분적인 달력 날짜들을 깜찍한 구문과 명시
적인 형식 지정 방식으로 생성하는 방법을 보여준다.

이 예제 프로그램의 출력이 그림 4.39에 나와 있다.

그림 4.39 다양한 달력 날짜

그럼 앞에서 언급한 '깜찍한 구문'을 살펴보자.

4.5.2.2 깜찍한 구문

달력 날짜 생성을 위한 깜찍한 구문은 달력 날짜 성분들을 나누기 연산자로 결
합한 형태이다. 이를 위해 중복적재된 나누기 연산자들은 날짜·시간 리터럴
들(이를테면 2020y이나 31d)과 월 상수들(January, February, March, April, May,
June, July, August, September, October, November, December)을 지원한다.

year, month, day가 각각 연, 월, 일을 나타내는 객체라고 할 때, 다음은 이 세
성분을 조합해서 하나의 달력 날짜를 생성하는 세 가지 방식이다.

목록 4.47 깜찍한 구문의 가능한 조합

```
year/month/day
day/month/year
month/day/year
```

이 조합들은 아무렇게나 선택된 것이 아니다. 이들은 전 세계의 여러 지역에서 쓰이는 조합들이다. 이 세 조합 이외의 조합은 허용되지 않는다.

가능한 조합이 이 셋뿐이므로, year나 month, day 중 하나를 첫 성분으로 선택하면 나머지 두 성분의 형식은 자동으로 결정된다. 이 덕분에 나머지 두 성분은 정수 리터럴로도 지정할 수 있다.

목록 4.48 깜찍한 구문 예제

```
1   // cuteSyntax.cpp
2
3   #include <iostream>
4   #include "date.h"
5
6   int main() {
7
8       std::cout << '\n';
9
10      using namespace date;
11
12      constexpr auto yearMonthDay{year(1966)/6/26};
13      std::cout << yearMonthDay << '\n';
14
15      constexpr auto dayMonthYear{day(26)/6/1966};
16      std::cout << dayMonthYear << '\n';
17
18      constexpr auto monthDayYear{month(6)/26/1966};
19      std::cout << monthDayYear << '\n';
20
21      constexpr auto yearDayMonth{year(1966)/month(26)/6};
22      std::cout << yearDayMonth << '\n';
23
24      std::cout << '\n';
25
26  }
```

행 21은 허용되지 않는 year/day/month 조합을 사용한다. 이것이 컴파일 오류는 아니다. 대신, 그림 4.40에서 보듯이 실행 시점에서 오류 메시지가 출력된다.

그림 4.40 깜찍한 구문 예제

이 예제는 {year(2010)/March/last} 같은 달력 날짜를 2020-03-31 같은 읽기 쉬운 형태로 출력한다. 달력 날짜를 형태로 변환하는 작업은 local_days 연산자와 sys_days 연산자가 담당한다.

4.5.2.3 달력 날짜 표시

std::chrono::local_days 연산자와 std::chrono::sys_days 연산자는 달력 날짜를 std::chrono::time_point로 변환한다. 여기서는 std::chrono::sys_days에 대한 예제를 살펴보겠다. std::chrono::sys_days는 std::chrono::system_clock[22]에 기반한 형식이다.[†] 목록 4.49는 이전 예제 프로그램 createCalendar.cpp(목록 4.46)처럼 다양한 방식으로 달력 날짜들을 생성하되, 날짜 표현을 std::chrono::sys_days를 이용해서 출력한다.

목록 4.49 std::chrono::sys_days를 이용한 달력 날짜 표시

```
1   // sysDays.cpp
2
3   #include <iostream>
4   #include "date.h"
5
6   int main() {
7
8       std::cout << '\n';
9
10      using namespace date;
11
12      constexpr auto yearMonthDayLast{year(2010)/March/last};
13      std::cout << "sys_days(yearMonthDayLast): "
14                << sys_days(yearMonthDayLast)  << '\n';
15
16      constexpr auto yearMonthWeekday{year(2020)/March/Thursday[2]};
17      std::cout << "sys_days(yearMonthWeekday): "
18                <<  sys_days(yearMonthWeekday) << '\n';
19
20      constexpr auto yearMonthWeekdayLast{year(2010)/March/Monday[last]};
21      std::cout << "sys_days(yearMonthWeekdayLast): "
22                << sys_days(yearMonthWeekdayLast) << '\n';
23
24      std::cout << '\n';
25
```

---

[22] *https://en.cppreference.com/w/cpp/chrono/system_clock*

[†] [옮긴이] 여기서 '기반한'이 상속 관계를 의미하지는 않는다. sys_days는 system_clock의 부분 특수화인 sys_time의 특수화이다.

```
26    constexpr auto leapDate{year(2012)/February/last};
27    std::cout << "sys_days(leapDate): " << sys_days(leapDate) << '\n';
28
29    constexpr auto noLeapDate{year(2013)/February/last};
30    std::cout << "sys_day(noLeapDate): " << sys_days(noLeapDate) << '\n';
31
32    std::cout << '\n';
33
34  }
```

행 12의 깜찍한 구문 셋째 성분 last는 상수 std::chrono::last이다. 이 상수는 주어진 연도와 월(지금 예에서는 2010년 3월)의 말일을 나타낸다. 이 상수 덕분에 특정 연도의 특정 월이 총 며칠인지 따로 계산할 필요가 없다. 행 26은 2012년 2월 말일에 해당하는 달력 날짜를 생성하고 행 29는 2013년 행 2월 말일에 해당하는 달력 날짜를 생성하는데, 출력(그림 4.41)을 보면 2012년이 윤년임을 알 수 있다.

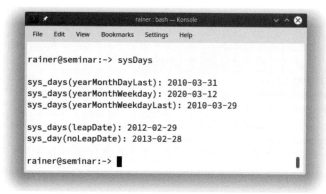

그림 4.41 std::chrono::sys_days를 이용한 달력 날짜 표시

그런데, 윤년이냐 아니냐에 따라 2월의 날 수가 달라진다는 점을 생각하면, 예를 들어 "year(2100)/2/29는 유효한 달력 날짜인가?" 같은 질문이 제기될 수 있다. C++20은 이에 대한 답도 제공한다.

4.5.2.4 날짜 유효성 점검

C++20의 여러 달력 날짜 형식에는 ok라는 멤버 함수가 있다. 이 멤버 함수는 해당 달력 날짜 객체에 담긴 날짜가 유효한지의 여부를 돌려준다. 다음은 이 멤버 함수를 시험해 보는 예제 프로그램이다.

목록 4.50 날짜 유효성 점검

```cpp
1    // leapYear.cpp
2
3    #include <iostream>
4    #include "date.h"
5
6    int main() {
7
8        std::cout << std::boolalpha << '\n';
9
10       using namespace date;
11
12       std::cout << "Valid days" << '\n';
13       day day31(31);
14       day day32 = day31 + days(1);
15       std::cout << "  day31: " << day31 << "; ";
16       std::cout << "day31.ok(): "  << day31.ok() << '\n';
17       std::cout << "  day32: " << day32 << "; ";
18       std::cout << "day32.ok(): "  << day32.ok() << '\n';
19
20
21       std::cout << '\n';
22
23       std::cout << "Valid months" << '\n';
24       month month1(1);
25       month month0(0);
26       std::cout << "  month1: " << month1 << "; ";
27       std::cout << "month1.ok(): "  << month1.ok() << '\n';
28       std::cout << "  month0: " << month0 << "; ";
29       std::cout << "month0.ok(): "  << month0.ok() << '\n';
30
31       std::cout << '\n';
32
33       std::cout << "Valid years" << '\n';
34       year year2020(2020);
35       year year32768(-32768);
36       std::cout << "  year2020: " << year2020 << "; ";
37       std::cout << "year2020.ok(): "  << year2020.ok() << '\n';
38       std::cout << "  year32768: " << year32768 << "; ";
39       std::cout << "year32768.ok(): "  << year32768.ok() << '\n';
40
41       std::cout << '\n';
42
43       std::cout << "Leap Years"  << '\n';
44
45       constexpr auto leapYear2016{year(2016)/2/29};
46       constexpr auto leapYear2020{year(2020)/2/29};
47       constexpr auto leapYear2024{year(2024)/2/29};
48
```

```
49      std::cout << "  leapYear2016.ok(): " << leapYear2016.ok() << '\n';
50      std::cout << "  leapYear2020.ok(): " << leapYear2020.ok() << '\n';
51      std::cout << "  leapYear2024.ok(): " << leapYear2024.ok() << '\n';
52
53      std::cout << '\n';
54
55      std::cout << "No Leap Years"  << '\n';
56
57      constexpr auto leapYear2100{year(2100)/2/29};
58      constexpr auto leapYear2200{year(2200)/2/29};
59      constexpr auto leapYear2300{year(2300)/2/29};
60
61      std::cout << "  leapYear2100.ok(): " << leapYear2100.ok() << '\n';
62      std::cout << "  leapYear2200.ok(): " << leapYear2200.ok() << '\n';
63      std::cout << "  leapYear2300.ok(): " << leapYear2300.ok() << '\n';
64
65      std::cout << '\n';
66
67      std::cout << "Leap Years"  << '\n';
68
69      constexpr auto leapYear2000{year(2000)/2/29};
70      constexpr auto leapYear2400{year(2400)/2/29};
71      constexpr auto leapYear2800{year(2800)/2/29};
72
73      std::cout << "  leapYear2000.ok(): " << leapYear2000.ok() << '\n';
74      std::cout << "  leapYear2400.ok(): " << leapYear2400.ok() << '\n';
75      std::cout << "  leapYear2800.ok(): " << leapYear2800.ok() << '\n';
76
77      std::cout << '\n';
78
79  }
```

이 예제 프로그램은 먼저 일(행 13, 14), 월(행 23, 24), 연도(행 33, 35) 날짜 성분들을 생성해서 유효성을 점검한다. 유효한 연도의 범위는 [-32767, 32767]이고 월은 [1, 12], 일은 [1, 31]이다. 행 14의 day32는 유효 범위 바깥이므로, 해당 ok() 호출(행 18)은 false를 돌려준다. 행 29의 month0과 행 37의 year3278도 마찬가지로 유효하지 않은 월과 연도이다. 예제 프로그램의 출력(그림 4.42)을 보면 흥미로운 점이 두 가지 있다. 첫째로, day32 자체의 스트림 출력(행 17)에 "is not a valid day"(유효한 일이 아님)라는 문구가 포함되어 있으며, 행 29와 행 36의 출력에도 각각 "is not a valid month"(유효한 월이 아님)와 "is not a valid year"(유효한 연도가 아님)가 있다. 둘째로, month1이 Jan이라는 문자열 표현으로 출력되었다.

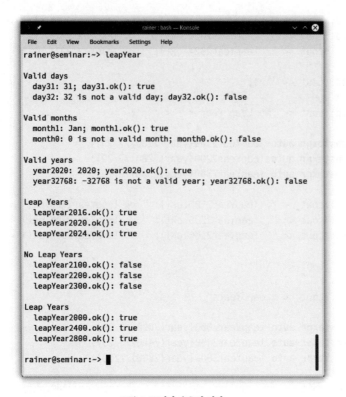

그림 4.42 날짜 유효성 점검

예제 프로그램의 나머지 부분은 여러 완전한(연, 월, 일로 구성된) 달력 날짜들의 유효성을 ok 멤버 함수를 이용해서 점검한다. 이 예제에서 보듯이, 이제는 특정 달력 날짜가 윤날인지, 따라서 해당 연도가 윤년인지를 손쉽게 알아낼 수 있다. 다음은 전 세계에 통용되는 그레고리력[23]의 윤년 규칙이다.

- 4로 나누어떨어지는 해는 윤년이다.
  - 단, 100으로 나누어떨어지면 윤년이 아니다.
  - 그러나 400으로 나누어떨어지면 윤년이다.

규칙이 너무 복잡한가? 예제 leapYears.cpp의 후반부에 이 규칙의 예들이 있으니 참고하기 바란다.

C++20의 확장된 크로노 라이브러리에는 달력 날짜들을 조회하거나 두 달력 날짜 사이의 기간(지속시간)을 구하는 편리한 수단들도 있다.

---

23 *https://ko.wikipedia.org/wiki/그레고리력*

4.5.2.5 달력 날짜 조회

예제부터 보자. 목록 4.51의 queryCalendarDates.cpp는 몇 가지 달력 날짜들을
조회한다.

목록 4.51 달력 날짜 조회

```
1  // queryCalendarDates.cpp
2
3  #include "date.h"
4  #include <iostream>
5
6  int main() {
7
8      using namespace date;
9
10     std::cout << '\n';
11
12     auto now = std::chrono::system_clock::now();
13     std::cout << "The current time is: " << now << " UTC\n";
14     std::cout << "The current date is: " << floor<days>(now) << '\n';
15     std::cout << "The current date is: " << year_month_day{floor<days>(now)}
16             << '\n';
17     std::cout << "The current date is: " << year_month_weekday{floor<days>(now)}
18             << '\n';
19
20     std::cout << '\n';
21
22
23     auto currentDate = year_month_day(floor<days>(now));
24     auto currentYear = currentDate.year();
25     std::cout << "The current year is " << currentYear << '\n';
26     auto currentMonth = currentDate.month();
27     std::cout << "The current month is " << currentMonth << '\n';
28     auto currentDay = currentDate.day();
29     std::cout << "The current day is " << currentDay << '\n';
30
31     std::cout << '\n';
32
33     auto hAfter = floor<std::chrono::hours>(now) - sys_days(January/1/currentYear);
34     std::cout << "It has been " << hAfter << " since New Year!\n";
35     auto nextYear = currentDate.year() + years(1);
36     auto nextNewYear = sys_days(January/1/nextYear);
37     auto hBefore =  sys_days(January/1/nextYear) - floor<std::chrono::hours>(now);
38     std::cout << "It is " << hBefore << " before New Year!\n";
39
40     std::cout << '\n';
41
42     std::cout << "It has been " << floor<days>(hAfter) << " since New Year!\n";
```

```
43      std::cout << "It is " << floor<days>(hBefore) << " before New Year!\n";
44
45      std::cout << '\n';
46
47  }
```

C++20의 확장된 크로노 라이브러리에서는 now(행 12) 같은 시점을 직접 출력할 수 있다(행 13). std::chrono::floor는 시점 객체를 일 객체(std::chrono::sys_days)로 변환한다(행 14). 행 15에서는 그러한 일 객체를 달력 날짜 객체(std::chrono::year_month_day)를 생성하는 데 사용한다. 행 17에서는 일 객체로 요일 객체(std::chrono::year_month_weekday)를 생성한다. now에 해당하는 날짜가 2010년 10월 20일이라고 할 때, 이 std::chrono::year_month_weekday 객체는 그 날짜가 10월의 셋째 화요일임을 나타낸다(그림 4.43의 출력 참고).

행 23~29에서는 주어진 달력 날짜의 연, 월, 일 성분을 따로 조회해서 출력한다.

이 예제에서 가장 흥미로운 부분은 행 33이다. 현재 시점의 시(hour) 단위 값에서 올해 1월 1일 자정에 해당하는 시 단위 값을 빼면, 올해 1월 1일 자정부터 지금까지 흐른 시 수가 나온다. 반대로, 내년 1월 1일 자정에서 현재 시점을 빼면 내년까지 남은 시 수가 나온다(행 37). 시 단위 간격이 마음에 들지 않는 독자도 있을 것이다. 행 42와 43은 그 간격들을 일(day) 단위로 출력한다.

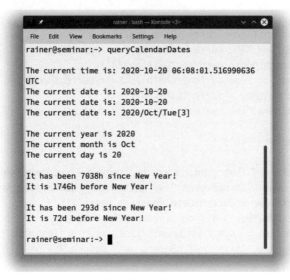

그림 4.43 달력 날짜 조회

다음 예제에서는 내가 무슨 요일에 태어났는지 알아본다.

4.5.2.6 요일 조회

확장된 크로노 라이브러리를 이용하면 주어진 달력 날짜의 요일을 손쉽게 구할 수 있다.

목록 4.52 주어진 달력 날짜의 요일 조회

```
1   // weekdaysOfBirthdays.cpp
2
3   #include <cstdlib>
4   #include <iostream>
5   #include "date.h"
6
7   int main() {
8
9       std::cout << '\n';
10
11      using namespace date;
12
13      int y;
14      int m;
15      int d;
16
17      std::cout << "Year: ";
18      std::cin >> y;
19      std::cout << "Month: ";
20      std::cin >> m;
21      std::cout << "Day: ";
22      std::cin >> d;
23
24      std::cout << '\n';
25
26      auto birthday = year(y)/month(m)/day(d);
27
28      if (not birthday.ok()) {
29          std::cout << birthday << '\n';
30          std::exit(EXIT_FAILURE);
31      }
32
33      std::cout << "Birthday: " << birthday << '\n';
34      auto birthdayWeekday = year_month_weekday(birthday);
35      std::cout << "Weekday of birthday: " << birthdayWeekday.weekday() << '\n';
36
37      auto currentDate = year_month_day(floor<days>(
38                                  std::chrono::system_clock::now()));
39      auto currentYear = currentDate.year();
```

```
40
41    auto age = (int)currentDate.year() - (int)birthday.year();
42    std::cout << "Your age: " << age << '\n';
43
44    std::cout << '\n';
45
46    std::cout << "Weekdays for your next 10 birthdays" << '\n';
47
48    for (int i = 1, newYear = (int)currentYear; i <= 10;  ++i ) {
49        std::cout << "  Age " <<  ++age << '\n';
50        auto newBirthday = year(++newYear)/month(m)/day(d);
51        std::cout << "    Birthday: " << newBirthday << '\n';
52        std::cout << "    Weekday of birthday: "
53                  << year_month_weekday(newBirthday).weekday() << '\n';
54    }
55
56    std::cout << '\n';
57
58 }
```

이 예제 프로그램은 먼저 생일의 연, 월, 일을 입력받는다(행 17~22). 그런 다음 그 성분들로 달력 날짜를 생성하고(행 26) 유효성을 점검한다(행 28). 유효한 날짜이면 생년월일과 요일을 출력한다. 이를 위해 행 34에서 생년월일로부터 std::chrono::year_month_weekday 형식의 객체를 생성한다. 행 41에서는 현재 나이를 계산하는데, 이를 위해 멤버 함수 year()가 돌려주는 std::chrono::year 형식의 객체들을 int로 강제 형변환(type casting)해서 뺄셈을 수행한다. 마지막으로, 행 48부터는 루프를 돌려서 다음(내년부터) 10번의 생일에 대해 당시 나이와 달력 날짜, 요일을 출력한다.

다음은 내 생년월일을 입력해서 이 예제 프로그램을 실행한 예이다.

4.5.2.7 서수 날짜 계산

새로운 달력 기능의 마지막 예제를 살펴보기 전에, 하워드 히넌트의 온라인 자료 *Examples and Recipes*[24]를 추천하고자 한다. 이 온라인 자료에는 새로운 크로노 기능에 관한 40여 개의 예제가 있다. C++20의 크로노 확장은 이해하기가 그리 쉽지 않기 때문에, 여러 예제를 살펴보는 것이 중요하다. 이 예제들을 출발점으로 삼아서 여러 가지로 실험을 해 보면 새로운 크로노 기능들을 좀 더 잘 이

---

24 *https://github.com/HowardHinnant/date/wiki/Examples-and-Recipes*

해할 수 있을 것이다. 더 나아가서, 여러분이 직접 만든 예제를 Examples and Recipes 깃허브 저장소에 제출하면 더욱더 좋을 것이다.

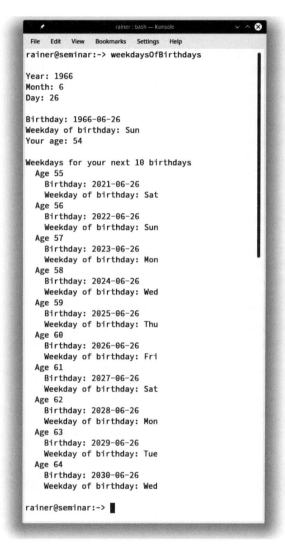

그림 4.44 생일 요일 출력

이번 절에서는 롤런드 복[Roland Bock][25]이 해당 깃허브 저장소에 제출한, 서수 날짜(ordinal date)의 계산에 관한 예제 하나를 살펴본다. 다음은 이 예제에 관한 롤런드 복의 설명이다.

---

25 *https://github.com/rbock*

"서수 날짜는 연도와 그 해의 특정 일 n(1월 1일은 일 1, 12월 31일은 일 365 또는 일 366)으로 구성된다. 연도는 year_month_day에서 직접 얻을 수 있다. 일 n을 계산하는 것은 놀랄 만큼 쉽다. 아래 코드는 year_month_day가 1월 0일 같은 유효하지 않은 날짜도 다룰 수 있다는 사실을 활용한다."

목록 4.53은 롤런드의 예제 프로그램에 필수 헤더들을 추가한 것이다.

목록 4.53 서수 날짜 계산

```
1   // ordinalDate.cpp
2
3   #include "date.h"
4   #include <iomanip>
5   #include <iostream>
6
7   int main()
8   {
9      using namespace date;
10
11     const auto time = std::chrono::system_clock::now();
12     const auto daypoint = floor<days>(time);
13     const auto ymd = year_month_day{daypoint};
14
15     // 연도와 연중 일 계산
16     const auto year = ymd.year();
17     const auto year_day = daypoint - sys_days{year/January/0};
18
19     std::cout << year << '-' << std::setfill('0') << std::setw(3)
20               << year_day.count() << '\n';
21
22     // 역산으로 연중 일 점검
23     assert(ymd == year_month_day{sys_days{year/January/0} + year_day});
24  }
```

이 예제의 주요 부분을 간단히 설명하자면 다음과 같다. 행 12는 현재 시점을 연중 일(day of the year; 그해 1월 1일부터 센 일 수)로 변환하는데, 소수점 이하 값은 버려진다. 행 13에서는 이 일 수를 이용해서 하나의 달력 날짜를 생성한다. 행 17은 두 시점 사이의 간격(지속시간)을 계산한다. 두 시점 모두 단위는 일(day)이다. 마지막으로, 행 20의 year_day.count()는 그 지속시간의 일 수를 돌려준다.

그림 4.45 서수 날짜 계산

4.5.3 시간대

시간대(time zone)는 하나의 영역(region)이다. 시간대는 일광 절약 시간제나 윤초 등 날짜와 시간에 관련된 여러 사항을 정의한다. C++20의 시간대 라이브러리는 IANA 시간대 데이터베이스[26]의 완결적인 파서^{parser}에 해당한다. 표 4.9를 보면 새 시간대 라이브러리가 어떤 기능을 제공하는지 감을 잡을 수 있을 것이다.

표 4.9 시간대 관련 인터페이스

요소	설명
std::chrono::tzdb	IANA 시간대 데이터베이스의 한 복사본을 나타내는 클래스
std::chrono::tdzb_list	tzdb들의 연결 목록(linked list)
std::chrono::get_tzdb std::chrono::get_tzdb_list std::chrono::reload_tzdb std::chrono::remote_version	전역 시간대 데이터베이스에 접근하거나 제어하는 함수들
std::chrono::locate_zone	주어진 시간대 이름에 해당하는 시간대를 돌려주는 함수
std::chrono::current_zone	현재 시간대를 돌려주는 함수
std::chrono::time_zone	하나의 시간대를 나타내는 클래스
std::chrono::sys_info	특정 시점에서의 시간대에 관한 정보를 나타내는 클래스
std::chrono::local_info	지역 시간–UNIX 시간 변환에 관한 정보를 담는 클래스
std::chrono::zoned_traits	시간대 포인터를 위한 클래스
std::chrono::zoned_time	시간대와 시점을 나타내는 클래스
std::chrono::leap_second	윤초 삽입에 관한 정보를 담는 클래스
std::chrono::time_zone_link	시간대의 다른 이름을 나타내는 클래스
std::chrono::nonexistent_local_time	지역 시간이 존재하지 않을 때 던져지는 예외

---

26 *https://www.iana.org/timezones*

이번 절의 예제들은 std::chrono::zoned_time을 사용한다. 이 클래스는 본질적으로 시간대와 시점을 결합한 것에 해당한다.

> 🔑 **예제 컴파일 참고 사항**
>
> C++ 컴파일러들의 지원 미비 때문에, 이번 절의 두 예제처럼 C++20의 시간대 라이브러리[27]의 tz.cpp 파일을 함께 컴파일해야 하며, *curl 라이브러리*[28]를 링크해야 한다.[†] curl 라이브러리는 최신 IANA 시간대 데이터베이스[29]를 웹에서 내려받는 데 필요하다. 다음의 g++ 명령이 힌트가 될 것이다.
>
> **목록 4.54** date 라이브러리의 tz.cpp와 curl 라이브러리를 링크하는 빌드 명령(전체가 한 줄임)
>
> ```
> g++ localTime.cpp -I <date 라이브러리의 include 디렉터리> tz.cpp -std=c++20
> -lcurl -DHAS_REMOTE_API -o localTime
> ```

그럼 UTC 시간과 지역 시간을 표시하는 간단한 예제로 시작하자.

4.5.3.1 UTC 시간과 지역 시간

UTC 시간, 즉 협정 세계시(Coordinated Universal Time)[30]는 전 세계에 쓰이는 기본적인 표준 시간이다. 한편, 컴퓨터에서는 흔히 유닉스 시간(Unix time)[31]이 쓰인다. 유닉스 시간은 유닉스 기원(Unix epoch)부터 흐른 초(second) 수이고, 유닉스 기원은 1970년 1월 1일 00:00:00 UTC이다.

목록 4.55의 localTime.cpp 프로그램에 쓰인 std::chrono::system_clock::now()는 현재 시간에 해당하는 유닉스 시간을 돌려준다.

목록 4.55 UTC 시간과 지역 시간 얻기

```
1  // localTime.cpp
2
3  #include "date/tz.h"
4  #include <iostream>
5
6  int main() {
7
```

27 *https://github.com/HowardHinnant/date*
28 *https://curl.se/*
† [옮긴이] curl을 링크하지 않고 tz.cpp를 사용하는 방법도 있다. *http://occamsrazr.net/tt/377*을 참고하자.
29 *https://www.iana.org/time%20zones*
30 *https://ko.wikipedia.org/wiki/협정_세계시*
31 *https://ko.wikipedia.org/wiki/유닉스_시간*

```
 8    std::cout << '\n';
 9
10    using namespace date;
11
12    std::cout << "UTC  time" << '\n';
13    auto utcTime = std::chrono::system_clock::now();
14    std::cout << "  " << utcTime << '\n';
15    std::cout << "  " << date::floor<std::chrono::seconds>(utcTime) << '\n';
16
17    std::cout << '\n';
18
19    std::cout << "Local time" << '\n';
20    auto localTime = date::make_zoned(date::current_zone(), utcTime);
21    std::cout << "  " << localTime << '\n';
22    std::cout << "  "
23              << date::floor<std::chrono::seconds>(localTime.get_local_time())
24              << '\n';
25    auto offset = localTime.get_info().offset;
26    std::cout << "  UTC offset: " << offset << '\n';
27
28    std::cout << '\n';
29
30  }
```

행 12~16은 현재 시점을 얻고 그것을 초 단위의 지속시간으로 변환해서 출력한다. 행 20에서는 make_zoned를 호출해서 std::chrono::zoned_time 형식의 객체 localTime을 생성한다. 행 23의 localTime.get_local_time() 호출은 localTime에 담긴 시점에 해당하는 초 단위 지역 시간을 돌려준다. 행 25에서는 localTime에 담긴 시간대 정보에서 오프셋, 즉 UTC와의 시차를 추출한다.

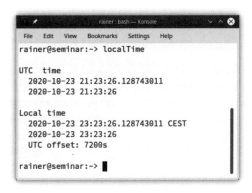

그림 4.46 UTC 시간과 지역 시간 얻기

마지막 예제는 전 세계의 수강생을 대상으로 하는 내 온라인 강좌와 연관이 있다. 이 예제는 수강생이 있는 지역을 고려해서 온라인 강좌 시작 시간을 결정하는 방법을 보여준다.

4.5.3.2 여러 시간대의 온라인 강좌 시작 시간

목록 4.56의 onlineClass.cpp 프로그램은 온라인 강좌를 지역 시간으로 7시, 13시, 17시에 시작한다고 할 때 다른 여러 시간대에서는 강좌들이 몇 시에 시작되는지를 보여준다.

온라인 강좌는 2021년 2월 1일에 시작하며, 한 강좌의 길이는 4시간이다. 일광 절약 시간제까지 고려해서 여러 시간대의 시간을 고려하는 것은 상당히 까다로운 일이지만, C++20의 달력 날짜들을 이용하면 아주 간단히 해결된다.

목록 4.56 여러 시간대의 온라인 강좌 시작 및 종료 시간

```
1   // onlineClass.cpp
2
3   #include "date/tz.h"
4   #include <algorithm>
5   #include <iomanip>
6   #include <iostream>
7
8   template <typename ZonedTime>
9   auto getMinutes(const ZonedTime& zonedTime) {
10      return date::floor<std::chrono::minutes>(zonedTime.get_local_time());
11  }
12
13  void printStartEndTimes(const date::local_days& localDay,
14                          const std::chrono::hours& h,
15                          const std::chrono::hours& durationClass,
16                          const std::initializer_list<std::string>& timeZones ){
17
18      date::zoned_time startDate{date::current_zone(), localDay + h};
19      date::zoned_time endDate{date::current_zone(), localDay + h + durationClass};
20      std::cout << "Local time: ["  << getMinutes(startDate) << ", "
21                                    << getMinutes(endDate) << "]" << '\n';
22
23      auto longestStringSize = std::max(timeZones, [](const std::string& a,
24              const std::string& b) { return a.size() < b.size(); }).size();
25      for (auto timeZone: timeZones) {
26          std::cout << "  " << std::setw(longestStringSize + 1) << std::left
27                    << timeZone
28                    << "[" << getMinutes(date::zoned_time(timeZone, startDate))
29                    << ", " << getMinutes(date::zoned_time(timeZone, endDate))
30                    << "]" << '\n';
```

```
31
32      }
33   }
34
35   int main() {
36
37       using namespace std::string_literals;
38       using namespace std::chrono;
39
40       std::cout << '\n';
41
42       constexpr auto classDay{date::year(2021)/2/1};
43       constexpr auto durationClass = 4h;
44       auto timeZones = {"America/Los_Angeles"s, "America/Denver"s,
45                         "America/New_York"s, "Europe/London"s,
46                         "Europe/Minsk"s, "Europe/Moscow"s,
47                         "Asia/Kolkata"s, "Asia/Novosibirsk"s,
48                         "Asia/Singapore"s, "Australia/Perth"s,
49                         "Australia/Sydney"s};
50
51       for (auto startTime: {7h, 13h, 17h}) {
52           printStartEndTimes(date::local_days{classDay}, startTime,
53                                 durationClass, timeZones);
54           std::cout << '\n';
55       }
56
57   }
```

getMinutes 함수(행 8)와 printStartEndTimes 함수(행 13)를 살펴보기 전에, main 함수부터 이야기하겠다. 행 42~49에서는 강좌 시작일과 강좌 지속시간, 그리고 살펴볼 모든 시간대의 이름을 정의한다. 행 51의 for 루프는 세 가지 강좌 시작 시간을 하나씩 훑으면서 printStartEndTimes를 호출한다. printStartEndTimes(행 13)는 여러 시간대에서의 강좌 시작 시간과 종료 시간을 출력한다.

printStartEndTimes는 행 18에서부터 현재 시간대를 기준으로 강좌 시작일 달력 날짜에 시작 시간과 지속시간을 더해서 강좌 시작 일자(날짜 및 시간) startDate와 종료 일자 endDate를 계산하고, getMinutes 함수(행 8)를 이용해서 두 일자를 출력한다. getMinutes 함수는 floor<std::chrono::minutes>(zonedTime.get_local_time())를 돌려주는데, 이것은 주어진 std::chrono::zoned_time 객체에 담긴 지역 시간의 분 단위 값이다. 행 25부터는 주어진 모든 시간대를 훑으면서 시간대 이름과 그 시간대에서의 온라인 강좌 시작 일자 및 종료 일자를 출력한다. 그림 4.47의 출력에서 보듯이, 몇몇 시간대에서는 아예 일(day)이 다르다.

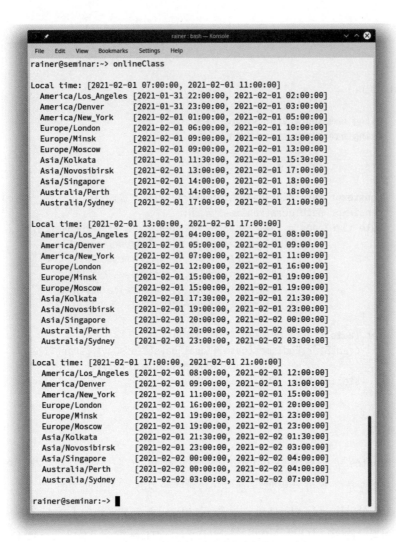

그림 4.47 여러 시간대의 온라인 강좌 시작 및 종료 시간

4.5.3.3 새 클록들

C++11의 크로노 라이브러리에는 시스템 전역의 실제 시간을 알려주는 '벽시계(wall clock)'에 해당하는 std::system_clock[32]과 단조 증가 클록 std::steady_clock[33], 그리고 가장 정밀한 클록인 std::high_resolution_clock[34]이 있다. C++20은 여기에 다음 다섯 클록을 추가한다.

---

32 *https://en.cppreference.com/w/cpp/chrono/system_clock. https://www.modernescpp.com/index.php/the-three-clocks도 보라.*

33 *https://en.cppreference.com/w/cpp/chrono/steady_clock*

34 *https://en.cppreference.com/w/cpp/chrono/high_resolution_clock*

- **std::utc_clock**: 협정 세계시(UTC)를 위한 클록이다. 1970년 1월 1일 00:00:00 UTC로부터 흐른 시간(윤초 포함)을 측정한다.
- **std::tai_clock**: 국제원자시(International Atomic Time, TAI)[35]를 위한 클록이다. 1958년 1월 1일 00:00:00부터 흐른 시간을 측정하는데, 1958년 1월 1일 00:00:00은 UTC의 해당 일자보다 10초 앞선 시간이다. 윤초는 포함하지 않는다.
- **std::gps_clock**: GPS(Global Positioning System)[36] 시간을 위한 클록이다. 1980년 1월 6일 00:00:00 UTC로부터 흐른 시간을 측정한다. 윤초는 포함하지 않는다.
- **std::file_clock**: 파일 시간을 위한 클록으로, std::filesystem::file_time_type[37]의 클록으로 쓰이는 std::chrono::file_clock의 별칭이다.
- **std::local_t**: 지역 시간을 표현하기 위한 유사 클록(pseudo clock)이다.

4.5.3.4 크로노 입출력

서식화 라이브러리(§4.6)의 std::chrono::parse와 std::formatter 덕분에 크로노 객체들을 손쉽게 읽고 쓸 수 있다.

- **std::chrono::parse**: 스트림 입력을 파싱해서 적절한 크로노 객체를 생성한다. cppreference.com의 parse 페이지[38]에 이 함수가 인식하는 서식 문자열(format string)의 자세한 정보가 나와 있다.
- **std::formatter**: C++20은 여러 크로노 형식에 대한 std::formatter(§4.6.1) 특수화를 정의한다. cppreference.com/formatter[39]에 std::formatter에 대한 서식 명세가 자세히 나와 있다.

ℹ️ **달력과 시간대 요약**

- C++20은 크로노 라이브러리에 하루 중 시간, 달력, 시간대를 위한 구성요소들을 추가했다.
- 하루 중 시간 구성요소는 자정부터 흐른 시간을 시, 분, 초, 분수 초 단위로 분할한다.

---

35 *https://ko.wikipedia.org/wiki/국제원자시*
36 *https://ko.wikipedia.org/wiki/GPS*
37 *https://en.cppreference.com/w/cpp/filesystem/file_time_type*
38 *https://en.cppreference.com/w/cpp/chrono/parse*
39 *https://en.cppreference.com/w/cpp/chrono/system_clock/formatter#Format_specification*

- 달력 구성요소는 연, 월, 일, 요일, n째 x요일 같은 다양한 달력 날짜를 나타낸다.
- 시간대 구성요소는 특정 지역(지리 영역)에 고유한 시간을 나타낸다.

4.6 서식화 라이브러리

그림 4.48 컵을 조형(forming)하는 시피

🔑 **컴파일러 지원 부족 문제와 우회책**

2020년 말 현재 서식화 라이브러리를 완전히 지원하는 C++ 컴파일러는 없다. 다행히, 빅터 즈베로비치^{Victor Zverovich}의 *fmt* 라이브러리[40]를 이용하면 C++20의 서식화 라이브러리를 시험해 볼 수 있다. Compiler Explorer가 이 라이브러리를 갖추고 있으므로 웹에서 바로 시험해 볼 수 있다.[41] 이후 3대 컴파일러 GCC, Clang, MSVC 중 하나라도 C++20의 서식화 라이브러리를 지원하면 이번 절의 예제들을 갱신하겠다.

서식화 라이브러리는 printf류 함수들[42]에 대한 안전하고도 확장 가능한 대안을 제공하며, 입출력(I/O) 스트림 기능도 확장한다. 이 라이브러리를 사용하려면 `<format>` 헤더를 포함시켜야 한다. 서식화 라이브러리의 서식 명세(format specification)는 파이썬 구문[43]을 따른다. 서식 명세를 이용하면 글자 채움 방식과 텍스트 정렬 방식, 부호 표시 방식, 수치의 너비와 정밀도, 데이터 형식을 세밀하게 지정할 수 있다.

4.6.0.1 서식화 함수

C++20의 서식화 함수는 다음 세 가지이다.

---

40 *https://github.com/fmtlib/fmt*
41 *https://godbolt.org/z/Eq5763*
42 *https://en.cppreference.com/w/cpp/io/c/fprintf*
43 *https://docs.python.org/3/library/stdtypes.html#str.format*

표 4.10 서식화 함수

함수	설명
std::format	서식화된 문자열을 돌려준다.
std::format_to	서식화된 문자열을 출력 반복자에 기록한다.
std::format_to_n	서식화된 문자열을 최대 n자까지만 출력 반복자에 기록한다.

이 서식화 함수들은 임의의 개수의 인수들을 받는다. 목록 4.57의 format.cpp 프로그램은 std::format과 std::format_to, std::format_to_n의 기본적인 사용법을 보여준다.

목록 4.57 서식화 함수들의 기본 용법

```cpp
1  // format.cpp
2
3  #include <fmt/core.h>
4  #include <fmt/format.h>
5  #include <iostream>
6  #include <iterator>
7  #include <string>
8
9  int main() {
10
11      std::cout << '\n';
12
13      std::cout << fmt::format("Hello, C++{}!\n", "20") << '\n';
14
15      std::string buffer;
16
17      fmt::format_to(
18          std::back_inserter(buffer),
19          "Hello, C++{}!\n",
20          "20");
21
22      std::cout << buffer << '\n';
23
24      buffer.clear();
25
26      fmt::format_to_n(
27          std::back_inserter(buffer), 5,
28          "Hello, C++{}!\n",
29          "20");
30
31      std::cout << buffer << '\n';
32
33
```

```
34        std::cout << '\n';
35
36  }
```

행 13은 서식화된 문자열을 콘솔에 직접 출력한다. 그러나 행 17과 행 26에서는 서식화 결과를 개별적인 버퍼(string 객체 buffer)에 기록한다. 행 26의 std::format_to_n 호출은 처음 다섯 글자만 buffer에 기록한다.

```
Hello, C++20!

Hello, C++20!

Hello
```

그림 4.49 서식화 함수들의 기본 용법

세 서식화 함수에서 우리가 가장 관심을 둘 부분은 서식 문자열("Hello, C++{}!\n")일 것이다.

4.6.1 서식 문자열

서식 문자열(format string)의 구문은 세 서식화 함수 std::format, std::format_to, std::format_to_n에 공통이다. 이후의 예제들에서는 std::format만 사용하겠다. 이 함수의 호출 구문은 다음과 같다.

- **std::format(서식_문자열, 인수들)**

여기서 **서식_문자열**은 다음과 같은 요소들로 구성된다.

- 특수 문자 {와 }를 제외한 보통의 문자들.
- {와 }로 감싼 치환 필드들
- 문자 {와 } 자체로 치환되는 탈출열(escape sequence) {{와 }}

치환 필드의 {와 } 사이에 다음과 같은 요소들을 지정할 수 있다(모두 생략 가능).

- 인수 ID
- 콜론(:)과 서식 명세(인수 ID가 있는 경우 인수 ID 다음에 지정)

인수 ID는 **인수들**에 있는 한 인수의 색인 번호이다. 색인 번호는 0부터 시작한다. 인수 ID를 생략하면 치환 필드들은 인수들이 주어진 순서대로 채워진다. 인수 ID는 모두 지정하거나 하나도 지정하지 않아야 한다. 즉, std::format("{}, {}", "Hello", "World")와 std::format("{1}, {0}", "World", "Hello")는 컴파일되지만 std::format("{1}, {}", "World", "Hello")는 컴파일되지 않는다.

클래스 템플릿 std::formatter의 특수화는 특정 인수 형식에 대한 **서식 명세**(format specification)를 정의한다. C++20에는 다음과 같은 형식에 대한 std::formatter 특수화들이 있다.

- 기본 형식들과 std::string: 표준 서식 명세[44]는 파이썬의 서식 명세[45]에 기초한다.
- 크로노 형식들: cppreference.com의 formatter 페이지[46]를 참고하자.

이밖에, 사용자 정의 형식에 대해 std::formatter를 특수화하는 것도 가능하다.

예제들을 살펴보면 이들의 의미가 좀 더 명확해질 것이다. 먼저 인수 ID를 사용하는 예제를 본 후에 서식 명세에 대한 예제로 넘어가겠다.

4.6.1.1 인수 ID

인수 ID를 이용하면 인수들을 임의의 순서로 서식 문자열에 채워 넣을 수 있다.

목록 4.58 인수 ID 예제

```
1  // formatArgumentID.cpp
2
3  #include <fmt/core.h>
4  #include <iostream>
5  #include <string>
6
7  int main() {
8
9      std::cout << '\n';
10
11     std::cout << fmt::format("{} {}: {}!\n", "Hello", "World", 2020);
12
13     std::cout << fmt::format("{1} {0}: {2}!\n", "World", "Hello", 2020);
14
15     std::cout << fmt::format("{0} {0} {1}: {2}!\n", "Hello", "World", 2020);
16
17     std::cout << fmt::format("{0}: {2}!\n", "Hello", "World", 2020);
```

---

44 *https://en.cppreference.com/w/cpp/utility/format/formatter#Standard_format_specification*

45 *https://docs.python.org/3/library/stdtypes.html#str.format*

46 *https://en.cppreference.com/w/cpp/chrono/system_clock/formatter#Format_specification*

```
18
19      std::cout << '\n';
20
21  }
```

행 11은 인수들을 주어진 순서대로 표시하지만, 행 13은 둘째 인수(1번)를 첫 인
수(0번)보다 앞에 표시한다. 행 15는 첫 인수를 두 번 표시하고, 행 17은 둘째 인
수를 사용하지 않는다.

그림 4.50은 이 예제 프로그램의 출력이다.

```
Hello World: 2020!
Hello World: 2020!
Hello Hello World: 2020!
Hello: 2020!
```

그림 4.50 인수 ID 예제

인수 ID와 함께 서식 명세까지 적용하면 C++20의 텍스트 서식화가 대단히
강력해진다.

4.6.1.2 서식 명세

여기서 기본 형식들과 문자열 형식들, 크로노 형식들에 대한 서식 명세를 세
세하게 이야기하지는 않겠다. 기본 형식들과 std::string에 대한 서식 명세는
cppreference.com formatter 페이지의 "Standard format specification" 섹션[47]에,
크로노 형식들에 대한 서식 명세는 cppreference.com 크로노 formatter 페이지
의 "Format specification" 섹션[48]에 자세히 나와 있다.

이번 절에서는 기본 형식들과 문자열 형식에 흔히 쓰이는 단순화된 서식 명
세 지정자들을 예제와 함께 설명한다.

목록 4.59 기본 형식들과 문자열 형식에 흔히 쓰이는 단순화된 서식 명세 지정자들

fill-and-align$_{opt}$ sign$_{opt}$ #$_{opt}$ 0$_{opt}$ width$_{opt}$ precision$_{opt}$ type$_{opt}$

이 서식 명세 지정자들은 모두 생략 가능하며(opt), 목록 4.59에 나온 순서대로
지정해야 한다.

---

[47] *https://en.cppreference.com/w/cpp/utility/format/formatter#Standard_format_specification*

[48] *https://en.cppreference.com/w/cpp/chrono/system_clock/formatter#Format_specification*

채움 문자와 정렬(fill-and-align)

채움 문자(fill character)는 치환 필드의 너비에 맞게 채워지는 문자인데, {와 }를 제외한 어떤 문자도 가능하다. 채움 문자 다음에는 인수 값의 정렬(alignment) 방식을 결정하는 정렬 지정자가 올 수 있다.

- 채움 문자: 기본은 빈칸(space) 문자.
- 정렬 지정자:
  - <: 왼쪽(수치가 아닌 데이터의 기본 설정)
  - >: 오른쪽(수치의 기본 설정)
  - ^: 가운데

목록 4.60 채움 문자와 정렬 적용

```
// formatFillAlign.cpp

#include <fmt/core.h>
#include <iostream>

int main() {

    std::cout << '\n';

    int num = 2020;

    std::cout << fmt::format("{:6}", num) << '\n';
    std::cout << fmt::format("{:6}", 'x') << '\n';
    std::cout << fmt::format("{:*<6}", 'x') << '\n';
    std::cout << fmt::format("{:*>6}", 'x') << '\n';
    std::cout << fmt::format("{:*^6}", 'x') << '\n';
    std::cout << fmt::format("{:6d}", num) << '\n';
    std::cout << fmt::format("{:6}", true) << '\n';

    std::cout << '\n';

}
```

```
  2020
x
x*****
*****x
**x***
  2020
true
```

그림 4.51 채움 문자와 정렬 적용

부호(sign), #, 0

부호, #, 0은 해당 인수가 정수나 부동소수점 형식일 때만 유효하다.

부호는 다음 세 문자 중 하나이다.

- +: 0과 양수에 +를 표시한다.
- –: 음수에만 앞에 –를 표시한다(기본)
- 빈칸: 음이 아닌 수이면 수치 앞에 빈칸을 넣고, 음수이면 –를 넣는다.

목록 4.61 부호 문자 적용

```cpp
// formatSign.cpp

#include <fmt/core.h>
#include <iostream>

int main() {

    std::cout << '\n';

    std::cout << fmt::format("{0:},{0:+},{0:-},{0: }", 0) << '\n';
    std::cout << fmt::format("{0:},{0:+},{0:-},{0: }", -0) << '\n';
    std::cout << fmt::format("{0:},{0:+},{0:-},{0: }", 1) << '\n';
    std::cout << fmt::format("{0:},{0:+},{0:-},{0: }", -1) << '\n';

    std::cout << '\n';

}
```

```
0,+0,0,  0
0,+0,0,  0
1,+1,1,  1
-1,-1,-1,-1
```

그림 4.52 부호 문자 적용

#는 수치를 다른 형태로 표현하는 데 쓰인다. # 다음에 올 수 있는 문자들은 다음과 같다.

- 0을 지정하면 필드 너비에 맞게 수치 앞에 0들이 채워진다.
- 정수 형식의 경우 b나 o, x를 지정하면 해당 수치가 각각 이진수, 8진수, 16진수 형식으로 표현된다.
- 부동 소수점 형식의 수치에는 항상 소수점이 표시된다. g를 지정하면 소수점 이하의 후행(trailing) 0들이 생략되지 않는다.

목록 4.62 수치를 다른 형태로 표현

```cpp
1   // formatAlternate.cpp
2
3   #include <fmt/core.h>
4   #include <iostream>
5
6   int main() {
7
8       std::cout << '\n';
9
10      std::cout << fmt::format("{:#015o}", 0x78) << '\n';
11      std::cout << fmt::format("{:#015b}", 0x78) << '\n';
12      std::cout << fmt::format("{:#015x}", 0x78) << '\n';
13
14      std::cout << '\n';
15
16      std::cout << fmt::format("{}", 120.0) << '\n';
17      std::cout << fmt::format("{:#g}", 120.0) << '\n';
18
19
20      std::cout << '\n';
21
22  }
```

```
000000000000120
0b0000001111000
0x0000000000078


120
120.000
```

그림 4.53 수치를 다른 형태로 표현

너비와 정밀도

필드의 너비(width)와 수치 정밀도(precision)를 지정할 수 있다. 너비 지정자는 정수와 부동소수점 수에 적용할 수 있고 정밀도는 부동소수점 수와 문자열에 적용할 수 있다. 부동소수점 형식의 경우 정밀도는 유효자릿수를 결정하고, 문자열의 경우는 표현할 문자 개수를 결정한다(그 개수 이상의 문자들은 잘린다). 정밀도가 문자열 길이보다 크면 정밀도는 아무 효과도 내지 않는다.

- 너비는 양의 정수로 지정한다. 이 너비는 해당 필드의 최소 너비로 작용한다.
- 마침표(.) 다음에 양의 정수를 지정하면 그 정수는 해당 수치의 정밀도를 결정한다.

몇 가지 예를 보면 이들의 의미가 명확해질 것이다.

목록 4.63 너비와 정밀도 지정자 적용

```cpp
1  // formatWidthPrecision.cpp
2
3  #include <fmt/core.h>
4  #include <iostream>
5  #include <string>
6
7  int main() {
8
9      int i = 123456789;
10     double d = 123.456789;
11
12     std::cout << "---" << fmt::format("{}", i) << "---\n";
13     std::cout << "---" << fmt::format("{:15}", i) << "---\n";      // (w = 15)
14     std::cout << "---" << fmt::format("{:{}}", i, 15) << "---\n";  // (w = 15)
15
16     std::cout << '\n';
17
18     std::cout << "---" << fmt::format("{}", d) << "---\n";
19     std::cout << "---" << fmt::format("{:15}", d) << "---\n";      // (w = 15)
20     std::cout << "---" << fmt::format("{:{}}", d, 15) << "---\n";  // (w = 15)
21
22     std::cout << '\n';
23
24     std::string s= "Only a test";
25
26     std::cout << "---" << fmt::format("{:10.50}", d) << "---\n";    // (w = 10, p = 50)
27     std::cout << "---" << fmt::format("{:{}.{}}", d, 10, 50) << "---\n"; // (w = 10,
28                                                                        //  p = 50)
29     std::cout << "---" << fmt::format("{:10.5}", d) << "---\n";     // (w = 10, p = 5)
30     std::cout << "---" << fmt::format("{:{}.{}}", d, 10, 5) << "---\n";  // (w = 10,
31                                                                        //  p = 5)
32
33     std::cout << '\n';
34
35     std::cout << "---" << fmt::format("{:.500}", s) << "---\n";     // (p = 500)
36     std::cout << "---" << fmt::format("{:.{}}", s, 500) << "---\n"; // (p = 500)
37     std::cout << "---" << fmt::format("{:.5}", s) << "---\n";       // (p = 5)
38
39 }
```

주석에서 w는 너비, p는 정밀도를 뜻한다. 이 예제 프로그램에는 앞에서 이야기 하지 않은 '동적' 서식 명세 기능이 쓰였다. 행 14와 20을 보면 치환 필드의 서식 명세 자체에 또 다른 치환 필드가 있다. 이 내부 치환 필드는 둘째 인수의 값으로 치환되며, 그 값은 첫 인수에 대한 필드 너비로 작용한다. 행 27과 30에서는 필드 너비뿐만 아니라 정밀도도 동적으로 지정한다. 한편, 행 26과 27에서는 필드 너비보다 큰 정밀도를 지정했는데, 수치의 경우에는 출력(그림 4.54)에서 보듯이 정밀도에 맞게 너비가 커진다. 문자열은 그렇지 않다. 행 35와 36에서 문자열 길이보다 큰 정밀도를 지정했지만, 필드 너비가 커지지 않는다.

```
---123456789---
---       123456789---
---       123456789---

---123.456789---
---     123.456789---
---     123.456789---

---123.45678900000000005557012627832591533660888671875 0---
---123.45678900000000005557012627832591533660888671875 0---
---     123.46---
---     123.46---

---Only a test---
---Only a test---
---Only ---
```

그림 4.54 너비와 정밀도 지정자 적용

데이터 형식

보통은 그냥 컴파일러가 인수의 형식을 연역하게 놔두는 것이 일반적이다. 그러나 특정 형식을 구체적으로 명시해야 할 때도 종종 있다. 이를 위해 서식화 라이브러리는 데이터 형식을 지정하는 문자들을 제공한다. 다음은 가장 중요한 형식 지정자들이다.

- 문자열: s
- 정수:
  - b: 이진수 형식
  - B: b와 같되 기수(밑) 접두사가 0B
  - d: 십진소수(decimal) 형식
  - o: 8진수 형식
  - x: 16진수 형식
  - X: x와 같되 기수 접두사가 0X
- 문자(char와 wchar_t):
  - b, B, d, o, x, X: 정수의 해당 지정자들과 같음

- bool:
  - s: true 또는 false
  - b, B, d, o, x, X: 정수의 해당 지정자들과 같음
- 부동소수점
  - e: 지수 형식
  - E: e와 같되 지수 표시 문자가 E
  - f, F: 고정폭 형식, 기본 정밀도 6(F는 지수 표시 문자가 E)
  - g, G: 일반 형식, 기본 정밀도 6(G는 지수 표시 문자가 E)

형식 지정자가 없을 때는, 문자열은 문자열로 표시되고, 정수는 십진소수로 표시되고, 문자는 문자로 표시되고, 부동소수점 수에는 std::to_chars 함수[49]가 적용된다.

목록 4.64는 형식 지정자들을 이용해서 하나의 int 값을 다양한 진수로 표시하는 예제이다.

목록 4.64 형식 지정자 적용

```cpp
1  // formatType.cpp
2
3  #include <fmt/core.h>
4  #include <iostream>
5
6  int main() {
7
8      int num{2020};
9
10     std::cout << "default:     " << fmt::format("{:}", num) << '\n';
11     std::cout << "decimal:     " << fmt::format("{:d}", num) << '\n';
12     std::cout << "binary:      " << fmt::format("{:b}", num) << '\n';
13     std::cout << "octal:       " << fmt::format("{:o}", num) << '\n';
14     std::cout << "hexadecimal: " << fmt::format("{:x}", num) << '\n';
15
16 }
```

```
default:     2020
decimal:     2020
binary:      11111100100
octal:       3744
hexadecimal: 7e4
```

그림 4.55 형식 지정자 적용

---

[49] *https://en.cppreference.com/w/cpp/utility/to_chars*

지금까지는 기본 형식들과 문자열의 서식화만 이야기했다. 다음 절에서는 사용자 정의 형식을 서식화하는 방법을 살펴본다.

4.6.2 사용자 정의 형식의 서식화

사용자 정의 형식에 서식화 기능을 적용하려면 std::formatter[50]를 사용자 정의 형식으로 특수화해야 한다. 좀 더 구체적으로 말하면, std::formatter의 멤버 함수 parse와 format을 사용자 정의 형식에 맞게 구현해야 한다.

- **parse**:
  - 파스 문맥(parse context)을 받는다.
  - 파스 문맥을 파싱한다.
  - 서식 명세의 끝을 가리키는 반복자를 돌려준다.
  - 오류 시 std::format_error 예외를 던진다.
- **format**:
  - 서식화할 값 t와 서식 문맥 fc를 받는다.
  - 서식 문맥에 따라 t를 서식화한다.
  - 출력(서식화 결과)을 fc.out()에 기록한다.
  - 출력의 끝을 가리키는 반복자를 돌려준다.

그럼 이를 실제로 std::vector에 적용해보자.

4.6.2.1 std::vector의 서식화

목록 4.6은 std::vector에† 대한 std::formatter의 첫 번째 특수화 시도로, 아주 간단하다. 그냥 주어진 서식 명세를 그대로 적용해서 벡터의 각 요소를 서식화한다.

목록 4.65 서식 명세를 std::vector의 요소들에 그대로 적용

```
1  // formatVector.cpp
2
3  #include <iostream>
```

---

50 *https://en.cppreference.com/w/cpp/utility/format/formatter*

† [옮긴이] 사용자 정의 형식 서식화의 예로 표준 라이브러리의 한 형식인 std::vector를 사용하는 것이 좀 어색할 수 있지만, 지금 문맥에서 사용자 정의 형식(user-defined type)은 int 같은 내장 형식이 아니라 class나 struct로 따로 정의한 형식, 더 나아가서는 아직 std::formatter 특수화가 없는 클래스 또는 구조체를 뜻한다고 봐야 할 것이다.

```
 4  #include <fmt/format.h>
 5  #include <string>
 6  #include <vector>
 7
 8  template <typename T>
 9  struct fmt::formatter<std::vector<T>> {
10
11    std::string formatString;
12
13    auto constexpr parse(format_parse_context& ctx) {
14      formatString = "{:";
15      std::string parseContext(std::begin(ctx), std::end(ctx));
16      formatString += parseContext;
17      return std::end(ctx) - 1;
18    }
19
20    template <typename FormatContext>
21    auto format(const std::vector<T>& v, FormatContext& ctx) {
22      auto out= ctx.out();
23      fmt::format_to(out, "[");
24      if (v.size() > 0) fmt::format_to(out, formatString, v[0]);
25      for (int i= 1; i < v.size(); ++i)
26          fmt::format_to(out, ", " + formatString, v[i]);
27      fmt::format_to(out, "]");
28      return fmt::format_to(out,  "\n" );
29    }
30
31  };
32
33
34  int main() {
35
36    std::vector<int> myInts{1, 2, 3, 4, 5, 6, 7, 8, 9, 10};
37    std::cout << fmt::format("{:}", myInts);
38    std::cout << fmt::format("{:+}", myInts);
39    std::cout << fmt::format("{:03d}", myInts);
40    std::cout << fmt::format("{:b}", myInts);
41
42    std::cout << '\n';
43
44    std::vector<std::string> myStrings{"Only", "for", "testing", "purpose"};
45    std::cout << fmt::format("{:}", myStrings);
46    std::cout << fmt::format("{:.3}", myStrings);
47
48  }
```

행 8부터 std::vector에 대한 std::formatter의 특수화가 시작된다. 이 특수화
는 멤버 함수 parse(행 13)와 format(행 20)을 정의한다. 기본적으로 parse가 하

는 일은 주어진 서식 문자열의 서식 명세를 멤버 함수 formatString에 저장해 두는 것이다. format은 이 formatString을 std::vector의 각 요소에 적용한다(행 24~26). 파스 문맥 ctx(행 13)에는 서식 문자열 치환 필드의 콜론과 닫는 중괄호(})) 사이의 문자들이 들어 있다. format은 최종적으로 그 닫는 중괄호(}))를 가리키는 반복자를 돌려준다(행 17). 좀 더 흥미로운 것은 멤버 함수 format이다. 이 함수는 parse에서 추출한 서식 명세와 std::format_to 함수[51]로 벡터의 각 요소를 서식화하고, 그 결과에 대한 출력 반복자를 돌려준다. 전체를 대괄호 쌍으로 감싸고 각 요소를 쉼표로 분리한다는 점도 주목하자.

main 함수에서는 int 요소들을 담은 std::vector 객체(행 36)와 문자열 요소들을 담은 std::vector(행 44) 객체를 다양한 방식으로 출력해 본다. 행 38은 각 정수 앞에 부호를 표시하고, 행 39는 각 정수를 최소 3자 너비로 표시하되 필요하다면 앞에 0을 채운다. 행 40은 각 정수를 이진수 형식으로 표시한다. 마지막으로, 행 46은 각 문자열을 최대 3자까지만 표시한다.

```
[1, 2, 3, 4, 5, 6, 7, 8, 9, 10]
[+1, +2, +3, +4, +5, +6, +7, +8, +9, +10]
[001, 002, 003, 004, 005, 006, 007, 008, 009, 010]
[1, 10, 11, 100, 101, 110, 111, 1000, 1001, 1010]

[Only, for, testing, purpose]
[Onl, for, tes, pur]
```

그림 4.56 서식 명세를 std::vector의 요소들에 그대로 적용

목록 4.66은 두 번째 시도이다. std::vector의 요소들이 많으면 적절히 줄을 바꾸어서 출력하는 것이 바람직하다. 이를 위해 서식 명세의 구문을 확장했다.

목록 4.66 std::vector의 요소들에 서식 명세와 줄 바꿈 적용

```
1   // formatVectorLinebreak.cpp
2
3   #include <algorithm>
4   #include <iostream>
5   #include <limits>
6   #include <numeric>
7   #include <fmt/format.h>
8   #include <string>
9   #include <vector>
10
```

---

[51] *https://en.cppreference.com/w/cpp/utility/format/format_to*

```
11  template <typename T>
12  struct fmt::formatter<std::vector<T>> {
13
14    std::string systemFormatString;
15    std::string userFormatString;
16    int lineBreak{std::numeric_limits<int>::max()};
17
18    auto constexpr parse(format_parse_context& ctx) {
19      std::string startFormatString = "{:";
20      std::string parseContext(std::begin(ctx), std::end(ctx));
21      auto posCurly = parseContext.find_last_of("}");
22      auto posTab = parseContext.find_last_of("|");
23      if (posTab == std::string::npos) {
24        systemFormatString = startFormatString + parseContext.substr(0, posCurly+1);
25      }
26      else {
27        systemFormatString = startFormatString + parseContext.substr(0, posTab)+"}";
28        userFormatString = parseContext.substr(posTab + 1, posCurly - posTab - 1);
29        lineBreak = std::stoi(userFormatString);
30      }
31      return std::begin(ctx) + posCurly;
32    }
33
34    template <typename FormatContext>
35    auto format(const std::vector<T>& v, FormatContext& ctx) {
36      auto out = ctx.out();
37      auto vectorSize = v.size();
38      if (vectorSize == 0) return fmt::format_to(out, "\n");
39      for (int i = 1;  i < vectorSize + 1; ++i) {
40        fmt::format_to(out, systemFormatString, v[i-1]);
41        if ( (i % lineBreak) == 0 ) fmt::format_to(out, "\n");
42      }
43      return fmt::format_to(out, "\n" );
44    }
45
46  };
47
48  int main() {
49
50    std::vector<int> myInts(100);
51    std::iota(myInts.begin(), myInts.end(), 1);
52
53    std::cout << fmt::format("{:|20}", myInts);
54    std::cout << '\n';
55    std::cout << fmt::format("{: |20}", myInts);
56    std::cout << '\n';
57    std::cout << fmt::format("{:4d|20}", myInts);
58    std::cout << '\n';
59    std::cout << fmt::format("{:10b|8}", myInts);
60
61  }
```

이 버전은 |로 시작하는 줄 너비 지정자를 지원한다. | 다음의 정수는 한 줄에 표시할 벡터 요소 개수를 뜻한다. 멤버 함수 parse는 주어진 파스 문맥에서 |와 정수(요소 개수)를 찾는데, 안정성을 위해 파스 문맥의 끝에서부터 검색해서 }와 |를 찾고 그 둘 사이의 문자들을 추출한다(행 21과 22). 파싱 결과에 기초해서 멤버 함수 systemFormatString과 useFormatString을 적절히 설정한다(행 24~29). 멤버 함수 format은 systemFormatString을 벡터의 각 요소에 적용하되, 줄을 바꿀 때가 되면(i % lineBreak == 0이 참이면) 줄 바꿈 문자를 출력한다(행 41).

main 함수로 넘어가서, 행 53은 100개의 int 값들(행 50)을 한 줄에 20개씩 출력한다. 행 55는 {: |20}이라는 서식 명세를 사용하는데, | 앞에 빈칸이 있기 때문에 각 요소 앞에 빈칸이 표시된다. 행 57은 필드 너비를 4로 지정해서 요소들이 네 글자 단위로 정렬되게 한다. 마지막으로, 행 59의 {:10b|8}은 정수들을 이진수 형식으로 한 줄에 8개씩 출력하되 각 이진수가 여덟 자 단위로 정렬되게 한다.

그림 4.57에서 보듯이 이 예제 프로그램은 std::vector의 요소들을 보기 좋게 출력한다.

```
1234567891011121314151617181920
2122232425262728293031323334353637383940
4142434445464748495051525354555657585960
6162636465666768697071727374757677787980
81828384858687888990919293949596979899100


 1 2 3 4 5 6 7 8 9 10 11 12 13 14 15 16 17 18 19 20
 21 22 23 24 25 26 27 28 29 30 31 32 33 34 35 36 37 38 39 40
 41 42 43 44 45 46 47 48 49 50 51 52 53 54 55 56 57 58 59 60
 61 62 63 64 65 66 67 68 69 70 71 72 73 74 75 76 77 78 79 80
 81 82 83 84 85 86 87 88 89 90 91 92 93 94 95 96 97 98 99 100


    1    2    3    4    5    6    7    8    9   10   11   12   13   14   15   16   17   18   19   20
   21   22   23   24   25   26   27   28   29   30   31   32   33   34   35   36   37   38   39   40
   41   42   43   44   45   46   47   48   49   50   51   52   53   54   55   56   57   58   59   60
   61   62   63   64   65   66   67   68   69   70   71   72   73   74   75   76   77   78   79   80
   81   82   83   84   85   86   87   88   89   90   91   92   93   94   95   96   97   98   99  100


         1       10       11      100      101      110      111     1000
      1001     1010     1011     1100     1101     1110     1111    10000
     10001    10010    10011    10100    10101    10110    10111    11000
     11001    11010    11011    11100    11101    11110    11111   100000
    100001   100010   100011   100100   100101   100110   100111   101000
    101001   101010   101011   101100   101101   101110   101111   110000
    110001   110010   110011   110100   110101   110110   110111   111000
    111001   111010   111011   111100   111101   111110   111111  1000000
   1000001  1000010  1000011  1000100  1000101  1000110  1000111  1001000
   1001001  1001010  1001011  1001100  1001101  1001110  1001111  1010000
   1010001  1010010  1010011  1010100  1010101  1010110  1010111  1011000
   1011001  1011010  1011011  1011100  1011101  1011110  1011111  1100000
   1100001  1100010  1100011  1100100
```

그림 4.57 std::vector의 요소들에 서식 명세와 줄 바꿈 적용

> **ℹ 서식화 라이브러리 요약**
>
> - 서식화 라이브러리는 printf류 함수들에 대한 안전하고도 확장 가능한 대안을 제 공하며, 입출력(I/O) 스트림 기능도 확장한다.
> - 서식 명세를 이용하면 글자 채움 방식과 텍스트 정렬 방식, 부호 표시 방식, 수치의 너비와 정밀도, 데이터 형식을 세밀하게 지정할 수 있다.
> - `std::formatter`의 멤버 함수 parse와 format을 사용자 정의 형식에 맞게 구현함으로써 사용자 정의 형식의 서식화 방식을 세밀하게 제어할 수 있다.

4.7 기타 개선사항

그림 4.58 계단을 오르는 시피

4.7.1 `std::bind_front`

`std::bind_front(Func&& func, Args&& ... args)`는 호출 가능 객체 func에 대한 호출 가능 래퍼(callable wrapper)를 생성한다. `std::bind_front`는 임의의 개수의 인수들을 받으며, 그 인수들을 func 래퍼들에 바인딩한다.

> **🔑 `std::bind_front` 대 `std::bind`**
>
> C++11에서 std::bind[52]와 람다 표현식[53]이 C++에 도입되었다. (좀 아는 체 하자면, std::bind는 이미 TR1(Technical Report 1)[54]에서부터 사용할 수 있었다.) 그렇다면 그 둘과 비슷한 std::bind_front[55]가 왜 C++20에 추가되었는지 궁금한 독자들이 있을 것이다. 사실, std::bind와 람다 표현식의 조합으로 std::bind_front와 같은 효과를 얻을 수 있다. 게다가, std::bind와는 달리 std::bind_front는 인수들의

---

52 *https://en.cppreference.com/w/cpp/utility/functional/bind*

53 *https://en.cppreference.com/w/cpp/language/lambda*

54 *https://en.wikipedia.org/wiki/C%2B%2B_Technical_Report_1*

55 *https://en.cppreference.com/w/cpp/utility/functional/bind_front*

순서를 바꾸지 못한다. 그래도 std::bind_front는 의미가 있다. std::bind_front는
std::bind와 달리 바탕 호출 연산자의 예외 명세(exception specification)를 전파한
다는 장점이 있기 때문이다.

목록 4.67은 std::bind_front의 기본적인 사용법과 함께, std::bind_front
호출에 상응하는 std::bind 및 람다 표현식을 보여준다.

목록 4.67 std::bind_front와 std::bind 및 람다 표현식의 비교

```cpp
1  // bindFront.cpp
2
3  #include <functional>
4  #include <iostream>
5
6  int plusFunction(int a, int b) {
7      return a + b;
8  }
9
10 auto plusLambda = [](int a, int b) {
11     return a + b;
12 };
13
14 int main() {
15
16     std::cout << '\n';
17
18     auto twoThousandPlus1 = std::bind_front(plusFunction, 2000);
19     std::cout << "twoThousandPlus1(20): " << twoThousandPlus1(20) << '\n';
20
21     auto twoThousandPlus2 = std::bind_front(plusLambda, 2000);
22     std::cout << "twoThousandPlus2(20): " << twoThousandPlus2(20) << '\n';
23
24     auto twoThousandPlus3 = std::bind_front(std::plus<int>(), 2000);
25     std::cout << "twoThousandPlus3(20): " << twoThousandPlus3(20) << '\n';
26
27     std::cout << "\n\n";
28
29     using namespace std::placeholders;
30
31     auto twoThousandPlus4 = std::bind(plusFunction, 2000, _1);
32     std::cout << "twoThousandPlus4(20): " << twoThousandPlus4(20) << '\n';
33
34     auto twoThousandPlus5 =  [](int b) { return plusLambda(2000, b); };
35     std::cout << "twoThousandPlus5(20): " << twoThousandPlus5(20) << '\n';
36
37     std::cout << '\n';
38
39 }
```

행 18, 21, 24, 31, 34는 인수 두 개를 받는 호출 가능 객체로부터 인수를 하나만 받는 호출 가능 래퍼를 생성한다. 호출 가능 래퍼가 인수를 하나만 받는 이유는, 첫 인수가 2000에 바인딩되었기 때문이다. 원본 호출 가능 객체는 각각 함수 (행 18과 31), 람다 표현식(행 21과 34), 미리 정의된 함수 객체(행 24)이다. 행 31에 쓰인 매개변수 _1은 소위 자리표(placeholder)인데, 2000을 plusFunction의 첫 인수로 바인딩하라는 뜻이다. 행 34에서는 람다 표현식을 이용해서 호출 가능 래퍼를 생성하는데, 2000을 원본 함수의 호출에 직접 지정하고 나머지 매개변수를 위한 인수 b를 제공한다. 가독성의 관점에서 보자면, std::bind_front가 std::bind나 람다 표현식보다 읽기 쉬운 것 같다.

```
twoThousandPlus1(20): 2020
twoThousandPlus2(20): 2020
twoThousandPlus3(20): 2020


twoThousandPlus4(20): 2020
twoThousandPlus5(20): 2020
```

그림 4.59 std::bind_front와 std::bind 및 람다 표현식의 비교

4.7.2 std::is_constant_evaluated

형식 특질 라이브러리에 추가된 std::is_constant_evaluted 함수는 주어진 함수가 컴파일 시점에서 실행(평가)되는지 아니면 실행 시점에서 실행되는지를 판정한다. 이런 함수가 왜 필요할까? 평가 시점과 관련해서 C++20의 함수를 다음 세 종류로 나눌 수 있다.

- consteval int alwaysCompiletime();처럼 consteval(§3.5.1)로 선언된 함수는 항상 컴파일 시점에서 실행된다.
- constexpr int itDepends();처럼 constexpr로 선언된 함수는 컴파일 시점에서 실행될 수도 있고 실행 시점에서 실행될 수도 있다.
- int alwaysRuntime(); 같은 보통의 함수는 항상 실행 시점에서 실행된다.

짐작했겠지만 std::is_constant_evaluated는 컴파일 시점에서 실행될 수도 있고 실행 시점에서 실행될 수도 있는 constexpr 함수와 관련이 있다. 종종 컴파일 시점과 실행 시점에서 함수의 행동이 달라야 하는 경우가 있는데, std::is_constant_evaluated를 이용하면 이를 판정해서 각각 다른 코드를 실행할 수 있

다. 우선, 간단한 constexpr 함수를 보자. 목록 4.68의 getSum 함수는 몇 가지 조건이 충족된다면 컴파일 시점에서 평가될 수 있다.

목록 4.68 constexpr로 선언된 함수

```cpp
constexpr int getSum(int l, int r) {
    return l + r;
}
```

C++에서 constexpr 함수의 평가 시점에 관한 규칙을 정리하자면 다음과 같다.

1. 다음 조건 중 하나가 충족되면 constexpr 함수는 컴파일 시점에서 실행된다.
   - 함수가 소위 '상수 평가 문맥(constant-evaluated context)'에서 호출되었다. constexpr 함수의 내부와 static_assert 문의 내부가 상수 평가 문맥에 해당한다.
   - 클라이언트(함수 호출자)가 constexpr auto res = getSum(2000, 11)처럼 명시적으로 constexpr를 지정했다.
2. 인수 중 하나라도 constexpr가 아니면 constexpr 함수는 실행 시점에서 평가된다. 예를 들어 int a = 2000처럼 constexpr로 선언되지 않은 변수를 인수로 지정한 getSum(a, 11)이 그러한 예이다.
3. 1번에도, 2번에도 해당하지 않는 경우 constexpr 함수의 평가 시점은 컴파일러가 결정한다.

std::is_constant_evaluated가 필요한 것은 바로 3번 때문이다. std::is_constant_evaluated를 이용하면 컴파일러가 어떤 결정을 내렸는지 파악해서 그에 따라 함수의 행동을 다르게 할 수 있다. 목록 4.96은 이 기능을 현명하게 활용하는 예제인데, cppprefernce.com의 is_constant_evaluted 페이지[56]에서 가져온 것이다. 예제의 pow 함수는 주어진 수를 주어진 지수만큼 거듭제곱한 결과를 돌려주는데, 컴파일 시점에서는 루프를 돌려서 직접 거듭제곱을 계산하고 실행 시점에서는 std::pow 함수를 사용한다.

목록 4.69 컴파일 시점과 실행 시점에서 서로 다른 코드를 실행하는 예제

```cpp
// constantEvaluated.cpp

#include <type_traits>
```

---

[56] *https://en.cppreference.com/w/cpp/types/is_constant_evaluated*

```cpp
#include <cmath>
#include <iostream>

constexpr double power(double b, int x) {
    if (std::is_constant_evaluated() && !(b == 0.0 && x < 0)) {

        if (x == 0)
            return 1.0;
        double r = 1.0, p = x > 0 ? b : 1.0 / b;
        auto u = unsigned(x > 0 ? x : -x);
        while (u != 0) {
            if (u & 1) r *= p;
            u /= 2;
            p *= p;
        }
        return r;
    }
    else {
        return std::pow(b, double(x));
    }
}

int main() {

    std::cout << '\n';

    constexpr double kilo1 = power(10.0, 3);
    std::cout << "kilo1: " << kilo1 << '\n';

    int n = 3;
    double kilo2 = power(10.0, n);
    std::cout << "kilo2: " << kilo2 << '\n';

    std::cout << '\n';

}
```

한 가지 흥미로운 점을 언급하자면, consteval로 선언된 함수나 보통의 함수(항상 실행 시점에서 실행되는) 안에서 std::is_constant_evaluated를 호출해도 오류가 나지 않는다. 물론 그런 호출은 항상 각각 true와 false를 돌려준다.

4.7.3 std::source_location

std::source_location은 소스 코드에 관한 정보를 담은 클래스이다. 이 클래스는 소스 파일 이름, 행 번호, 함수 이름 같은 정보를 제공한다. 디버깅, 로깅, 테스트 등을 위해 호출 지점에 관한 정보가 필요할 때 이런 정보가 대단히 유용하다. std::source_location 클래스는 미리 정의된 __FILE__ 매크로와 __LINE__ 매크로보다 나은 대안이므로, 이제부터는 이 클래스를 사용하는 것이 바람직하다.

std::source_location이 제공하는 정보가 표 4.11에 정리되어 있다.

표 4.11 std::source_location이 제공하는 정보

함수	설명
std::source_location::current()	현재 위치에 관한 정보를 담은 source_location 객체(아래의 src)를 생성한다.
src.line()	행 번호를 돌려준다.
src.column()	열 번호를 돌려준다.
src.file_name()	파일 이름을 돌려준다.
src.function_name()	함수 이름을 돌려준다.

std::source_location::current()는 현재 위치(호출 지점)의 정보를 담은 객체를 생성한다. 목록 4.70의 sourceLocation.cpp는 cppreference.com의 source_location 페이지[57]에서 가져온 것인데, 2020년 말 현재 std::source_location 클래스를 지원하는 C++ 컴파일러는 없기 때문에 아직 컴파일할 수는 없다.†

목록 4.70 std::source_location을 이용한 호출 지점 정보 표시

```cpp
1  // sourceLocation.cpp
2  // https://en.cppreference.com/w/cpp/utility/source_location에서 가져옴
3
4  #include <iostream>
5  #include <string_view>
6  #include <source_location>
7
8  void log(std::string_view message,
9          const std::source_location& location = std::source_location::current())
10 {
11     std::cout << "info:"
12               << location.file_name() << ':'
13               << location.line() << ' '
14               << message << '\n';
15 }
16
17 int main()
```

---

57 *https://en.cppreference.com/w/cpp/utility/source_location*

† [옮긴이] 2021년 8월 현재 g++ 11과 VS 2019의 C++ 컴파일러는 목록 4.70의 예제를 오류 없이 빌드하며, 그 결과로 나온 실행 프로그램들은 실제로 주석에 나온 것과 동일한 메시지를 출력한다.

```
18  {
19      log("Hello world!");  // 출력: info:sourceLocation.cpp:19 Hello world!
20  }
```

프로그램의 출력은 소스 코드의 주석에 표시해 두었다.

> ℹ **기타 개선사항 요약**
>
> - std::bind_front는 C++11의 std::bind보다 사용하기 쉬운 함수 바인딩 수단이다. 단, std::bind와는 달리 std::bind_front는 인수들의 순서를 바꾸지 못한다.
> - std::is_constant_evaluted 함수는 주어진 함수가 컴파일 시점에서 실행되는지 아니면 실행 시점에서 실행되는지 판정한다.
> - std::source_location 클래스는 소스 코드에 관한 정보를 나타낸다. 이 클래스는 소스 파일 이름, 행 번호, 함수 이름 같은 정보를 제공하며, 이런 정보는 디버깅, 로깅, 테스트에 아주 유용하다.

5장

C++20 Get the Details

동시성

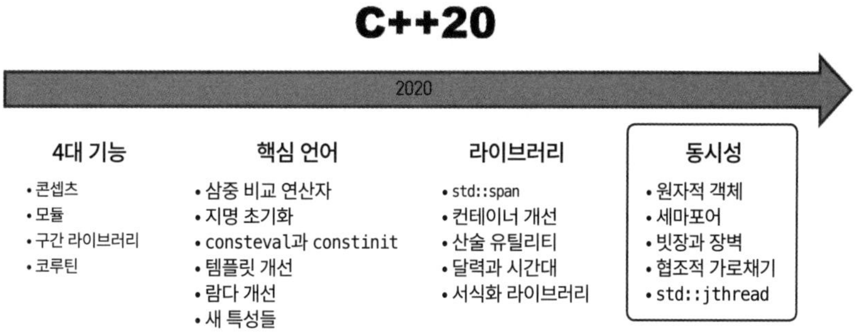

그림 5.1 C++20 개요: 동시성

C++11에서 드디어 다중 스레드 라이브러리와 메모리 모형(§C.16)이 C++에 도입되었다. 다중 스레드 라이브러리에는 원자적 변수, 스레드, 자물쇠, 조건 변수 같은 기본적인 구축 요소들이 있다. 이들은 C++20 같은 이후 C++ 표준이 제공하는 좀 더 높은 추상들의 토대로 쓰인다.

5.1 코루틴

그림 5.2 꽃에 물을 주는 시피

코루틴^{coroutine}(또는 협동 루틴)은 자신의 상태를 유지하면서 실행을 일시 정지거나 재개할 수 있는 함수이다. C++20에 코루틴이 도입되면서 C++의 함수가 한 단계 더 진화했다.

> ⚠️ **이해하기 어려운 코루틴**
>
> 나는 코루틴을 이해하는 데 꽤 애를 먹었다. 코루틴을 처음 접한 독자라면, 이번 절을 처음부터 끝까지 차례로 읽는 대신 §5.1.3 "코루틴 구현 프레임워크"와 §5.1.5 "제어 흐름"만 먼저 읽고, 그런 다음 제6장 "사례 연구와 심화 예제"로 넘어가서 §6.2 "여러 가지 미래 객체 구현", §6.3 "생성기의 수정과 일반화", §6.4 "다양한 작업 흐름"을 읽은 후에 다시 이번 절의 나머지 부분을 읽는 것이 더 수월할 수 있다. 본문을 잘 읽고 예제들을 이리 저리 실험해 보면 코루틴이 어떤 식으로 작동하는지 차차 이해하게 될 것이다.

코루틴은 C++20에 와서야 C++에 도입되었지만, 개념 자체는 상당히 오래된 것이다. 코루틴이라는 용어는 멜빈 콘웨이^{Melvin Conway}[1]가 1963년 컴파일러 구축에 관한 논문에서 처음으로 사용했다. 도널드 커누스^{Donald Knuth}[2]는 프로시저^{procedure}를 코루틴의 특수 사례로 간주했다. 아이디어가 실제로 받아들여지기까지 이렇게 시간이 오래 걸리는 경우가 종종 있다.

---

1 *https://en.wikipedia.org/wiki/Melvin_Conway*
2 *https://en.wikipedia.org/wiki/Donald_Knuth*

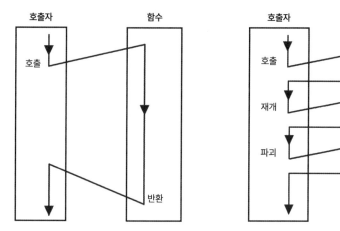

그림 5.3 함수 대 코루틴

함수의 제어 흐름은 한 번의 호출과 한 번의 반환(return; 복귀)으로만 이루어지지만, 코루틴은 일시 정지(suspend)와 재개(resume)를 여러 번 반복할 수 있으며, 일시 정지된 코루틴을 호출자가 파괴(소멸)할 수 있다.

코루틴을 위해 C++20에 co_await와 co_yield라는 새 키워드가 생겼고, C++ 함수의 실행에 새로운 개념 두 가지가 추가되었다.

새 키워드 co_await는 표현식 앞에 붙이는 단항(unary) 연산자이다. co_await 표현식 형태의 구문을 이용해서 표현식의 실행을 일시 정지하거나 재개할 수 있다. co_await 표현식이 함수 func 안에 있다고 할 때, auto getResult = func() 우변의 호출은 func의 끝에 도달하기 전에 반환될 수 있다. 즉, 함수의 최종 결과가 나올 때까지 실행이 차단되는 것이 아니다. 이제는 자원 소모적인 차단(blocking) 대신 자원 친화적인 대기(waiting)를 구현할 수 있게 된 것이다.

새 키워드 co_yield도 표현식 앞에 붙는다. co_yield 표현식은 생성기(generator) 함수를 구현하는 데 쓰인다. 생성기 함수는 호출할 때마다 새로운 값을 돌려주는 함수이다. 다른 말로 하면, 생성기 함수는 일련의 데이터 항목을 공급하는 데이터 스트림 생성원이라고 할 수 있다. 무한한 데이터 스트림을 생성하는 것도 가능하다. 무한 스트림 생성은 C++의 지연 평가(lazy evalution) 기능을 잘 보여주는 예이다.

5.1.1 생성기 함수

목록 5.1은 아주 간단한, 코루틴을 사용하지 않는 생성기 함수의 예이다. get Numbers 함수는 begin에서 시작해서 end 미만까지 inc만큼 증가하는 정수들을 돌려준다. begin은 end보다 작아야 하며, inc는 양수이어야 한다.

목록 5.1 코루틴을 사용하지 않는 탐욕적 생성기 함수

```cpp
1   // greedyGenerator.cpp
2
3   #include <iostream>
4   #include <vector>
5
6   std::vector<int> getNumbers(int begin, int end, int inc = 1) {
7
8       std::vector<int> numbers;
9       for (int i = begin; i < end; i += inc) {
10          numbers.push_back(i);
11      }
12
13      return numbers;
14
15  }
16
17  int main() {
18
19      std::cout << '\n';
20
21      const auto numbers= getNumbers(-10, 11);
22
23      for (auto n: numbers) std::cout << n << " ";
24
25      std::cout << "\n\n";
26
27      for (auto n: getNumbers(0, 101, 5)) std::cout << n << " ";
28
29      std::cout << "\n\n";
30
31  }
```

사실 이 getNumbers 함수는 바퀴를 재발명한 것이다. 표준 함수 std::iota[3]로도 같은 일을 할 수 있다.

그림 5.4는 이 예제 프로그램의 출력이다.

greedyGenerator.cpp 프로그램(목록 5.1)에서 주목할 점은, 행 9의 루프가 주어진 조건에 맞는 '모든 정수를 numbers에 추가한다는 점이다. 예를 들어 호출자가 1,000개 중 처음 다섯 개만 사용한다고 해도, 이 함수는 1,000개를 모두 추가한다. 그래서 '탐욕적(greedy)'이라는 이름을 붙였다.

---

[3] http://en.cppreference.com/w/cpp/algorithm/iota

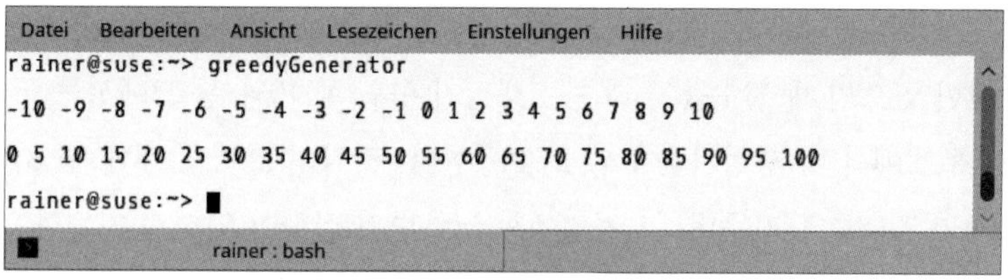

그림 5.4 코루틴을 사용하지 않는 탐욕적 생성기 함수

다행히, getNumbers 함수를 '느긋한(lazy; §C.37)' 생성기, 즉 요청이 있을 때 비로소 값을 생성하는 생성기로 바꾸기가 어렵지 않다. 다음이 그러한 생성기 함수의 예인데, 완결적인 프로그램은 아니고 generator라는 클래스 템플릿이 어딘가에 적절히 정의되어 있다고 가정한 것이다.

목록 5.2 지연 평가 방식의 느긋한 생성기 함수

```cpp
1   // lazyGenerator.cpp
2
3   #include <iostream>
4
5   generator<int> generatorForNumbers(int begin, int inc = 1) {
6
7       for (int i = begin;; i += inc) {
8           co_yield i;
9       }
10
11  }
12
13  int main() {
14
15      std::cout << '\n';
16
17      const auto numbers = generatorForNumbers(-10);
18
19      for (int i= 1; i <= 20; ++i) std::cout << numbers() << " ";
20
21      std::cout << "\n\n";
22
23      for (auto n: generatorForNumbers(0, 5)) std::cout << n << " ";
24
25      std::cout << "\n\n";
26
27  }
```

greedyGenerator.cpp(목록 5.1)의 getNumbers 함수는 std::vector<int>를 돌려주지만, lazyGenerator.cpp(목록 5.2)의 코루틴 generatorForNumbers는 하나의

생성기 객체를 돌려준다. 행 17의 numbers나 행 23의 generatorForNumbers(0, 5)는 요청이 있으면 새 정수를 돌려주는 생성기이다. 행 19와 행 23에서는 구간 기반 for 루프에서 이 생성기들에 값을 요청한다. 각각의 요청에 대해 행 8의 co_yield i가 값 i를 돌려주며, 그 지점에서 코루틴의 실행이 일시 정지된다. 새 값이 요청되면 그 지점 다음에서 코루틴의 실행이 재개된다.

행 23의 generatorForNumbers(0, 5)는 임시 객체로서의 생성기를 돌려준다. for 루프 등에서 즉석으로 생성기를 생성해서 사용할 때 이런 구문이 흔히 쓰인다.

이 예제에서 한 가지 강조하고 싶은 점이 있다. 코루틴 generatorForNumbers의 행 7을 보면 for 루프의 종료 조건이 없다. 즉, 이 루프는 무한히 반복되며, 따라서 이 코루틴은 무한 데이터 스트림을 생성한다. 그렇다고 이 자체로 프로그램이 무한 루프에 빠지는 것은 아니다. 행 19에서처럼 유한한 횟수로 값을 요청하면 그냥 딱 그만큼만 값들이 생성된다. 그러나 행 23의 루프에는 종료 조건이 없으므로, 실제로 무한히 값이 출력된다.

5.1.2 코루틴의 특징
코루틴에는 몇 가지 고유한 특징이 있다.

5.1.2.1 전형적인 용례
코루틴은 이벤트 주도적 응용 프로그램[4]을 작성할 때 흔히 쓰인다. 일반적으로 이벤트 주도적 응용 프로그램이라고 하면 시뮬레이션, 게임, 서버, 사용자 인터페이스를 꼽지만, 알고리즘이 이벤트 주도적일 수도 있다. 코루틴은 협조적 다중 태스킹(cooperative multitasking)[5]에도 흔히 쓰인다. 협조적 다중 태스킹의 핵심은 각 작업(task)이 시간을 필요한 만큼 사용하되, 수면(sleeping)이나 대기(waiting)에 빠지지는 말고 다른 작업에 시간을 양보하는 것이다. 협조적 다중 태스킹과 대조되는 것은 선점형 다중 태스킹(pre-emptive multitasking)이다. 선점형 다중 태스킹에서는 각 작업이 사용할 CPU 시간을 스케줄러가 결정한다.

코루틴에는 여러 종류가 있는데, 흔히 대칭이냐 비대칭이냐, 일급이냐 아니냐, 스택을 사용하느냐 아니냐로 구분된다.

---

4 https://en.wikipedia.org/wiki/Event-driven_programming

5 https://en.wikipedia.org/wiki/Computer_multitasking

5.1.2.2 바탕 개념들

C++20의 코루틴은 비대칭·일급·스택 없는 코루틴이다.

비대칭 코루틴(asymmetric coroutine)은 제어 흐름(control flow)이 호출자로 돌아간다. 반면 대칭 코루틴(symmetric coroutine)은 제어 흐름이 호출자로 돌아가지 않는다. 대칭 코루틴은 제어 흐름을 다른 코루틴에 위임할 수 있다.

일급 코루틴(first-class corounite)은 마치 데이터처럼 행동한다는 점에서 일급 함수와 비슷하다. 즉, 일급 코루틴은 함수의 인수나 반환값으로 사용할 수 있고, 변수에 저장할 수 있다.

스택 없는 코루틴(stackless coroutine)은 최상위 코루틴(top-level coroutine)의 실행을 일시 정지하거나 재개할 수 있다. 호출된 코루틴이 제어 흐름을 양보하면(yield) 제어 흐름은 호출자로 돌아온다. 실행 재개를 위해 코루틴은 자신의 상태를 스택과는 분리된 곳에 저장해 둔다. 스택 없는 코루틴을 '재개 가능 함수(resumable function)'라고 부르기도 한다.

5.1.2.3 설계 목표

제안서 N4402[6]에서 고르 니샤노프[Gor Nishanov]는 코루틴의 설계 목표를 다음과 같이 서술했다.

코루틴은 반드시

- 고도로 규모가변적(scalable)이어야 하고(동시에 수십억 개의 코루틴들을 돌릴 수 있을 정도로),
- 재개 연산과 일시 정지 연산이 고도로 효율적이어야 하고(보통 함수의 추가 부담에 비견할 정도로),
- C++의 기존 요소들과 추가 부담 없이 매끄럽게 상호작용해야 하고,
- 확장성 있는 개방형(open-ended) 메커니즘을 갖추어야 하고(라이브러리 사용자가 생성기, 고루틴[goroutine][7], 작업 등의 여러 고수준 의미론들을 노출하는 코루틴 라이브러리를 개발할 수 있도록),
- 예외(exception)를 사용할 수 없거나 비용 때문에 사용이 사실상 불가능한 환경에서도 사용할 수 있어야 한다.

---

6 *https://isocpp.org/files/papers/N4402.pdf*
7 *https://tour.golang.org/concurrency/1*

규모가변성 목표와 기존 요소들과의 매끄러운 상호작용 목표 때문에 C++의 코루틴은 스택을 사용하지 않는다. 스택을 사용한다면, 코루틴은 Windows에서는 기본으로 1MB, 리눅스에서는 기본으로 2MB의 스택을 소비할 것이다.

그럼 함수가 어떻게 코루틴이 되는지 살펴보자. 그 방법은 네 가지이다.

5.1.2.4 코루틴 만들기

다음 네 가지 중 하나라도 사용하는 함수는 코루틴이 된다.

- co_return
- co_await
- co_yield
- 구간 기반 for 루프 안의 co_await 표현식

⚠ **코루틴 팩토리와 코루틴 객체의 구분**

코루틴이라는 용어는 사실 서로 구분되는 두 가지 개념을 지칭한다. 하나는 코루틴 객체이고, 다른 하나는 co_return이나 co_await, co_yield를 이용해서 코루틴 객체를 돌려주는 코루틴 팩토리이다. 서로 다른 대상들을 하나의 용어로 지칭하면 좀 헷갈리겠지만(실제로 내가 그랬다), 익숙해지면 문맥에 따라 구분하기가 어렵지 않을 것이다. 간단한 예제를 통해서 둘을 명확히 구분해 보자.

목록 5.3 2021을 산출하는 간단한 코루틴 예제

```
MyFuture<int> createFuture() {
    co_return 2021;
}

int main() {

    auto fut = createFuture();
    std::cout << "fut.get(): " << fut.get() << '\n';

}
```

이 간단한 예제에서 createFuture 함수는 MyFuture<int> 형식의 객체를 돌려준다. 그 함수와 객체 모두 코루틴이라고 불러도 틀린 것은 아니지만, 좀 더 구체적으로 말하면 MyFuture<int> 형식의 객체는 코루틴 객체이고 createFuture 함수는 코루틴 객체를 돌려주는 코루틴 팩토리이다. 코루틴 객체는 특정한 행동을 모형화하기 위해 코루틴 구현 프레임워크(§5.1.3)를 구현한 하나의 재개 가능 객체이다. 목록 5.3에 쓰인 간단한 코루틴 객체의 구현과 용법은 §5.1.6 "co_return 예제"에 나온다.

제약

코루틴에는 return 문이나 자리표 반환 형식을 사용할 수 없다. 제약 없는 자리표(auto)와 제약 있는 자리표(콘셉트) 모두 마찬가지이다.

또한, 가변 인수[8]를 가진 함수 constexpr 함수, consteval 함수, 클래스의 생성자와 소멸자, main 함수는 코루틴이 될 수 없다.

5.1.3 코루틴 구현 프레임워크

코루틴 구현을 위한 프레임워크는 20개 이상의 함수로 구성되는데, 그중에는 여러분이 반드시 구현해야 하는 함수도 있고 재작성(overwrite)이 가능한 함수도 있다. 이 함수들을 적절히 구현 또는 재작성함으로써 여러분의 요구에 맞는 코루틴을 세밀하게 구현할 수 있다.

하나의 코루틴에는 약속 객체, 코루틴 핸들, 코루틴 프레임이라는 세 가지 부품이 관여한다. 클라이언트는 코루틴 핸들을 얻고 그것으로 약속 객체와 상호작용한다. 코루틴 프레임에는 코루틴의 상태가 저장된다.

5.1.3.1 약속 객체

약속 객체(promise object)는 코루틴 내부에서 조작된다. 코루틴은 약속 객체를 이용해서 자신의 결과 또는 예외를 전달한다.

약속 객체는 반드시 표 5.1의 인터페이스를 지원해야 한다.

표 5.1 약속 객체

멤버 함수	설명
기본 생성자	약속 객체는 반드시 기본 생성 가능이어야 한다.
initial_suspend()	코루틴이 일시 정지 상태로 시작하는지의 여부를 돌려준다.
final_suspend() noexcept	코루틴이 일시 정지 상태로 종료되는지의 여부를 돌려준다.
unhandled_exception()	예외가 발생하면 호출된다.
get_return_object()	코루틴 객체(재개 가능 객체)를 돌려준다.
return_value(val)	co_return val에 의해 호출된다.
return_void()	co_return에 의해 호출된다.
yield_value(val)	co_yield val에 의해 호출된다.

---

[8] *https://en.cppreference.com/w/cpp/language/variadic_arguments*

이 멤버 함수들은 코루틴 실행 과정에서 컴파일러가 자동으로 호출한다. §5.1.5 "제어 흐름"에서 이들이 호출되는 과정을 자세히 살펴볼 것이다.

클라이언트는 멤버 함수 get_return_object가 돌려준 재개 가능 객체를 이용해서 코루틴과 상호작용한다. 약속 객체에는 멤버 함수 return_value, return_void, yield_value 중 적어도 하나가 있어야 한다. 절대로 종료되지 않는 코루틴을 만드는 경우 멤버 함수 return_value나 return_void는 구현하지 않아도 된다.

세 멤버 함수 yield_value, initial_suspend, final_suspend는 대기 가능 (awaitable) 객체를 돌려준다. 대기 가능 객체란 이름 그대로 기다릴 수 있는 객체인데, §5.1.4.1에서 좀 더 자세히 살펴본다. 대기 가능 객체는 코루틴이 일시 정지되었는지 아닌지 판정하는 멤버 함수를 제공한다.

5.1.3.2 코루틴 핸들

코루틴 핸들coroutine handle은 코루틴 프레임의 실행 재개나 파괴를 외부에서 제어하는 데 쓰이는 비소유(non-owing) 핸들이다. 코루틴 핸들은 재개 가능 함수의 한 부품이다.

목록 5.4는 coro라는 코루틴 핸들을 가진 간단한 Generator의 예이다.

목록 5.4 코루틴 핸들

```
1   template<typename T>
2   struct Generator {
3
4       struct promise_type;
5       using handle_type = std::coroutine_handle<promise_type>;
6
7       Generator(handle_type h): coro(h) {}
8       handle_type coro;
9
10      ~Generator() {
11          if ( coro ) coro.destroy();
12      }
13      T getValue() {
14          return coro.promise().current_value;
15      }
16      bool next() {
17          coro.resume();
18          return not coro.done();
19      }
20      ... 생략 ...
21  }
```

행 7의 생성자는 약속 객체에 대한 코루틴 핸들을 받는다. 핸들의 형식은 std::coroutine_handle<promise_type>[9]이다(행 5). 행 16의 멤버 함수 next는 클라이언트가 약속 객체를 이용해서 코루틴의 실행을 재개하는 데 쓰이고(목록 5.5의 gen.next()가 그러한 예이다), 행 13의 멤버 함수 getValue는 클라이언트가 코루틴의 값을 얻는 데 쓰인다(목록 5.5의 gen.getValue()가 그러한 예이다).

목록 5.5 코루틴 호출

```
Generator<int> coroutineFactory(); // 코루틴 객체를 돌려주는 함수

auto gen = coroutineFactory();
gen.next();
auto result = gen.getValue();
```

두 멤버 함수는 내부적으로 코루틴 핸들 coro(행 8)의 다음과 같은 행동들을 유발한다.

- 코루틴의 실행을 재개한다: coro.resume()(행 17) 또는 coro();
- 코루틴을 파괴한다: coro.destroy()(행 11)
- 코루틴의 상태를 점검한다: coro(행 11)

코루틴은 제어 흐름이 해당 본문의 끝에 도달하면 자동으로 파괴(소멸)된다. 목록 5.5의 행 11 같은 부울 평가 문맥에서 coro는 오직 코루틴이 최종 일시 정지 지점에 도달했을 때만 true로 평가된다.

> ⚠️ **재개 가능 객체에는 내부 형식 promise_type이 있어야 한다.**
>
> 목록 5.4의 Generator 같은 재개 가능 객체에는 반드시 promise_type이라는 내부 형식이 있어야 한다. 이 형식을 직접 정의할 수도 있겠지만, 목록 5.4에서처럼 std::coroutine_traits[10]를 Generator로 특수화한 std::coroutine_traits<Generator>를 공용(public) 형식 멤버 promise_type으로 두어도 된다.

5.1.3.3 코루틴 프레임

코루틴 프레임^{coroutine frame}은 코루틴의 상태를 담는 내부 객체로, 흔히 힙에 할당된다. 코루틴 프레임은 앞에서 언급한 약속 객체와 코루틴 인수들의 복사본, 일

---

9 *https://en.cppreference.com/w/cpp/coroutine/coroutine_handle*
10 *https://en.cppreference.com/w/cpp/coroutine/coroutine_traits*

시 정지 지점(suspension point)을 나타내는 객체, 현재 일시 정지 지점에 도달하기 전에 그 수명이 끝나는 지역 변수들, 그리고 그 수명이 현재 일시 정지 지점 이후까지 연장되는 지역 변수들로 구성된다.

저장 공간 절약을 위해 컴파일러가 코루틴의 할당(allocation)을 최적화할 수 있으려면 다음 두 조건이 충족되어야 안다.

1. 코루틴 객체의 수명이 코루틴 호출자의 수명 안에 포함되어야 한다.
2. 코루틴 호출자가 코루틴 프레임의 크기를 알아야 한다.

다음으로, 코루틴 프레임워크의 두 가지 핵심 추상인 대기 가능 객체와 대기자 객체를 살펴보자.

5.1.4 대기 가능 객체와 대기자 객체

§5.1.3.1에서 이야기했듯이, 약속 객체의 세 멤버 함수 yield_value, initial_suspend, final_suspend는 대기 가능 객체를 돌려준다.

5.1.4.1 대기 가능 객체

대기 가능 객체란 이름 그대로 기다릴 수 있는 객체이다. 대기 가능 객체는 코루틴이 일시 정지 중인지 아닌지를 판정한다.

본질적으로 컴파일러는 언급한 세 멤버 함수에 대해 co_await 연산자를 적용한다. 표 5.2가 이를 정리한 것인데, prom이 하나의 약속 객체라고 가정한다.

표 5.2 컴파일러가 생성한 함수 호출

호출	컴파일러가 생성한 호출
prom.yield_value(value)	co_await prom.yield_value(value)
prom.initial_suspend()	co_await prom.initial_suspend()
prom.final_suspend()	co_await prom.final_suspend()

단항 연산자인 co_await는 대기 가능 객체를 인수로 받는다. 대기 가능 객체의 형식(줄여서 대기 가능 형식)은 Awaitable 콘셉트를 충족해야 한다.

5.1.4.2 Awaitable 콘셉트

Awaitable 콘셉트†는 표 5.3의 세 멤버 함수를 요구한다.

표 5.3 Awaitable 콘셉트

함수	설명
await_ready	결과가 준비되었는지의 여부를 돌려준다. 이 멤버 함수가 false를 돌려주면 await_suspend가 호출된다.
await_suspend	코루틴의 실행 재개 또는 파괴(소멸)를 결정한다.
await_resume	co_await **표현식**의 결과를 제공한다.

C++20에는 std::suspend_always와 std::suspend_never라는 '자명한(trivial)' 대기 가능 형식이 정의되어 있다.

5.1.4.3 std::suspend_always와 std::suspend_never

이름에서 짐작하겠지만 suspend_always는 항상 코루틴을 일시 정지한다. 따라서 멤버 함수 await_ready는 항상 false를 돌려준다.

목록 5.6 대기 가능 형식 std::suspend_always

```cpp
struct suspend_always {
    constexpr bool await_ready() const noexcept { return false; }
    constexpr void await_suspend(std::coroutine_handle<>) const
noexcept {}
    constexpr void await_resume() const noexcept {}
};
```

반대로 suspend_never는 코루틴을 결코 일시 정지하지 않으며, 따라서 await_ready는 항상 true를 돌려준다.

목록 5.7 대기 가능 형식 std::suspend_never

```cpp
struct suspend_never {
    constexpr bool await_ready() const noexcept { return true; }
    constexpr void await_suspend(std::coroutine_handle<>) const
noexcept {}
    constexpr void await_resume() const noexcept {}
};
```

---

† [옮긴이] C++20에 실제로 Awaitable이라는 표준 콘셉트(이를테면 std::integral 같은)가 정의되어 있는 것은 아니다. 말 그대로 대기 가능이라는 '개념'을 표현하기 위한 수단이라고 생각하면 될 것이다.

대기 가능 형식 std::suspend_always와 std::suspend_never는 initial_suspend 나 final_suspend 같은 약속 객체 멤버 함수들의 기본 구축 요소이다. 두 멤버 함수는 코루틴이 실행되면 자동으로 실행된다. initial_suspend는 코루틴의 시작에서, final_suspend는 코루틴의 끝에서 호출된다.

5.1.4.4 initial_suspend

약속 객체의 멤버 함수 initial_suspend가 std::suspend_always 객체를 돌려주면 그 코루틴은 일시 정지 상태로 시작한다. std::suspend_never 객체를 돌려주면 그 코루틴은 결코 일시 정지되지 않는다.

목록 5.8은 코루틴이 일시 정지 상태로 시작하게 하는 예이다.

목록 5.8 느긋한 코루틴

```
std::suspend_always initial_suspend() {
    return {};
}
```

목록 5.9는 코루틴이 즉시 실행되게 하는 예이다.

목록 5.9 조급한 코루틴

```
std::suspend_never initial_suspend() {
    return {};
}
```

5.1.4.5 final_suspend

약속 객체의 멤버 함수 final_suspend가 std::suspend_always 객체를 돌려주면 그 코루틴은 자신의 끝에서 일시 정지된다. std::suspend_never 객체를 돌려주면 그 코루틴은 끝에서 결코 일시 정지되지 않는다.

목록 5.10은 코루틴이 끝에서 일시 정지되게 하는 예이다.

목록 5.10 끝에서 일시 정지되는 느긋한 코루틴

```
std::suspend_always final_suspend() noexcept {
    return {};
}
```

목록 5.11은 코루틴이 끝에서 일시 정지되지 않게 하는 예이다.

목록 5.11 끝에서 일시 정지되지 않는 조급한 코루틴

```
std::suspend_never final_suspend() noexcept {
    return {};
}
```

이상으로 대기 가능 객체를 살펴보았다. 그런데 코루틴의 그림이 완성되려면 대기 가능 객체가 종료 또는 일시 정지되길 기다리는 객체, 즉 대기자(awaiter) 객체가 필요하다.

5.1.4.6 대기자 객체

어떠한 객체가 대기자 객체가 되는 방법은 크게 두 가지이다.

- co_await 연산자를 정의한다.
- 대기 가능 객체를 대기자 객체로 변환한다.

co_await 표현식 형태의 코드에서 **표현식**은 반드시 하나의 대기 가능 객체(§ 5.1.4.1)로 평가되는 표현식이어야 한다. 좀 더 구체적으로 말하면, 일반적으로 **표현식**은 prom.yield_value(value)나 prom.initial_suspend(), prom.final_suspend() 같은 약속 객체(대기 가능 객체)의 멤버 함수 호출이다. 가독성을 위해 이후의 논의에서는 약속 객체 prom을 대기 가능 객체를 뜻하는 awaitable로 바꾸어서 표기하겠다.

컴파일러는 다음과 같은 순서로 대기자 객체를 얻는다.

1. 약속 객체의 co_await 연산자가 있으면 그것을 적용해서 대기자 객체를 얻는다.

   ```
   awaiter = awaitable.operator co_await();
   ```
2. 독립적인 co_wait 연산자가 있으면 그것으로 대기자 객체를 얻는다.

   ```
   awaiter = operator co_await();
   ```
3. 두 co_wait 연산자 모두 없으면 대기 가능 객체로부터 대기자 객체를 얻는다.

   ```
   awaiter = awaitable;
   ```

🔑 awaiter = awaitable

이번 장의 코루틴 구현 예제들은 대부분 대기 가능 객체에서 대기자 객체로의 암묵적 변환을 사용한다. co_await 연산자로 대기자 객체를 얻는 것은 §5.1.8 "co_await 예제"의 예제들뿐이다.

지금까지는 코루틴의 정적 측면들을 이야기했다. 다음 절에서는 코루틴의 동적 측면들을 살펴본다.

5.1.5 제어 흐름

컴파일러는 여러분이 작성한 코루틴 함수를 적절히 변환해서 두 개의 제어 흐름을 실행한다. 하나는 바깥쪽의 '약속 제어 흐름'(§5.1.5.1)이고 다른 하나는 안쪽의 '대기자 제어 흐름'(§5.1.5.2)이다.[†]

5.1.5.1 약속 객체 제어 흐름

어떤 함수 안에서 co_yield나 co_await, co_return을 사용하면 그 함수는 코루틴이 된다. 컴파일러는 그러한 함수의 본문을 다음과 같은 형태로 변환한다.

목록 5.12 변환된 코루틴

```
 1  {
 2      Promise prom;
 3      co_await prom.initial_suspend();
 4      try {
 5          <co_return이나 co_yield, co_wait가 있는 원래의 함수 본문>
 6      }
 7      catch (...) {
 8          prom.unhandled_exception();
 9      }
10  FinalSuspend:
11      co_await prom.final_suspend();
12  }
```

컴파일러는 변환한 코드를 약속 객체(§5.1.3.1)의 멤버 함수들을 이용해서 자동으로 실행한다. 약속 객체를 이용한 그러한 실행 흐름을 간단히 '약속 제어 흐름'이라고 부르기로 하겠다. 다음은 이 제어 흐름의 주요 단계이다.

- 코루틴의 실행이 시작되면 컴파일러는:
  - 필요하다면 코루틴 프레임을 할당한다.
  - 모든 함수 매개변수를 코루틴 프레임에 복사한다.
  - 약속 객체 prom을 생성한다(행 2).
  - prom.get_return_object()를 호출해서 코루틴 핸들을 생성하고 그것을 지

[†] [옮긴이] 이하의 논의에서 "컴파일러는 무엇무엇을 한다"는 "컴파일러가 생성한 코드는 무엇무엇을 한다"를 간결히 표현한 것이다. 물론 "코드를 변환한다", "코드를 생성한다"는 예외이다.

역 변수에 저장해 둔다. 호출의 결과는 코루틴이 처음으로 일시 정지될 때 코루틴 호출자에게 반환된다.

- prom.initial_suspend()를 호출하고 그 결과에 대해 co_await를 적용한다. 일반적으로 이 멤버 함수는 즉시 시작되는 조급한(eager; §C.35) 코루틴에 대해서는 suspend_never를, 요청이 있을 때 비로소 시작되는 느긋한 코루틴에 대해서는 suspend_always를 돌려주도록 구현된다(행 3).
- co_await prom.initial_suspend()의 실행이 재개되면 코루틴의 본문을 실행한다.

- 코루틴이 일시 정지 지점에 도달하면 컴파일러는:
  - 이후 코루틴의 실행이 재개되면 앞에서 저장해 둔 반환 객체(prom.get_return_object())를 호출자에게 돌려준다.
- 코루틴이 co_return에 도달하면 컴파일러는:
  - co_return 또는 co_return <void 형식의 표현식>이면 prom.return_void()를 호출한다.
  - co_return <void 형식이 아닌 형식의 표현식>이면 prom.return_value(그 표현식)을 호출한다.
  - 스택에 생성한 모든 변수를 파괴한다.
  - prom.final_suspend()를 호출하고 그 결과에 co_await를 적용한다(행 11).
- 코루틴이 파괴되면(co_return이나 잡히지 않은 예외에 의해, 또는 코루틴 핸들을 통해서 코루틴이 종료되어서) 컴파일러는:
  - 약속 객체의 소멸자를 호출한다.
  - 함수 매개변수들의 소멸자를 호출한다.
  - 코루틴 프레임이 사용하던 메모리를 해제한다.
  - 제어 흐름을 다시 호출자에게 돌려준다.

코루틴 안에서 잡히지 않은 예외(uncaught exception)가 발생하면 컴파일러는 다음과 같이 처리한다.

- 그 예외를 해당 catch 블록으로 잡아서 prom.unhandled_exception()을 호출한다(행 8).
- prom.final_suspend()를 호출하고 그 결과에 co_await를 적용한다(행 11).

제어 흐름이 코루틴 안의 co_await 표현식에 도달하거나 컴파일러가 암묵적으로 co_await prom.initial_suspend() 또는 co_await prom.final.suspend(), co_await prom.yield_value(value)를 호출하면 안쪽 제어 흐름, 즉 대기자 제어 흐름이 시작된다.

5.1.5.2 대기자 제어 흐름

co_await 표현식 형태의 구문을 컴파일러는 대기자 객체 멤버 함수 await_ready, await_suspend, await_resume을 이용한 코드로 변환한다. 대기자 객체를 이용한 그러한 실행 흐름을 간단히 '대기자 제어 흐름'이라고 부르기로 하겠다.

목록 5.13은 컴파일러가 생성하는 대기자 객체를 이용한 코드의 대략적인 틀을 보여준다. awaitable은 하나의 대기자 객체이다. 간단함을 위해 예외 처리는 생략했다.

목록 5.13 대기자 제어 흐름의 틀

```
1  awaitable.await_ready()가 false를 돌려준 경우:
2
3      코루틴의 실행을 일시 정지한다.
4
5      awaitable.await_suspend(coroutineHandle)의 반환 형식에 따라 분기:
6
7          void:
8              awaitable.await_suspend(coroutineHandle);
9              코루틴을 계속 일시 정지 상태로 둔다.
10             호출자로 돌아간다.
11
12         bool:
13             bool result = awaitable.await_suspend(coroutineHandle);
14             if result:
15                 코루틴을 계속 일시 정지 상태로 둔다.
16                 호출자로 돌아간다.
17             else:
18                 resumptionPoint로 간다.
19
20         그밖의 코루틴 핸들:
21             auto anotherCoroutineHandle = awaitable.await_suspend(coroutineHandle);
22             anotherCoroutineHandle.resume();
23             호출자로 돌아간다.
24
25 resumptionPoint:
26
27 return awaitable.await_resume();
```

이 제어 흐름은 awaitable.await_ready()가 false를 돌려준 경우(행 1)에만 실행된다. true를 돌려주었다면 코루틴이 준비 상태(ready)인 것이므로, 그냥 awaitable.await_resume()의 결과를 돌려준다(행 27).

awaitable.await_ready()가 false를 돌려주었다고 하자. 그러면 컴파일러는 코루틴을 일시 정지하고(행 3) 즉시 awaitable.await_suspend()의 반환값을 평가한다. 반환값의 형식은 void(행 7)나 bool(행 12), 또는 다른 어떤 코루틴 핸들(행 20)일 수 있다. 반환 형식에 따라 제어 흐름이 호출자에게 돌아가거나 또 다른 코루틴이 실행된다.

표 5.4 awaitable.await_suspend()의 반환 형식에 따른 처리

형식	처리
void	코루틴을 계속 일시 정지 상태로 두고 호출자에게 제어 흐름을 돌려준다.
bool	만일 bool == true이면 계속 일시 정지 상태로 두고 호출자에게 제어 흐름을 돌려준다. 만일 bool == false이면 코루틴의 실행을 재개한다. 제어 흐름은 호출자에게 돌아가지 않는다.
기타 코루틴 핸들	해당 코루틴의 실행을 재개하고 호출자에게 제어 흐름을 돌려준다.

코루틴 안에서 예외가 던져지면 어떻게 될까? 예외가 await_read, await_suspend, await_resume 중 어디에서 발생했느냐에 따라 처리가 다르다.

- await_ready: 코루틴은 일시 정지되지 않으며, await_suspend 호출이나 await_resume 호출을 평가하지 않는다.
- await_suspend: 예외를 잡고, 코루틴의 실행을 재개하고, 예외를 다시 던진다. await_resume은 호출하지 않는다.
- await_resume: await_ready와 await_suspend를 평가하고 모든 값을 반환한다. 물론 await_resume은 결과를 돌려주지 않는다.

그럼 이상의 이론을 실천으로 옮겨보자.

5.1.6 co_return 예제

코루틴은 반환문(return statement)에 return 대신 **co_return**을 사용한다.

5.1.6.1 미래 객체

목록 5.14 eagerFuture.cpp의 코루틴은 내가 생각해 낼 수 있는 가장 단순한 코루틴이지만, 그래도 뭔가 의미 있는 일을 한다. 이 코루틴은 자신의 호출 결과를 자동으로 저장한다.

목록 5.14 조급한 미래 객체

```cpp
// eagerFuture.cpp

#include <coroutine>
#include <iostream>
#include <memory>

template<typename T>
struct MyFuture {
    std::shared_ptr<T> value;
    MyFuture(std::shared_ptr<T> p): value(p) {}
    ~MyFuture() { }
    T get() {
        return *value;
    }

    struct promise_type {
        std::shared_ptr<T> ptr = std::make_shared<T>();
        ~promise_type() { }
        MyFuture<T> get_return_object() {
            return ptr;
        }
        void return_value(T v) {
            *ptr = v;
        }
        std::suspend_never initial_suspend() {
            return {};
        }
        std::suspend_never final_suspend() noexcept {
            return {};
        }
        void unhandled_exception() {
            std::exit(1);
        }
    };
};

MyFuture<int> createFuture() {
    co_return 2021;
}

```

```
41  int main() {
42
43      std::cout << '\n';
44
45      auto fut = createFuture();
46      std::cout << "fut.get(): " << fut.get() << '\n';
47
48      std::cout << '\n';
49
50  }
```

MyFuture는 간단한 미래(future)[11] 객체에 해당한다. 생성 즉시 실행된다는 점에서 이것은 '조급한' 미래 객체라 할 수 있다. 행 45는 코루틴 팩토리 createFuture를 호출해서 미래 객체를 생성하고 그것을 지역 변수 fut에 배정한다. 행 46에서는 fut.get()으로 해당 약속 객체의 결과를 얻는다.

코루틴 팩토리 createFuture가 돌려주는 미래 객체에 대해 주의할 점이 하나 있다. 수명 관리 문제 때문에 이 예제는 createFuture의 반환값을 std::shared_ptr로 관리한다(행 9와 17). 이 예제의 코루틴은 항상 std::suspend_never를 사용하므로(행 25와 28), 코루틴 실행 이전이나 이후에 코루틴이 일시 정지되는 일이 없다. 즉, 이 코루틴은 createFuture 호출 시 바로 실행된다. 약속 객체(promise_type)는 코루틴 객체에 대한 핸들을 생성, 저장하고, 멤버 함수 get_return_object(행 19)를 통해서 돌려준다. 멤버 함수 return_value(행 22)는 코루틴의 결과를 돌려주는데, 그 결과 자체는 행 38의 co_return 2021로 주어진다. 클라이언트는 반환된 미래 객체 fut을 약속 객체에 대한 핸들로 사용한다. 클라이언트는 fut.get을 호출해서(행 46), fut.get이 돌려주는(행 13) 코루틴 결과를 얻는다.

```
fut.get(): 2021
```

그림 5.5 조급한 미래 객체

그냥 보통의 함수처럼 행동하는 코루틴을 이렇게 어렵게 구현해야 하나 하는 생각이 들 것이다. 사실 그렇다. 그렇지만 이 예제의 간단한 코루틴은 좀 더 다양한 미래 객체 구현을 위한 출발점으로 이상적이다. 제6장 "사례 연구와 심화 예제"의 §6.2 "여러 가지 미래 객체 구현"에서 이 코루틴을 좀 더 수정해 볼 것이다.

---

[11] *https://en.cppreference.com/w/cpp/thread/future*

5.1.7 co_yield 예제

co_yield를 이용하면, 연속해서 값들을 조회할 수 있는 무한 데이터 스트림을 생성하는 생성기를 구현할 수 있다. §5.1.1 "생성기 함수"의 예제(목록 5.2)에 나온 예제 생성기 함수를 기억할 것이다. 그 예제에서 generatorForNumbers(int begin, int inc= 1)이 돌려주는 생성기 객체의 형식 generator<int>를 구체적으로 이야기하지 않았는데, 이번 절의 예제에 그런 성격의 생성기 형식이 나온다. 이 생성기 형식은 내부적으로 특별한 약속 객체를 담고 있다. 그 객체가 p라고 할 때, 코루틴 함수 안의 co_yield i를 컴파일러는 co_await p.yield_value(i)로 변환한다. 코루틴 함수 안에서 co_yield i를 몇 번이고 호출할 수 있으며, 각 호출 직후에 코루틴의 실행이 일시 정지된다.

5.1.7.1 무한 데이터 스트림

목록 5.15의 infiniteDataStream.cpp 프로그램은 무한 데이터 스트림을 생성한다. 코루틴 getNext는 start에서 시작해서 매번 step만큼 증가하는 데이터를 co_yield를 이용해서 호출자에게 돌려준다.

목록 5.15 무한 데이터 스트림 생성기

```
1   // infiniteDataStream.cpp
2
3   #include <coroutine>
4   #include <memory>
5   #include <iostream>
6
7   template<typename T>
8   struct Generator {
9
10      struct promise_type;
11      using handle_type = std::coroutine_handle<promise_type>;
12
13      Generator(handle_type h): coro(h) {}                          // (3)
14      handle_type coro;
15
16      ~Generator() {
17          if ( coro ) coro.destroy();
18      }
19      Generator(const Generator&) = delete;
20      Generator& operator = (const Generator&) = delete;
21      Generator(Generator&& oth) noexcept : coro(oth.coro) {
22          oth.coro = nullptr;
23      }
```

```
24      Generator& operator = (Generator&& oth) noexcept {
25          coro = oth.coro;
26          oth.coro = nullptr;
27          return *this;
28      }
29      T getValue() {
30          return coro.promise().current_value;
31      }
32      bool next() {                                          // (5)
33          coro.resume();
34          return not coro.done();
35      }
36      struct promise_type {
37          promise_type() = default;                          // (1)
38
39          ~promise_type() = default;
40
41          auto initial_suspend() {                           // (4)
42              return std::suspend_always{};
43          }
44          auto final_suspend() noexcept {
45              return std::suspend_always{};
46          }
47          auto get_return_object() {                         // (2)
48              return Generator{handle_type::from_promise(*this)};
49          }
50          auto return_void() {
51              return std::suspend_never{};
52          }
53
54          auto yield_value(const T value) {                  // (6)
55              current_value = value;
56              return std::suspend_always{};
57          }
58          void unhandled_exception() {
59              std::exit(1);
60          }
61          T current_value;
62      };
63  }
64  };
65
66  Generator<int> getNext(int start = 0, int step = 1) {
67      auto value = start;
68      while (true) {
69          co_yield value;
70          value += step;
71      }
72  }
```

```
73
74  int main() {
75
76      std::cout << '\n';
77
78      std::cout << "getNext():";
79      auto gen = getNext();
80      for (int i = 0; i <= 10; ++i) {
81          gen.next();
82          std::cout << " " << gen.getValue();                    // (7)
83      }
84
85      std::cout << "\n\n";
86
87      std::cout << "getNext(100, -10):";
88      auto gen2 = getNext(100, -10);
89      for (int i = 0; i <= 20; ++i) {
90          gen2.next();
91          std::cout << " " << gen2.getValue();
92      }
93
94      std::cout << '\n';
95
96  }
```

main 함수는 두 개의 코루틴을 생성한다. 첫 코루틴 gen(행 79)은 0에서 10까지의 정수들을 출력하는 데 사용하고(행 80~83), 둘째 코루틴 gen2(행 88)는 100에서 -100까지 10씩 감소하는 정수들을 출력하는 데 사용한다(행 89~92). 이 예제 프로그램의 제어 흐름을 추측해 보기 바란다. 그림 5.6은 온라인 컴파일러 Wandbox[12]에서 이 예제를 실행한 결과이다.

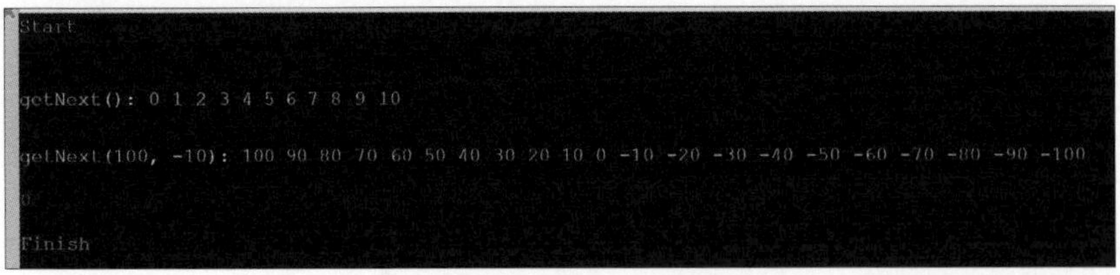

그림 5.6 무한 데이터 스트림 생성기

infiniteDataStream.cpp의 주석에 있는 번호들은 제어 흐름의 첫 반복에서 실행되는 단계들을 표시한 것이다. 그 단계들을 순서대로 설명하면 다음과 같다.

---

12 *https://wandbox.org/*

1. 약속 객체를 생성한다.

2. promise.get_return_object()를 호출하고 그 결과를 지역 변수에 저장해 둔다.

3. 생성기 객체를 생성한다.

4. promise.initial_suspend()를 호출한다. 생성기 객체는 항상 일시 정지되는, '느긋한' 생성기이다.

5. 다음 값을 요청하고, 생성기 객체가 소비되었으면 제어 흐름을 반환한다.

6. co_yield 호출에 실행된다. 다음 값을 준비하고 코루틴을 일시 정지한다.

7. 다음 값을 얻는다.

둘째 반복부터는 5, 6, 7번 단계만 실행된다.

제6장 "사례 연구와 심화 예제"의 §6.3 "생성기의 수정과 일반화"에서는 infiniteDataStream.cpp의 생성기를 좀 더 개선하고 수정해 본다.

5.1.8 co_await 예제

co_await는 코루틴의 실행을 일시 정지하거나 재개한다. co_await 표현식 형태의 구문에서 **표현식**은 소위 '대기 가능 표현식(awaitable expression)'이어야 한다. 대기 가능 표현식은 세 멤버 함수 await_ready, await_suspend,, await_resume이 적절히 정의된 형식의 객체로 평가되는 표현식을 말한다.

목록 5.16은 co_await의 전형적인 용례에 해당하는, 특정 사건(이벤트)이 발생할 때까지 실행이 차단되는(blocking) 방식의 서버이다.

목록 5.16 차단식 서버

```
1  Acceptor acceptor{443};
2  while (true) {
3      Socket socket = acceptor.accept();          // 차단
4      auto request = socket.read();               // 차단
5      auto response = handleRequest(request);
6      socket.write(response);                     // 차단
7  }
```

이것은 각 요청을 같은 스레드에서 순차적으로 처리하는 상당히 간단한 서버이다. 서버는 포트 433을 열고(행 1), 연결을 기다리고(행 3), 클라이언트가 보낸 데이터를 읽어 들이고(행 4), 그에 대한 응답을 클라이언트에 전송한다(행 6). 행 3, 4, 6의 호출은 모두 차단된다.

co_await를 이용하면 이러한 차단식 호출들을 일시 정지하고 재개할 수 있다.

목록 5.17 대기식 서버

```
1  Acceptor acceptor{443};
2  while (true) {
3      Socket socket = co_await acceptor.accept();
4      auto request = co_await socket.read();
5      auto response = handleRequest(request);
6      co_await socket.write(response);
7  }
```

코루틴을 이용한 스레드 동기화라는 좀 더 어려운 예제로 넘어가기 전에, 좀 더 간단한 예제를 살펴보자. 다음 예제는 요청에 따라 작업(job)을 시작하는 방법을 보여준다.

5.1.8.1 요청에 따른 작업 시작

목록 5.18의 예제에 나온 코루틴은 최대한 단순하게 만든 것이다. 이 코루틴은 std::suspend_never()가 돌려주는 미리 정의된 대기 가능 객체를 기다린다.

목록 5.18 요청에 따른 작업 시작

```
1   // startJob.cpp
2
3   #include <coroutine>
4   #include <iostream>
5
6   struct Job {
7       struct promise_type;
8       using handle_type = std::coroutine_handle<promise_type>;
9       handle_type coro;
10      Job(handle_type h): coro(h){}
11      ~Job() {
12          if ( coro ) coro.destroy();
13      }
14      void start() {
15          coro.resume();
16      }
17
18
19      struct promise_type {
20          auto get_return_object() {
21              return Job{handle_type::from_promise(*this)};
22          }
```

```
23          std::suspend_always initial_suspend() {
24              std::cout << "   Preparing job" << '\n';
25              return {};
26          }
27          std::suspend_always final_suspend() noexcept {
28              std::cout << "   Performing job" << '\n';
29              return {};
30          }
31          void return_void() {}
32          void unhandled_exception() {}
33
34      };
35  };
36
37  Job prepareJob() {
38      co_await std::suspend_never();
39  }
40
41  int main() {
42
43      std::cout << "Before job" << '\n';
44
45      auto job = prepareJob();
46      job.start();
47
48      std::cout << "After job" << '\n';
49
50  }
```

대기 가능 객체가 항상 일시 정지되므로 코루틴 prepareJob(행 37)은 별 의미가 없다고 생각할 수도 있지만, 그렇지는 않다. prepareJob 함수는 co_await를 사용하는(행 38), 최소한의 형태의 코루틴 팩토리이다. 행 45의 prepareJob() 호출에 의해 Job 형식의 코루틴 객체가 생성된다. Job의 정의를 보면 해당 약속 객체의 멤버 함수 initial_suspend는 std::suspend_always 형식의 대기 가능 객체를 돌려준다(행 23). 따라서 코루틴 객체는 생성 후 바로 일시 정지되며, 행 46에서 job.start()를 호출해야 비로소 코루틴의 실행이 재개된다(행 15). 이것이 "요청에 따른 작업 시작"이다. 멤버 함수 final_suspend 역시 std::suspend_always를 돌려준다(행 27).

```
Before job
    Preparing job
    Performing job
After job
```

그림 5.7 요청에 따른 작업 시작

§6.4 "다양한 작업 흐름"에서는 이 startJob.cpp를 바탕으로 삼아서 다양한 작업 제어 방식을 구현해 본다.

5.1.8.2 스레드 동기화

스레드들이 자신들을 스스로 동기화하는 경우도 많다. 한 스레드가 작업 패키지(work package)를 준비하고 다른 스레드가 그것을 기다리는 방식의 전송자-수신자(sender-reciver) 작업 흐름(workflow)을 조건 변수[13]나 약속 객체 및 미래 객체[14], 또는 원자적 부울 변수[15]를 이용해서 구현할 수 있었는데, 코루틴이 추가되면서 그러한 스레드 동기화가 더욱더 쉬워졌다. 코루틴을 이용하면 가짜 깨어남(spurious wakeup)(§C.5)이나 깨어남 소실(lost wakeup)(§C.9) 같은 조건 변수의 고질적인 위험을 피할 수 있다.

목록 5.19 스레드 동기화

```
1   // senderReceiver.cpp
2
3   #include <coroutine>
4   #include <chrono>
5   #include <iostream>
6   #include <functional>
7   #include <string>
8   #include <stdexcept>
9   #include <atomic>
10  #include <thread>
11
12  class Event {
13   public:
14
15      Event() = default;
16
17      Event(const Event&) = delete;
18      Event(Event&&) = delete;
19      Event& operator=(const Event&) = delete;
20      Event& operator=(Event&&) = delete;
21
22      class Awaiter;
23      Awaiter operator co_await() const noexcept;
24
25      void notify() noexcept;
```

13 https://en.cppreference.com/w/cpp/thread/condition_variable
14 https://en.cppreference.com/w/cpp/thread
15 https://en.cppreference.com/w/cpp/atomic/atomic

```
26
27    private:
28
29        friend class Awaiter;
30
31        mutable std::atomic<void*> suspendedWaiter{nullptr};
32        mutable std::atomic<bool> notified{false};
33
34  };
35
36  class Event::Awaiter {
37   public:
38    Awaiter(const Event& eve): event(eve) {}
39
40    bool await_ready() const;
41    bool await_suspend(std::coroutine_handle<> corHandle) noexcept;
42    void await_resume() noexcept {}
43
44   private:
45        friend class Event;
46
47        const Event& event;
48        std::coroutine_handle<> coroutineHandle;
49  };
50
51  bool Event::Awaiter::await_ready() const {
52
53        // 많아야 하나의 대기자를 허용한다.
54        if (event.suspendedWaiter.load() != nullptr){
55            throw std::runtime_error("More than one waiter is not valid");
56        }
57
58        // event.notified == false이면 코루틴은 일시 정지된다.
59        // event.notified == true이면 코루틴은 보통의 함수처럼 실행된다.
60        return event.notified;
61  }
62
63  bool Event::Awaiter::await_suspend(std::coroutine_handle<> corHandle) noexcept {
64
65        coroutineHandle = corHandle;
66
67        if (event.notified) return false;
68
69        // 이후 통지를 위해 대기자 객체를 저장해 둔다.
70        event.suspendedWaiter.store(this);
71
72        return true;
73  }
74
```

```
75  void Event::notify() noexcept {
76      notified = true;
77
78      // 대기자 객체를 적재해 본다.
79      auto* waiter = static_cast<Awaiter*>(suspendedWaiter.load());
80
81      // 대기자 객체를 사용할 수 있는지 점검한다.
82      if (waiter != nullptr) {
83          // 코루틴의 실행을 재개한다(await_resume이 호출됨).
84          waiter->coroutineHandle.resume();
85      }
86  }
87
88  Event::Awaiter Event::operator co_await() const noexcept {
89      return Awaiter{ *this };
90  }
91
92  struct Task {
93      struct promise_type {
94          Task get_return_object() { return {}; }
95          std::suspend_never initial_suspend() { return {}; }
96          std::suspend_never final_suspend() noexcept { return {}; }
97          void return_void() {}
98          void unhandled_exception() {}
99      };
100 };
101
102 Task receiver(Event& event) {
103     auto start = std::chrono::high_resolution_clock::now();
104     co_await event;
105     std::cout << "Got the notification! " << '\n';
106     auto end = std::chrono::high_resolution_clock::now();
107     std::chrono::duration<double> elapsed = end - start;
108     std::cout << "Waited " << elapsed.count() << " seconds." << '\n';
109 }
110
111 using namespace std::chrono_literals;
112
113 int main() {
114
115     std::cout << '\n';
116
117     std::cout << "Notification before waiting" << '\n';
118     Event event1{};
119     auto senderThread1 = std::thread([&event1]{ event1.notify(); });  // 통지
120     auto receiverThread1 = std::thread(receiver, std::ref(event1));
121
122     receiverThread1.join();
123     senderThread1.join();
```

```
124
125      std::cout << '\n';
126
127      std::cout << "Notification after 2 seconds waiting" << '\n';
128      Event event2{};
129      auto receiverThread2 = std::thread(receiver, std::ref(event2));
130      auto senderThread2 = std::thread([&event2]{
131        std::this_thread::sleep_for(2s);
132        event2.notify();                                        // 통지
133      });
134
135      receiverThread2.join();
136      senderThread2.join();
137
138      std::cout << '\n';
139
140  }
```

사용자의 관점에서 보면, 코루틴을 이용한 스레드 동기화는 간단하다. 목록 5.19의 senderReceiver.cpp 프로그램을 보자. 스레드 senderThread1(행 119)과 senderThread2(행 130)는 Event 객체를 이용해서 상대방 스레드에 통지를 보낸다(행 119와 132). 행 102~109의 receiver 함수는 하나의 코루틴이다. 이 함수는 receiverThread1 스레드와 receiverThread2 스레드 안에서 실행된다(행 122와 135). receiver 함수는 코루틴 시작 시점과 종료 시점 사이의 시간을 측정해서 출력한다. 이 시간은 코루틴이 얼마나 오래 기다렸는지에 해당한다. 그림 5.8에 이 예제 프로그램의 출력 예가 나와 있다.

```
Start

Notification before waiting
Got the notification!
Waited 1.5738e-05 seconds.

Notification after 2 seconds waiting
Got the notification!
Waited 2.00019 seconds.

g

Finish
```

그림 5.8 스레드 동기화

이 예제의 Event 클래스를 §5.1.7.1 "무한 데이터 스트림"의 Generator 클래스와 비교하면 미묘한 차이가 있다. Generator는 대기 가능 객체와 대기자 객체

를 돌려주지만, Event는 operator co_await를 이용해서 대기자 객체를 돌려준다. 이처럼 대기 가능 객체와 대기자 객체로 관심사를 분리하면(separation of concerns) 코드의 구조가 개선된다.

이 예제 프로그램의 출력을 보면 둘째 코루틴이 실행되기까지 약 2초가 걸렸음을 알 수 있다. 이는, event1은 코루틴이 일시 정지되기 전에 바로 통지를 보내지만(행 119) event2는 2초 동안 잠든 후에 통지를 보내기 때문이다(행 131~132).

이번에는 사용자가 아니라 구현자의 관점에서 예제 코드를 살펴보자. 코루틴의 제어 흐름을 이해하기가 그리 쉽지 않을 것이다. 이와 관련해서 주목할 것은 Event 클래스의 멤버 변수 suspendedWaiter와 notified이다. 멤버 변수 suspendedWaiter(행 31)는 통지를 기다릴 대기자 객체를 담고(행 31), notified(행 32)는 통지의 상태를 담는다.

이 예제의 제어 흐름은 두 가지이다. 하나는 코루틴이 이벤트를 기다리기 전에 이벤트가 통지되는 흐름(이하 '첫 제어 흐름')이고 다른 하나는 이벤트가 나중에 통지되는 제어 흐름(이하 '둘째 제어 흐름')이다.

먼저 event1(행 118)이 관여하는 첫 제어 흐름부터 보자. event1은 receiver Thread1이 시작되기 전에 통지를 보낸다. 행 119에서 senderThread1이 생성되면서 event1의 notify 메서드(행 75~86)가 호출된다. notify는 통지 플래그(notified 멤버 변수)를 true로 설정하고 static_cast<Awaiter*>(suspended Waiter.load())를 호출한다. 이 시점에서 멤버 변수 waiter는 이전에 설정된 적이 없으므로 기본값인 nullptr이다. 그러면 그 아래 if 문(행 82)의 조건이 실패하므로 행 84의 resume 호출문은 실행되지 않는다. 이제 대기자 제어 흐름(§ 5.1.5.2)에 의해 멤버 함수 await_ready (행 51~61)가 실행된다. 이 멤버 함수는 먼저 대기자 객체가 이미 마련되어 있는지 점검해서, 만일 그렇다면(대기자 객체가 많아야 하나라는 조건이 위반되었으므로) std::runtime 예외를 던진다. 이 멤버 함수의 핵심은 반환값이다(행 60). event.notified는 이전에 notify 메서드에서 true로 설정해 둔 상태이다. await_ready가 true를 돌려주면 해당 코루틴은 일시 정지되지 않고 보통의 함수처럼 실행된다.

event2가 관여하는 둘째 제어 흐름에서는 event2가 통지를 보내기 전에 co_await event2가 실행된다. co_await event2에 의해 멤버 함수 await_ready(행 51)가 호출되는데, 이번에는 event.notified가 false라는 것이 첫 제어 흐름과의 중요한 차이점이다. await_ready가 false를 돌려주므로 해당 코루틴은 일시 정지되며, 이에 의해 멤버 함수 await_suspend(행 63~73)가 호출된다. await_suspend는 주어진 코루틴 핸들 corHandle을 이후의 호출을 위해 멤버 변수 coroutineHandle에 저장해 둔다(행 65). 이후의 호출은 물론 코루틴의 실행 재개를 뜻한다. await_suspend는 또한 대기자 객체(waiter) 자신을 멤버 변수 suspendedWaiter에 저장해 둔다. 나중에 event2.notify()가 호출되는데, 첫 제어 흐름과는 달리 이번에는 행 82의 조건식 waiter != nullptr이 true로 평가된다. 그러면 waiter는 coroutineHandle에 저장해 둔 핸들을 이용해서 코루틴의 실행을 재개한다.

ⓘ 코루틴 요약

- 코루틴은 자신의 상태를 유지하면서 실행을 일시 정지하거나 제개할 수 있는, 일반화된 함수이다.
- C++20은 구체적인 코루틴들을 제공하는 것이 아니라 코루틴을 구현하기 위한 하나의 틀(프레임워크)을 제공한다. 코루틴 구현을 위한 프레임워크는 20개 이상의 함수로 구성되는데, 그중에는 여러분이 반드시 구현해야 하는 함수도 있고 재작성(overwrite)이 가능한 함수도 있다.
- C++20은 새로운 두 가지 개념과 그에 대응되는 새 키워드 co_await와 co_yield를 도입해서 C++ 함수의 실행을 확장했다.
- co_await **표현식** 형태의 구문을 이용해서 해당 표현식의 실행을 일시 정지하고 재개할 수 있다. func라는 함수 안에 co_await **표현식**이 있다고 할 때, auto getResult = func() 호출은 func의 결과가 아직 준비되지 않았으면 차단되지 않는다. 이 점을 활용하면 자원 소모적인 차단 대신 자원 친화적인 대기를 구현할 수 있다.
- co_yield를 이용하면 무한 데이터 스트림을 생성하는 함수를 구현할 수 있다.

5.2 원자적 연산

그림 5.9 원자를 공부하는 시피

원자적(atomic) 연산 라이브러리도 C++20에서 의미 있는 방식으로 확장되었다. 아마 가장 중요한 것은 원자적 참조와 원자적 스마트 포인터일 것이다.

5.2.1 std::atomic_ref

클래스 템플릿 std::atomic_ref는 참조되는 객체에 원자적 연산들을 적용한다.

원자적 객체를 여러 스레드가 동시에 읽고 써도 데이터 경쟁(data race; §C.11)이 발생하지 않는다. 참조되는 객체의 수명은 반드시 atomic_ref의 수명보다 길어야 한다. 어떤 객체를 한 atomic_ref가 참조한다면, 그 객체에 대한 다른 모든 접근도 atomic_ref를 통해서 일어나야 한다. 더 나아가서, atomic_ref가 참조하는 객체의 부분 객체들은 다른 어떤 atomic_ref를 통해서 접근할 수 없다.

5.2.1.1 동기

"std::atomic_ref 같은 원자적 참조 수단이 꼭 필요할까? 원자적 객체 안에 참조를 두면 되지 않을까?"라고 생각하는 독자도 있겠지만, 안타깝게도 그런 방법은 통하지 않는다.

목록 5.20의 예제 프로그램을 보자. ExpensiveToCopy 클래스에는 counter라는 멤버 변수가 있다. 이 counter를 여러 스레드가 동시에 증가하려 하므로, 올바른 결과를 얻으려면 counter를 동시 접근으로부터 적절히 보호할 필요가 있다.

목록 5.20 원자적 참조 예제

```cpp
 1  // atomicReference.cpp
 2
 3  #include <atomic>
 4  #include <iostream>
 5  #include <random>
 6  #include <thread>
 7  #include <vector>
 8
 9  struct ExpensiveToCopy {
10      int counter{};
11  };
12
13  int getRandom(int begin, int end) {
14
15      std::random_device seed;            // 초기 종잣값
16      std::mt19937 engine(seed());        // 난수 발생기
17      std::uniform_int_distribution<> uniformDist(begin, end);
18
19      return uniformDist(engine);
20  }
21
22  void count(ExpensiveToCopy& exp) {
23
24      std::vector<std::thread> v;
25      std::atomic<int> counter{exp.counter};
26
27      for (int n = 0; n < 10; ++n) {
28          v.emplace_back([&counter] {
29              auto randomNumber = getRandom(100, 200);
30              for (int i = 0; i < randomNumber; ++i) { ++counter; }
31          });
32      }
33
34      for (auto& t : v) t.join();
35
36  }
37
38  int main() {
39
40      std::cout << '\n';
41
42      ExpensiveToCopy exp;
43      count(exp);
44      std::cout << "exp.counter: " << exp.counter << '\n';
45
46      std::cout << '\n';
47
48  }
```

클래스 ExpensiveToCopy는 복사 비용이 큰 객체를 흉내 낸 것이다. 복사가 비싸기 때문에 함수 count(행 22)는 이 객체를 참조로 받는다. 객체 exp(행 42)로 이 함수를 호출하면(행 43), count는 먼저 exp.counter를 인수로 사용해서 std::atomic<int> 형식의 객체 counter를 생성한다(행 25). 그런 다음 행 27의 for 루프에서 스레드 열 개를 생성하는데, 각 스레드는 counter를 받는 람다 표현식을 실행한다. 그 람다 표현식은 100에서 200 사이의 난수 하나를 생성하고(행 29) counter를 그 난수만큼 증가한다(행 30). getRandom 함수(행 13)는 초기 종잣값(seed value)으로 고른 분포(균등 분포) 메르센 트위스터$^{Mersenne\ Twister}$ 난수 발생기[16]를 생성하고, begin과 end 사이(지금 예에서는 100에서 2000 사이)의 난수를 생성해서 돌려준다.

열 개의 스레드가 exp.counter를 각각 평균 150회 증가할 것이므로, 행 44는 1500 근처의 값을 출력할 것이다. 그렇지만 실제로 실행해 보면 엉뚱한 결과가 나온다. 그림 5.10은 Wandbox 온라인 컴파일러[17]에서 이 예제 프로그램을 실행한 결과이다.

그림 5.10 원자적 참조 예제의 의외의 결과

왜 카운터가 0일까? 행 25의 표현식 std::atomic<int> counter{exp.counter}에서 exp.counter의 복사본이 만들어진다는 것이 문제의 원인이다. 목록 5.21은 이 문제를 좀 더 명확하게 보여주는 작은 예제 프로그램이다.

목록 5.21 참조 복사 문제

```
1  // atomicRefCopy.cpp
2
3  #include <atomic>
```

---

16 *https://ko.wikipedia.org/wiki/메르센_트위스터*
17 *https://wandbox.org/*

```
 4   #include <iostream>
 5
 6   int main() {
 7
 8       std::cout << '\n';
 9
10       int val{5};
11       int& ref = val;
12       std::atomic<int> atomicRef(ref);
13       ++atomicRef;
14       std::cout << "ref: " << ref << '\n';
15       std::cout << "atomicRef.load(): " << atomicRef.load() << '\n';
16
17       std::cout << '\n';
18
19   }
```

행 13의 증가 연산은 ref(행 11)가 아니라 행 12에서 만들어진 ref의 복사본에 접근할 뿐이다. 따라서 ref의 값은 변하지 않는다.

그림 5.11 참조 복사 문제

std::atomic<int>를 std::atomic_ref<int>로 바꾸면 문제가 해결된다.

목록 5.22 std::atomic_ref 예제

```
// atomicRef.cpp

#include <atomic>
#include <iostream>
#include <random>
#include <thread>
#include <vector>

struct ExpensiveToCopy {
    int counter{};
};

int getRandom(int begin, int end) {
```

```
        std::random_device seed;        // 초기 종잣값
        std::mt19937 engine(seed());    // 난수 발생기
        std::uniform_int_distribution<> uniformDist(begin, end);

        return uniformDist(engine);
}

void count(ExpensiveToCopy& exp) {

        std::vector<std::thread> v;
        std::atomic_ref<int> counter{exp.counter};

        for (int n = 0; n < 10; ++n) {
            v.emplace_back([&counter] {
                auto randomNumber = getRandom(100, 200);
                for (int i = 0; i < randomNumber; ++i) { ++counter; }
            });
        }

        for (auto& t : v) t.join();

}

int main() {

        std::cout << '\n';

        ExpensiveToCopy exp;
        count(exp);
        std::cout << "exp.counter: " << exp.counter << '\n';

        std::cout << '\n';

}
```

이제는 counter가 예상 범위의 값이 되었다.

그림 5.12 std::atomic_ref의 예상 범위의 결과

std::atomic[18]처럼 std::atomic_ref도 다른 형식들로 특수화할 수 있으며, 몇 가지 내장 데이터 형식들에 대한 특수화들이 미리 정의되어 있다.

5.2.1.2 std::atomic_ref의 특수화들

사용자 정의 형식에 대해 std::atomic_ref를 특수화할 수 있다. 그리고 포인터 형식에 대한 부분 특수화와 정수 형식이나 부동소수점 형식 같은 산술 형식에 대한 완전 특수화가 제공된다.

기본 템플릿

기본 템플릿 std::atomic_ref는 자명하게 복사 가능한(trivially copyable)[19] 형식 T로 인스턴스화할 수 있다.

```
struct Counters {
    int a;
    int b;
};

Counter counter;
std::atomic_ref<Counters> cnt(counter);
```

포인터 형식에 대한 부분 특수화

표준은 포인터 형식에 대한 부분 특수화 std::atomic_ref<T*>를 제공한다.

산술 형식에 대한 완전 특수화

표준은 정수 형식들과 부동 소수점 형식들에 대한 특수화 std::atomic_ref<산술_형식>을 제공한다. 여기서 산술_형식에 해당하는 표준 형식들은 다음과 같다.

- 문자 형식: char, char8_t(C++20), char16_t, char32_t, wchar_t
- 부호 있는 정수 형식: signed char, short, int, long, long long
- 부호 없는 정수 형식: unsigned char, unsigned short, unsigned int, unsigned long, unsigned long long
- <cstdint>[20]에 정의된 추가적인 정수 형식:
  - int8_t, int16_t, int32_t, int64_t(각각 정확히 8, 16, 32, 64비트인 부호 있는 정수)

---

18 *https://en.cppreference.com/w/cpp/atomic/atomic*
19 *https://en.cppreference.com/w/cpp/types/is_trivially_copyable*
20 *http://en.cppreference.com/w/cpp/header/cstdint*

- uint8_t, uint16_t, uint32_t, uint64_t(각각 정확히 8, 16, 32, 64비트인 부호 없는 정수)

- int_fast8_t, int_fast16_t, int_fast32_t, int_fast64_t(각각 적어도 8, 16, 32, 64비트인 가장 빠른 부호 있는 정수)

- uint_fast8_t, uint_fast16_t, uint_fast32_t, uint_fast64_t(각각 적어도 8, 16, 32, 64비트인 가장 빠른 부호 없는 정수)

- int_least8_t, int_least16_t, int_least32_t, int_least64_t(각각 적어도 8, 16, 32, 64비트인 가장 작은 부호 있는 정수)

- uint_least8_t, uint_least16_t, uint_least32_t, uint_least64_t (각각 적어도 8, 16, 32, 64비트인 가장 작은 부호 없는 정수)

- intmax_t, uintmax_t(가장 큰 부호 있는 정수와 부호 없는 정수)

- intptr_t, uintptr_t(포인터 값을 담는 부호 있는 정수와 부호 없는 정수)

- 부동소수점 형식: float, double, long double

atomic_ref가 지원하는 원자적 연산

표 5.5는 atomic_ref 객체에 적용할 수 있는 모든 원자적 연산을 정리한 것이다.

표 5.5 atomic_ref에 대한 모든 연산

함수	설명
is_lock_free	atomic_ref 객체가 무잠금(lock-free)인지 점검한다.
is_always_lock_free	주어진 원자적 형식이 항상 무잠금인지 점검한다.
load	참조된 객체의 값을 원자적으로 반환한다.
operator T	참조된 객체의 값을 원자적으로 반환한다. load()와 동등하다.
store	참조된 객체의 값을 주어진 비원자적 객체로 원자적으로 대체한다.
exchange	참조된 객체의 값을 주어진 객체로 원자적으로 대체하고 기존 값을 돌려준다.
compare_exchange_strong compare_exchange_weak	원자적으로, 참조된 객체의 값을 주어진 값과 비교해서 그 결과에 따라 값을 대체한다.
fetch_add, += fetch_sub, -=	원자적으로, 주어진 값을 참조된 객체의 값에 더하거나 뺀다.
fetch_or, |= fetch_and, &= fetch_xor, ^=	원자적으로, 주어진 값과 참조된 객체의 비트 단위 연산(AND, OR, XOR)을 수행한다.
++, --	참조된 객체를 원자적으로 증가 또는 감소한다(전위, 후위 모두 가능).

notify_one	원자적 대기 연산 하나의 차단을 푼다.
notify_all	모든 원자적 대기 연산의 차단을 푼다.
wait	통지가 될 때까지 실행을 차단한다. 가짜 깨어남(§C.5)과 깨어남 소실 (§C.9)을 방지하기 위해, 참조된 객체의 값을 주어진 기존 값과 비교한다. 두 값이 다르면 제어 흐름을 반환한다.

복합 배정 연산자들(+=, −=, |=, &=, ^=)은 새 값을 돌려준다. fetch_* 함수들은 기존 값을 돌려준다.

constexpr 함수 atomic_ref<type>::is_always_lock_free를 이용하면 원자적 형식이 해당 실행 프로그램을 실행할 모든 하드웨어에서 무잠금(§C.18) 방식인지 점검할 수 있다. 이 함수는 지원되는 모든 하드웨어에서 해당 형식이 무잠금일 때만 true를 돌려준다. 이 점검은 컴파일 시점에서 일어난다. 이러한 무잠금 점검 기능은 C++17에서 도입되었다.

이 멤버 함수들에는 생략 가능한 메모리 순서 정렬(memory-ordering) 매개변수가 있다. 이 매개변수의 기본값은 std::memory_order_seq_cst이고, 그 외에 std::memory_order_relaxed나 std::memory_order_consume, std::memory_order_acquire, std::memory_order_release, std::memory_order_acq_rel을 사용할 수 있다. 멤버 함수 compare_exchange_strong과 compare_exchange_weak은 두 개의 메모리 순서 정렬 인수를 받는데, 하나는 교환이 성공하는 경우에 적용되고 다른 하나는 실패 경우에 적용된다. 두 함수는 주어진 값과 참조된 객체의 값이 같으면 exchange를, 그렇지 않으면 load를 호출한다. 두 함수는 성공의 경우 true를, 실패의 경우 false를 돌려준다. 메모리 순서 정렬 인수를 하나만 지정하면 성공의 경우와 실패의 경우 모두에 그 인수가 쓰인다. 메모리 순서 정렬 인수는 원자적 연산 도중 메모리가 접근되는 순서를 결정하는데, 좀 더 자세한 사항은 cppreference.com의 memory_order 페이지[21]를 참고하기 바란다.

그런데 std::atomic_ref가 참조하는 모든 형식이 이 연산들 전부를 지원하는 것은 아니다. 표 5.6은 std::atomic_ref가 참조하는 형식에 따른 원자적 연산 지원 여부를 정리한 것이다.

---

21 *https://en.cppreference.com/w/cpp/atomic/memory_order*

표 5.6 std::atomic_ref가 참조하는 형식에 따른 원자적 연산 지원 여부(예 = 지원함)

함수	atomic_ref<T>	atomic_ref <floating>	atomic_ref<T>	atomic_ref<T*>
is_lock_free	예	예	예	예
load	예	예	예	예
operator T	예	예	예	예
store	예	예	예	예
exchange	예	예	예	예
compare_exchange_strong	예	예	예	예
compare_exchange_weak	예	예	예	예
fetch_add, +=		예	예	예
fetch_sub, -=		예	예	예
fetch_or, |=				예
fetch_and, &=				예
fetch_xor, ^=				예
++, --			예	예
notify_one	예	예	예	예
notify_all	예	예	예	예
wait	예	예	예	예

5.2.2 원자적 스마트 포인터

std::shared_ptr[22]는 제어 블록(control block)과 자원(resource)으로 구성된다. 제어 블록은 스레드에 안전하지만 자원은 그렇지 않다. 제어 블록이 스레드에 안전하다(thread-safe)는 것은, 참조 카운터 수정이 원자적 연산이며 자원이 정확히 한 번만 삭제됨이 보장된다는 뜻이다. 이것이 std::shared_ptr가 제공하는 보장(guarntee)이다.

> 🔑 **스레드에 안전한 스마트 포인터의 중요성**
>
> 스마트 포인터가 잘 정의된 다중 스레드 의미론을 가진다는 것이 왜 중요한지 잠깐 짚고 넘어가자. 다중 스레드 코드에 std::shared_ptr를 사용하는 것은 바람직하지 않다. std::shared_ptr는 애초에 공유되는, 가변적인(mutable) 포인터라서 동기화

---

22 *https://en.cppreference.com/w/cpp/memory/shared_ptr*

되지 않는 읽기 및 쓰기 연산에 이상적이며, 다중 스레드 환경에서는 미정의 행동(§C.19)이 발생할 여지가 많다. 한편, 현대적 C++에는 "**원본 포인터(raw pointer)를 사용하지 말라**"는 지침이 있다. 이 지침을 따른다면, 다중 스레드 프로그램에서도 반드시 스마트 포인터를 사용해야 한다. 따라서 우리에게는 스레드에 안전한, 원자적인 스마트 포인터가 필요하다.

원자적 스마트 포인터 제안서 N4162[23]는 기존 스마트 포인터의 단점들을 명확히 서술한다. 단점들은 크게 일관성 문제, 정확성 문제, 성능 문제로 요약할 수 있다.

- **일관성 문제**: std::shared_ptr에 대한 원자적 연산들은 오직 비원자적 데이터 형식에 대한 원자적 연산이다.
- **정확성 문제**: 전역 원자적 연산들은 정확한 사용법을 따라야만 제대로 작동하기 때문에 프로그래머가 실수할 여지가 많다. 예를 들어 std::atomic_store(&ptr, localPtr)라고 해야 할 것을 무심코 ptr = localPtr라고 하기 쉽다. 그러면 데이터 경쟁 때문에 미정의 행동(§C.19)이 발생한다. 원자적 스마트 포인터를 사용한다면 그런 실수를 형식 시스템(type system)이 지적해 줄 것이다.
- **성능 문제**: 원자적 스마트 포인터는 비원자적 스마트 포인터보다 성능이 훨씬 좋다. 원자자적 버전은 특정한 용례에 맞게 설계되며, 내부적으로 std::atomic_flag를 저렴한 회전 자물쇠(spinlock)[24]로 사용할 수 있다. 포인터 함수들의 비원자적 버전을 스레드에 안전하게 설계하려면, 단일 스레드 문맥에서는 필요하지 않은 부담들이 추가될 수밖에 없으며, 따라서 단일 스레드 상황에서는 성능이 떨어질 여지가 있다.

아마도 정확성 문제가 가장 중요할 것이다. 왜 그런지는 제안서에 답이 있다. 제안서는 요소의 삽입, 삭제, 검색을 지원하는 스레드에 안전한 단일 연결 목록(singly-linked list)의 구현을 제시한다. 이 단일 연결 목록은 무잠금 방식으로 구현되었다.

5.2.2.1 스레드 안전 단일 연결 목록
그림 5.13은 제안서 N4162에 나온 단일 연결 목록 코드를 재현한 것이다.

---

23 *http://wg21.link/n4162*
24 *https://en.wikipedia.org/wiki/Spinlock*

```
template<typename T> class concurrent_stack {
    struct Node { T t; shared_ptr<Node> next; };
    atomic_shared_ptr<Node> head;
            // C++11에서는 "atomic_"을 제거하고, 변수에 접근할 때마다
            // 특수 함수들을 사용해야 한다.
    concurrent_stack( concurrent_stack &) =delete;
    void operator=(concurrent_stack&) =delete;

public:
    concurrent_stack() =default;
    ~concurrent_stack() =default;
    class reference {
        shared_ptr<Node> p;
    public:
        reference(shared_ptr<Node> p_) : p{p_} { }
        T& operator* () { return p->t; }
        T* operator->() { return &p->t; }
    };

    auto find( T t ) const {
        auto p = head.load();      // C++11: atomic_load(&head)
        while( p && p->t != t )
            p = p->next;
        return reference(move(p));
    }
    auto front() const {
        return reference(head); // C++11: atomic_load(&head)
    }
    void push_front( T t ) {
        auto p = make_shared<Node>();
        p->t = t;
        p->next = head;            // C++11: atomic_load(&head)
        while( !head.compare_exchange_weak(p->next, p) ){ }
        // C++11: atomic_compare_exchange_weak(&head, &p->next, p);
    }
    void pop_front() {
        auto p = head.load();
        while( p && !head.compare_exchange_weak(p, p->next) ){ }
        // C++11: atomic_compare_exchange_weak(&head, &p, p->next);
    }
};
```

그림 5.13 스레드 안전 단일 연결 목록

주석들은 이 코드를 C++11에서 컴파일하는 데 필요한 변경 사항이다. 원자적 스마트 포인터를 이용한 구현이 훨씬 쉬우며, 그래서 실수의 여지가 적다는 점을 알 수 있을 것이다. C++20의 형식 시스템은 원자적 스마트 포인터에 대한 비원자적 연산을 허용하지 않는다.

제안서 N4162[25]는 std::atomic_shared_ptr와 std::atomic_weak_ptr라는 새로운 원자적 스마트 포인터 형식들을 제안했다. 이후 이들은 C++20에 std::atomic(§5.2)의 부분 템플릿 특수화인 std::atomic<std::shared_ptr<T>>와

---

25 *http://wg21.link/n4162*

std::atomic<std::weak_ptr<T>>의 형태로 반영되었다.

다음 예제 프로그램은 하나의 std::atomic<std::shared_ptr<std::string>> 객체를 다섯 스레드가 동기화 없이 안전하게 수정하는 방법을 보여준다.

```cpp
1  // atomicSharedPtr.cpp
2
3  #include <iostream>
4  #include <memory>
5  #include <atomic>
6  #include <string>
7  #include <thread>
8
9  int main() {
10
11     std::cout << '\n';
12
13     std::atomic<std::shared_ptr<std::string>> sharString(
14         std::make_shared<std::string>("Zero"));
15
16     std::thread t1([&sharString]{
17       sharString.store(std::make_shared<std::string>(*sharString.load() + "One"));
18     });
19     std::thread t2([&sharString]{
20       sharString.store(std::make_shared<std::string>(*sharString.load() + "Two"));
21     });
22     std::thread t3([&sharString]{
23       sharString.store(std::make_shared<std::string>(*sharString.load() +"Three"));
24     });
25     std::thread t4([&sharString]{
26       sharString.store(std::make_shared<std::string>(*sharString.load() +"Four"));
27     });
28     std::thread t5([&sharString]{
29       sharString.store(std::make_shared<std::string>(*sharString.load() +"Five"));
30     });
31
32     t1.join();
33     t2.join();
34     t3.join();
35     t4.join();
36     t5.join();
37
38     std::cout << *sharString.load() << '\n';
39
40  }
```

행 13은 문자열 "Zero"를 초기치로 사용해서 원자적 std::shared_ptr 객체 sharString을 생성한다. 행 16~30에서는 t1에서 t5까지 스레드 다섯 개를 생성,

실행한다. 이 스레드들은 각자 sharString에 특정한 문자열을 덧붙인다. 최종 결과는 행 38에서 출력된다. std::atomic<std::shared_ptr> 대신 std::shared_ptr를 사용했다면 데이터 경쟁이 발생했을 것이다.

그림 5.14는 이 프로그램의 출력 예인데, 스레드들이 어떤 순서로 실행되었는지 엿볼 수 있다.

그림 5.14 스레드에 안전한 std::string 수정

원자적 스마트 포인터가 도입되면서 기존의 std::shared_ptr에 대한 원자적 연산들은 비권장(deprecate; 폐기 예정)으로 분류되었다.

5.2.3 std::atomic_flag 확장

C++20에서 std::atomic_flag가 어떻게 확장되었는지 이야기하기 전에, C++11에서 도입된 std::atomic_flag를 간단하게나마 정리하고 넘어가는 것이 좋겠다. std::atomic_flag에 관한 좀 더 자세한 내용은 내 블로그 글 "The Atomic Flag"[26]를 참고하기 바란다.

5.2.3.1 C++11의 std::atomic_flag

std::atomic_flag는 원자적 부울(atomic boolean) 형식이다. 이 형식에는 clear라는 멤버 함수와 test_and_set이라는 멤버 함수가 있다. 부울 객체의 상태를 true로 설정하는 것을 간단히 "설정한다"라고 표현하고, false로 설정하는 것을 "해제한다(clear)"라고 표현하겠다. 멤버 함수 test_and_set은 원자적으로 상태를 설정하고 이전 상태를 돌려준다(설정과 반환은 하나의 원자적 단계로 이루어진다). 멤버 함수 clear는 원자적으로 상태를 해제한다. std::atomic_flag 객체를 생성할 때 ATOMIC_FLAG_INIT을 초기치로 지정하면 그 객체는 false의 상태로 초기화된다.

std::atomic_flag에는 다음과 같은 두 가지 매력적인 성질이 있다.

---

26 *https://www.modernescpp.com/index.php/the-atomic-flag*

- std::atomic_flag는 무잠금이 보장되는 유일한 원자적 형식이다.
- std::atomic_flag는 더 높은 수준의 스레드 추상들을 구현하는 구축 요소로 쓰인다.

그런데 C++11의 std::atomic_flag에는 현재 상태를 수정하지 않고 조회만 하는 멤버 함수가 없었다. 이 문제는 C++20에서 해결되었다.

5.2.3.2 C++20의 std::atomic_flag 확장

표 5.7은 C++20에서 좀 더 강력해진 std::atomic_flag의 인터페이스를 정리한 것이다.

표 5.7 std::atomic_flag 객체 atomicFlag에 적용할 수 있는 모든 연산

멤버 함수	설명
atomicFlag.clear()	원자적 플래그(부울 상태)를 해제한다.
atomicFlag.test_and_set()	원자적 플래그를 설정하고 기존 값을 돌려준다.
atomicFlag.test() (C++20)	원자적 플래그의 값을 돌려준다.
atomicFlag.notify_one() (C++20)	원자적 플래그를 기다리는 스레드 하나에 통지한다.
atomicFlag.notify_all (C++20)	원자적 플래그를 기다리는 모든 스레드에 통지한다.
atomicFlag.wait(bo) (C++20)	원자적 플래그가 바뀌어서 통지될 때까지 스레드의 실행을 차단한다.

새로 추가된 atomicFlag.test()는 atomicFlag의 값(부울 상태)을 변경하지 않고 그대로 돌려준다. 추가된 나머지 멤버 함수 wait, notify_one, notify_all은 스레드 동기화에 유용하다. notify_one과 notify_all은 원자적 플래그를 기다리는 하나의 스레드 또는 모든 스레드에 통지한다. wait는 부울 매개변수 하나를 받는다. atomicFlag.wait(bo)는 다음번 통지 또는 가짜 깨어남이 발생할 때까지 스레드를 차단하는데, bo는 가짜 깨어남을 방지하기 위한 술어(predicate) 역할을 한다. 가짜 깨어남은 잘못된 통지에 해당한다.

또한, C++11에서와는 달리 std::atomic_flag의 기본 생성자는 부울 상태를 false로 초기화한다.

다음에서 살펴볼 좀 더 강력한 원자적 형식들의 구현에는 뮤텍스mutex나 기타 잠금 메커니즘이 쓰일 수 있다. C++ 표준에 따르면 그렇다. 이 원자적 형식들에는 해당 원자적 객체가 무잠금 방식인지 여부를 돌려주는 is_lock_free라는

멤버 함수가 있다. 흔히 쓰이는 주요 플랫폼들에서는 이 멤버 함수가 항상 false를 돌려준다. false는 해당 구현이 무잠금 방식이 아니고 어떠한 잠금 메커니즘을 사용한다는 뜻이다. 모든 플랫폼이 그런 것은 아니므로, 이 특성이 중요한 프로그램이라면 구체적으로 점검할 필요가 있다. 다행히 constexpr 함수 atomic_ref<T>::is_always_lock_free를 이용하면 임의의 원자적 형식 T가 해당 실행 프로그램의 실행을 지원하는 모든 하드웨어에서 무잠금 방식인지 점검할 수 있다. 이 함수는 지원되는 모든 하드웨어에서 해당 형식이 무잠금일 때만 true를 돌려준다. 이 점검은 컴파일 시점에서 일어난다. 이러한 무잠금 점검 기능은 C++17에서 도입되었다.

5.2.3.3 일회성 스레드 동기화

전송자-수신자 작업 흐름(§5.1.8.2)은 다중 스레드 프로그램들에 상당히 흔히 쓰이는 전략이다. 이 작업 흐름에서 수신자는 전송자의 통지를 기다렸다가 향후 작업(이를테면 미래 객체에 구현된)을 진행한다. 이 작업 흐름을 구현하는 방법은 다양하다. C++11에서는 조건 변수(condition variable)나 약속/미래 쌍(약속 객체와 미래 객체의 조합)을 이용해서 구현할 수 있었다. C++20에서는 std::atomic_flag를 이용해서 좀 더 간단하게 구현할 수 있다. 각 방법에는 나름의 장단점이 있으므로, 여기서 이 방법들을 비교해 보면 배울 점이 있을 것이다. 조건 변수나 미래 객체와 약속 객체에 익숙하지 않은 독자들도 있을 것이므로, 이들에 대한 간단한 설명도 곁들이겠다.

조건 변수를 이용한 동기화

먼저, 전송자와 수신자가 동기화에 조건 변수를 이용하는 예를 보자. 전송자는 조건 변수(std::condition_variable 형식의 객체)를 이용해서 하나 이상의 수신자들에게 통지를 보낼 수 있다.

목록 5.23 조건 변수를 이용한 스레드 동기화

```
1  // threadSynchronizationConditionVariable.cpp
2
3  #include <iostream>
4  #include <condition_variable>
5  #include <mutex>
6  #include <thread>
7  #include <vector>
8
9  std::mutex mut;
```

```
10  std::condition_variable condVar;
11
12  std::vector<int> myVec{};
13
14  void prepareWork() {
15
16      {
17          std::lock_guard<std::mutex> lck(mut);
18          myVec.insert(myVec.end(), {0, 1, 0, 3});
19      }
20      std::cout << "Sender: Data prepared."  << '\n';
21      condVar.notify_one();
22  }
23
24  void completeWork() {
25
26      std::cout << "Waiter: Waiting for data." << '\n';
27      std::unique_lock<std::mutex> lck(mut);
28      condVar.wait(lck, []{ return not myVec.empty(); });
29      myVec[2] = 2;
30      std::cout << "Waiter: Complete the work." << '\n';
31      for (auto i: myVec) std::cout << i << " ";
32      std::cout << '\n';
33
34  }
35
36  int main() {
37
38      std::cout << '\n';
39
40      std::thread t1(prepareWork);
41      std::thread t2(completeWork);
42
43      t1.join();
44      t2.join();
45
46      std::cout << '\n';
47
48  }
```

이 예제 프로그램에는 자식 스레드가 두 개 있다. 행 40의 t1은 prepareWork를, 행 41의 t2는 completeWork를 실행한다. 함수 prepareWork(행 14)는 작업에 사용할 데이터를 준비한 후, 준비를 마쳤음을 condVar.notify_one()으로 통지한다(행 21). t2는 자물쇠 lck을 소유한 상태에서 그 통지를 기다린다. 행 28의 condVar.wait(lck, []{ return not myVec.empty(); })이 바로 그것이다. 이 스레드는 항상 같은 단계들을 수행한다. 통지를 받으면, 자물쇠를 소유한 상태에서 술어 []{ return not myVec.empty(); }가 평가된다. 만일 이 술어가 거짓이면 t2는 다시 수면(대기) 상태가 된다. 술어가 참이면 자신의 작업을 진행한다. 정리하자면, t1이 행 18에서 std::vector 객체에 초기 값들을 모두 추가한 후에야 t2가 그 객체를 수정한다(행 29).

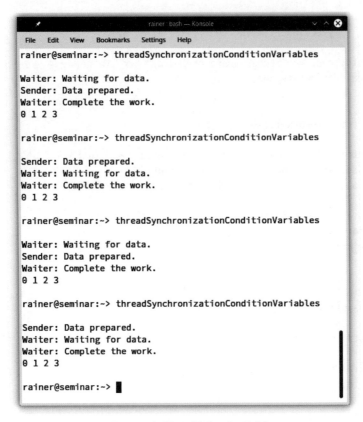

그림 5.15 조건 변수를 이용한 스레드 동기화

조건 변수에는 몇 가지 고질적인 문제점이 있다. 예를 들어, 수신자가 통지 없이 깨어나거나 통지를 놓칠 여지가 존재한다. 전자를 가짜 깨어남, 후자를 깨어남 소실이라고 부른다. 이 두 문제 모두, 앞의 예제에서처럼 술어를 이용해서 방지할 수 있다. 술어를 사용하지 않는 경우, 수신자가 대기 상태로 들어가기 전에 전송자가 통지를 보내면 수신자가 그 통지를 놓치게 되며, 그러면 수신자는 영원히 통지를 기다리게 된다. 이것은 교착(deadlock; §C.8) 상황이다. 행 28에서 술어를 제거하고 컴파일해서 프로그램을 실행해 보면 둘째 스레드에서 교착이 발생해서 프로그램이 종료되지 않음을 알 수 있다. 술어를 사용하지 않아도 컴파일 오류가 발생하지는 않으므로, 무심코 실수하기 쉽다.

전송자-수신자 작업 흐름과 조건 변수의 함정에 관해 좀 더 자세히 알고 싶으면 내 블로그 글 "C++ Core Guidelines: Be Aware of the Traps of Condition Variables"[27]를 참고하기 바란다.

다음으로, 전송자-수신자 작업 흐름을 약속/미래 쌍을 이용해서 구현해 보자.

약속/미래 쌍을 이용한 동기화

약속(promise) 객체는 자신과 연관된 미래(future) 객체에 하나의 값이나 예외, 통지를 보낼 수 있다. 목록 5.24는 전송자-수신자 작업 흐름을 약속 객체와 미래 객체를 이용해서 구현한 예이다.

목록 5.24 약속/미래 쌍을 이용한 스레드 동기화

```cpp
1   // threadSynchronizationPromiseFuture.cpp
2
3   #include <iostream>
4   #include <future>
5   #include <thread>
6   #include <vector>
7
8   std::vector<int> myVec{};
9
10  void prepareWork(std::promise<void> prom) {
11
12      myVec.insert(myVec.end(), {0, 1, 0, 3});
13      std::cout << "Sender: Data prepared."  << '\n';
14      prom.set_value();
15
16  }
17
18  void completeWork(std::future<void> fut){
19
20      std::cout << "Waiter: Waiting for data." << '\n';
21      fut.wait();
22      myVec[2] = 2;
23      std::cout << "Waiter: Complete the work." << '\n';
24      for (auto i: myVec) std::cout << i << " ";
25      std::cout << '\n';
26
27  }
28
```

---

[27] *https://www.modernescpp.com/index.php/c-core-guidelines-be-aware-of-the-traps-of-condition-variables*

```
29  int main() {
30
31      std::cout << '\n';
32
33      std::promise<void> sendNotification;
34      auto waitForNotification = sendNotification.get_future();
35
36      std::thread t1(prepareWork, std::move(sendNotification));
37      std::thread t2(completeWork, std::move(waitForNotification));
38
39      t1.join();
40      t2.join();
41
42      std::cout << '\n';
43
44  }
```

코드를 잘 살펴보면 동기화가 prom.set_value()(행 14)와 fut.wait()(행 21)의 쌍으로 단순화되었음을 알 수 있을 것이다. 출력은 조건 변수를 이용한 동기화 예제의 것과 사실상 동일하므로, 스크린샷은 생략하겠다.

약속 객체와 미래 객체를 묶어서 그냥 '작업(task)'이라고 부르기도 하는데, 내 블로그에 이에 관한 글들이 있으니 참고하기 바란다.[28]

std::atomic_flag를 이용한 동기화

이제 C++11에서 C++20으로 바로 넘어가자.

목록 5.25 std::atomic_flag를 이용한 스레드 동기화

```
1   // threadSynchronizationAtomicFlag.cpp
2
3   #include <atomic>
4   #include <iostream>
5   #include <thread>
6   #include <vector>
7
8   std::vector<int> myVec{};
9
10  std::atomic_flag atomicFlag{};
11
12  void prepareWork() {
13
```

---

[28] https://www.modernescpp.com/index.php/tag/tasks

```
14      myVec.insert(myVec.end(), {0, 1, 0, 3});
15      std::cout << "Sender: Data prepared."  << '\n';
16      atomicFlag.test_and_set();
17      atomicFlag.notify_one();
18
19  }
20
21  void completeWork() {
22
23      std::cout << "Waiter: Waiting for data." << '\n';
24      atomicFlag.wait(false);
25      myVec[2] = 2;
26      std::cout << "Waiter: Complete the work." << '\n';
27      for (auto i: myVec) std::cout << i << " ";
28      std::cout << '\n';
29
30  }
31
32  int main() {
33
34      std::cout << '\n';
35
36      std::thread t1(prepareWork);
37      std::thread t2(completeWork);
38
39      t1.join();
40      t2.join();
41
42      std::cout << '\n';
43
44  }
```

prepareWork는 작업할 데이터를 준비한 후 atomicFlag를 true로 설정하고(행 16) 통지를 보낸다(행 17). completeWork는 행 24에서 그 통지를 기다린다. 통지가 와도, atomicFlag가 true일 때만 차단이 풀린다.

그림 5.16은 이 예제 프로그램을 MSVC 컴파일러로 컴파일해서 여러 번 실행한 예인데, 데이터 경쟁 없이 매번 일관된 출력이 나왔다.

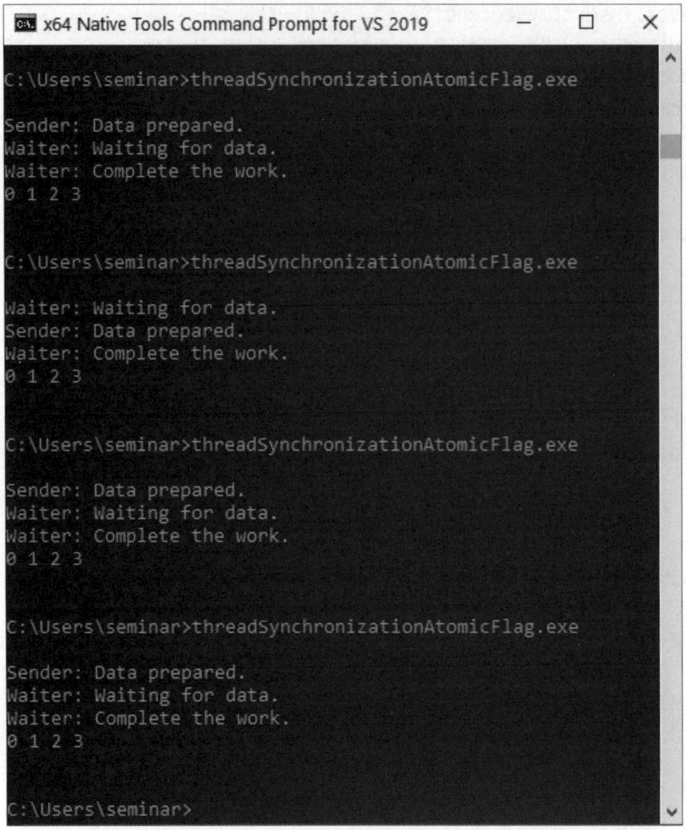

그림 5.16 std::atomic_flag를 이용한 스레드 동기화

5.2.4 std::atomic 확장

std::atomic[29]도 C++20에서 여러 가지로 확장되었다. 우선, float, double, long double 같은 부동소수점 형식에 대한 std::atomic 특수화들이 추가되었다. 또한, 멤버 함수 notify_one, notify_all, wait가 추가되었기 때문에 std::atomic_flag뿐만 아니라 std::atomic도 스레드 동기화에 사용할 수 있다. std::atomic과 std::atomic_ref의 모든 완전 특수화와 부분 특수화(부울, 정수, 부동소수점, 포인터)가 통지와 대기를 지원한다.

예를 들어 atomic<bool>을 atomic_flag(§5.2.3)와 같은 용도로 사용할 수 있다. 다음은 목록 5.25의 threadSynchronizationAtomicFlag.cpp를 atomic_flag 대신 atomic<bool>을 이용해서 그대로 다시 구현한 예이다.

---

29 *https://en.cppreference.com/w/cpp/atomic/atomic*

목록 5.26 std::atomic<bool>을 이용한 스레드 동기화

```cpp
1   // threadSynchronizationAtomicBool.cpp
2
3   #include <atomic>
4   #include <iostream>
5   #include <thread>
6   #include <vector>
7
8   std::vector<int> myVec{};
9
10  std::atomic<bool> atomicBool{false};
11
12  void prepareWork() {
13
14      myVec.insert(myVec.end(), {0, 1, 0, 3});
15      std::cout << "Sender: Data prepared."  << '\n';
16      atomicBool.store(true);
17      atomicBool.notify_one();
18
19  }
20
21  void completeWork() {
22
23      std::cout << "Waiter: Waiting for data." << '\n';
24      atomicBool.wait(false);
25      myVec[2] = 2;
26      std::cout << "Waiter: Complete the work." << '\n';
27      for (auto i: myVec) std::cout << i << " ";
28      std::cout << '\n';
29
30  }
31
32  int main() {
33
34      std::cout << '\n';
35
36      std::thread t1(prepareWork);
37      std::thread t2(completeWork);
38
39      t1.join();
40      t2.join();
41
42      std::cout << '\n';
43
44  }
```

행 24의 atomicBool.wait(false) 호출은 만일 atomicBool == false이면 차단된

다. 이후 행 16에서 atomicBool.store(true)를 호출해서 atomicBool을 true로 설

정한 후 행 17에서 통지를 보내면 행 24의 차단이 풀린다.

이전 예제처럼 MSVC 컴파일러로 예제 프로그램을 컴파일해서 여러 번 실행한 예가 그림 5.17에 나와 있다.

그림 5.17 std::atomic<bool>을 이용한 스레드 동기화

조건 변수 대 약속/미래 쌍 대 std::atomic_flag

이번 절의 예제들(목록 5.23의 threadSynchronizationConditionVariable.cpp 등)처럼 통지가 한 번만 필요한 상황이라면 조건 변수보다는 약속/미래 쌍이 낫다. 약속/미래 쌍을 이용한 접근 방식에서는 가짜 깨어남이나 깨어남 소실 문제가 발생하지 않는다. 굳이 술어를 이용해서 가짜 깨어남이나 깨어남 소실을 방지할 필요가 없다. 게다가 약속/미래 쌍에서는 자물쇠나 뮤텍스를 사용할 필요도 없다. 약속/미래 쌍의 유일한 단점은 단 한 번만 사용할 수 있다는 것이다.

간단한 스레드 동기화 작업 흐름에 대해서는 약속/객체 쌍과 원자적 객체(std::atomic_flag나 std::atomic<bool>) 중 어느 것이 더 나은지 확실히 말하기 어렵다. 이들은 모두 스레드에 안전하도록 설계되었으며, 개별적인 보호 메커니즘이 필요 없다. 약속/미래 쌍이 더 사용하기 쉽지만, 성능 측면을 본다면 아마도 원자적 객체가 더 빠를 것이다. 확실한 것은, 나는 꼭 필요한 경우가 아니라면 조건 변수를 사용하지 않을 것이라는 점이다.

ℹ️ **원자적 연산 요약**

- std::atomic_ref는 참조되는 객체에 원자적 연산들을 적용한다. 참조되는 객체에 대한 읽기 연산과 쓰기 연산이 원자적이기 때문에, 동시에 여러 스레드가 접근해도 데이터 경쟁이 발생하지 않는다. 참조되는 객체의 수명은 반드시 atomic_ref의 수명보다 길어야 한다.
- std::shared_ptr은 제어 블록과 자원으로 구성된다. 제어 블록은 스레드에 안전하지만, 자원은 그렇지 않다. C++20에는 원자적 스마트 포인터 형식 std::atomic<std::shared_ptr<T>>와 std::atomic<std::weak_ptr<T>>가 추가되었다.
- std::atomic_flag는 원자적 부울(atomic boolean) 형식으로, C++에서 무잠금이 보장되는 자료구조는 std::atomic_flag가 유일하다. C++20에서 std::atomic_flag의 인터페이스가 좀 더 확장되었다. 부울 상태를 조회하는 멤버 함수와 스레드 동기화를 위한 멤버 함수들이 추가되었다.
- C++11에서 도입된 std::atomic은 C++20에서 여러 가지로 개선되었다. 부동소수점 형식에 대한 특수화와 스레드 동기화를 위한 멤버 함수들이 추가되었다.

5.3 세마포어

그림 5.18 기차 운행을 통제하는 시피

세마포어semaphore는 공유 자원에 대한 동시적인 접근들을 제어하는 데 쓰이는 동기화 메커니즘이다. C++20은 0보다 큰 카운터를 가진 특별한 세마포어인 계수 세마포어(counting semaphore)를 구현한 클래스 템플릿 std::counting_ semaphore를 제공한다. 해당 세마포어 객체의 카운터는 생성자에서 초기화된다. 세마포어를 획득(또는 확보)하면(acquire) 카운터가 감소하고, 해제하면(release) 카운터가 증가한다. 카운터가 0인 세마포어를 어떤 스레드가 획득하려 하면, 그 스레드는 다른 스레드가 그 세마포어를 해제해서 카운터가 0보다 커질 때까지 차단된다.

🔑 세마포어를 고안한 에츠허르 W. 데이크스트라

세마포어 개념은 네덜란드의 컴퓨터 과학자 에츠허르 W. 데이크스트라[Edsger W. Dijkstra][30]가 1965년에 제시했다. 세마포어는 하나의 대기열(queue)과 하나의 카운터로 이루어진 자료구조이다. 카운터는 0 이상의 값으로 초기화된다. 세마포어는 '대기(wait)' 연산과 '신호(signal)' 연산을 지원한다. 대기 연산은 세마포어를 획득하고 카운터를 감소한다. 만일 카운터가 0이면 세마포어 획득은 실패하고 스레드의 실행이 차단된다. 신호 연산은 세마포어를 해제하고 카운터를 증가한다. 고갈(starvation)[31]을 피하기 위해, 세마포어 메커니즘은 차단된 스레드들을 대기열에 추가해 둔다.

원래 세마포어는 철도에서 기차들을 통제하는 데 쓰이는 신호기이다(그림 5.19).

그림 5.19 세마포어(출처: 위키미디어 공용의 File:Rail-semaphore-signal-Dave-F.jpg[32], 원 업로더는 영어 위키백과의 AmosWolfe)

편의를 위해 C++20은 std::counting_semaphore<1>의 별칭인 std::binary_semaphore를 제공한다. std::counting_semaphore<1>은 카운터의 최소 최댓값

---

30 *https://en.wikipedia.org/wiki/Edsger_W._Dijkstra*

31 *https://en.wikipedia.org/wiki/Starvation_(computer_science)*

32 *https://commons.wikimedia.org/w/index.php?curid=1972304&uselang=ko*

(least max value)이 1인† 계수 세마포어를 뜻한다. std::binary_semaphore의 한 가지 용도는 자물쇠(lock)[33]를 구현하는 것이다.

using binary_semaphore = std::counting_semaphore<1>;

std::mutex와는 달리 std::counting_semaphore는 스레드에 묶이지(bound) 않는다. 이는 하나의 세마포어를 서로 다른 여러 스레드가 획득하고 해제할 수 있다는 뜻이다. 표 5.8은 std::counting_semaphore의 인터페이스이다.

표 5.8 std::counting_semaphore의 멤버 함수들

멤버 함수	설명
std::semaphore sem{num}	계수 세마포어 sem을 생성한다. 내부 카운터는 num으로 초기화된다.
sem.max() (정적 멤버 함수)	카운터의 최댓값을 돌려준다.
sem.release(upd = 1)	카운터를 upd만큼 증가하고, 세마포어 sem을 획득하려 하는 스레드들의 차단을 푼다.
sem.acquire()	카운터를 1 증가거나, 카운터가 0보다 커질 때까지 실행을 차단한다.
sem.try_acquire()	카운터 감소를 시도한다. 카운터가 0이어도 차단되지 않는다.
sem.try_acquire_for(relTime)	카운터 감소를 시도한다. 카운터가 0이면 지금부터 최대 relTime 시간 동안 차단된다.
sem.try_acquire_until(absTime)	카운터 감소를 시도한다. 카운터가 0이면 최대 absTime 시간(시각)까지 차단된다.

std::counting_semaphore<10> sem(5)는 카운터의 최댓값이 적어도 10이고 초기치가 5인 세마포어를 생성한다. sem.max()는 카운터의 가능한 최댓값을 돌려준다. sem.release(upd = 1)의 upd는 반드시 upd >= 0과 upd + 카운터 <= sem.max()를 충족해야 한다. sem.try_aquire_for(relTime)의 relTime은 크로노 라이브러리의 지속시간(duration) 객체[34]이고 sem.try_acquire_until(absTime)의 absTime은 시점(time point) 객체[35]이어야 한다. 세 멤버 함수 try_acquire, try_acquire_for, try_acquire_until은 호출 성공 여부를 뜻하는 부울 값을 돌려준다.

---

† [옮긴이] 최소 최댓값이 1이라는 것은 최댓값이 적어도 1이라는, 다시 말해 최댓값이 1보다 작지 않다는 뜻이다.

33 *https://en.cppreference.com/w/cpp/named_req/BasicLockable*
34 *https://en.cppreference.com/w/cpp/chrono/time_point*
35 *https://en.cppreference.com/w/cpp/chrono/time_point*

세마포어는 전송자-수신자 작업 흐름에 흔히 쓰인다. 이 작업 흐름에서는 세마포어 sem을 0으로 초기화한다. 그러면 수신자의 sem.acquire() 호출은 전송자가 sem.release()를 호출할 때까지 차단된다. 결과적으로 수신자는 전송자의 통지를 기다렸다가 자신의 작업을 진행하게 된다. 다음 예제에서 보듯이, 세마포어를 이용하면 스레드들의 일회성 동기화를 손쉽게 구현할 수 있다.

목록 5.27 std::counting_semaphore를 이용한 스레드 동기화

```cpp
1   // threadSynchronizationSemaphore.cpp
2
3   #include <iostream>
4   #include <semaphore>
5   #include <thread>
6   #include <vector>
7
8   std::vector<int> myVec{};
9
10  std::counting_semaphore<1> prepareSignal(0);
11
12  void prepareWork() {
13
14      myVec.insert(myVec.end(), {0, 1, 0, 3});
15      std::cout << "Sender: Data prepared."  << '\n';
16      prepareSignal.release();
17  }
18
19  void completeWork() {
20
21      std::cout << "Waiter: Waiting for data." << '\n';
22      prepareSignal.acquire();
23      myVec[2] = 2;
24      std::cout << "Waiter: Complete the work." << '\n';
25      for (auto i: myVec) std::cout << i << " ";
26      std::cout << '\n';
27
28  }
29
30  int main() {
31
32      std::cout << '\n';
33
34      std::thread t1(prepareWork);
35      std::thread t2(completeWork);
36
37      t1.join();
38      t2.join();
39
40      std::cout << '\n';
```

```
41
42 }
```

std::counting_semaphore 객체 prepareSignal(행 10)의 카운터가 가질 수 있는
값은 0 또는 1이다. 이 예제에서는 0으로 초기화했다. 따라서 행 22의 prepare
Signal.acquire() 호출은 행 16에서 prepareSignal.release()를 호출해서 카운
터 값이 1이 될 때까지 차단된다.

그림 5.20 std::counting_semaphore를 이용한 스레드 동기화

ℹ **세마포어 요약**

- 세마포어는 공유 자원에 대한 동시 접근들을 제어하는 데 쓰이는 동기화 메커니
  즘이다.
- C++20의 std::counting_semaphore는 카운터를 가진 계수 세마포어이다. 스레드
  가 이 세마포어를 획득하면 카운터가 감소하고, 해제하면 카운터가 증가한다. 카
  운터가 0인 세마포어의 획득을 시도한 스레드는 다른 스레드가 그 세마포어를 해
  제해서 카운터가 증가될 때까지 차단된다.

5.4 빗장과 장벽

그림 5.21 바리케이드 장벽에 막힌 시피

빗장(latch)과 장벽(barrier)은 카운터가 0이 될 때까지 스레드의 실행을 차단하는 용도로 쓰이는 조정(coordination) 메커니즘들이다. C++20에서 빗장을 위한 std::latch 형식과 장벽을 위한 std::barrier 형식이 표준 라이브러리에 추가되었다. std::latch나 std::barrier의 멤버 함수를 여러 스레드가 동시에 호출해도 데이터 경쟁(§C.11)이 발생하지 않는다.

이들에 관해 두 가지 의문이 생길 것이다.

1. 이 두 스레드 실행 조정 메커니즘의 차이는 무엇인가? 빗장(std::latch)은 한 번만 사용할 수 있지만 장벽(std::barrier)은 여러 번 사용할 수 있다. 따라서, std::latch는 여러 스레드가 하나의 작업을 수행하는 상황에 유용하고 std::barrier는 여러 스레드가 작업을 되풀이해서 수행하는 상황에 유용하다. 또한, std::barrier에는 하나의 함수를 소위 완료 단계(completion step)에서 실행할 수 있다는 추가적인 장점이 있다. 완료 단계란 카운터가 0이 된 상태이다.

2. C++11과 C++14의 미래 객체, 스레드, 조건 변수와 자물쇠 조합으로는 할 수 없고 빗장과 장벽으로만 할 수 있는 일이 있는가? 그렇지는 않다. 빗장과 장벽이 새로운 용례를 제공하지는 않는다. 그러나 이들이 사용하기가 더 쉽다. 또한, 이들은 내부적으로 무잠금[36] 메커니즘을 사용하는 경우가 많기 때문에 성능도 더 좋다.

---

36 *https://en.wikipedia.org/wiki/Non-blocking_algorithm*

5.4.1 std::latch

그럼 std::latch의 인터페이스를 자세히 살펴보자(표 5.9).

표 5.9 std::latch의 멤버 함수들

멤버 함수	설명
std::latch lat{cnt}	내부 카운터가 num인 std::latch 객체 lat을 생성한다.
lat.count_down(upd = 1)	카운터를 원자적으로 upd만큼 감소한다. 호출자는 차단되지 않는다.
lat.try_wait()	만일 카운터가 0이면 true를 돌려준다.
lat.wait()	카운터가 0이면 즉시 반환되고, 그렇지 않으면 카운터가 0이 될 때까지 차단된다.
lat.arrive_and_wait(upd = 1)	lat.count_down(upd); lat.wait();와 같다.
std::latch::max	구현이 지원하는 카운터 최댓값을 돌려준다.

upd의 기본값은 1이다. upd가 카운터보다 크거나 음수이면 미정의 행동이다. 이름에 wait가 있긴 하지만, 카운터가 0이 아니라도 lat.try_wait()는 카운터가 0이 되길 기다리지 않고 즉시 반환된다.

목록 5.28의 bossWorkers.cpp 프로그램은 std::latch 객체 두 개를 이용해서 감독-일꾼(boss-worker) 작업 흐름을 구현한다. std::cout 출력들을 synchronizedOut 함수(행 13)를 이용해서 동기화했음을 주목하자. 이렇게 하면 std::cout 출력들이 뒤섞이지 않으므로 실행 결과를 보고 작업 흐름을 짚어 나가기가 쉽다.

목록 5.28 두 std::latch 객체를 이용한 감독-일꾼 작업 흐름

```
1   // bossWorkers.cpp
2
3   #include <iostream>
4   #include <mutex>
5   #include <latch>
6   #include <thread>
7
8   std::latch workDone(6);
9   std::latch goHome(1);
10
11  std::mutex coutMutex;
12
13  void synchronizedOut(const std::string& s) {
14      std::lock_guard<std::mutex> lo(coutMutex);
15      std::cout << s;
```

```
16  }
17
18  class Worker {
19  public:
20      Worker(std::string n): name(n) { }
21
22      void operator() (){
23          // 작업이 끝나면 감독에게 통지한다.
24          synchronizedOut(name + ": " + "Work done!\n");
25          workDone.count_down();
26
27          // 퇴근(귀가)이 가능할 때까지 기다린다.
28          goHome.wait();
29          synchronizedOut(name + ": " + "Good bye!\n");
30      }
31  private:
32      std::string name;
33  };
34
35  int main() {
36
37      std::cout << '\n';
38
39      std::cout << "BOSS: START WORKING! " << '\n';
40
41      Worker herb("  Herb");
42      std::thread herbWork(herb);
43
44      Worker scott("    Scott");
45      std::thread scottWork(scott);
46
47      Worker bjarne("      Bjarne");
48      std::thread bjarneWork(bjarne);
49
50      Worker andrei("        Andrei");
51      std::thread andreiWork(andrei);
52
53      Worker andrew("          Andrew");
54      std::thread andrewWork(andrew);
55
56      Worker david("            David");
57      std::thread davidWork(david);
58
59      workDone.wait();
60
61      std::cout << '\n';
62
63      goHome.count_down();
64
```

```
65      std::cout << "BOSS: GO HOME!" << '\n';
66
67      herbWork.join();
68      scottWork.join();
69      bjarneWork.join();
70      andreiWork.join();
71      andrewWork.join();
72      davidWork.join();
73
74  }
```

감독-일꾼 작업 흐름의 개념은 간단하다. 여섯 일꾼 객체 herb, scott, bjarne, andrei, andrew, david(행 41~57)는 각자 자신의 작업을 수행한다. 자신의 작업이 끝나면 일꾼 객체들은 std::latch 객체 workDone(행 8)의 카운터를 각자 감소한다(행 25). 감독(주 스레드)은 행 59에서 그 카운터가 0이 되길 기다린다. 카운터가 0이 되면 감독은 또 다른 std::latch 객체 goHome(행 9)을 이용해서 일꾼들에게 퇴근을 신호한다. goHome의 초기 카운터는 1이므로, 행 63의 goHome.count_down() 호출 한 번으로 카운터가 0이 된다. 그러면 일꾼들이 호출한 goHome.wait()의 차단이 풀려서 모두들 퇴근하게 된다.

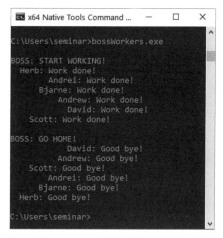

그림 5.22 두 std::latch 객체를 이용한 감독-일꾼 작업 흐름

이 예제의 작업 흐름을 잘 살펴보면 감독이 없어도 된다는 점을 깨달을 수 있을 것이다. 목록 5.29가 이 점을 반영한 예제이다.

목록 5.29 하나의 std::latch 객체를 이용한 일꾼 작업 흐름

```
1  // workers.cpp
2
```

```cpp
 3  #include <iostream>
 4  #include <latch>
 5  #include <mutex>
 6  #include <thread>
 7
 8  std::latch workDone(6);
 9  std::mutex coutMutex;
10
11  void synchronizedOut(const std::string& s) {
12      std::lock_guard<std::mutex> lo(coutMutex);
13      std::cout << s;
14  }
15
16  class Worker {
17   public:
18      Worker(std::string n): name(n) { }
19
20      void operator() () {
21          synchronizedOut(name + ": " + "Work done!\n");
22          workDone.arrive_and_wait();  // 모든 작업이 끝나길 기다린다.
23          synchronizedOut(name + ": " + "See you tomorrow!\n");
24      }
25   private:
26      std::string name;
27  };
28
29  int main() {
30
31      std::cout << '\n';
32
33      Worker herb("  Herb");
34      std::thread herbWork(herb);
35
36      Worker scott("    Scott");
37      std::thread scottWork(scott);
38
39      Worker bjarne("      Bjarne");
40      std::thread bjarneWork(bjarne);
41
42      Worker andrei("        Andrei");
43      std::thread andreiWork(andrei);
44
45      Worker andrew("          Andrew");
46      std::thread andrewWork(andrew);
47
48      Worker david("            David");
49      std::thread davidWork(david);
50
51      herbWork.join();
```

```
52     scottWork.join();
53     bjarneWork.join();
54     andreiWork.join();
55     andrewWork.join();
56     davidWork.join();
57
58  }
```

이전 예제(bossWorkers.cpp)와는 달리 이 예제에서는 감독 없이 일꾼들이 스스로 작업들을 조정한다. 이전보다 작업 흐름이 단순해졌지만, 기본적인 틀은 동일하므로 특별히 더 설명할 필요는 없을 것이다. 행 22의 workDone.arrive_and_wait() 호출은 workDone.count_down(upd); workDone.wait();에 해당한다.

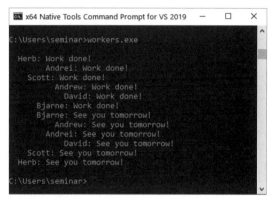

그림 5.23 하나의 std::latch 객체를 이용한 일꾼 작업 흐름

그럼 std::latch와 비슷하지만 같지는 않은 std::barrier로 넘어가자.

5.4.2 std::barrier

std::latch와 std::barrier의 차이점은 두 가지이다. 첫째로, std::barrier는 여러 번 사용할 수 있다. 둘째로, std::barrier는 다음 단계(phase)를 위해 카운터의 값을 변경하는 수단을 제공한다. bar가 std::barrier 객체라고 할 때(객체 생성 시 카운터가 주어진 값으로 초기화된다), bar.arrive()나 bar.arrive_and_wait(), bar.arrive_and_drop()은 현재 단계의 카운터를 감소한다. 그런데 bar.arrive_and_drop()은 다음 단계를 위한 카운터도 감소한다. 카운터가 0이 되면 소위 '완료 단계'가 시작된다. 완료 단계에서는 생성자로 지정해 둔 호출 가능 객체(§C.41)가 실행된다.

완료 단계는 다음과 같은 과정으로 진행된다.

1. 모든 스레드가 차단된다.

2. 임의의 한 스레드의 차단이 풀리고, 그 스레드가 호출 가능 객체를 실행한다. 그 호출 가능 객체는 예외를 던지지 말아야 하며, noexcept로 선언된 것이어야 한다.

3. 호출 가능 객체의 실행이 끝나면 모든 스레드의 차단이 풀린다.

표 5.10 std::barrier의 멤버 함수들

멤버 함수	설명
std::barrier bar{cnt}	내부 카운터가 cnt인 std::barrier 객체 bar를 생성한다.
std::barrier bar{cnt, call}	내부 카운터가 cnt이고 완료 단계를 위한 호출 가능 객체가 call인 std::barrier 객체 bar를 생성한다.
bar.arrive(upd)	카운터를 upd만큼 원자적으로 감소한다.
bar.wait()	완료 단계가 끝날 때까지 동기화 지점에서 실행을 차단한다.
bar.arrive_and_wait()	wait(arrive())와 동등하다.
bar.arrive_and_drop()	현재 단계와 다음 단계를 위해 카운터를 1 감소한다.
std::barrier::max()	구현이 지원하는 카운터 최댓값(정적 멤버 함수)

bar.arrive_and_drop() 호출은 본질적으로 다음 단계를 위해 카운터를 1 감소하는 것을 의미한다. 목록 5.30의 fullTimePartTimeWorkers.cpp 프로그램은 둘째 단계에서 일꾼들을 절반으로 줄인다.

목록 5.30 전업 일꾼과 시간제 일꾼

```
1   // fullTimePartTimeWorkers.cpp
2
3   #include <iostream>
4   #include <barrier>
5   #include <mutex>
6   #include <string>
7   #include <thread>
8
9   std::barrier workDone(6);
10  std::mutex coutMutex;
11
12  void synchronizedOut(const std::string& s) {
13      std::lock_guard<std::mutex> lo(coutMutex);
14      std::cout << s;
15  }
16
17  class FullTimeWorker {
```

```
18     public:
19         FullTimeWorker(std::string n): name(n) { }
20
21         void operator() () {
22             synchronizedOut(name + ": " + "Morning work done!\n");
23             workDone.arrive_and_wait();  // 오전 작업이 끝나길 기다린다.
24             synchronizedOut(name + ": " + "Afternoon work done!\n");
25             workDone.arrive_and_wait();  // 오후 작업이 끝나길 기다린다.
26
27         }
28     private:
29         std::string name;
30 };
31
32 class PartTimeWorker {
33     public:
34         PartTimeWorker(std::string n): name(n) { }
35
36         void operator() () {
37             synchronizedOut(name + ": " + "Morning work done!\n");
38             workDone.arrive_and_drop();  // 오전 작업이 끝나길 기다린다.
39         }
40     private:
41         std::string name;
42 };
43
44 int main() {
45
46     std::cout << '\n';
47
48     FullTimeWorker herb("  Herb");
49     std::thread herbWork(herb);
50
51     FullTimeWorker scott("    Scott");
52     std::thread scottWork(scott);
53
54     FullTimeWorker bjarne("      Bjarne");
55     std::thread bjarneWork(bjarne);
56
57     PartTimeWorker andrei("        Andrei");
58     std::thread andreiWork(andrei);
59
60     PartTimeWorker andrew("          Andrew");
61     std::thread andrewWork(andrew);
62
63     PartTimeWorker david("            David");
64     std::thread davidWork(david);
65
66     herbWork.join();
```

```
67    scottWork.join();
68    bjarneWork.join();
69    andreiWork.join();
70    andrewWork.join();
71    davidWork.join();
72
73  }
```

이 예제의 작업 흐름은 두 종류의 일꾼들로 구성된다. 하나는 전업 일꾼(행 17)이고 다른 하나는 시간제 일꾼(행 32)이다. 시간제 일꾼은 오전에만 근무하고 전업(상근) 일꾼은 오전과 오후 모두 근무한다. 따라서 전업 일꾼은 workDone. arrive_and_wait()를 두 번(행 23과 25) 호출하지만, 시간제 일꾼은 workDone. arrive_and_drop()을 한 번(행 38) 호출한다. 후자의 workDone.arrive_and_drop() 호출에 의해 시간제 일꾼은 오후 작업에 참여하지 않는다. 따라서, 첫 단계(오전 작업)에서는 카운터가 6이지만 둘째 단계(오후 작업)에서는 3이다.

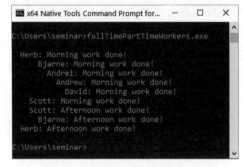

그림 5.24 전업 일꾼과 시간제 일꾼

ⓘ **빗장과 장벽 요약**

- 빗장과 장벽은 카운터가 0이 될 때까지 스레드의 실행을 차단하는 용도로 쓰이는 조정 메커니즘들이다. 빗장(std::latch)은 한 번만 사용할 수 있지만 장벽(std:: barrier)은 여러 번 사용할 수 있다.
- std::latch는 여러 스레드가 하나의 작업을 수행하는 상황에 유용하고 std:: barrier는 여러 스레드가 작업을 되풀이해서 수행하는 상황에 유용하다.

5.5 협조적 가로채기

그림 5.25 정지 신호 앞에 멈춘 시피

C++의 협조적 가로채기(cooperative interruption) 기능은 세 클래스 std::stop_source, std::stop_token, std::stop_callback에 기반한다. std::jthread와 std::condition_variable_any가 협조적 가로채기를 지원한다.

우선, 스레드를 "죽이는(kill; 강제 종료)" 것이 왜 나쁜지부터 살펴보자.

⚠️ **스레드 강제 종료는 위험하다**

스레드의 상태를 알지 못하는 상태에서 스레드를 죽이는 것은 위험한 일이다. 다음은 발생할 수 있는 부정적인 상황 두 가지이다.

- 스레드가 작업을 절반만 마친 상태에서 강제로 종료하면 스레드의 작업이 어디까지 진행되었는지 알 수 없으며, 그러면 프로그램 자체의 상태를 알 수 없게 된다. 이는 미정의 행동(§C.19)에 해당하며, 그 어떤 일도 발생할 수 있다.
- 스레드가 임계 영역(critical section; §C.30) 안에 있고 뮤텍스를 잠근 상태에서 강제로 종료하면 교착(§C.8)이 발생할 가능성이 높다.

C++20에 추가된 클래스 std::stop_source와 std::stop_token, std::stop_callback을 이용하면 스레드 실행 종료를 비동기적으로 스레드에 요청하거나 스레드가 종료(중지) 신호를 받았는지의 여부를 조회할 수 있다. 어떤 연산에 하나의 중지 토큰(std::stop_token 객체)을 함께 전달하고 나중에 그 토큰을 이용해서 능동적으로 스레드 중지를 요청하거나, std::stop_callback을 이용해서 콜

백을 등록하는 등으로 스레드를 좀 더 우아하게 종료시키는 것이 가능하다. 세 클래스 std::stop_source, std::stop_token, std::stop_callback은 관련된 종료 상태의 소유권을 공유한다.

다음 절부터는 이 세 클래스를 이용한 '협조적 가로채기(cooperative interruption)'를 좀 더 자세히 살펴본다.

5.5.1 std::stop_source

목록 5.31 std::stop_source의 생성자들

```
1  std::stop_source();
2  explicit std::stop_source(std::nostopstate_t) noexcept;
```

기본 생성자(행 1)는 새로운 중지 상태(stop state)를 가진 std::stop_source 객체를 생성한다. std::nostopstate_t 객체를 받는 생성자(행 2)는 연관된 중지 상태가 없는 std::stop_source 객체를 생성한다.

표 5.11은 중지 요청을 처리하는 std::stop_source 클래스의 인터페이스를 정리한 것이다.

표 5.11 std::stop_source 클래스의 인터페이스

멤버 함수	설명
std::stop_source src	새 중지 상태를 가진 std::stop_source 객체 src를 생성한다(기본 생성자).
std::stop_source src{nostopstate}	연관된 중지 상태가 없는 std::stop_source 객체 src를 생성한다.
src.get_token()	만일 src.stop_possible()이 true이면 연관된 중지 상태에 대한 stop_token 객체를 돌려주고, 그렇지 않으면 기본 생성된(빈) stop_token 객체를 돌려준다.
src.stop_possible()	만일 src로 중지를 요청할 수 있으면 true를 돌려준다.
src.stop_requested()	만일 stop_possible()이 true이고 소유자 중 하나가 request_stop()을 호출했으면 true를 돌려준다.
src.request_stop()	만일 src.stop_possible()과 !src.stop_requested()가 둘 다 true이면 스레드에 실행 중지를 요청하고, 그렇지 않으면 아무 일도 하지 않는다.

src.get_token() 호출은 하나의 중지 토큰(std::stop_token 객체)을 돌려준다. 이 중지 토큰을 이용해서 스레드에 중지가 요청되었는지 점검하거나 관련된 중지 출처 객체 src를 이용해서 중지를 요청할 수 있다. 중지 토큰은 중지 출처 객체 src의 관찰자(observer)로 작용한다.

src.stop_requested()는 src에 연관된 중지 상태가 있으며 이전에 중지가 요청된 적이 없으면 true를 돌려준다.

src.stop_possible()은 연관된 중지 상태나 중지 출처 객체가 없으면, 그리고 이전에 중지가 요청된 적이 없으면 false를 돌려준다.

src.stop_possible(), src.stop_requested(), src.request_stop() 호출은 스레드에 안전하다.

src.request_stop()이 호출되면 중지 출처 객체 src를 관찰하는 모든 std::stop_token 객체와 해당 중지 상태로 등록된 모든 콜백이 해당 중지 요청을 보게 된다. 또한, 연관된 중지 토큰을 기다리는 임의의 std::condiction_variable_any 객체가 깨어난다. 일단 이 호출로 중지를 요청하면 되물릴 수 없다. src.request_stop()은 만일 src에 연관된 중지 상태가 있으며 이전에 중지가 요청된 적이 없으면 true를 돌려준다.

5.5.2 std::stop_token

본질적으로, 중지 토큰 std::stop_token은 연관된 중지 상태에 대한 "스레드에 안전한" 뷰이다. 일반적으로 이 중지 토큰은 std::jthread에서 가져오거나 std::stop_source 객체 src로부터(src.get_token()을 통해서) 가져온다. 중지 토큰은 해당 std::jthread나 std::stop_source와 동일한 중지 상태를 공유한다.

std::stop_token을 이용하면 연관된 std::stop_source가 스레드에 중지 요청을 한 적이 있는지 알아낼 수 있다.

std::stop_token은 또한 std::stop_callback의 생성자나 std::condition_variable_any의 가로채기 가능 대기 함수들의 인수로 사용할 수 있다.

표 5.12 std::stop_token의 인터페이스

멤버 함수	설명
std::stop_token stoken	연관된 중지 상태를 가진 중지 토큰 stoken을 생성한다(기본 생성자).
stoken.stop_possible()	만일 stoken에 연관된 중지 상태가 있으면 true를 돌려준다.
stoken.stop_requested()	만일 연관된 중지 출처(std::stop_source 객체) src의 멤버 함수 request_stop()이 호출되었으면 true를, 그렇지 않으면 false를 돌려준다.

stoken.stop_possible()은 중지가 이미 요청된 경우에도 true를 돌려준다.

stoken.stop_requested()는 중지 토큰에 연관된 중지 상태가 있으며 이미 중지 요청을 받았으면 true를 돌려준다.

연관된 중지 토큰을 일시적으로 비활성화하려면, 기본 생성된 토큰으로 대체하면 된다. 기본 생성된 토큰에는 연관된 중지 상태가 없다. 목록 5.32의 예제는 스레드가 중지 요청을 받는 능력을 비활성화했다가 다시 활성화하는 방법을 보여준다.

목록 5.32 일시적인 중지 토큰 비활성화

```
1  std::jthread jthr([](std::stop_token stoken) {
2      ...
3      std::stop_token interruptDisabled;
4      std::swap(stoken, interruptDisabled);
5      ...
6      std::swap(stoken, interruptDisabled);
7      ...
8  }
```

std::stop_token 객체 interruptDisabled에는 연관된 중지 상태가 없다. 따라서 스레드 jthr는 행 4와 5를 제외한 행들에서만 중지 요청을 받을 수 있다.

5.5.3 std::stop_callback

std::stop_callback의 설계는 RAII(§C.4)를 따른다. 이 클래스의 생성자는 중지 토큰을 위한 하나의 호출 가능 객체(§C.41)를 등록하고, 소멸자에서는 그 객체의 등록을 해제한다. 다음은 std::stop_callback의 용법을 보여주는 예제이다.

목록 5.33 std::stop_callback의 용법

```
1   // invokeCallback.cpp
2
3   #include <atomic>
4   #include <chrono>
5   #include <iostream>
6   #include <thread>
7   #include <vector>
8
9   using namespace std::literals;
10
11  auto func = [](std::stop_token stoken) {
12          std::atomic<int> counter{0};
13          auto thread_id = std::this_thread::get_id();
14          std::stop_callback callBack(stoken, [&counter, thread_id] {
15              std::cout << "Thread id: " << thread_id
16                        << "; counter: " << counter << '\n';
17          });
18          while (counter < 10) {
```

```
19              std::this_thread::sleep_for(0.2s);
20              ++counter;
21          }
22      };
23
24  int main() {
25
26      std::cout << '\n';
27
28      std::vector<std::jthread> vecThreads(10);
29      for(auto& thr: vecThreads) thr = std::jthread(func);
30
31      std::this_thread::sleep_for(1s);
32
33      for(auto& thr: vecThreads) thr.request_stop();
34
35      std::cout << '\n';
36
37  }
```

행 28은 스레드 10개를 생성하는데, 이 스레드들은 모두 행 11~22의 람다 함수 func를 실행한다. 행 14~17의 콜백(std::stop_callback 객체)은 스레드 ID와 카운터를 출력한다. 행 31에서 주 스레드가 1초 동안 잠들고 자식 스레드들도 행 19에서 잠시 잠들기 때문에, 콜백들이 실행될 때 카운터의 값은 4이다. 행 33에서 thr.request_stop()을 호출하면 각 스레드에서 콜백이 실행된다.

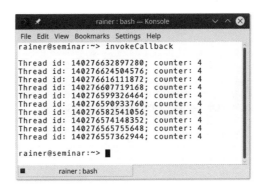

그림 5.26 std::stop_callback의 용법

단순함을 위해 이 예제는 주 스레드(부모 스레드)에서 중지를 요청하고, 콜백은 자식 스레드에서 등록했다. 중지 신호 이전에 등록된 콜백은 자식 스레드에서 실행되고, 이후에 등록된 콜백은 주 스레드에서 실행된다.

동일한 std::stop_token 객체를 이용해서 하나 이상의 스레드에 대해 여러 개의 콜백을 등록할 수 있다. 목록 5.34가 그러한 예이다. C++ 표준은 이 콜백들의 실행 순서에 대해 아무것도 보장하지 않음을 주의하기 바란다.

목록 5.34 하나의 std::stop_token 객체를 여러 스레드에 여러 번 사용

```cpp
// invokeCallbacks.cpp

#include <chrono>
#include <iostream>
#include <thread>

using namespace std::literals;

void func(std::stop_token stopToken) {
    std::this_thread::sleep_for(100ms);
    for (int i = 0; i <= 9; ++i) {
        std::stop_callback cb(stopToken, [i] { std::cout << i; });
    }
    std::cout << '\n';
}

int main() {

    std::cout << '\n';

    std::jthread thr1 = std::jthread(func);
    std::jthread thr2 = std::jthread(func);
    thr1.request_stop();
    thr2.request_stop();

    std::cout << '\n';

}
```

그림 5.27 하나의 std::stop_token 객체를 여러 스레드에 여러 번 사용

5.5.4 일반적인 신호 전송 메커니즘

std::stop_source와 std::stop_token의 조합을 신호를 보내기 위한 하나의 일반적인 메커니즘으로 간주할 수 있다. std::stop_token 객체를 복사함으로써, 뭔

가를 실행하고 있는 어떤 단위에 신호를 보낼 수 있다. 다음 예제에서는 std::
async와 std::promisestd::thread, std::jthread를 다양하게 조합한다.

목록 5.35 다양한 실행 단위에 신호 보내기

```cpp
1   // signalStopRequests.cpp
2
3   #include <iostream>
4   #include <thread>
5   #include <future>
6
7   using namespace std::literals;
8
9   void function1(std::stop_token stopToken, const std::string& str){
10      std::this_thread::sleep_for(1s);
11      if (stopToken.stop_requested()) std::cout << str << ": Stop requested\n";
12  }
13
14  void function2(std::promise<void> prom,
15                 std::stop_token stopToken, const std::string& str) {
16      std::this_thread::sleep_for(1s);
17      std::stop_callback callBack(stopToken, [&str] {
18          std::cout << str << ": Stop requested\n";
19      });
20      prom.set_value();
21  }
22
23  int main() {
24
25      std::cout << '\n';
26
27      std::stop_source stopSource;
28
29      std::stop_token stopToken = std::stop_token(stopSource.get_token());
30
31      std::thread thr1 = std::thread(function1, stopToken, "std::thread");
32
33      std::jthread jthr = std::jthread(function1, stopToken, "std::jthread");
34
35      auto fut1 = std::async([stopToken] {
36          std::this_thread::sleep_for(1s);
37          if (stopToken.stop_requested()) std::cout << "std::async: Stop requested\n";
38      });
39
40      std::promise<void> prom;
41      auto fut2 = prom.get_future();
42      std::thread thr2(function2, std::move(prom), stopToken, "std::promise");
43
44      stopSource.request_stop();
```

```
45      if (stopToken.stop_requested()) std::cout << "main: Stop requested\n";
46
47      thr1.join();
48      thr2.join();
49
50      std::cout << '\n';
51
52  }
```

이 예제는 중지 출처 객체 stopSource(행 27)를 이용해서 중지 토큰 stopToken 을 생성한다(행 29). 주 스레드는 다양한 실행 단위 std::thread (행 31), std:: jthread (행 33), std::async (행 35), std::promise (행 42)를 생성하고, 하나의 std::stop_token 객체를 이용해서 이들에 신호를 보낸다. std::stop_token은 복사 비용이 낮다. 행 44에서 stopSource.request_stop()을 호출하면 중지 토큰이 작동해서 실행 단위들에 신호가 전송되며, 주 스레드(main 함수)에도 신호가 간다(행 45). 이 예제에 쓰인 std::jthread에는 '협조적 가로채기'를 편하게 다룰 수 있는 명시적인 멤버 함수들이 있는데, 이에 관해서는 §5.5.5 "std::jthread의 가로채기 지원"에서 좀 더 자세히 이야기하겠다.

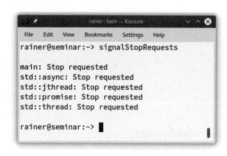

그림 5.28 다양한 실행 단위에 신호 보내기

이 예제에서 각 실행 단위를 1초간 재우는(행 10, 16, 36) 이유가 궁금한 독자도 있을 것이다. 이는 행 44의 stopSource.request_stop() 호출이 효과를 발휘할 시간 여유를 주기 위한 것이다. 중지 요청이 왔을 때 std::thread(행 31)나 std::jthread(행 33), std:async(행 35), std::promise(행 42) 같은 실행 단위는 다음 상태 중 하나일 수 있다.

- 시작되지 않음: 이 경우 stopToken.stop_requested()는 true를 돌려준다. stopSource.request_stop()으로 신호가 전송되면 콜백이 실행된다.
- 실행 중: 실행 단위가 중지 요청 신호를 받는다. 이것이 효과를 내려면 실행 단위가 stopToken.stop_requested를 호출하기 전에 stopSource.request_stop

이 호출되어야 한다. 따라서, stopSource.request_stop은 콜백 등록 전에 호출되어야 한다.

- 종료됨: stopSource.request_stop 호출은 아무런 효과도 내지 않으며, 콜백은 호출되지 않는다.

만일 이 예제에서 stopSource.request_stop을 호출하기 전에 스레드 thr1과 thr2를 주 스레드에 합류(join)시키면 어떤 일이 발생할까? 목록 5.36은 목록 5.35(signalStopRequests.cpp)의 행 44, 45를 행 47, 48과 맞바꾼 것이다.

목록 5.36 신호를 너무 늦게 보낸 경우

```
44    thr1.join();
45    thr2.join();
46
47    stopSource.request_stop();
48    if (stopToken.stop_requested()) std::cout << "main: Stop requested\n";
```

행들을 이렇게 맞바꾸고 예제를 실행하면 주 스레드만 신호를 받게 된다.

그림 5.29 자식 스레드들이 때 늦은 신호를 무시했음

5.5.5 std::jthread의 가로채기 지원

C++20에서 새로 도입된 std::jthread는 기존의 std::thread(C++11)에 가로채기를 신호하는 기능과 자동으로 부모 스레드에 합류하는 기능을 추가한 것이다. 이러한 기능을 위해 std::jthread는 내부적으로 std::stop_token을 사용한다. 표 5.13은 이와 관련한 인터페이스를 정리한 것이다.

표 5.13 중지 토큰 처리를 위한 std::jthread의 인터페이스(t는 하나의 std::jthread 객체)

멤버 함수	설명
t.get_stop_source()	공유된 중지 상태와 연관된 std::stop_source 객체를 돌려준다.
t.get_stop_token()	공유된 중지 상태와 연관된 std::stop_token 객체를 돌려준다.
t.request_stop()	공유된 중지 상태를 통해서 실행 중지를 요청한다.

5.5.6 condition_variable_any를 위한 새로운 wait 중복적재 버전

std::condition_variable_any는 std::condition_variable[37]을 일반화한 형식이다. std::condition_variable은 std::unique_lock<std::mutex> 형식의 자물쇠만 지원하지만, std::condition_variable_any는 멤버 함수 lo.lock()과 lo.unlock()이 있는 임의의 자물쇠 객체 lo를 지원한다.

C++20에서 std::condition_variable_any의 대기 멤버 함수 wait, wait_for, wait_until에 새로운 중복적재 버전들이 추가되었다. 이들은 모두 std::stop_token 객체를 받는다.

목록 5.37 세 가지 대기 멤버 함수의 새로운 중복적재 버전들

```
1  template <class Predicate>
2  bool wait(Lock& lock,
3            stop_token stoken,
4            Predicate pred);
5
6  template <class Rep, class Period, class Predicate>
7  bool wait_for(Lock& lock,
8                stop_token stoken,
9                const chrono::duration<Rep, Period>& rel_time,
10               Predicate pred);
11
12 template <class Clock, class Duration, class Predicate>
13 bool wait_until(Lock& lock,
14                 stop_token stoken,
15                 const chrono::time_point<Clock, Duration>& abs_time,
16                 Predicate pred);
```

새로운 중복적재 버전들은 만일 주어진 std::stop_token(§5.5.2) 객체 stoken이 신호되었으면 스레드를 깨운다. 이 멤버 함수들은 주어진 술어가 true로 평가되었는지의 여부를 뜻하는 부울 값을 돌려준다. 이 부울 반환값은 중지 요청이 있었는지 또는 대기 시간이 만료되었는지의 여부와는 무관하다. 목록 5.38은 이 세 가지 중복적재 버전이 하는 일을 의사 코드로 표현한 것이다.

목록 5.38 세 중복적재 버전의 의사 코드

```
// wait(목록 5.37의 행 1~4)
while (!stoken.stop_requested()) {
    if (pred()) return true;
    wait(lock);
```

---

37 *https://en.cppreference.com/w/cpp/thread/condition_variable*

```
}
return pred();

// wait_for(목록 5.37의 행 6~10)
return wait_until(lock,
                  std::move(stoken),
                  chrono::steady_clock::now() + rel_time,
                  std::move(pred)
                  );

// wait_until(목록 5.37의 행 12~16)
while (!stoken.stop_requested()) {
    if (pred()) return true;
    if (wait_until(lock, timeout_time) == std::cv_status::timeout)
return pred();
}
return pred();
```

이 멤버 함수들을 호출한 후, 중지 요청이 있었는지를 중지 토큰을 이용해서 확인할 수 있다.

목록 5.39 wait를 이용한 가로채기 처리

```
cv.wait(lock, stoken, predicate);
if (stoken.stop_requested()){
    // 가로채기가 발생했음
}
```

다음 예제는 조건 변수와 중지 토큰을 이용해서 스레드의 실행을 중지하는 방법을 보여준다.

목록 5.40 조건 변수를 이용한 중지 요청

```
 1  // conditionVariableAny.cpp
 2
 3  #include <condition_variable>
 4  #include <thread>
 5  #include <iostream>
 6  #include <chrono>
 7  #include <mutex>
 8  #include <thread>
 9
10  using namespace std::literals;
11
12  std::mutex mut;
13  std::condition_variable_any condVar;
14
15  bool dataReady;
```

```
16
17  void receiver(std::stop_token stopToken) {
18
19      std::cout << "Waiting" << '\n';
20
21      std::unique_lock<std::mutex> lck(mut);
22      bool ret = condVar.wait(lck, stopToken, []{return dataReady;});
23      if (ret){
24          std::cout << "Notification received: " << '\n';
25      }
26      else{
27          std::cout << "Stop request received" << '\n';
28      }
29  }
30
31  void sender() {
32
33      std::this_thread::sleep_for(5ms);
34      {
35          std::lock_guard<std::mutex> lck(mut)
36          dataReady = true;
37          std::cout << "Send notification"  << '\n';
38      }
39      condVar.notify_one();
40
41  }
42
43  int main(){
44
45      std::cout << '\n';
46
47      std::jthread t1(receiver);
48      std::jthread t2(sender);
49
50      t1.request_stop();
51
52      t1.join();
53      t2.join();
54
55      std::cout << '\n';
56
57  }
```

receiver 스레드(행 17~29)는 sender 스레드(행 31~41)의 통지를 기다린다.
sender가 행 39에서 통지를 보내기 전에, main 함수의 주 스레드는 행 50에서 스레드 실행 중지를 요청한다. 예제 프로그램의 출력(그림 5.30)을 보면 통지 전에 중지가 요청되었음을 알 수 있다.

```
Waiting
Stop request received
Send notification
```

그림 5.30 조건 변수를 이용한 중지 요청

ℹ️ **협조적 가로채기 요약**

- std::stop_source와 std::stop_token, std::stop_callback을 이용하면 스레드와 조건 변수를 협조적으로 가로챌 수 있다. '협조적' 가로채기란 중지 요청을 받은 스레드가 그것을 무시하고 실행을 계속할 수도 있다는 뜻이다.
- 중지 토큰(std::stop_token 객체)을 스레드 연산에 전달하고 이후 그 토큰을 이용해서 중지 요청 여부를 조회하거나, std::stop_callback을 통해서 콜백을 등록할 수 있다.
- std::stop_source와 std::stop_token의 조합은 일반적인 신호 전송 메커니즘이라 할 수 있다.
- std::jthread뿐만 아니라 std::condition_variable_any도 중지 요청을 받는다.

5.6 합류 가능 스레드 std::jthread

그림 5.31 머리를 땋는 시피

std::jthread는 자동으로 합류하는(join)† 능력을 갖춘 스레드이다. std::jthread는 C++11의 std::thread[38]에 소멸자를 통한 자동 합류 기능과 협조적 가로채기 기능을 추가한 것이다. std::jthread의 설계는 RAII(§C.4)를 따르므로, 예외가

---

† [옮긴이] 스레드는 프로그램의 동시적 실행 흐름들을 실(섬유 가닥)에 비유한 용어이지만, 물줄기 (flow, stream)의 비유와도 잘 어울리므로 join을 '결합' 대신 '합류'로 번역하기로 한다. 주 스레드가 여러 스레드를 생성하고 결합시키는 과정을, 한 샘물에서 시작된 물줄기가 여러 지류로 갈라졌다가 하나로 합치는 모습과 연관 지어 보기 바란다.

[38] *https://en.cppreference.com/w/cpp/thread/thread*

발생했을 때도 자동으로 부모 스레드에 합류한다.

표 5.14는 std::jthread의 기능성을 간결하게 정리한 것이다. 각 멤버 함수의 좀 더 자세한 내용은 cppreference.com의 **jthread** 페이지[39]를 참고하기 바란다.

표 5.14 std::jthread의 인터페이스(t는 std::jthread 객체)

멤버 함수	설명
t.join()	스레드 t의 실행이 끝날 때까지 기다린다.
t.detach()	생성된 스레드 t를 부모 스레드(그 스레드를 생성한 스레드)와 독립적으로 실행한다.
t.joinable()	만일 t가 여전히 합류 가능이면 true를 돌려준다.
t.get_id()	스레드 t의 ID를 돌려준다,
std::this_thread::get_id()	현재 스레드의 ID를 돌려준다.
std::jthread::hardware_concurrency()	동시에 실행할 수 있는 스레드 개수를 돌려준다.
std::this_thread::sleep_until(absTime)	현재 스레드를 시점(§4.5) absTime까지 재운다.
std::this_thread::sleep_for(relTime)	현재 스레드를 지속시간(§4.5) relTime만큼 재운다.
std::this_thread::yield()	시스템이 다른 스레드를 실행할 수 있도록 실행 흐름을 양보한다(yield).
t.swap(t2)와 std::swap(t1, t2)	두 스레드를 맞바꾼다(교환).
t.get_stop_source()	공유된 중지 상태와 연관된 중지 출처(std::stop_source 객체)를 돌려준다.
t.get_stop_token()	공유된 중지 상태와 연관된 중지 토큰(std::stop_token 객체)를 돌려준다.
t.request_stop()	공유된 중지 상태를 통해서 실행 중지를 요청한다.

5.6.1 자동 합류

목록 5.41은 std::thread의 그리 직관적이지 않은 행동 방식을 보여주는 예제이다. std::thread 객체가 여전히 합류가 가능한 상태이면, 그 객체의 소멸자에서 std::terminate[40]가 호출된다. 스레드 thr는 아직 thr.join()이나 thr.detach()

---

39 *https://en.cppreference.com/w/cpp/thread/jthread*

40 *https://en.cppreference.com/w/cpp/error/terminate*

가 호출되지 않았으면 합류 가능 상태이다.

목록 5.41 여전히 합류 가능한 **std::thread**의 종료

```
// threadJoinable.cpp

#include <iostream>
#include <thread>

int main() {

    std::cout << '\n';
    std::cout << std::boolalpha;

    std::thread thr{[]{ std::cout << "Joinable std::thread" << '\n'; }};

    std::cout << "thr.joinable(): " << thr.joinable() << '\n';


    std::cout << '\n';

}
```

이 예제 프로그램을 실행하면 그림 5.32에서처럼 비정상적으로 종료된다.

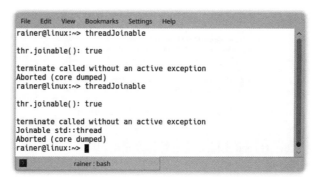

그림 5.32 여전히 합류 가능한 **std::thread**의 종료

그림 5.32는 이 프로그램을 두 번 실행한 결과를 보여주는데, 두 번 다 std::thread의 실행이 종료되고 프로그램(주 스레드)이 코어 덤프core dump를 발생한다. 두 번째 실행에서는 thr가 자신의 메시지 "Joinable std::thread"를 출력할 시간이 있었다.

목록 5.42는 이 예제를 C++20의 std::jthread로 다시 구현한 것이다.

목록 5.42 여전히 합류 가능한 std::jthread의 종료

```cpp
// jthreadJoinable.cpp

#include <iostream>
#include <thread>

int main() {

    std::cout << '\n';
    std::cout << std::boolalpha;

    std::jthread thr{[]{ std::cout << "Joinable std::thread" << '\n';
}};

    std::cout << "thr.joinable(): " << thr.joinable() << '\n';

    std::cout << '\n';

}
```

이번에는 std::jthread의 소멸자에 의해 **thr**가 자동으로 주 스레드에 합류한다
(합류 가능한 경우). 그 덕분에 프로그램이 정상적으로 종료된다(그림 5.33).

그림 5.33 자동으로 합류하는 std::jthread

다음은 std::jthread 소멸자의 전형적인 구현이다.

목록 5.43 std::jthread 소멸자의 전형적인 구현

```cpp
1  jthread::~jthread() {
2      if(joinable()) {
3          request_stop();
4          join();
5      }
6  }
```

이 소멸자는 우선 스레드 자신(jthread 객체)이 여전히 합류 가능인지 점검한다
(행 2). 멤버 함수 join()이나 detach()가 호출된 적이 없는 스레드는 합류 가능
이다. 여전히 합류 가능이면 소멸자는 실행 중지를 요청하고(행 3) join()을 호

출한다(행 4). join() 호출은 스레드의 실행이 종료될 때까지 차단된다.

5.6.2 std::jthread의 협조적 가로채기

다음은 std::jthread에 대한 협조적 가로채기의 전반적인 틀을 보여주는 간단한
예제이다.

목록 5.44 가로챌 수 없는/있는 std::jthread의 가로채기

```
1   // interruptJthread.cpp
2
3   #include <chrono>
4   #include <iostream>
5   #include <thread>
6
7   using namespace::std::literals;
8
9   int main() {
10
11      std::cout << '\n';
12
13      std::jthread nonInterruptible([]{
14          int counter{0};
15          while (counter < 10){
16              std::this_thread::sleep_for(0.2s);
17              std::cerr << "nonInterruptible: " << counter << '\n';
18              ++counter;
19          }
20      });
21
22      std::jthread interruptible([](std::stop_token stoken){
23          int counter{0};
24          while (counter < 10){
25              std::this_thread::sleep_for(0.2s);
26              if (stoken.stop_requested()) return;
27              std::cerr << "interruptible: " << counter << '\n';
28              ++counter;
29          }
30      });
31
32      std::this_thread::sleep_for(1s);
33
34      std::cerr << '\n';
35      std::cerr << "Main thread interrupts both jthreads" << '\n';
36      nonInterruptible.request_stop();
37      interruptible.request_stop();
38
39      std::cout << '\n';
40
41  }
```

주 스레드(main 함수)는 두 스레드 nonInterruptible(행 13)과 interruptible(행 22)을 생성한다. 이들은 각자 자신의 작업을 실행한다. nonInterruptible과는 달리 interruptible의 작업(람다 함수)은 중지 토큰(std::stop_token 객체)을 받고, 행 26에서 중지 토큰을 이용해서 해당 스레드에 가로채기(중지)가 요청되었는지 점검한다. 중지 요청이 있었다면 람다 함수는 제어 흐름을 반환하며, 그러면 interruptible 스레드가 종료된다. 중지 요청은 행 37의 interruptible. request_stop() 호출에서 비롯된다. 주 스레드는 행 36에서 nonInterruptible. request_stop()을 호출하지만, nonInterruptible은 중지 토큰을 사용하지 않으므로 이 호출은 아무런 효과도 내지 않는다.

그림 5.34 가로챌 수 없는/있는 std::jthread의 가로채기

ℹ️ **합류 가능 스레드 std::jthread 요약**

- std::jthread는 자동으로 합류하는 능력을 갖춘 스레드이다. std::jthread는 C++11의 std::thread에 소멸자를 통한 자동 합류 기능과 협조적 가로채기 기능을 추가한 것이다.

- 합류와 관련한 std::thread의 행동은 직관적이지 않다. std::thread가 여전히 합류 가능이면 해당 소멸자에서 std::terminate가 호출된다. 반면, std::jthread가 여전히 합류 가능이면 소멸자는 자동으로 스레드를 합류시킨다.

- std::jthread는 std::stop_token을 이용해서 협조적으로 가로챌 수 있다. 여기서 '협조적'은 std::jthread가 중지 요청을 무시할 수도 있음을 뜻한다.

5.7 동기화된 출력 스트림 객체

그림 5.35 합창단에서 노래하는 시피

🔑 **동기화된 출력 스트림 객체에 대한 컴파일러 지원**

2020년 말 현재 동기화된 출력 스트림 객체는 GCC 11만 지원한다.†

여러 스레드가 동기화 없이 동시에 std::cout에 메시지를 출력하면 어떻게 될까?

목록 5.45 동기화 없는 다중 스레드 std::cout 접근

```
1  // coutUnsynchronized.cpp
2
3  #include <chrono>
4  #include <iostream>
5  #include <thread>
6
7  class Worker{
8  public:
9    Worker(std::string n):name(n) {};
10     void operator() (){
11       for (int i = 1; i <= 3; ++i) {
12         // 작업 시작
13         std::this_thread::sleep_for(std::chrono::milliseconds(200));
14         // 작업 끝
15         std::cout << name << ": " << "Work " << i << " done !!!" << '\n';
16       }
17     }
18  private:
19    std::string name;
```

---

† [옮긴이] 2021년 9월 현재, Visual Studio 19의 MSVC 컴파일러로도 이번 절의 예제들을 컴파일하고 실행할 수 있다.

```
20    };
21
22
23    int main() {
24
25      std::cout << '\n';
26
27      std::cout << "Boss: Let's start working.\n\n";
28
29      std::thread herb = std::thread(Worker("Herb"));
30      std::thread andrei = std::thread(Worker("  Andrei"));
31      std::thread scott = std::thread(Worker("    Scott"));
32      std::thread bjarne = std::thread(Worker("      Bjarne"));
33      std::thread bart = std::thread(Worker("        Bart"));
34      std::thread jenne = std::thread(Worker("          Jenne"));
35
36
37      herb.join();
38      andrei.join();
39      scott.join();
40      bjarne.join();
41      bart.join();
42      jenne.join();
43
44      std::cout << "\n" << "Boss: Let's go home." << '\n';
45
46      std::cout << '\n';
47
48    }
```

감독 스레드(main 함수)는 여섯 개의 일꾼 스레드를 실행한다(행 29~34). 각 일꾼 스레드는 0.2초 걸리는 작업(행 13)을 세 번 반복하되, 매번 자신의 이름과 작업 반복 횟수로 이루어진 메시지를 출력한다(행 15). 감독 스레드는 일꾼 스레드들이 작업을 마치길 기다렸다가(행 34~42) 퇴근을 지시한다(행 44).

아주 간단한 작업 흐름이지만, 일꾼 스레드들이 각자 다른 일꾼 스레드들을 고려하지 않고 자신의 메시지를 출력하기 때문에 출력이 뒤죽박죽이다(그림 5.36).

그림 5.36 동기화 없는 다중 스레드 std::cout 접근

🔑 **std::cout은 스레드에 안전하다**

C++11 표준은 std::cout의 스레드 안전성을 보장한다. 즉, 다중 스레드 접근으로 부터 std::cout을 보호할 필요가 없다. 문자열 하나는 원자적으로(가로채기 없이) 출력된다. 그렇지만 하나의 스트림에 여러 개의 문자열을 출력하는 경우 이번 예제처럼 다른 스레드가 출력한 문자열들과 뒤섞일 수 있다. 이러한 출력 뒤섞임은 전적으로 시각적인 문제일 뿐, 프로그램은 여전히 잘 정의된 상태이다. 이 점은 std::cout뿐만 아니라 다른 모든 전역 스트림 객체에도 적용된다. 전역 스트림 객체(std::cout, std::cin, std::cerr, std::clog)에 대한 삽입과 추출은 스레드에 안전하다. 좀 더 공식적으로 말하면, std::cout 출력은 데이터 경쟁(§C.11)에 관여하지 않지만, 경쟁 조건(§C.7)을 유발할 수는 있다. 이는 겉으로 보이는 최종 출력이 스레드들의 실행 순서에 의존한다는 뜻이다.

이 문제를 어떻게 해결해야 할까? C++11만 사용한다면 답은 자명하다. lock_guard[41] 같은 잠금 수단을 이용해서 std::cout에 대한 접근들을 동기화하는 것이다.

목록 5.46 자물쇠를 이용한 std::cout 접근 동기화

```cpp
1  // coutSynchronized.cpp
2
3  #include <chrono>
4  #include <iostream>
```

---

[41] https://en.cppreference.com/w/cpp/thread/lock_guard

```cpp
 5  #include <mutex>
 6  #include <thread>
 7
 8  std::mutex coutMutex;
 9
10  class Worker{
11  public:
12    Worker(std::string n):name(n) {};
13
14      void operator() () {
15        for (int i = 1; i <= 3; ++i) {
16          // 작업 시작
17          std::this_thread::sleep_for(std::chrono::milliseconds(200));
18          // 작업 끝
19          std::lock_guard<std::mutex> coutLock(coutMutex);
20          std::cout << name << ": " << "Work " << i << " done !!!\n";
21        }
22      }
23  private:
24    std::string name;
25  };
26
27
28  int main() {
29
30    std::cout << '\n';
31
32    std::cout << "Boss: Let's start working." << "\n\n";
33
34    std::thread herb= std::thread(Worker("Herb"));
35    std::thread andrei= std::thread(Worker("  Andrei"));
36    std::thread scott= std::thread(Worker("    Scott"));
37    std::thread bjarne= std::thread(Worker("      Bjarne"));
38    std::thread bart= std::thread(Worker("        Bart"));
39    std::thread jenne= std::thread(Worker("          Jenne"));
40
41    herb.join();
42    andrei.join();
43    scott.join();
44    bjarne.join();
45    bart.join();
46    jenne.join();
47
48    std::cout << "\n" << "Boss: Let's go home." << '\n';
49
50    std::cout << '\n';
51
52  }
```

이 예제는 행 8의 coutMutex를 이용해서 공유 객체 std::cout을 보호한다. 행 19에서는 이 coutMutex로 std::lock_guard 객체 coutLock을 생성하는데, 이때 std::lock_guard의 생성자가 coutMutex를 잠근다. 이후 행 21에서 coutLock이 파괴되면 해당 소멸자에서 coutMutex의 잠금을 푼다. coutLock이 이런 식으로 coutMutex를 보호하는(guard) 덕분에, 행 21의 std::cout 출력은 한 번에 한 스레드에서만 실행된다.

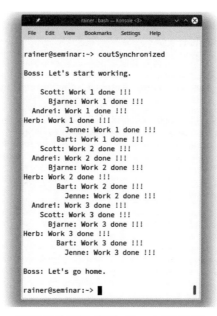

그림 5.37 자물쇠를 이용한 std::cout 접근 동기화

C++20에서는 std::cout 접근을 좀 더 쉽게 동기화할 수 있다. C++20에서 새로 도입된 std::basic_syncbuf는 std::basic_streambuf[42]를 감싼 래퍼(wrapper)인데, 소멸자에서 자신의 내용을 이 std::basic_streambuf 버퍼에 설정한다. 따라서 그 내용은 마치 문자들의 연속적인 순차열처럼 보이게 되며, 결과적으로 여러 스레드가 출력한 문자들이 뒤섞이는 현상은 발생하지 않는다.

역시 C++20에서 새로 도입된 std::basic_osyncstream은 이 std::basic_syncbuf에 기반한 출력 스트림이다. std::cout 대신 std::basic_osyncstream 객체를 이용하면 스트림 출력들이 자동으로 동기화된다.

목록 5.47은 목록 5.45의 동기화 없는 스트림 출력 예제(coutUnsynchronized.cpp)에서 std:cout을 std::basic_osyncstream 객체로 대체한 것이다.

---

42 *https://en.cppreference.com/w/cpp/io/basic_streambuf*

목록 5.47 std::basic_osyncstream을 이용한 std::cout 접근 동기화

```cpp
1   // synchronizedOutput.cpp
2
3   #include <chrono>
4   #include <iostream>
5   #include <syncstream>
6   #include <thread>
7
8   class Worker{
9   public:
10    Worker(std::string n): name(n) {};
11      void operator() (){
12        for (int i = 1; i <= 3; ++i) {
13          // 작업 시작
14          std::this_thread::sleep_for(std::chrono::milliseconds(200));
15          // 작업 끝
16          std::osyncstream syncStream(std::cout);
17          syncStream << name << ": " << "Work " << i << " done !!!" << '\n';
18        }
19      }
20  private:
21    std::string name;
22  };
23
24
25  int main() {
26
27    std::cout << '\n';
28
29    std::cout << "Boss: Let's start working.\n\n";
30
31    std::thread herb= std::thread(Worker("Herb"));
32    std::thread andrei= std::thread(Worker("  Andrei"));
33    std::thread scott= std::thread(Worker("    Scott"));
34    std::thread bjarne= std::thread(Worker("      Bjarne"));
35    std::thread bart= std::thread(Worker("        Bart"));
36    std::thread jenne= std::thread(Worker("          Jenne"));
37
38
39    herb.join();
40    andrei.join();
41    scott.join();
42    bjarne.join();
43    bart.join();
44    jenne.join();
45
46    std::cout << "\n" << "Boss: Let's go home." << '\n';
47
```

```
48    std::cout << '\n';
49
50  }
```

이전 예제(coutUnsynchronized.cpp)와는 달리 이 예제는 std::cout으로부터 std::osyncstream객체를 생성해서(행 16) 스트림 출력에 사용한다(행 17). 그것이 유일한 차이이다. std::osyncstream은 클래스 템플릿 std::basic_osyncstream의 char에 대한 특수화로, syncstream 헤더에 정의되어 있다. 행 18에서 std::osyncstream 객체가 범위를 벗어나면, 소멸자는 버퍼에 담긴 문자들을 std::cout으로 보내서 방출한다(flush). 주 스레드(main 함수)의 std::cout 호출은 데이터 경쟁을 유발하지 않으므로 동기화할 필요가 없다는 점도 유의하기 바란다.

그런데 이 예제의 syncStream은 행 17에서 한 번만 쓰이므로, 이것을 명시적으로 변수에 배정하는 대신 임시 객체로 사용하는 것이 더 나을 것이다. 행 11~19를 다음과 같이 수정하면 된다.

```
void operator()() {
  for (int i = 1; i <= 3; ++i) {
    // 작업 시작
    std::this_thread::sleep_for(std::chrono::milliseconds(200));
    // 작업 끝
    std::osyncstream(std::cout) << name << ": " << "Work " << i << " done !!!"
                                << '\n';
  }
}
```

std::basic_osyncstream에는 흥미로운 멤버 함수가 두 개 있다(syncStream은 std::basic_osyncstream 객체).

- syncStream.emit()은 내부 버퍼에 담긴 모든 내용을 스트림에 보내서 방출되게 한다.
- syncStream.get_wrapped()는 내부 버퍼를 가리키는 포인터를 돌려준다.

목록 5.48은 멤버 함수 get_wrapped를 이용해서 서로 다른 출력 스트림들의 출력 순서를 제어하는 방법을 보여주는 예제인데, cppreference.com의 get_wrapped 페이지[43]에서 가져왔다.

---

43 *https://en.cppreference.com/w/cpp/io/basic_osyncstream/get_wrapped*

목록 5.48 스트림 출력 순서 제어

```cpp
// sequenceOutput.cpp

#include <syncstream>
#include <iostream>
int main() {

    std::osyncstream bout1(std::cout);
    bout1 << "Hello, ";
    {
        std::osyncstream(bout1.get_wrapped()) << "Goodbye, " << "Planet!" << '\n';
    } // 임시 버퍼의 내용이 방출된다.

    bout1 << "World!" << '\n';

} // bout1의 내용이 방출된다.
```

```
Goodbye, Planet!
Hello, World!
```

그림 5.38 스트림 출력 순서 제어

ℹ️ **동기화된 출력 스트림 객체 요약**

- `std::cout`은 스레드에 안전하지만, 여러 스레드가 동시에 `std::cout`에 출력하면 문자열들이 뒤섞여 나올 수 있다. 이는 시각적인 문제일 뿐 데이터 경쟁은 아니다.
- C++20은 동기화된 출력 스트림 객체를 지원한다. 이 객체는 출력할 내용을 내부 버퍼에 누적하고, 버퍼 내용 전체를 원자적인 단계로 출력한다. 따라서, 스트림 출력 연산들이 동시에 진행되어도 문자열들이 뒤섞이는 현상은 발생하지 않는다.

6장

사례 연구와 심화 예제

이번 장에서는 지금까지 이론 위주로 살펴본 C++20의 새 기능들을, 사례 연구와 심화 예제들을 통해서 실제로 사용해 본다.

제5장에서 다수의 스레드를 동기화하는 데 사용할 수 있는 수단으로 조건 변수와 std::atomic_flag, std::atomic<bool>, 세마포어를 이야기했다. 이번 장의 첫 절인 §6.1 "빠른 스레드 동기화"에서는 그 셋 중 가장 빠른 수단이 무엇인지 살펴본다. §5.1 "코루틴"에서는 co_return(§5.1.6), co_yield(§5.1.7), co_await(§5.1.8)에 기초한 세 가지 코루틴을 제시하고, 몇 가지 예제들을 통해서 코루틴의 까다로운 제어 흐름을 살펴보았다. §6.2 "여러 가지 미래 객체 구현"에서는 그 논의를 좀 더 확장해서, 느긋한 미래 객체와 co_return에 기초한 미래 객체를 구현해 본다. §6.3 "스레드 수정 및 일반화"에서는 §5.1.6 "co_return 예제"에서 만든 co_return 기반 생성기를 개선한다. 마지막으로, §6.4 "다양한 작업 흐름"에서는 §5.1.8 "co_return"에서 소개한 작업 흐름의 여러 가지 변형을 제시한다.

6.1 빠른 스레드 동기화

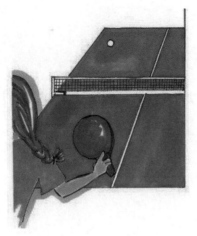

그림 6.1 탁구를 즐기는 시피

🔑 **성능 측정 수치에 관해**

이번 절의 성능 수치들은 적당히 가감해서 받아들여야 한다. 각 동기화 알고리즘의 절대적인 성능 수치를 제시하는 것은 이번 절의 목적이 아니다. 그보다는, 동기화 알고리즘들 사이의 상대적인 속도를 가늠해 보는 것이 더 중요하다. 이번 절의 성능 수치들은 Windows에서 얻은 것이지만, 리눅스 등 다른 운영체제에서 예제들의 성능을 측정해서 Windows의 것들과 비교해서 특정 운영체제에서 좀 더 나은 성능을 보이는 알고리즘을 찾아보아도 유익할 것이다.

다수의 스레드를 동기화하는 데 쓸 수 있는 수단으로 조건 변수, std::atomic_flag, std::atomic<bool>이 있다. 이번 절에서는 그중 무엇이 가장 빠른지 살펴본다.

성능을 측정할 예제들은 가상의 탁구(핑퐁) 게임을 구현한 것이다. 한 스레드는 ping 함수를 실행하고, 다른 한 스레드는 pong 함수를 실행한다. 이제부터 이들을 각각 '핑 스레드'와 '퐁 스레드'라고 부르기로 하겠다. 핑 스레드는 퐁 스레드의 통지를 기다렸다가 퐁 스레드에 통지를 보낸다. 퐁이 공을 보내면 핑이 받아치는 것에 비유할 수 있겠다. 이러한 공 교환을 100만 번 반복한다. 이번 절에서는 이 탁구 게임을 여러 동기화 알고리즘으로 구현하고, 각 구현을 다섯 번 실행해서 시간을 측정한다.

성능 측정에 사용한 컴파일러와 옵션

이번 절의 성능 테스트는 Visual Studio 버전 19.28의 MSVC 컴파일러를 이용한 것이다. 2020년 말 현재 MSVC 컴파일러는 원자적 객체(std::atomic_flag와 std::atomic)와 세마포어를 이용한 동기화를 모두 지원한다.† 예제들을 컴파일할 때 최대의 최적화를 위해 /Ox 옵션을 지정했다는 점도 밝혀 둔다.

먼저, C++11에서 도입된 조건 변수로 구현한 탁구 게임을 살펴보자.

6.1.1 조건 변수를 이용한 구현

목록 6.1 조건 변수를 이용한 다중 스레드 동기화

```
1  // pingPongConditionVariable.cpp
2
3  #include <condition_variable>
4  #include <iostream>
5  #include <atomic>
6  #include <thread>
7
8  bool dataReady{false};
9
10 std::mutex mutex_;
11 std::condition_variable condVar1;
12 std::condition_variable condVar2;
13
14 std::atomic<int> counter{};
15 constexpr int countlimit = 1'000'000;
16
17 void ping() {
18
19     while(counter <= countlimit) {
20         {
21             std::unique_lock<std::mutex> lck(mutex_);
22             condVar1.wait(lck, []{return dataReady == false;});
23             dataReady = true;
24         }
25         ++counter;
26         condVar2.notify_one();
27     }
28 }
29
30 void pong() {
```

---

† [옮긴이] 2021년 9월 현재, GCC 11로도 이번 절의 예제들을 컴파일, 실행할 수 있다. 컴파일 시 -lpthread 옵션을 지정해야 한다.

```
31
32      while(counter <= countlimit) {
33          {
34              std::unique_lock<std::mutex> lck(mutex_);
35              condVar2.wait(lck, []{return dataReady == true;});
36              dataReady = false;
37          }
38          condVar1.notify_one();
39      }
40
41  }
42
43  int main(){
44
45      auto start = std::chrono::system_clock::now();
46
47      std::thread t1(ping);
48      std::thread t2(pong);
49
50      t1.join();
51      t2.join();
52
53      std::chrono::duration<double> dur = std::chrono::system_clock::now() - start;
54      std::cout << "Duration: " << dur.count() << " seconds" << '\n';
55  }
```

이 예제는 두 조건 변수 condVar1과 condVar2를 사용한다. 핑 스레드는 condVar1
의 통지를 기다리고, 통지를 받으면 condVar2로 통지를 보낸다. 변수 dataReady
는 가짜 깨어남(§C.5)과 깨어남 소실(§C.9)을 방지하기 위한 것이다. 이 핑퐁 게
임은 counter가 countlimit에 도달하면 끝난다. notify_one 호출들(행 26과 38)
과 counter는 스레드에 안전하며, 따라서 임계 영역(critical region) 밖에 있다.

그림 6.2는 내가 얻은 수치(실행 시간)들이다.

그림 6.2 조건 변수를 이용한 다중 스레드 동기화

5회 평균 실행 시간은 0.52초이다.

이제 C++20으로 넘어가자. 앞 예제의 작업 흐름을 C++20의 std::atomic_
flag를 이용해서 구현하는 것은 간단하다.

6.1.2 std::atomic_flag를 이용한 구현

이전 예제의 작업 흐름을 원자적 플래그(std::atomic_flag) 두 개로 구현할 수도
있고 하나로 구현할 수도 있다. 두 개를 이용한 구현부터 살펴보자.

6.1.2.1 원자적 플래그 두 개를 이용한 구현

목록 6.2는 목록 6.1에서 조건 변수 대기 부분을 원자적 플래그 대기 및 해제로
대체하고 조건 변수 통지 부분을 원자적 플래그 설정 및 통지로 대체한 것이다.

목록 6.2 원자적 플래그 두 개를 이용한 다중 스레드 동기화

```
1   // pingPongAtomicFlags.cpp
2
3   #include <iostream>
4   #include <atomic>
5   #include <thread>
6
7   std::atomic_flag condAtomicFlag1{};
8   std::atomic_flag condAtomicFlag2{};
9
10  std::atomic<int> counter{};
11  constexpr int countlimit = 1'000'000;
12
13  void ping() {
14      while(counter <= countlimit) {
15          condAtomicFlag1.wait(false);
16          condAtomicFlag1.clear();
17
18          ++counter;
19
20          condAtomicFlag2.test_and_set();
21          condAtomicFlag2.notify_one();
22      }
23  }
24
25  void pong() {
26      while(counter <= countlimit) {
27          condAtomicFlag2.wait(false);
28          condAtomicFlag2.clear();
29
30          condAtomicFlag1.test_and_set();
```

```
31          condAtomicFlag1.notify_one();
32      }
33  }
34
35  int main() {
36
37      auto start = std::chrono::system_clock::now();
38
39      condAtomicFlag1.test_and_set();
40      std::thread t1(ping);
41      std::thread t2(pong);
42
43      t1.join();
44      t2.join();
45
46      std::chrono::duration<double> dur = std::chrono::system_clock::now() - start;
47      std::cout << "Duration: " << dur.count() << " seconds" << '\n';
48
49  }
```

행 15의 condAtomicFlag1.wait(false) 호출은 원자적 플래그 condAtomicFlag1의
부울 상태가 false이면 차단되고 true이면 반환된다. 이 부울 값은 일종의 술어
로 작용하며, 따라서 반드시 다시 false로 설정해야 한다(행 15). 핑 스레드는 행
21에서 condAtomicFlag1을 true로 설정한 후 퐁 스레드에 통지한다(행 21). 주
스레드는 퐁 스레드를 대신해서 행 39에서 condAtomicFlag1을 true로 설정하며,
이에 의해 두 스레드가 공을 주고받기 시작한다.

그림 6.3에서 보듯이, std::atomic_flag를 사용하면 조건 변수를 사용할 때
보다 게임이 더 빨리 끝난다.

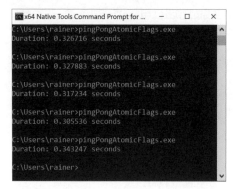

그림 6.3 원자적 플래그 두 개를 이용한 다중 스레드 동기화

5회 평균 실행 시간은 0.32초이다.

그런데 코드를 잘 분석해 보면 원자적 플래그 하나로도 이 작업 흐름을 구현할 수 있음을 알게 될 것이다.

6.1.2.2 원자적 플래그 하나를 이용한 구현

원자적 플래그를 하나만 사용하면 작업 흐름이 좀 더 이해하기 쉬워진다.

목록 6.3 원자적 플래그 하나를 이용한 다중 스레드 동기화

```cpp
1   // pingPongAtomicFlag.cpp
2
3   #include <iostream>
4   #include <atomic>
5   #include <thread>
6
7   std::atomic_flag condAtomicFlag{};
8
9   std::atomic<int> counter{};
10  constexpr int countlimit = 1'000'000;
11
12  void ping() {
13      while(counter <= countlimit) {
14          condAtomicFlag.wait(true);
15          condAtomicFlag.test_and_set();
16
17          ++counter;
18
19          condAtomicFlag.notify_one();
20      }
21  }
22
23  void pong() {
24      while(counter <= countlimit) {
25          condAtomicFlag.wait(false);
26          condAtomicFlag.clear();
27          condAtomicFlag.notify_one();
28      }
29  }
30
31  int main() {
32
33      auto start = std::chrono::system_clock::now();
34
35      condAtomicFlag.test_and_set();
36      std::thread t1(ping);
37      std::thread t2(pong);
38
39      t1.join();
```

```
40     t2.join();
41
42     std::chrono::duration<double> dur = std::chrono::system_clock::now() - start;
43     std::cout << "Duration: " << dur.count() << " seconds" << '\n';
44
45 }
```

이 구현에서 핑 스레드는 true에 대해 차단되고(즉, 원자적 플래그가 false가 되길 기다리고) 퐁 스레드는 false에 대해 차단된다. 실행 결과를 보면(그림 6.4) 원자적 플래그를 하나만 사용하든 두 개를 사용하든 성능은 별 차이가 없다.

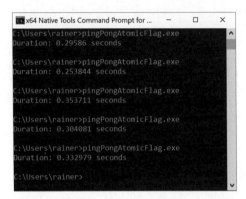

그림 6.4 원자적 플래그 하나를 이용한 다중 스레드 동기화

5회 평균 실행 시간은 0.31초이다.

이 예제는 std::atomic_flag를 일종의 원자적 부울 값으로 사용한다. 그럼 원자적 부울 형식에 좀 더 직접적으로 대응되는 std::atomic<bool>로 넘어가자.

6.1.3 std::atomic<bool>을 이용한 구현

목록 6.4는 C++20에서 추가된 std::atomic<bool>(§5.2.4), 즉 bool에 대한 std::atomic 특수화를 이용한 구현이다.

목록 6.4 std::atomic<bool>을 이용한 다중 스레드 동기화

```
1  // pingPongAtomicBool.cpp
2
3  #include <iostream>
4  #include <atomic>
5  #include <thread>
6
7  std::atomic<bool> atomicBool{};
8
9  std::atomic<int> counter{};
```

```
10  constexpr int countlimit = 1'000'000;
11
12  void ping() {
13      while(counter <= countlimit) {
14          atomicBool.wait(true);
15          atomicBool.store(true);
16
17          ++counter;
18
19          atomicBool.notify_one();
20      }
21  }
22
23  void pong() {
24      while(counter <= countlimit) {
25          atomicBool.wait(false);
26          atomicBool.store(false);
27          atomicBool.notify_one();
28      }
29  }
30
31  int main() {
32
33      std::cout << std::boolalpha << '\n';
34
35      std::cout << "atomicBool.is_lock_free(): "
36                << atomicBool.is_lock_free()  << '\n';
37
38      std::cout << '\n';
39
40      auto start = std::chrono::system_clock::now();
41
42      atomicBool.store(true);
43      std::thread t1(ping);
44      std::thread t2(pong);
45
46      t1.join();
47      t2.join();
48
49      std::chrono::duration<double> dur = std::chrono::system_clock::now() - start;
50      std::cout << "Duration: " << dur.count() << " seconds" << '\n';
51
52  }
```

플랫폼에 따라서는 std::atomic<bool>이 내부적으로 뮤텍스 같은 잠금 메커니
즘을 사용할 수도 있다. 다행히 내가 시험한 Windows의 C++ 런타임은 무잠금
(lock-free) 방식이다.

그림 6.5 std::atomic<bool>을 이용한 다중 스레드 동기화

5회 평균 실행 시간은 0.38이다.

가독성을 보자면, 이 std::atomic 기반 구현이 이전 구현보다 더 이해하기 쉽다. 다음에 살펴볼 세마포어를 이용한 탁구 게임 구현도 가독성이 좋다.

6.1.4 세마포어를 이용한 구현

세마포어(§5.3)는 조건 변수보다 빠르다고 알려져 있다. 정말로 그런지 살펴보자.

목록 6.5 세마포어를 이용한 다중 스레드 동기화

```
1  // pingPongSemaphore.cpp
2
3  #include <iostream>
4  #include <semaphore>
5  #include <thread>
6
7  std::counting_semaphore<1> signal2Ping(0);
8  std::counting_semaphore<1> signal2Pong(0);
9
```

```
10  std::atomic<int> counter{};
11  constexpr int countlimit = 1'000'000;
12
13  void ping() {
14      while(counter <= countlimit) {
15          signal2Ping.acquire();
16          ++counter;
17          signal2Pong.release();
18      }
19  }
20
21  void pong() {
22      while(counter <= countlimit) {
23          signal2Pong.acquire();
24          signal2Ping.release();
25      }
26  }
27
28  int main() {
29
30      auto start = std::chrono::system_clock::now();
31
32      signal2Ping.release();
33      std::thread t1(ping);
34      std::thread t2(pong);
35
36      t1.join();
37      t2.join();
38
39      std::chrono::duration<double> dur = std::chrono::system_clock::now() - start;
40      std::cout << "Duration: " << dur.count() << " seconds" << '\n';
41
42  }
```

이 예제 프로그램 pingPongsemaphore.cpp는 두 개의 세마포어를 사용한다. 세마
포어 signal2Ping(행 7)과 signal2Pong(행 8) 둘 다 최댓값이 1이고 초기치는 0이
다. 핑 스레드(t1)는 행 15에서 signal2Ping.acquire()을 호출하는데, 이 호출은
signal2Ping의 값이 1이 될 때까지 차단된다. signal2Ping의 값이 0인 상황에서
signal2Ping.release()가 호출되면(행 24와 32) signal2Ping의 값은 1이 되며,
그러면 signal2Ping의 획득을 기다리는 핑 스레드에 통지가 간다. 퐁 스레드(t2)
와 세마포어 signal1Pong도 마찬가지로 방식으로 작동한다.

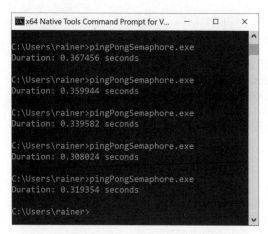

그림 6.6 세마포어를 이용한 다중 스레드 동기화

5회 평균 실행 시간은 0.33초이다.

6.1.5 최종 성적

예상대로 조건 변수가 가장 느린 스레드 동기화 수단이다. 가장 빠른 것은 원자적 플래그이고, std::atomic<bool>의 성능은 그 중간이다. 단, std::atomic<bool>은 플랫폼에 따라서는 잠금 메커니즘을 사용할 수도 있다는 단점이 있다. 항상 무잠금 방식으로 작동함이 보장되는 원자적 자료 형식은 std::atomic_flag뿐이다. 의외의 결과는 세마포어이다. 놀랍게도 원자적 플래그와 거의 비슷하게 빠르다.

표 6.1 스레드 동기화 예제들의 실행 시간(5회 평균)

	조건 변수	원자적 플래그 2개	원자적 플래그 하나	원자적 부울	세마포어
실행 시간	0.52	0.32	0.31	0.38	0.33

6.2 여러 가지 미래 객체 구현

그림 6.7 작업 흐름을 시작하는 시피

이번 절에서는 §5.1.6 "co_return 예제"에 나온 제어 흐름을 여러 가지로 변형해 본다. 그런데 이번 절의 여러 변형을 제대로 이해하려면 §5.1.6의 제어 흐름 자체를 확실히 이해할 필요가 있다. 목록 6.6은 목록 5.14의 기존 예제를 수정한 것인데, 주요 지점들에서 적절한 메시지를 출력하기 때문에 제어 흐름을 이해하는 데 도움이 될 것이다.

목록 6.6 조급한 미래 객체의 제어 흐름

```
1   // eagerFutureWithComments.cpp
2
3   #include <coroutine>
4   #include <iostream>
5   #include <memory>
6
7   template<typename T>
8   struct MyFuture {
9       std::shared_ptr<T> value;
10      MyFuture(std::shared_ptr<T> p): value(p) {
11          std::cout << "    MyFuture::MyFuture" << '\n';
12      }
13      ~MyFuture() {
14          std::cout << "    MyFuture::~MyFuture" << '\n';
15      }
16      T get() {
17          std::cout << "    MyFuture::get" << '\n';
18          return *value;
19      }
20
21      struct promise_type {
22          std::shared_ptr<T> ptr = std::make_shared<T>();
23          promise_type() {
24              std::cout << "        promise_type::promise_type" << '\n';
```

```
25          }
26          ~promise_type() {
27              std::cout << "          promise_type::~promise_type" << '\n';
28          }
29          MyFuture<T> get_return_object() {
30              std::cout << "          promise_type::get_return_object" << '\n';
31              return ptr;
32          }
33          void return_value(T v) {
34              std::cout << "          promise_type::return_value" << '\n';
35              *ptr = v;
36          }
37          std::suspend_never initial_suspend() {
38              std::cout << "          promise_type::initial_suspend" << '\n';
39              return {};
40          }
41          std::suspend_never final_suspend() noexcept {
42              std::cout << "          promise_type::final_suspend" << '\n';
43              return {};
44          }
45          void unhandled_exception() {
46              std::exit(1);
47          }
48      };
49  };
50
51  MyFuture<int> createFuture() {
52      std::cout << "createFuture" << '\n';
53      co_return 2021;
54  }
55
56  int main() {
57
58      std::cout << '\n';
59
60      auto fut = createFuture();
61      auto res = fut.get();
62      std::cout << "res: " << res << '\n';
63
64      std::cout << '\n';
65
66  }
```

주 스레드는 행 60에서 createFuture 함수를 호출한다. 이 함수의 co_return 문
(행 53)에 의해 MyFuture(행 9)의 인스턴스가 생성된다. 이 과정에서 MyFuture 생
성자(행 10)가 호출될 뿐만 아니라 내부적으로 promise_type 형식의 약속 객체
가 생성되고, 멤버 함수들이 호출되고, 소멸된다(행 21~48). 제어 흐름의 각 단

계에서 이 약속 객체는 미리 정의된 std::suspend_never 형식의 대기 가능 객체를 이용한다. 이 때문에 약속 객체는 결코 일시 정지되지 않는다. 이후의 fut.get() 호출(행 60)을 위해서는 약속 객체의 결과를 저장해 두어야 한다. 이를 위해, std::shared_ptr 형식의 멤버 변수 value에 약속 객체의 결과를 저장해 둔다. 이 std::shared_ptr 덕분에 예제 프로그램에서 메모리 누수가 발생하지 않는다. 미래 객체 fut은 지역 변수이므로, 해당 범위의 끝(행 66)에서 소멸된다. 이때 C++ 런타임은 fut의 소멸자를 호출하며, fut이 소멸되는 과정에서 value도 소멸된다.

그림 6.8은 이 예제 프로그램을 Compiler Explorer[1]에서 실행한 결과이다.[†]

```
              promise_type::promise_type
              promise_type::get_return_object
              promise_type::initial_suspend
createFuture
              promise_type::return_value
              promise_type::final_suspend
              promise_type::~promise_type
      MyFuture::MyFuture
      MyFuture::get
res: 2021

      MyFuture::~MyFuture
```

그림 6.8 조급한 미래 객체의 제어 흐름

이 예제의 코루틴은 생성 즉시 실행되는 '조급한(eager; §C.35)' 코루틴이다. 더 나아가서, 이 코루틴은 호출자의 스레드에서 실행된다.

이번에는 '느긋한(lazy; §C.37)' 코루틴을 살펴보자.

6.2.1 느긋한 미래 객체

느긋한 미래 객체는 값이 요청되면 비로소 실행된다. 목록 6.7은 목록 6.6의 eagerFutureWithComments.cpp에 나온 조급한 코루틴을 느긋하게 만든 것이다.

목록 6.7 느긋한 미래 객체의 제어 흐름

```
1  // lazyFuture.cpp
2
```

---

[1] *https://godbolt.org/z/Y9naEx*
[†] [옮긴이] 참고로 이 예제는 GCC 11과 Visual Studio 2019에서도 잘 컴파일되고 그림 6.8과 같은 결과를 출력한다. 이번 절의 다른 예제들도 마찬가지이다.

```cpp
 3  #include <coroutine>
 4  #include <iostream>
 5  #include <memory>
 6
 7  template<typename T>
 8  struct MyFuture {
 9      struct promise_type;
10      using handle_type = std::coroutine_handle<promise_type>;
11
12      handle_type coro;
13
14      MyFuture(handle_type h): coro(h) {
15          std::cout << "    MyFuture::MyFuture" << '\n';
16      }
17      ~MyFuture() {
18          std::cout << "    MyFuture::~MyFuture" << '\n';
19          if ( coro ) coro.destroy();
20      }
21
22      T get() {
23          std::cout << "    MyFuture::get" << '\n';
24          coro.resume();
25          return coro.promise().result;
26      }
27
28      struct promise_type {
29          T result;
30          promise_type() {
31              std::cout << "        promise_type::promise_type" << '\n';
32          }
33          ~promise_type() {
34              std::cout << "        promise_type::~promise_type" << '\n';
35          }
36          auto get_return_object() {
37              std::cout << "        promise_type::get_return_object" << '\n';
38              return MyFuture{handle_type::from_promise(*this)};
39          }
40          void return_value(T v) {
41              std::cout << "        promise_type::return_value" << '\n';
42              result = v;
43          }
44          std::suspend_always initial_suspend() {
45              std::cout << "        promise_type::initial_suspend" << '\n';
46              return {};
47          }
48          std::suspend_always final_suspend() noexcept {
49              std::cout << "        promise_type::final_suspend" << '\n';
50              return {};
51          }
```

```
52            void unhandled_exception() {
53                std::exit(1);
54            }
55        };
56    };
57
58    MyFuture<int> createFuture() {
59        std::cout << "createFuture" << '\n';
60        co_return 2021;
61    }
62
63    int main() {
64
65        std::cout << '\n';
66
67        auto fut = createFuture();
68        auto res = fut.get();
69        std::cout << "res: " << res << '\n';
70
71        std::cout << '\n';
72
73    }
```

우선 약속 객체부터 살펴보자. 이 예제의 약속 객체는 시작과 끝에서 항상 일시 정지된다(행 44와 48). 클라이언트(main 함수)는 행 67에서 코루틴 create Future(행 58)를 호출하며, 이 코루틴의 co_return 문(행 60)에 의해 약속 객체의 멤버 함수 get_return_object(행 36)가 실행된다. 이 멤버 함수가 생성해서 돌려주는 MyFuture 형식(행 7)의 미래 객체는 createFuture 호출 지점(행 67)으로 돌아가서 지역 변수 fut에 배정된다. 이상의 제어 흐름은 이전 예제의 것과 다르지 않다. 이번 예제의 초점은 MyFuture 클래스이다. 이 클래스에는 약속 객체에 대한 핸들인 coro(행 12)가 있다. MyFuture는 이 핸들을 이용해서 약속 객체를 관리한다. MyFuture는 약속 객체의 실행을 재개하고(행 24), 그 결과를 요청하고(행 25), 마지막으로 약속 객체를 파괴한다(행 19). 이 약속 객체는 일시 정지 상태로 시작하기 때문에(행 44), 반드시 명시적으로 실행을 재개해 주어야 한다. 클라이언트가 미래 객체의 결과를 얻기 위해 fut.get()을 호출하면(행 68) 비로소 약속 객체의 실행이 재개된다(행 24).

그림 6.8은 이 예제 프로그램을 Compiler Explorer[2]에서 실행한 결과이다.

---

2 *https://godbolt.org/z/EejWcj*

```
        promise_type::promise_type
        promise_type::get_return_object
   MyFuture::MyFuture
        promise_type::initial_suspend
   MyFuture::get
createFuture
        promise_type::return_value
        promise_type::final_suspend
res: 2021

   MyFuture::~MyFuture
        promise_type::~promise_type
```

그림 6.9 느긋한 미래 객체의 제어 흐름

그런데 클라이언트가 미래 객체의 결과에 관심이 없으면 어떤 일이 발생할까? 목록 6.7의 main 함수를 다음과 같이 수정해서 실행해 보면 그 답을 알게 될 것이다.

목록 6.8 클라이언트가 코루틴의 실행을 재개하지 않는 경우

```cpp
int main() {

    std::cout << '\n';

    auto fut = createFuture();
    // auto res = fut.get();
    // std::cout << "res: " << res << '\n';

    std::cout << '\n';

}
```

짐작했겠지만, 클라이언트가 결과를 요청하지 않으면 약속 객체가 실행되지 않으며, 따라서 멤버 함수 return_value와 final_suspend가 호출되지 않는다.

```
        promise_type::promise_type
        promise_type::get_return_object
   MyFuture::MyFuture
        promise_type::initial_suspend

   MyFuture::~MyFuture
        promise_type::~promise_type
```

그림 6.10 약속 객체가 실행되지 않았음을 보여주는 결과

⚠️ **코루틴 수명 관리의 어려움**

코루틴을 다룰 때 어려운 점 하나는 코루틴의 수명을 제대로 관리하는 것이다. 앞에서 본 목록 6.6의 eagerFutureWithComments.cpp는 코루틴의 결과를 std::shared_ptr에 담아 둔다. 그 예제의 코루틴은 조급한 코루틴이라서 std::shared_ptr로 결과를 관리하는 것이 필수였다.

목록 6.7의 lazyFuture.cpp에서 약속 객체의 멤버 함수 final_suspend는 std::suspend_always를 돌려주므로(행 48), 코루틴은 종료 시 일시 정지된다. 따라서 약속 객체가 클라이언트보다 더 오래 살아남는다. 그래서 굳이 std::shared_ptr를 이용해서 결과를 관리할 필요가 없다. 만일 이 예제의 멤버 함수 final_suspend가 std::suspend_never를 돌려준다면 클라이언트가 약속 객체보다 오래 살아남는다. 그러면 클라이언트가 이미 소멸된 약속 객체의 결과를 요청하게 되는데, 이는 미정의 행동(§C.19)이 발생한다.

그럼 코루틴의 또 다른 변형을 살펴보자. 이번에는 약속 객체를 개별적인 스레드에서 실행한다.

6.2.2 약속 객체를 다른 스레드에서 실행

이번 예제(목록 6.9)에서 약속 객체의 멤버 함수 initial_suspend는 std::suspend_always를 돌려준다(행 52). 그래서 코루틴은 코루틴 함수 createFuture(행 67)로 들어가기 전에 완전히 일시 정지된다. 이 덕분에 약속 객체를 다른 스레드에서 실행할 여유가 생긴다.

목록 6.9 약속 객체를 다른 스레드에서 실행

```cpp
1  // lazyFutureOnOtherThread.cpp
2
3  #include <coroutine>
4  #include <iostream>
5  #include <memory>
6  #include <thread>
7
8  template<typename T>
9  struct MyFuture {
10     struct promise_type;
11     using handle_type = std::coroutine_handle<promise_type>;
12     handle_type coro;
13
14     MyFuture(handle_type h): coro(h) {}
15     ~MyFuture() {
16         if ( coro ) coro.destroy();
```

```
17      }
18
19      T get() {
20          std::cout << "    MyFuture::get:  "
21                      << "std::this_thread::get_id(): "
22                      << std::this_thread::get_id() << '\n';
23
24          std::thread t([this] { coro.resume(); });
25          t.join();
26          return coro.promise().result;
27      }
28
29      struct promise_type {
30          promise_type(){
31              std::cout << "          promise_type::promise_type:  "
32                          << "std::this_thread::get_id(): "
33                          << std::this_thread::get_id() << '\n';
34          }
35          ~promise_type(){
36              std::cout << "          promise_type::~promise_type:  "
37                          << "std::this_thread::get_id(): "
38                          << std::this_thread::get_id() << '\n';
39          }
40
41          T result;
42          auto get_return_object() {
43              return MyFuture{handle_type::from_promise(*this)};
44          }
45          void return_value(T v) {
46              std::cout << "          promise_type::return_value:  "
47                          << "std::this_thread::get_id(): "
48                          << std::this_thread::get_id() << '\n';
49              std::cout << v << std::endl;
50              result = v;
51          }
52          std::suspend_always initial_suspend() {
53              return {};
54          }
55          std::suspend_always final_suspend() noexcept {
56              std::cout << "          promise_type::final_suspend:  "
57                          << "std::this_thread::get_id(): "
58                          << std::this_thread::get_id() << '\n';
59              return {};
60          }
61          void unhandled_exception() {
62              std::exit(1);
63          }
64      };
65  };
```

```
66
67  MyFuture<int> createFuture() {
68      co_return 2021;
69  }
70
71  int main() {
72
73      std::cout << '\n';
74
75      std::cout << "main:  "
76                << "std::this_thread::get_id(): "
77                << std::this_thread::get_id() << '\n';
78
79      auto fut = createFuture();
80      auto res = fut.get();
81      std::cout << "res: " << res << '\n';
82
83      std::cout << '\n';
84
85  }
```

제어 흐름을 파악하기 쉽도록, 현재 실행 중인 스레드의 ID를 출력하는 출력문을 코루틴 실행의 주요 지점에 추가했다. 이 lazyFutureOnOtherThread.cpp 프로그램은 목록 6.7의 lazyFuture.cpp와 상당히 비슷하다. 주된 차이는 미래 객체의 멤버 함수 get(행 19)이다. 이 멤버 함수는 행 24의 std::thread t([this] { coro.resume(); });으로 새 스레드를 생성하고 그 스레드에서 코루틴의 실행을 재개한다.

그림 6.11은 이 예제를 Wandbox[3]에서 실행한 결과이다.

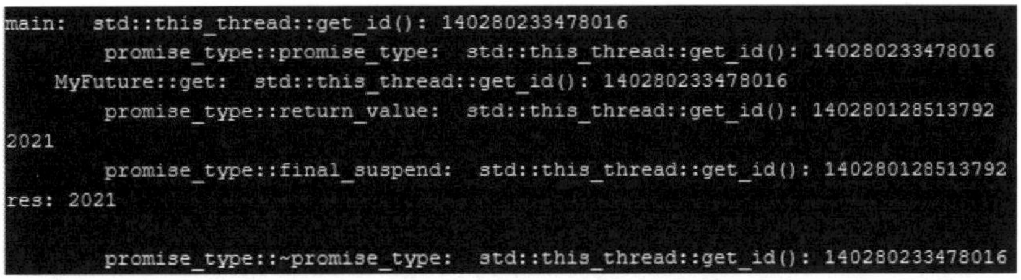

그림 6.11 약속 객체를 다른 스레드에서 실행

멤버 함수 get을 좀 더 살펴보자. 이 멤버 함수에서 제일 중요한 점은, 다른 스레드에서 실행을 재개한 약속 객체가 반드시 coro.promise().result가 반환되기 전에 끝나야 한다는 것이다. 멤버 함수 get에서 제어 흐름 파악을 위한 출력

---

3 *https://wandbox.org/permlink/jFVVj80Gxu6bnNkc*

문을 제거하고 핵심 코드만 남기면 목록 6.10과 같은 모습이 된다.

목록 6.10 std::thread를 이용한 멤버 함수 get 구현

```
T get() {
    std::thread t([this] { coro.resume(); });
    t.join();
    return coro.promise().result;
}
```

만일 스레드 t가 return coro.promise().result 이후에 주 스레드에 합류한다면, 프로그램에서 미정의 행동(§C.19)이 발생한다. 목록 6.11은 std::thread 대신 std::jthread(§5.6)를 이용해서 멤버 함수 get을 구현한 것이다. 범위의 끝에서 std::jthread의 소멸자가 스레드를 자동으로 합류시키지만, 이미 늦은 시점이라 미정의 행동이 된다.

목록 6.11 std::jthread를 이용한 멤버 함수 get 구현

```
T get() {
    std::jthread t([this] { coro.resume(); });
    return coro.promise().result;
}
```

미래 객체의 멤버 함수 get을 이렇게 구현했다면, 클라이언트(주 스레드)는 약속 객체가 미처 결과를 준비하기도 전에 약속 객체의 멤버 함수 return_value로 결과를 요청하게 될 가능성이 크다. 그러면 약속 객체의 멤버 변수 result에는 2021이 아니라 임의의 쓰레기 값이 배정되며, 따라서 클라이언트의 res에도 그 쓰레기 값이 배정된다. 그림 6.12는 res에 -1이 배정되었음을 보여준다.

```
main:  std::this_thread::get_id(): 140178893342592
        promise_type::promise_type:  std::this_thread::get_id(): 140178893342592
    MyFuture::get:  std::this_thread::get_id(): 140178893342592
        promise_type::return_value:  std::this_thread::get_id(): 140178788370176
2021
        promise_type::final_suspend:  std::this_thread::get_id(): 140178788370176
res: -1

        promise_type::~promise_type:  std::this_thread::get_id(): 140178893342592
```

그림 6.12 멤버 함수 get을 잘못 구현한 결과

스레드가 return 문 이전에 종료되게 하는 방법은 목록 6.10에 나온 것 말고도 여러 가지이다.

- std::jthread를 개별적인 범위에서 생성한다.

```
T get() {
    {
        std::jthread t([this] { coro.resume(); });
    }
    return coro.promise().result;
}
```
- std::jthread를 임시 객체로 만든다.

```
T get() {
    std::jthread([this] { coro.resume(); });
    return coro.promise().result;
}
```

나는 둘째 해법을 별로 좋아하지 않는다. 내 경우, 이것이 std::jthread의 생성자 호출임을 알아채려면 몇 초 정도 시간이 필요하다.

6.3 생성기의 수정과 일반화

그림 6.13 데이터 스트림을 처리하는 시피

이번 절에서는 §5.1.7.1 "무한 데이터 스트림"에 나온 무한 데이터 스트림 생성기(목록 5.15)를 수정하고 일반화한다. 우선, 논의의 출발점인 그 무한 데이터 스트림 생성기를 다시 살펴보자. 이전과는 달리 클라이언트가 생성기에게 값을 세 개만 요청하도록 했고, 제어 흐름의 주요 지점들에 출력문을 추가했다. 이러한 단순화와 시각화 덕분에, 프로그램의 출력을 보고 제어 흐름을 파악하기가 좀 더 쉬울 것이다.

목록 6.12 무한 데이터 스트림 생성기

```cpp
1  // infiniteDataStreamComments.cpp
2
3  #include <coroutine>
4  #include <memory>
5  #include <iostream>
6
7  template<typename T>
8  struct Generator {
9
10     struct promise_type;
11     using handle_type = std::coroutine_handle<promise_type>;
12
13     Generator(handle_type h): coro(h) {
14         std::cout << "        Generator::Generator" << '\n';
15     }
16     handle_type coro;
17
18     ~Generator() {
19         std::cout << "        Generator::~Generator" << '\n';
20        if ( coro ) coro.destroy();
21     }
22     Generator(const Generator&) = delete;
23     Generator& operator = (const Generator&) = delete;
24     Generator(Generator&& oth): coro(oth.coro) {
25         oth.coro = nullptr;
26     }
27     Generator& operator = (Generator&& oth) {
28         coro = oth.coro;
29         oth.coro = nullptr;
30         return *this;
31     }
32     int getNextValue() {
33         std::cout << "        Generator::getNextValue" << '\n';
34         coro.resume();
35         return coro.promise().current_value;
36     }
37     struct promise_type {
38         promise_type() {
39             std::cout << "            promise_type::promise_type" << '\n';
40         }
41
42         ~promise_type() {
43             std::cout << "            promise_type::~promise_type" << '\n';
44         }
45
46         std::suspend_always initial_suspend() {
47             std::cout << "            promise_type::initial_suspend" << '\n';
48             return {};
49         }
50         std::suspend_always final_suspend() noexcept {
```

```
51              std::cout << "                 promise_type::final_suspend" << '\n';
52              return {};
53          }
54          auto get_return_object() {
55              std::cout << "                 promise_type::get_return_object" << '\n';
56              return Generator{handle_type::from_promise(*this)};
57          }
58
59          std::suspend_always yield_value(int value) {
60              std::cout << "                 promise_type::yield_value" << '\n';
61              current_value = value;
62              return {};
63          }
64          void return_void() {}
65          void unhandled_exception() {
66              std::exit(1);
67          }
68
69          T current_value;
70      };
71
72 };
73
74 Generator<int> getNext(int start = 10, int step = 10) {
75      std::cout << "    getNext: start" << '\n';
76      auto value = start;
77      while (true) {
78          std::cout << "    getNext: before co_yield" << '\n';
79          co_yield value;
80          std::cout << "    getNext: after co_yield" << '\n';
81          value += step;
82      }
83 }
84
85 int main() {
86
87      auto gen = getNext();
88      for (int i = 0; i <= 2; ++i) {
89          auto val = gen.getNextValue();
90          std::cout << "main: " << val << '\n';
91      }
92
93 }
```

그림 6.14는 Compiler Explorer[4]에서 이 예제 프로그램을 실행한 결과이다. 출력
된 메시지들과 예제 코드의 std::cout 출력문을 대조해 보면 제어 흐름이 좀 더
명확해질 것이다.

---

4 *https://godbolt.org/z/cTW9Gq*

```
        promise_type::promise_type
        promise_type::get_return_object
    Generator::Generator
        promise_type::initial_suspend
    Generator::getNextValue
getNext: start
getNext: before co_yield
        promise_type::yield_value
main: 10
    Generator::getNextValue
getNext: after co_yield
getNext: before co_yield
        promise_type::yield_value
main: 20
    Generator::getNextValue
getNext: after co_yield
getNext: before co_yield
        promise_type::yield_value
main: 30
    Generator::~Generator
        promise_type::~promise_type
```

그림 6.14 무한 데이터 스트림 생성기

그럼 이 예제 프로그램의 제어 흐름을 분석해 보자.

main 함수가 getNext 함수를 호출하면(행 87) Generator<int> 형식의 생성기 객체가 생성된다. 그 과정에서 먼저 promise_type 형식(행 37)의 멤버 변수 coro가 생성되고, 곧이어 멤버 함수 get_return_object(행 54)가 호출된다. get_return_object는 생성기 객체를 생성해서 돌려준다(행 56). 이 객체가 main의 지역 변수 gen에 배정된다. 생성기의 실행 결과는 코루틴이 처음으로 일시 정지될 때 호출자에 반환된다. 초기 일시 정지는 생성기 생성 즉시 일어난다(행 46). 멤버 함수 initial_suspend가 std::suspend_always(§5.1.4.3) 형식의 대기 가능 객체(§5.1.4.2)를 돌려주므로, 제어 흐름은 코루틴 getNext의 co_yield value 문(행 79)까지만 진행된다. co_yield value는 멤버 함수 yield_value(행 59)에 대응되는데, 이 멤버 함수는 주어진 value를 약속 객체의 현재 값으로 배정한다(행 61의 current_value = value;). 멤버 함수 yield_value는 std::suspend_always 형식의 대기 가능 객체를 돌려주므로(행 59), 이 지점에서 코루틴의 실행이 일시 정지되고 제어 흐름은 다시 main 함수로 돌아간다. 이제 행 88의 for 루프가 실행되고, 루프 본문에서 gen.getNextValue()가 호출되면(행 89) 멤버 함수 getNextValue()의 coro.resume()(행 34)에 의해 코루틴의 실행이 재개된다. 코루틴의 실행을 재개한 후 getNextValue()는 이전에 약속 객체의 멤버 함수 yield_value가 준비한 현재 값을 돌려준다. for 루프는 그 값을 출력하고(행 90) 다음 번 반복으로 넘어간다. for 루프가 끝나고 main 함수의 범위 끝에서 생성기 객체 gen이 소멸되면서 해당 약속 객체도 소멸된다.

이제 이 생성기의 제어 흐름을 명확하게 이해했을 것이다. 그럼 이 제어 흐름을 몇 가지 방식으로 수정해 보자

6.3.1 수정

각각의 수정에 대해, 목록 6.12의 infiniteDataStreamComments.cpp와 달라진 부분만 제시하기로 한다. 언급된 행 번호는 목록 6.12의 것이다.

6.3.1.1 코루틴 실행 재개 방지

다음은 코루틴 실행 재개(행 89의 gen.getNextValue() 호출)와 생성기 값 출력(행 90)을 비활성화한 것이다. 이렇게 하면 코루틴이 초기의 일시 정지 상태에서 벗어나지 못한다.

목록 6.13 코루틴 실행 재개 방지

```cpp
int main() {

    auto gen = getNext();
    for (int i = 0; i <= 2; ++i) {
        // auto val = gen.getNextValue();
        // std::cout << "main: " << val << '\n';
    }

}
```

코루틴이 실행되지 않으므로, 그냥 생성기 객체와 해당 약속 객체가 생성되었다가 소멸될 뿐이다.

```
    promise_type::promise_type
    promise_type::get_return_object
Generator::Generator
    promise_type::initial_suspend
Generator::~Generator
    promise_type::~promise_type
```

그림 6.15 코루틴 실행 재개 방지

6.3 생성기의 수정과 일반화

6.3.1.2 initial_suspend의 일시 정지 방지

약속 객체의 멤버 함수 initial_suspend는 std::suspend_always 형식의 대기 가능 객체를 돌려준다(행 46). 이름이 암시하듯이 std::suspends_always는 코루틴이 즉시 일시 정지되게 만든다. std::suspend_always 대신 std::suspend_never를 돌려주게 하면 어떻게 될까?

목록 6.14 initial_suspend의 일시 정지 방지

```cpp
std::suspend_never initial_suspend() {
    std::cout << "              promise_type::initial_suspend" << '\n';
    return {};
}
```

이 경우 코루틴은 즉시 실행되며, 행 79의 co_yield value에 의해 yield_value(행 59)가 실행될 때 일시 정지된다. 이후 gen.getNextValue()가 호출되면(행 89) 코루틴의 실행이 재개되어서 멤버 함수 yield_value가 다시 한번 실행된다. 결과적으로 시작 값 10은 무시되고, 생성기는 20, 30, 40을 돌려준다.

```
              promise_type::promise_type
              promise_type::get_return_object
          Generator::Generator
              promise_type::initial_suspend
      getNext: start
      getNext: before co_yield
              promise_type::yield_value
          Generator::getNextValue
      getNext: after co_yield
      getNext: before co_yield
              promise_type::yield_value
main: 20
          Generator::getNextValue
      getNext: after co_yield
      getNext: before co_yield
              promise_type::yield_value
main: 30
          Generator::getNextValue
      getNext: after co_yield
      getNext: before co_yield
              promise_type::yield_value
main: 40
          Generator::~Generator
              promise_type::~promise_type
```

그림 6.16 초기에 생성기를 일시 정지하지 않은 경우

6.3.1.3 yield_value의 일시 정지 방지

co_yield value에 의해 호출되는 멤버 함수 yield_value(행 59)는 current_value를 준비한다(행 61). 이 멤버 함수는 std::suspend_always 형식의 대기 가능 객체를 돌려주므로(행 62), 그 지점에서 코루틴은 일시 정지된다. 코루틴의 실행은 이후 gen.getNextValue가 호출되어야(행 89) 비로소 재개된다. 멤버 함수 yield_value의 반환 형식을 std::suspend_never로 변경하면 어떻게 될까?

목록 6.15 yield_value의 일시 정지 방지

```
std::suspend_never yield_value(int value) {
    std::cout << "              promise_type::yield_value" << '\n';
    current_value = value;
    return {};
}
```

짐작했겠지만, 이렇게 하면 행 77~82의 while 루프가 무한히 반복되며, 코루틴 (생성기)은 아무것도 돌려주지 않는다.

```
              promise_type::promise_type
              promise_type::get_return_object
        Generator::Generator
              promise_type::initial_suspend
        Generator::getNextValue
getNext: start
getNext: before co_yield
              promise_type::yield_value
getNext: after co_yield
getNext: before co_yield
              promise_type::yield_value
getNext: after co_yield
getNext: before co_yield
              promise_type::yield_value
getNext: after co_yield
getNext: before co_yield
              promise_type::yield_value
getNext: after co_yield
getNext: before co_yield
              promise_type::yield_value
getNext: after co_yield
```

그림 6.17 yield_value의 일시 정지 방지

이상으로 infiniteDataStreamComments.cpp의 생성기를 여러 가지로 수정해 보았다. 다음 절에서는 이 생성기가 유한한 개수의 값들을 산출하도록 생성기의 구조를 일반화한다.

6.3.2 일반화

독자 여러분도 눈치챘겠지만, 목록 6.12의 Generator에는 좀 더 일반화할 여지가 남아 있다. 목록 6.16은 임의의 STL 컨테이너에 담긴 요소들을 연달아 산출하도록 이 생성기 구현을 일반화한 것이다.

목록 6.16 컨테이너의 요소들을 연달아 돌려주는 생성기

```cpp
1  // coroutineGetElements.cpp
2
3  #include <coroutine>
4  #include <memory>
5  #include <iostream>
6  #include <string>
7  #include <vector>
8
9  template<typename T>
10 struct Generator {
11
12     struct promise_type;
13     using handle_type = std::coroutine_handle<promise_type>;
14
15     Generator(handle_type h): coro(h) {}
16
17     handle_type coro;
18
19     ~Generator() {
20         if ( coro ) coro.destroy();
21     }
22     Generator(const Generator&) = delete;
23     Generator& operator = (const Generator&) = delete;
24     Generator(Generator&& oth): coro(oth.coro) {
25         oth.coro = nullptr;
26     }
27     Generator& operator = (Generator&& oth) {
28         coro = oth.coro;
29         oth.coro = nullptr;
30         return *this;
31     }
32     T getNextValue() {
33         coro.resume();
34         return coro.promise().current_value;
35     }
36     struct promise_type {
37         promise_type() {}
38
39         ~promise_type() {}
40
```

```
41        std::suspend_always initial_suspend() {
42            return {};
43        }
44        std::suspend_always final_suspend() noexcept {
45            return {};
46        }
47        auto get_return_object() {
48            return Generator{handle_type::from_promise(*this)};
49        }
50
51        std::suspend_always yield_value(const T value) {
52            current_value = value;
53            return {};
54        }
55         void return_void() {}
56        void unhandled_exception() {
57            std::exit(1);
58        }
59
60        T current_value;
61     };
62
63 };
64
65 template <typename Cont>
66 Generator<typename Cont::value_type> getNext(Cont cont) {
67     for (auto c: cont) co_yield c;
68 }
69
70 int main() {
71
72     std::cout << '\n';
73
74     std::string helloWorld = "Hello world";
75     auto gen = getNext(helloWorld);
76     for (int i = 0; i < helloWorld.size(); ++i) {
77         std::cout << gen.getNextValue() << " ";
78     }
79
80     std::cout << "\n\n";
81
82     auto gen2 = getNext(helloWorld);
83     for (int i = 0; i < 5 ; ++i) {
84         std::cout << gen2.getNextValue() << " ";
85     }
86
87     std::cout << "\n\n";
88
89     std::vector myVec{1, 2, 3, 4, 5};
```

```
90      auto gen3 = getNext(myVec);
91      for (int i = 0; i < myVec.size() ; ++i) {
92          std::cout << gen3.getNextValue() << " ";
93      }
94
95      std::cout << '\n';
96
97  }
```

이 예제는 생성기(Generator 형식의 객체)를 세 개 생성해서 사용한다. 처음 두 생성기 gen(행 76)과 gen2(행 82)는 std::string 객체 helloWorld로 초기화하고, 다른 한 생성기 gen3은 std::vector<int> 객체 myVec으로 초기화한다(행 90). 이 예제 프로그램의 출력을 예상해 보기 바란다. 행 76의 for 루프는 helloWorld에 담긴 문자열의 모든 문자를 출력하고, 행 83의 for 루프는 처음 다섯 문자만 출력한다. 그리고 행 91의 for 루프는 myVec의 모든 요소를 출력한다.

그림 6.18은 이 예제 프로그램을 Compiler Explorer[5]로 실행한 결과이다.

```
Hello world

Hello

1 2 3 4 5
```

그림 6.18 컨테이너의 요소들을 연달아 돌려주는 생성기

생성기가 어떻게 일반화되었는지 간단하게 살펴보자. Generator<T>의 구현은 이전 구현(§6.3의 목록 6.12)과 거의 동일하다. 주된 차이는 코루틴 함수 getNext이다.

목록 6.17 새 getNext 함수

```
template <typename Cont>
Generator<typename Cont::value_type> getNext(Cont cont) {
    for (auto c: cont) co_yield c;
}
```

getNext는 컨테이너를 인수로 받는 함수 템플릿이다. 이 함수는 구간 기반 for 루프를 이용해서 컨테이너의 요소들에 차례로 접근한다. 루프의 각 반복에서 co_yield에 의해 이 함수의 실행이 일시 정지된다. 이 함수의 반환 형식

---

5 *https://godbolt.org/z/j9znva*

Generator<typename Cont::value_type>이 좀 복잡해 보일 것이다. Cont::value_type은 의존적 템플릿 매개변수라서 앞에 typename을 붙여 주었다. 주어진 식별자를 비형식(non-type) 인수로 해석할 수도 있고 형식 인수로도 해석할 수 있는 문맥에서 컴파일러는 그 식별자를 그냥 비형식 인수로 간주한다. 지금도 그런 문맥인데,[†] Cont::value_type이 비형식 인수가 아니라 형식 인수라는 점을 컴파일러에 알려주려면 반드시 typename을 붙여 주어야 한다.

6.4 다양한 작업 흐름

그림 6.19 정원을 파헤치는 시피

이번 절에서는 §5.1.8 "co_await 예제"에 나온 대기자(awaiter) 작업 흐름을 여러 가지로 수정해 본다. 먼저, 여러 수정 버전의 기반으로 사용할 대기자 작업 흐름을 살펴보자.

6.4.1 기본적인 대기자 작업 흐름

목록 6.18은 목록 5.18의 startJob.cpp에 나온 작업 흐름을 다시 구현한 것인데, 이해하기 쉽도록 작업 흐름의 주요 지점에 출력문을 추가했다.

목록 6.18 요청에 따른 작업 시작(출력문 추가)

```
1  // startJobWithComments.cpp
2
```

---

† [옮긴이] 이 지점에서 컴파일러는 Cont의 구체적인 선언을 볼 수 없으므로, 컴파일러로서는 value_type이 Cont의 한 멤버 변수(비형식)인지 아니면 내부 형식인지 알 수 없다.

```cpp
3   #include <coroutine>
4   #include <iostream>
5
6   struct MySuspendAlways {
7       bool await_ready() const noexcept {
8           std::cout << "        MySuspendAlways::await_ready" << '\n';
9           return false;
10      }
11      void await_suspend(std::coroutine_handle<>) const noexcept {
12          std::cout << "        MySuspendAlways::await_suspend" << '\n';
13
14      }
15      void await_resume() const noexcept {
16          std::cout << "        MySuspendAlways::await_resume" << '\n';
17      }
18  };
19
20  struct MySuspendNever {
21      bool await_ready() const noexcept {
22          std::cout << "        MySuspendNever::await_ready" << '\n';
23          return true;
24      }
25      void await_suspend(std::coroutine_handle<>) const noexcept {
26          std::cout << "        MySuspendNever::await_suspend" << '\n';
27
28      }
29      void await_resume() const noexcept {
30          std::cout << "        MySuspendNever::await_resume" << '\n';
31      }
32  };
33
34  struct Job {
35      struct promise_type;
36      using handle_type = std::coroutine_handle<promise_type>;
37      handle_type coro;
38      Job(handle_type h): coro(h){}
39      ~Job() {
40          if ( coro ) coro.destroy();
41      }
42      void start() {
43          coro.resume();
44      }
45
46
47      struct promise_type {
48          auto get_return_object() {
49              return Job{handle_type::from_promise(*this)};
```

```
50              }
51              MySuspendAlways initial_suspend() {
52                  std::cout << "    Job prepared" << '\n';
53                  return {};
54              }
55              MySuspendAlways final_suspend() noexcept {
56                  std::cout << "    Job finished" << '\n';
57                  return {};
58              }
59              void return_void() {}
60              void unhandled_exception() {}
61
62          };
63      };
64
65  Job prepareJob() {
66      co_await MySuspendNever();
67  }
68
69  int main() {
70
71      std::cout << "Before job" << '\n';
72
73      auto job = prepareJob();
74      job.start();
75
76      std::cout << "After job" << '\n';
77
78  }
```

목록 5.18의 예제는 미리 정의된 대기 가능 형식 std::suspend_always와 std::suspend_never(§5.1.4.3)를 사용했지만, 이 예제는 MySuspendAlways(행 6)와 MySuspendNever(행 20)를 따로 정의해서 사용한다. 이들은 행 51, 55, 66에 쓰인다. 이 대기 가능 형식들은 미리 정의된 대기 가능 형식들과 동일한 방식으로 작동한다. 다만, 흐름을 이해하는 데 도움이 되도록 멤버 함수 await_ready, await_suspend, await_resume이 적절한 메시지를 출력한다는 것이 다르다. std::cout 때문에 이 멤버 함수들을 constexpr로 선언할 수 없다는 점도 유의하자.

그림 6.20은 이 예제 프로그램을 Compiler Explorer[6]에서 실행한 결과인데, 코드의 출력문들과 대조해 보면 작업 흐름을 명확히 파악할 수 있을 것이다.

---

6 *https://godbolt.org/z/T5rcE4*

```
Before job
    Job prepared
        MySuspendAlways::await_ready
        MySuspendAlways::await_suspend
        MySuspendAlways::await_resume
        MySuspendNever::await_ready
        MySuspendNever::await_resume
    Job finished
        MySuspendAlways::await_ready
        MySuspendAlways::await_suspend
After job
```

그림 6.20 요청에 따른 작업 시작(출력문 추가)

약속 객체의 멤버 함수 initial_suspend(행 51)는 코루틴이 시작될 때 실행되고, 멤버 함수 final_suspend(행 55)는 코루틴이 끝날 때 실행된다. 이 멤버 함수들은 MySuspendAlways 형식의 대기 가능 객체를 돌려준다. 행 73의 prepareJob() 호출에 의해 코루틴 객체 job이 생성되며, 행 74의 job.start()에 의해 코루틴의 실행이 재개되고, 이윽고 종료된다. 이에 따라 MySuspendAlways의 멤버 함수 await_ready, await_suspend, await_resume이 호출된다. 대기 가능 객체(약속 객체의 멤버 함수 final_suspend가 돌려준 코루틴 객체 같은)의 실행을 재개하지 않으면, 그 대기 가능 객체의 멤버 함수 await_resume은 호출되지 않는다. 한편 prepareJob(행 65)는 MySuspendNever를 사용하는데, 이 대기 가능 형식의 await_ready 멤버 함수는 true를 돌려주므로 실행이 일시 정지되지 않는다.

이제 기본적인 대기자 제어 흐름을 확실히 파악했을 것이다. 그럼 이 제어 흐름을 여러 가지로 수정해 보자.

6.4.2 대기자 객체의 자동 실행 재개

앞의 예제(목록 6.18)에서는 작업을 명시적으로 시작했다. main 함수는 다음과 같은 모습이었다.

목록 6.19 명시적인 작업 시작

```cpp
int main() {

    std::cout << "Before job" << '\n';

    auto job = prepareJob();
    job.start();

    std::cout << "After job" << '\n';

}
```

MySuspendAlways의 await_ready가 무조건 false를 돌려주므로, 코루틴을 실행하려면 이렇게 명시적으로 job.start()를 호출해야 한다. 목록 6.20은 await_ready가 true를 돌려줄 수도 있고 false를 돌려줄 수도 있도록 목록 6.18을 수정한 것이다. 잠깐 짚고 넘어가자면, await_ready가 true를 돌려준 경우 멤버 함수 await_resume은 직접 호출되지만 await_suspend는 그렇지 않다.

목록 6.20 대기자 객체의 자동 실행 재개

```cpp
1   // startJobWithAutomaticResumption.cpp
2
3   #include <coroutine>
4   #include <functional>
5   #include <iostream>
6   #include <random>
7
8   std::random_device seed;
9   auto gen = std::bind_front(std::uniform_int_distribution<>(0,1),
10                              std::default_random_engine(seed()));
11
12  struct MySuspendAlways {
13      bool await_ready() const noexcept {
14          std::cout << "          MySuspendAlways::await_ready" << '\n';
15          return gen();
16      }
17      bool await_suspend(std::coroutine_handle<> handle) const noexcept {
18          std::cout << "          MySuspendAlways::await_suspend" << '\n';
19          handle.resume();
20          return true;
21
22      }
23      void await_resume() const noexcept {
24          std::cout << "          MySuspendAlways::await_resume" << '\n';
25      }
26  };
27
28  struct Job {
29      struct promise_type;
30      using handle_type = std::coroutine_handle<promise_type>;
31      handle_type coro;
32      Job(handle_type h): coro(h){}
33      ~Job() {
34          if ( coro ) coro.destroy();
35      }
36
```

```
37      struct promise_type {
38          auto get_return_object() {
39              return Job{handle_type::from_promise(*this)};
40          }
41          MySuspendAlways initial_suspend() {
42              std::cout << "    Job prepared" << '\n';
43              return {};
44          }
45          std::suspend_always final_suspend() noexcept {
46              std::cout << "    Job finished" << '\n';
47              return {};
48          }
49          void return_void() {}
50          void unhandled_exception() {}
51
52      };
53  };
54
55  Job performJob() {
56      co_await std::suspend_never();
57  }
58
59  int main() {
60
61      std::cout << "Before jobs" << '\n';
62
63      performJob();
64      performJob();
65      performJob();
66      performJob();
67
68      std::cout << "After jobs" << '\n';
69
70  }
```

이전 예제와는 달리 코루틴 함수의 이름이 performJob이다(행 55). 이 코루틴은 자동으로 실행된다. 행 9의 gen은 난수 발생기인데, std::random_device 형식의 객체 seed가 돌려주는 종잣값을 가진 std::default_random_engine 형식의 난수 엔진을 std::bind_front(§4.7.1)로 std::uniform_int_distribution과 묶어서 하나의 호출 가능 객체(§C.41)를 생성한 것이다. gen은 호출 때마다 난수 0 또는 1을 동일 확률로 돌려준다.

그리고 이 예제에서는 MySuspendNever 대신 표준 라이브러리의 std:: suspend_never를 사용한다. MySuspendAlways는 여전히 멤버 함수 initial_ suspend의 반환 형식으로 쓰인다(행 41). await_ready는 부울 값을 돌려준다

(행 13). 그 부울 값이 true이면 제어 흐름은 멤버 함수 await_resume(행 23)으로 간다. false이면 코루틴이 즉시 일시 정지되며, 따라서 멤버 함수 await_suspend(행 17)가 실행된다. 멤버 함수 await_suspend는 코루틴 핸들을 받아서 그것으로 코루틴의 실행을 재개한다(행 19). 이 예제에서 보듯이, await_suspend는 true 대신 void를 돌려줄 수 있다(§5.1.5.2의 목록 5.13 참고).

그림 6.21은 이 예제 프로그램을 Compiler Explorer[7]에서 실행한 결과이다. 네 번의 코루틴 실행(행 63~66)에서 한 번만 await_ready가 false를 돌려주었다. await_ready가 false를 돌려주면 await_resume 이전에 await_suspend가 호출되지만, true를 돌려주면 await_suspend는 호출되지 않는다.

```
Before jobs
    Job prepared
        MySuspendAlways::await_ready
        MySuspendAlways::await_suspend
        MySuspendAlways::await_resume
    Job finished
    Job prepared
        MySuspendAlways::await_ready
        MySuspendAlways::await_resume
    Job finished
    Job prepared
        MySuspendAlways::await_ready
        MySuspendAlways::await_resume
    Job finished
    Job prepared
        MySuspendAlways::await_ready
        MySuspendAlways::await_resume
    Job finished
After jobs
```

그림 6.21 대기자 객체의 자동 실행 재개

다음 절에서는 대기자의 실행을 다른 스레드에서 재개하도록 이 예제 프로그램을 수정한다.

6.4.3 대기자 객체의 실행을 다른 스레드에서 자동 재개

다음은 목록 6.20의 예제를 수정한 것이다.

목록 6.21 대기자 객체의 실행을 다른 스레드에서 자동 재개

```
1  // startJobWithAutomaticResumptionOnThread.cpp
2
3  #include <coroutine>
```

---

7 *https://godbolt.org/z/8b1Y14*

```cpp
 4  #include <functional>
 5  #include <iostream>
 6  #include <random>
 7  #include <thread>
 8  #include <vector>
 9
10  std::random_device seed;
11  auto gen = std::bind_front(std::uniform_int_distribution<>(0,1),
12                             std::default_random_engine(seed()));
13
14  struct MyAwaitable {
15      std::jthread& outerThread;
16      bool await_ready() const noexcept {
17          auto res = gen();
18          if (res) std::cout << " (executed)" << '\n';
19          else std::cout << " (suspended)" << '\n';
20          return res;
21      }
22      void await_suspend(std::coroutine_handle<> h) {
23          outerThread = std::jthread([h] { h.resume(); });
24      }
25      void await_resume() {}
26  };
27
28
29  struct Job{
30      static inline int JobCounter{1};
31      Job() {
32          ++JobCounter;
33      }
34
35      struct promise_type {
36          int JobNumber{JobCounter};
37          Job get_return_object() { return {}; }
38          std::suspend_never initial_suspend() {
39              std::cout << "    Job " << JobNumber << " prepared on thread "
40                        << std::this_thread::get_id();
41              return {};
42          }
43          std::suspend_never final_suspend() noexcept {
44              std::cout << "    Job " << JobNumber << " finished on thread "
45                        << std::this_thread::get_id() << '\n';
46              return {};
47          }
48          void return_void() {}
49          void unhandled_exception() { }
50      };
51  };
52
```

```
53  Job performJob(std::jthread& out) {
54      co_await MyAwaitable{out};
55  }
56
57  int main() {
58
59      std::vector<std::jthread> threads(8);
60      for (auto& thr: threads) performJob(thr);
61
62  }
```

이전 예제와의 주된 차이점은 performJob(행 54)이 사용하는 새 대기자 객체 MyAwaitable이다. performJob이 돌려주는 코루틴 객체(Job 형식)은 이전보다 조금 단순해졌다. 약속 객체(promise_type 형식)의 멤버 함수 initial_suspend(행 38)와 final_suspend(행 43)는 그냥 미리 정의된 std::suspend_never 형식의 대기 가능 객체를 돌려준다. 그리고 두 멤버 함수가 작업 번호와 함께 현재 실행 중인 스레드의 ID를 출력한다는 점도 이전 예제와 다른 점이다. main 함수는 여덟 개의 스레드로 코루틴을 실행하는데(행 59~60), 예제 프로그램의 출력(그림 6.22)을 보면 어떤 코루틴이 즉시 실행되었고 어떤 코루틴이 일시 정지되었는지 파악할 수 있다. 또한, 출력된 스레드 ID 덕분에 일시 정지된 스레드가 다른 스레드에서 실행을 재개했다는 점도 확인할 수 있다.

그림 6.22는 이 예제 프로그램을 Wandbox[8]에서 실행한 결과이다.

```
Job 1 prepared on thread 140434982274944 (executed)
Job 1 finished on thread 140434982274944
Job 2 prepared on thread 140434982274944 (suspended)
Job 3 prepared on thread 140434982274944 (suspended)
Job 4 prepared on thread 140434982274944 (suspended)
Job 2 finished on thread 140434877310720
Job 5 prepared on thread 140434982274944 (executed)
Job 5 finished on thread 140434982274944
Job 6 prepared on thread 140434982274944 (suspended)
Job 7 prepared on thread 140434982274944 (suspended)
Job 3 finished on thread 140434868918016
Job 8 prepared on thread 140434982274944 (executed)
Job 8 finished on thread 140434982274944
Job 4 finished on thread 140434860525312
Job 6 finished on thread 140434852132608
Job 7 finished on thread 140434843739904
```

그림 6.22 대기자 객체의 실행을 다른 스레드에서 자동 재개

이 예제의 흥미로운 제어 흐름을 좀 더 살펴보자. 행 59에서는 여덟 개의 스레드를 기본 생성한다. 코루틴 함수 performJob은 이들을 참조로 받는다(행 53).

---

8 *https://wandbox.org/permlink/skHgWKF0SYAwp8Dm*

그 참조는 MyAwaitable 객체를 생성하는 데 쓰인다(행 54의 MyAwaitable{out}). 멤버 함수 await_ready(행 16)는 0 또는 1의 난수 res(행 17)를 돌려준다. 따라서, res가 1(true로 변환된다)이면 MyAwaitable은 즉시 실행되고 0(false로 변환된다)이면 일시 정지된다. MyAwaitable이 일시 정지되면 멤버 함수 await_suspend(행 22)가 호출된다. 이 멤버 함수는 새 std::jthread 객체를 생성해서 멤버 변수 outerThread에 배정한다. 이에 의해 outerThread가 현재 실행 중인 스레드가 된다. 이 실행 스레드는 반드시 코루틴의 수명보다 오래 유지되어야 한다. 여덟 코루틴 스레드를 main 함수의 범위에서 생성한 것은 이 때문이다.

ⓘ 사례 연구와 심화 예제 요약

- 다수의 스레드를 동기화하는 데 쓸 수 있는 수단으로 조건 변수, std::atomic_flag, std::atomic<bool>이 있다. §6.1에서는 셋 중 가장 빠른 수단이 무엇인지 살펴보았다. 각 수단을 사용하는 예제들의 실행 시간을 측정해보니 조건 변수가 가장 느리고 원자적 플래그(std::atomic_flag)가 가장 빠르다는 결과가 나왔다. std::atomic<bool>은 그 중간이다. 세마포어도 원자적 플래그만큼이나 빠르다.

- §5.1 "코루틴"에서 co_return을 이용한 '조급한'(§C.35) 미래 객체를 소개했다. §6.2에서는 그 미래 객체를 출발점으로 삼아서 '느긋한' 미래 객체를 만들고 그것을 개별 스레드에서 실행해 보았다.

- 무한 데이터 스트림 생성기를 이리저리 수정해 보면 그 본성이 드러난다. §6.3에서는 §5.1.7.1의 Generator<T>를 여러 방식으로 수정했는데, 멤버 함수 initial_suspend가 std::suspend_never를 돌려주게 하니 코루틴이 즉시 시작되고 첫 값은 무시되었다. 반면 멤버 함수 yield_value가 std::suspend_never를 돌려주게 하니 예제 프로그램이 무한 루프에 빠졌다. 또한, 코루틴을 재개하지 않으면 코루틴이 전혀 실행되지 않음도 확인했다.

- §6.3에서는 또한 무한 데이터 스트림을 생성하는 것이 아니라 임의의 STL 컨테이너의 요소들을 연달아 돌려주도록 생성기 Generator<T>를 일반화했다.

- §6.4에서는 대기자 작업 흐름을 파악하기 쉽도록 대기 가능 객체 MySuspendNever와 MySuspendAlways를 직접 구현해 보았다. 또한, 필요에 따라 스스로 실행을 재개하는 대기자 객체를 생성하도록 MySuspendAlways를 수정했다.

- 더 나아가서, 코루틴의 실행이 다른 스레드에서 자동으로 재개되도록 MySuspendAlways를 수정했다.

맺음말

여기까지 읽은 독자에게 축하의 말을 전한다! 여기까지 왔다면 독자는 만만치 않은 C++20 표준을 잘 습득한 것이다. C++20은 다른 두 주요 표준인 C++98과 C++11만큼이나 C++에 중요한 영향을 미치는 표준이다. C++ 공동체는 그동안 발표된 C++ 표준들을 대략 다음과 같이 분류한다.

- **구식**(legacy) **C++**:C++98과 C++03
- **현대적**(modern) **C++**: C++11, C++14, C++17
- ???: C++20

C++ 공동체가 C++20을 어떻게 부를지는 아직 확실하지 않기 때문에 ???로 표현했다. 그러나 C++20이 C++의 새로운 시대를 열 것은 확실하다고 나는 생각한다. 주된 이유는, 제1장에서도 이야기했듯이 C++20의 4대 기능이 우리가 C++로 프로그래밍을 하는 방식을 크게 바꾸기 때문이다.

- **콘셉츠**: 콘셉츠(§3.1)는 우리가 일반적(generic) 코드를 생각하고 작성하는 방식을 혁신한다. 콘셉츠 덕분에 드디어 우리는 수(nubmer)나 순서(ordering) 같은 의미 범주 또는 '개념'을 C++ 프로그램 안에서 명시적으로 표현하고 강제할 수 있게 되었다.
- **모듈**: 모듈(§3.2)은 소프트웨어 구성요소(component)의 출발점이다. 모듈은 구식 헤더와 매크로의 단점을 극복하는 데 도움이 된다.
- **구간**: 구간 라이브러리(§4.1)는 표준 템플릿 라이브러리(STL)에 함수형 프로그래밍의 특징을 추가한다. 구간 라이브러리의 알고리즘들은 반복자 없이 컨

테이너에 직접 적용할 수 있고, 지연 평가와 합성을 지원한다.

- **코루틴**: 코루틴(§5.1) 덕분에 C++이 비동기 프로그래밍을 직접적으로 지원하게 되었다. 코루틴은 자원 소모적인 차단식(blocking) 함수 호출을 자원 친화적인 대기식(waiting) 함수 호출로 바꾼다. 이는 시뮬레이션이나 서버, GUI 같은 이벤트 주도적 시스템에서 대단히 유용한 기능이다.

C++20은 출발점일 뿐이다. C++20 4대 기능의 잠재력은 C++23에서 좀 더 완전하게 발현되고 통합될 것이다. C++의 가까운 미래에 관한 내 생각을 몇 가지 밝히자면 다음과 같다.

- 알렉산더 스테파노프[Alexander Stephanov][1]는 콘셉츠를 염두에 두고 STL을 설계했지만, C++20에서는 아직 콘셉츠가 STL과 완전히 통합되지 않았다.
- 이후 표준에서는 STL이 완전히 모듈화될 것이다. 어쩌면 C++에 패키징 시스템도 도입될 수도 있다.
- 구간 라이브러리에 아직 포함되지 않은 함수형 프로그래밍의 알고리즘들이 많다. 이후의 C++ 표준은 구간 라이브러리 알고리즘과 표준 컨테이너의 연동 능력을 더욱 개선할 것이다.
- 코루틴은 아직 없다. C++20은 강력한 코루틴을 만들기 위한 틀을 제공할 뿐이다. C++23에 코루틴 라이브러리가 추가될 가능성이 아주 높다.

C++의 가까운 미래는 부록 A "C++23과 그 이후"에서 좀 더 자세히 제시하겠다.

한 마디로 요약하자면, C++의 미래는 아주 밝다.

---

[1] *https://en.wikipedia.org/wiki/Alexander_Stephanov*

Appendix

부록

A   C++23과 그 이후

B   기능 검사

C   용어집

부록 A

C++23과 그 이후

C++ 표준의 주요 개정판(major revision) 다음에는 소규모 개정판이 나오리라고 예상하는 독자도 있겠지만, 그 예상은 틀렸다. C++23은 C++20만큼이나 C++을 강력하게 확장할 것이다. 빌레 보우틸라이넨^{Ville Voutilainen}은 "To boldly suggest an overall plan for C++23"(C++23의 전반적인 계획에 관한 대담한 제안)이라는 제목의 제안서 P0592R4[1]에서 차기 C++23 표준의 전반적인 상을 제시했는데, 특히 다음 일곱 가지 기능을 언급했다.

- C++23
  - 표준 코루틴 라이브러리
  - 표준 라이브러리의 모듈화
  - 실행기(executor)
  - 네트워킹
- C++23 또는 그 이후
  - 반영(reflection)
  - 패턴 부합
  - 계약(contract)

처음 네 가지는 C++23에 포함시키는 것이 목표이고, 나머지는 구체적인 일정이 정해지지 않았다. 언제가 되었든, 반영, 패턴 부합, 계약이 향후 C++ 표준들에 차차 추가될 것은 거의 확실하다.

---

1 *http://www.open-std.org/jtc1/sc22/wg21/docs/papers/2019/p0592r4.html*

닐스 보어$^{Niels Bohr}$[2]의 말처럼, "예측은 매우 어렵다. 특히 미래에 관한 것이라면 더욱더 그렇다." 그런 만큼, 이 부록은 그냥 C++의 미래를 내가 최대한 예측한 것일 뿐이라는 점을 염두에 두고 읽어 나가기 바란다.

A.1 C++23

코루틴 라이브러리, 표준 라이브러리의 모듈화, 실행기, 네트워크 라이브러리에는 공통점이 있다. 바로, C++23에 포함될 기능이라는 점이다.

A.1.1 코루틴 라이브러리

C++20에 추가된 코루틴 기능은 구체적인 코루틴을 구현하는 데 필요한 틀(프레임워크)일 뿐이다. 실질적인 코루틴은 사용자(프로그래머)가 직접 구현해야 한다. 루이스 베이커$^{Lewis Baker}$의 *cppcoro* 라이브러리[3]를 보면 C++ 표준 코루틴 라이브러리가 어떤 모습일지 짐작할 수 있다. cppcoro 라이브러리는 C++20에는 없는 고수준 코루틴들을 제공한다.

🔑 **cppcoro 사용법**

cppcoro 라이브러리는 코루틴 TS에 기초한다. 참고로 TS는 technical specification(기술 명세서)의 약자이다. 코루틴 TS는 C++20에 추가된 코루틴 기능의 이전 버전이다. 아마 시간이 지나면 루이스 베이커가 cppcoro 라이브러리를 C++20에 정의된 코루틴 기능에 맞게 이식할 것이다. 현재 이 라이브러리는 Windows(Visual Studio 2017)와 리눅스(Clang 5.0/6.0과 libc++)에서 사용할 수 있다.[†] 나는 이번 절의 예제들을 다음과 같은 형태의 명령으로 컴파일했다.

목록 A.1 cppcoro 예제 컴파일 명령(전체가 한 줄임)

```
clang++ -std=c++17 -fcoroutines-ts -Iinclude -stdlib=libc++ libcppcoro.a
  cppcoroTask.cpp -pthread
```

- -std=c++17: C++17 표준을 기준으로 한다.
- -fcoroutines-ts: C++ 코루틴 TS 지원을 활성화한다.
- -Iinclude: cppcoro 헤더들이 있는 디렉터리를 지정한다.

---

2 *https://www.goodreads.com/quotes/23796-prediction-is-very-difficult-especially-about-the-future*

3 *https://github.com/lewissbaker/cppcoro*

† [옮긴이] Visual Studio 19의 MSVC 컴파일러 버전 19.x에서도 이 라이브러리를 사용할 수 있다. 통상적인 옵션들(표 3.4 참고) 외에 /I 옵션으로 cppcoro 라이브러리의 include 디렉터리를 지정하고 /D 옵션으로 cppcoro.lib의 경로를 지정해야 하며, synchronization.lib(Windows SDK의 일부)와 /MD 옵션, /await 옵션도 추가로 지정해 주어야 한다.

- -stdlib=libc++: LLVM[4]의 표준 라이브러리 구현을 사용한다.
- libcppcoro.a: cppcoro 라이브러리 파일

이후 cppcoro 라이브러리의 C++20 코루틴 기반 버전이 나오면 C++20을 지원하는 컴파일러들에서 cppcoro 라이브러리를 사용할 수 있을 것이다. 그렇지만 현재 버전도 C++23에 어떤 구체적인 코루틴들이 추가될지 짐작하는 용도로 충분하다.

이번 절의 나머지 부분에서는 코루틴의 위력을 보여 주는 몇 가지 예제를 제시한다. 우선 cppcoro가 제공하는 코루틴 형식들부터 살펴보자.

A.1.1.1 코루틴 형식들

cppcoro는 다양한 작업(task) 형식과 생성기(generator) 형식을 제공한다.

클래스 템플릿 task<T>

다음은 cppcoro의 문서화(README.md)에 나온 task의 정의이다.

> task는 느긋하게(lazily) 실행되는 하나의 비동기 계산을 나타낸다. 여기서 '느긋하게'는 그 작업이 대기 상태가 되기 전까지는 코루틴의 실행이 시작되지 않음을 뜻한다.

작업(task 객체)은 하나의 코루틴이다. 다음 예제 프로그램에서 main 함수는 first 함수를 기다리고, first는 second 함수를 기다리고, second는 third 함수를 기다린다.

목록 A.2 선 수면/후 대기 코루틴들

```
1   // cppcoroTask.cpp
2
3   #include <chrono>
4   #include <iostream>
5   #include <string>
6   #include <thread>
7
8   #include <cppcoro/sync_wait.hpp>
9   #include <cppcoro/task.hpp>
10
11  using std::chrono::high_resolution_clock;
12  using std::chrono::time_point;
13  using std::chrono::duration;
14
15  using namespace std::chrono_literals;
```

---

4 *https://en.wikipedia.org/wiki/LLVM*

```cpp
16
17  auto getTimeSince(const time_point<high_resolution_clock>& start) {
18
19      auto end = high_resolution_clock::now();
20      duration<double> elapsed = end - start;
21      return elapsed.count();
22
23  }
24
25  cppcoro::task<> third(const time_point<high_resolution_clock>& start) {
26
27      std::this_thread::sleep_for(1s);
28      std::cout << "Third waited " << getTimeSince(start) << " seconds." << '\n';
29
30      co_return;
31
32  }
33
34  cppcoro::task<> second(const time_point<high_resolution_clock>& start) {
35
36      auto thi = third(start);
37      std::this_thread::sleep_for(1s);
38      co_await thi;
39
40      std::cout << "Second waited " <<  getTimeSince(start) << " seconds." << '\n';
41
42  }
43
44  cppcoro::task<> first(const time_point<high_resolution_clock>& start) {
45
46      auto sec = second(start);
47      std::this_thread::sleep_for(1s);
48      co_await sec;
49
50      std::cout << "First waited " <<  getTimeSince(start)  << " seconds." << '\n';
51
52  }
53
54  int main() {
55
56      std::cout << '\n';
57
58      auto start = high_resolution_clock::now();
59      cppcoro::sync_wait(first(start));
60
61      std::cout << "Main waited " <<  getTimeSince(start) << " seconds." << '\n';
62
63      std::cout << '\n';
64
65  }
```

이 예제 프로그램이 뭔가 의미 있는 작업을 수행하지는 않지만, 코루틴의 제어 흐름을 이해하는 데에는 도움이 될 것이다.

우선, main 함수를 코루틴으로 만들 수는 없음을 주의하자. 그 대신 이 예제처럼 cppcoro::sync_wait(행 59)로 최상위 작업을 시작하고 그 작업이 끝날 때까지 기다리는 방법이 흔히 쓰인다. 코루틴 first는 시작 시간에 해당하는 인수를 받고 자신의 실행 시간을 표시한다. 다른 코루틴들도 마찬가지이다. first는 행 46에서 둘째 코루틴 second(행 36)를 시작한다. second는 일시 정지 상태로 시작되며, first는 1초 동안 잠들었다가(행 47) 코루틴 핸들 sec을 이용해서 second의 실행을 재개한다(행 48). 코루틴 second도 마찬가지 방식으로 코루틴 third를 시작하고 1초 후에 재개한다. third는 1초 동안 잠들었다가 실행이 종료되며, 그러면 다른 코루틴들의 실행이 차례로 재개된다. 결과적으로, 각 코루틴의 실행에는 3초가 걸린다.

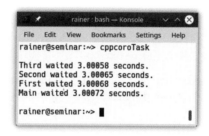

그림 A.1 선 수면/후 대기 코루틴들

그럼 이 예제를 조금 변형해 보자. 코루틴이 co_await를 먼저 호출한 후 잠들면 어떻게 될까?

목록 A.3 선 대기/후 수면 코루틴들

```
1   // cppcoroTask2.cpp
2
3   #include <chrono>
4   #include <iostream>
5   #include <string>
6   #include <thread>
7
8   #include <cppcoro/sync_wait.hpp>
9   #include <cppcoro/task.hpp>
10
11  using std::chrono::high_resolution_clock;
12  using std::chrono::time_point;
13  using std::chrono::duration;
```

```
14
15  using namespace std::chrono_literals;
16
17  auto getTimeSince(const time_point<::high_resolution_clock>& start) {
18
19      auto end = high_resolution_clock::now();
20      duration<double> elapsed = end - start;
21      return elapsed.count();
22
23  }
24
25  cppcoro::task<> third(const time_point<high_resolution_clock>& start) {
26
27      std::cout << "Third waited " << getTimeSince(start) << " seconds." << '\n';
28      std::this_thread::sleep_for(1s);
29      co_return;
30
31  }
32
33  cppcoro::task<> second(const time_point<high_resolution_clock>& start) {
34
35      auto thi = third(start);
36      co_await thi;
37
38      std::cout << "Second waited " <<  getTimeSince(start) << " seconds." << '\n';
39      std::this_thread::sleep_for(1s);
40
41  }
42
43  cppcoro::task<> first(const time_point<high_resolution_clock>& start) {
44
45      auto sec = second(start);
46      co_await sec;
47
48      std::cout << "First waited " <<  getTimeSince(start)  << " seconds." << '\n';
49      std::this_thread::sleep_for(1s);
50
51  }
52
53  int main() {
54
55      std::cout << '\n';
56
57      auto start = ::high_resolution_clock::now();
58
59      cppcoro::sync_wait(first(start));
60
61      std::cout << "Main waited " <<  getTimeSince(start) << " seconds." << '\n';
62
```

```
63        std::cout << '\n';
64
65  }
```

짐작했겠지만, main 함수는 3초 기다렸으나 따로 실행한 코루틴들은 1초씩 덜 기다렸다.

그림 A.2 선 대기/후 수면 코루틴들

다음으로, cppcoro가 제공하는 생성기 클래스 generator<T>를 살펴보자.

클래스 템플릿 generator<T>

다음은 cppcoro의 문서화에 나온 generator의 정의이다.

generator는 T 형식의 일련의 값들을 산출하는 하나의 코루틴 형식을 나타낸다. 그 값들은 느긋하게, 비동기적으로 산출된다.

거두절미하고, 생성기 두 개를 사용하는 예제를 보자.

목록 A.4 생성기 두 개를 사용하는 예제

```
1   // cppcoroGenerator.cpp
2
3   #include <iostream>
4   #include <cppcoro/generator.hpp>
5
6   cppcoro::generator<char> hello() {
7       co_yield 'h';
8       co_yield 'e';
9       co_yield 'l';
10      co_yield 'l';
11      co_yield 'o';
12  }
13
14  cppcoro::generator<const long long> fibonacci() {
15      long long a = 0;
16      long long b = 1;
17      while (true) {
```

```
18              co_yield b;
19              auto tmp = a;
20              a = b;
21              b += tmp;
22          }
23  }
24
25  int main() {
26
27      std::cout << '\n';
28
29      for (auto c: hello()) std::cout << c;
30
31      std::cout << "\n\n";
32
33      for (auto i: fibonacci()) {
34          if (i > 1'000'000) break;
35          std::cout << i << " ";
36      }
37
38      std::cout << "\n\n";
39
40  }
```

첫 코루틴 hello(행 6)는 요청이 있을 때마다 다음 문자를 돌려주고, 둘째 코루틴 fibonacci(행 14)는 다음번 피보나치 수를 돌려준다. fibonacci는 무한 데이터 스트림을 생성한다. 행 33의 구간 기반 for 루프는 각 반복에서 fibonacci에 값을 요청한다. 루프의 첫 반복에서 fibonacci가 호출되는데, 이때 fibonacci는 행 18의 co_yield b에서 첫 피보나치 수를 돌려준 후 일시 정지한다. 이후 루프의 각 반복에서 코루틴 fibonacci 의 실행이 재개되어서 다음번 피보나치 수가 반환된다.

그림 A.3 생성기 두 개를 사용하는 예제

다음으로, cppcoro 라이브러리가 제공하는 여러 대기 가능(awaitable) 형식을 살펴보자.

A.1.1.2 대기 가능 형식들

cppcoro 라이브러리는 다음과 같은 다양한 대기 가능 형식(§5.1.4)을 제공한다.

- single_consumer_event
- single_consumer_async_auto_reset_event
- async_mutex
- async_manual_reset_event
- async_auto_reset_event
- async_latch
- sequence_barrier
- multi_producer_sequencer
- single_producer_sequencer

이 중 single_consumer_event와 async_mutex를 좀 더 자세히 살펴보겠다.

대기 가능 형식 single_consumer_event

cppcoro 문서화에 따르면, single_consumer_event는 한 번에 하나의 코루틴만 기다릴 수 있는 간단한 수동 재설정(manual-reset) 이벤트 형식이다. §5.2.3.3에서 여러 가지 일회성 스레드 동기화 방법을 소개했는데, single_consumer_event도 그런 용도로 사용할 수 있다.

목록 A.5 cppcoro 라이브러리를 이용한 일회성 스레드 동기화

```
1   // cppcoroProducerConsumer.cpp
2
3   #include <cppcoro/single_consumer_event.hpp>
4   #include <cppcoro/sync_wait.hpp>
5   #include <cppcoro/task.hpp>
6
7   #include <future>
8   #include <iostream>
9   #include <string>
10  #include <thread>
11  #include <chrono>
12
13  cppcoro::single_consumer_event event;
14
15  cppcoro::task<> consumer() {
16
17      auto start = std::chrono::high_resolution_clock::now();
18
```

```
19      co_await event;   // 다른 스레드가 event.set()을 호출할 때까지 일시 정지됨
20
21      auto end = std::chrono::high_resolution_clock::now();
22      std::chrono::duration<double> elapsed = end - start;
23      std::cout << "Consumer waited " << elapsed.count() << " seconds." << '\n';
24
25      co_return;
26  }
27
28  void producer() {
29
30      using namespace std::chrono_literals;
31      std::this_thread::sleep_for(2s);
32
33      event.set();   // consumer의 실행을 재개한다.
34
35  }
36
37  int main() {
38
39      std::cout << '\n';
40
41      auto con = std::async([]{ cppcoro::sync_wait(consumer()); });
42      auto prod = std::async(producer);
43
44      con.get(), prod.get();
45
46      std::cout << '\n';
47
48  }
```

코드를 이해하기 어렵지 않을 것이다. consumer(행 41)와 producer(행 42)는 각자 자신의 스레드에서 실행된다. main 함수는 코루틴이 될 수 없으므로, 행 41의 cppcoro::sync_wait(consumer()) 호출이 최상위 작업의 역할을 한다. 이 호출은 코루틴 consumer가 완료될 때까지 차단된다. consumer의 실행은 행 19의 co_await event 호출에서 일시 정지되며, 다른 스레드가 event.set()을 호출하면(행 33) 실행이 재개된다. 코루틴 producer는 2초 잠든 후 event.set()을 호출해서 consumer에 신호를 보낸다.

그림 A.4 cppcoro 라이브러리를 이용한 일회성 스레드 동기화

cppcoro는 뮤텍스의 요구조건들[5]을 충족하는 대기 가능 형식도 제공한다.

대기 가능 형식 async_mutex

뮤텍스는 여러 스레드의 동시적인 접근들로부터 공유 데이터를 보호하는 동기화 메커니즘이다. cppcoro::async_mutex는 뮤텍스처럼 사용할 수 있는 대기 가능 형식이다.

목록 A.6 cppcoro 라이브러리의 뮤텍스

```
1  // cppcoroMutex.cpp
2
3  #include <cppcoro/async_mutex.hpp>
4  #include <cppcoro/sync_wait.hpp>
5  #include <cppcoro/task.hpp>
6
7  #include <iostream>
8  #include <thread>
9  #include <vector>
10
11
12  cppcoro::async_mutex mutex;
13
14  int sum{};
15
16  cppcoro::task<> addToSum(int num) {
17      cppcoro::async_mutex_lock lockSum = co_await mutex.scoped_lock_async();
18      sum += num;
19
20  }
21
22  int main() {
23
24      std::cout << '\n';
25
26      std::vector<std::thread> vec(10);
27
28      for(auto& thr: vec) {
29          thr = std::thread([]{
30              for(int n = 0; n < 10; ++n) cppcoro::sync_wait(addToSum(n)); } );
31      }
32
33      for(auto& thr: vec) thr.join();
34
35      std::cout << "sum: " << sum << '\n';
36
```

---

[5] *https://en.cppreference.com/w/cpp/named_req/Mutex*

```
37        std::cout << '\n';
38
39  }
```

행 26은 스레드를 10개 생성한다. 각 스레드는 0에서 9까지의 정수를 전역 변수 sum(행 14)에 더한다. 이 sum 변수가 공유 데이터이고, 행 16의 addToSum 함수가 코루틴이다. 이 코루틴의 co_await mutex.scoped_lock_async() 호출(행 17)은 뮤텍스(mutex 객체)가 획득되길 기다리는데, 이 대기는 차단(blocking)이 아니라 일시 정지(suspend)임을 유념하기 바란다. 이전에 뮤텍스를 획득한 스레드가 뮤텍스를 해제하면 코루틴의 실행이 재개된다. 이름의 "scoped"에서 짐작하겠지만, scoped_lock_async()가 돌려준 뮤텍스 자물쇠(cppcoro::async_mutex_lock 형식의 객체)는 해당 범위의 끝(이 예제의 경우 행 20)에서 자동으로 해제된다.

그림 A.5 cppcoro 라이브러리의 뮤텍스

A.1.1.3 함수들

다음은 cppcoro 라이브러리가 제공하는, 대기 가능 객체와 관련된 몇 가지 흥미로운 함수들이다.

- sync_wait()
- when_all()
- when_all_ready()
- fmap()
- schedule_on()
- resume_on()

when_all 함수 하나만 소개하기로 한다. 이 함수는 주어진 모든 대기 가능 객체의 종료를 기다렸다가 그 결과들을 담은 집합체(aggregate; §C.38)를 돌려준다.

다음 예제를 보면 이 함수의 기능과 용법을 파악할 수 있을 것이다.

목록 A.7 when_all을 이용해서 모든 대기 가능 객체를 기다리는 예제

```cpp
1  // cppcoroWhenAll.cpp
2
3  #include <chrono>
4  #include <iostream>
5  #include <thread>
6
7  #include <cppcoro/sync_wait.hpp>
8  #include <cppcoro/task.hpp>
9  #include <cppcoro/when_all.hpp>
10
11 using namespace std::chrono_literals;
12
13 cppcoro::task<std::string> getFirst() {
14     std::this_thread::sleep_for(1s);
15     co_return "First";
16 }
17
18 cppcoro::task<std::string> getSecond() {
19     std::this_thread::sleep_for(1s);
20     co_return "Second";
21 }
22
23 cppcoro::task<std::string> getThird() {
24     std::this_thread::sleep_for(1s);
25     co_return "Third";
26 }
27
28
29 cppcoro::task<> runAll() {
30
31     auto[fir, sec, thi] = co_await cppcoro::when_all(getFirst(), getSecond(),
32                                                      getThird());
33
34     std::cout << fir << " " << sec << " " << thi << '\n';
35
36 }
37
38 int main() {
39
40     std::cout << '\n';
41
42     auto start = std::chrono::steady_clock::now();
43
44     cppcoro::sync_wait(runAll());
45
46     std::cout << '\n';
47
```

```
48    auto end = std::chrono::high_resolution_clock::now();
49    std::chrono::duration<double> elapsed = end - start;
50    std::cout << "Execution time " << elapsed.count() << " seconds." << '\n';
51
52    std::cout << '\n';
53
54 }
```

최상위 작업 cppcoro::sync_wait(runAll())(행 44)는 대기 가능 객체 runAll을 기다린다. runAll 자체는 대기 가능 객체 getFirst, getSecond, getThird를 기다린다(행 31). 대기 가능 객체 runAll, getFirst, getSecond, getThird는 모두 코루틴이다. getFirst, getSecond, getThird는 각각 1초 잠들었다가(행 14, 19, 24) 자신의 결과를 돌려준다. 따라서 총 수면 시간은 약 3초이다. main 함수는 cppcoro::sync_wait(runAll())를 호출하기 직전의 시점(행42)과 호출이 완료된 후의 시점(행 48)을 측정하고 그사이의 지속시간(duration)을 계산해서 출력한다(행 49, 50). 이 지속시간이 바로, cppcoro::sync_wait(runAll()) 호출이 코루틴들을 기다린 시간이다.

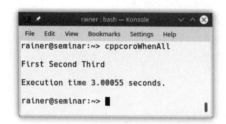

그림 A.6 when_all을 이용해서 모든 대기 가능 객체를 기다리는 예제

다음으로, when_all과 함께 사용할 수 있는 cppcoro의 스레드 풀thread pool을 살펴보자.

A.1.1.4 static_thread_pool

cppcoro::static_thead_pool은 크기(스레드 개수)가 고정된 스레드 풀의 실행 일정을 관리한다.

cppcoro::static_thread_pool 객체를 생성할 때 풀 크기를 지정할 수도 있고 생략할 수도 있다. 생략하면 C++11 함수 std::thread::hardware_concurrency() 의 반환값이 적용된다. std::thread::hardware_concurrency()[6]의 반환값은 현재

---

6 *https://en.cppreference.com/w/cpp/thread/thread/hardware_concurrency*

시스템이 지원하는 하드웨어 스레드의 개수에 관한 '힌트'일 뿐, 어떤 결정적인 수치는 아니다. 이 값은 프로세서 개수일 수도 있고 코어 개수일 수도 있다.

그럼 cppcoro 라이브러리의 스레드 풀을 시험해 보자. 다음 예제는 목록 A.7의 when_all에 관한 예제(cppcoroWhenAll.cpp)을 수정한 것인데, 이번에는 코루틴들을 개별적인 스레드들에서 실행한다.

목록 A.8 스레드 풀을 이용한 다중 스레드 코루틴 실행

```cpp
1   // cppcoroWhenAllOnThreadPool.cpp
2
3   #include <chrono>
4   #include <iostream>
5   #include <thread>
6
7   #include <cppcoro/sync_wait.hpp>
8   #include <cppcoro/task.hpp>
9   #include <cppcoro/static_thread_pool.hpp>
10  #include <cppcoro/when_all.hpp>
11
12
13  using namespace std::chrono_literals;
14
15  cppcoro::task<std::string> getFirst() {
16      std::this_thread::sleep_for(1s);
17      co_return "First";
18  }
19
20  cppcoro::task<std::string> getSecond() {
21      std::this_thread::sleep_for(1s);
22      co_return "Second";
23  }
24
25  cppcoro::task<std::string> getThird() {
26      std::this_thread::sleep_for(1s);
27      co_return "Third";
28  }
29
30  template <typename Func>
31  cppcoro::task<std::string> runOnThreadPool(cppcoro::static_thread_pool& tp,
32                                             Func func) {
33      co_await tp.schedule();
34      auto res = co_await func();
35      co_return res;
36  }
37
38  cppcoro::task<> runAll(cppcoro::static_thread_pool& tp) {
39
```

```
40     auto[fir, sec, thi] = co_await cppcoro::when_all(
41         runOnThreadPool(tp, getFirst),
42         runOnThreadPool(tp, getSecond),
43         runOnThreadPool(tp, getThird));
44
45     std::cout << fir << " " << sec << " " << thi << '\n';
46
47 }
48
49 int main() {
50
51     std::cout << '\n';
52
53     auto start = std::chrono::steady_clock::now();
54
55     cppcoro::static_thread_pool tp;
56     cppcoro::sync_wait(runAll(tp));
57
58     std::cout << '\n';
59
60     auto end = std::chrono::high_resolution_clock::now();
61     std::chrono::duration<double> elapsed = end - start;
62     std::cout << "Execution time " << elapsed.count() << " seconds." << '\n';
63
64     std::cout << '\n';
65
66 }
```

이전 예제(cppcoroWhenAll.cpp)와의 차이점을 위주로 설명하겠다. 행 55에서 스레드 풀 tp를 생성하고, 그것을 runAll에 넘겨준다(행 56의 runAll(tp)). runAll 함수는 주어진 스레드 풀에 담긴 스레드들로 세 개의 코루틴을 동시에 실행한다. 행 40에서, when_all이 돌려준 집합체에 담긴 코루틴 결과들을 C++17의 구조적 바인딩 기능을 이용해서 손쉽게 개별 변수에 배정했다는 점도 주목하자. 그림 A.7은 이 예제의 실행 결과인데, main 함수가 세 코루틴의 완료를 기다린 시간이 3초가 아니라 1초이다.

그림 A.7 스레드 풀을 이용한 다중 스레드 코루틴 실행

A.1.2 표준 라이브러리의 모듈화

헤더 대신 모듈로 표준 라이브러리를 사용하고 싶은 독자도 있을 텐데, 지금도 가능하다. Microsoft는 제안서 P0581[7]에 근거해서 모든 표준 라이브러리 헤더의 모듈 버전을 제공한다. Microsoft의 구현을 보면 모듈 기능에 맞게 모듈화된 표준 라이브러리가 어떤 모습일지 짐작할 수 있다. 이번 절의 내용은 Microsoft C++ 팀 블로그의 글 "Using C++ Modules in Visual Studio 2017"[8]을 바탕으로 한 것이다.

A.1.2.1 Visual Studio 2019의 C++ 표준 라이브러리 모듈들

- std.regex는 헤더 <regex>의 내용을 제공한다.
- std.filesystem은 헤더 <experimental/filesystem>의 내용을 제공한다.
- std.memory는 헤더 <memory>의 내용을 제공한다.
- std.threading은 헤더 <atomic>, <condition_variable>, <future>, <mutex>, <shared_mutex>, <thread>의 내용을 제공한다.
- std.core는 C++ 표준 라이브러리의 나머지 모든 것을 제공한다.

MSVC 컴파일러에서 표준 라이브러리 모듈을 사용하려면 /std:c++latest 플래그와 /EHsc 플래그(예외 처리 모형)뿐만 아니라 /MD 플래그(다중 스레드 라이브러리)도 지정해 주어야 한다.[†]

다음은 간단한 모듈 정의로, §3.2.3.1의 목록 3.61에 나왔던 것이다.

목록 A.9 전역 모듈 조각이 있는 모듈 파일

```
1  // math1.ixx
2
3  module;
4
5  #include <numeric>
6  #include <vector>
7
8  export module math;
9
10 export int add(int fir, int sec){
```

---

7 http://www.open-std.org/JTC1/SC22/WG21/docs/papers/2017/p0581r0.pdf
8 https://devblogs.microsoft.com/cppblog/cpp-modules-in-visual-studio-2017/
† [옮긴이] 또한, 설정에 따라서는 Visual Studio Installer를 이용해서 C++ 표준 라이브러리 모듈들을 따로 설치해 주어야 할 수도 있다. Visual Studio Community 2019의 경우 설치 수정 화면에서 워크로드 – C++를 사용한 데스크톱 개발 – v142 빌드 도구용 C++ 모듈(x64/x86 실험용)을 추가로 설치하면 된다.

```
11      return fir + sec;
12  }
13
14  export int getProduct(const std::vector<int>& vec) {
15      return std::accumulate(vec.begin(), vec.end(), 1, std::multiplies<int>());
16  }
```

이 모듈 정의는 #include로 표준 라이브러리 헤더들을 포함시킨다. 표준 헤더 대신 모듈화된 표준 라이브러리를 사용하도록 이 모듈 파일을 리팩터링해 보자. 그냥 헤더 <numeric>과 <vector>에 대한 #include 문을 std.core에 대한 import 문 하나로 대체하면 된다.

목록 A.10 모듈 정의에 std.core 모듈을 도입

```
// math2.ixx

module;

export module math;

import std.core;

export int add(int fir, int sec){
    return fir + sec;
}

export int getProduct(const std::vector<int>& vec) {
    return std::accumulate(vec.begin(), vec.end(), 1,
std::multiplies<int>());
}
```

이렇게 변경하면, 이 math 모듈을 사용하는 클라이언트 프로그램도 표준 라이브러리 헤더 대신 std.core 모듈을 사용하도록 변경해야 한다.

목록 A.11 클라이언트 프로그램에 std.core 모듈을 도입

```
// client2.cpp

import math;
import std.core;

int main() {

    std::cout << '\n';

    std::cout << "add(2000, 20): " << add(2000, 20) << '\n';
```

```
std::vector<int> myVec{1, 2, 3, 4, 5, 6, 7, 8, 9, 10};

std::cout << "getProduct(myVec): " << getProduct(myVec) << '\n';

std::cout << '\n';
}
```

프로그램의 실행 결과는 이전과 동일하다.

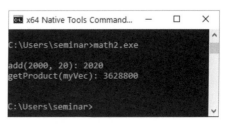

그림 A.8 클라이언트 프로그램에 **std.core** 모듈을 도입

A.1.3 실행기

C++에서 실행기(executor; §C.29)의 역사는 꽤나 복잡하다. 실행기에 관한 논의는 2010부터 있었다. 자세한 역사는 데틀레프 폴만^{Detlef Vollmann}의 강연 "Finally Executors for C++"의 발표 자료[9]에 잘 요약되어 있으니 참고하기 바란다.

나는 주로 실행기의 설계에 관한 제안서 P0761[10]과 공식 명세 제안서 P0443[11]을 통해서 실행기를 접했다. 좀 더 최근의 제안서로는 P1055 "Modest Executor Proposal"[12]이 있다.

우선, 실행기가 과연 무엇인지부터 살펴보자.

실행기는 C++ 프로그램 실행의 기본 구축 요소(building block)이다. 실행과 실행기의 관계는 C++ 표준 컨테이너와 할당자(allocator)의 관계와 비슷하다. 실행기에 관해 수많은 제안서가 제출되었으며, 아직 확정되지 않은 설계상의 결정사항들도 많이 남아 있다. 실행기는 C++23에 포함될 예정이지만, 그보다 훨씬 전에 확장 기능 형태로 컴파일러들이 지원할 가능성이 있다.

실행기는 호출 가능 객체(§C.41)를 어디서, 언제, 어떻게 실행할 것인가에 관한 규칙들로 구성된다.

- **어디서**: 호출 가능 객체는 내부 프로세서에서 실행될 수도 있고 외부 프로세서에서 실행될 수도 있으며, 따라서 실행 결과를 내부 프로세서에서 읽어와야 할 수도 있고 외부 프로세서에서 읽어와야 할 수도 있다.
- **언제**: 호출 가능 객체를 즉시 실행할 수도 있고 실행 일정만 잡아둘 수도 있다.
- **어떻게**: 호출 가능 객체를 통상적인 CPU 명령들로 실행할 수도 있고, GPU 명령들도 실행할 수도 있고, 벡터화된 방식으로 실행할 수도 있다.

C++의 동시성(§C.12) 및 병렬성(§C.21) 기능들은 실행의 구축 요소로서의 실행기에 크게 의존한다. STL 병렬 알고리즘들[13] 같은 기존 동시성 기능들은 물론이고 빗장과 장벽(§5.4), 코루틴(§5.1), 네트워크 라이브러리(§A.1.4), 확장된 미래 객체[14], 트랜잭션 메모리[15], 작업 블록[16] 같은 새로운 동시성 기능들도 실행기에 크게 의존한다.

A.1.3.1 간단한 예제

그럼 실행기가 어떤 것인지 감을 잡는데 도움이 되는 예제들을 살펴보자.

실행기 사용

- std::async로 실행기를 사용한다.

```
// 실행기 객체를 얻는다(방법은 잠시 후에).
my_executor_type my_executor = ...

// std::async로 실행기를 비동기적으로 실행한다(결과는 반환된 미래 객체로 조회).
auto future = std::async(my_executor, [] {
    std::cout << "Hello world, from a new execution agent!" < '\n';
});
```

- STL 알고리즘 std::for_each로 실행기를 사용한다.

```
// 실행기 객체를 얻는다.
my_executor_type my_executor = ...

// 실행기에 "대해" 병렬 for_each를 사용한다.
std::for_each(std::execution::par.on(my_executor),
              data.begin(), data.end(), func);
```

---

13 *https://www.modernescpp.com/index.php/parallel-algorithm-of-the-standard-template-library*

14 *https://www.modernescpp.com/index.php/std-future-extensions*

15 *https://www.modernescpp.com/index.php/transactional-memory*

16 *https://www.modernescpp.com/index.php/task-blocks*

실행기 얻기

앞의 예제들에서는 실행기를 얻는 방법을 구체적으로 명시하지 않았다. 실행기 객체를 얻는 방법은 여러 가지이다.

- 실행 문맥 static_thread_pool로부터 얻는다.

```
// 스레드가 네 개인 스레드 풀을 생성한다.
static_thread_pool pool(4);

// 스레드 풀에서 실행기를 얻는다.
auto exec = pool.executor();

// 어떤 오래 걸리는 작업에 대해 실행기를 사용한다.
auto task1 = long_running_task(exec);
```

- 시스템 실행기에서 얻는다.

  시스템 실행기(system executor)는 실행기를 명시적으로 지정하지 않을 때 쓰이는 기본 실행기이다.

- 실행기 어댑터에서 얻는다.

```
//스레드 풀에서 실행기를 얻는다.
auto exec = pool.executor();

// 스레드 풀의 실행기를 logging_executor로 감싼다.
logging_executor<decltype(exec)> logging_exec(exec);

// logging_executor를 병렬 std::sort 알고리즘에 사용한다.
std::sort(std::execution::par.on(logging_exec), my_data.begin(), my_data.end());
```

이 예제는 스레드 풀 실행기를 감싸는 logging_executor라는 어댑터가 정의 되어 있다고 가정한 것이다.

A.1.3.2 실행기 콘셉트의 목표들

제안서 P1055[17]에 따르면, 실행기 콘셉트의 목표들은 다음과 같다.

- **일괄 처리 가능**(batchable): 호출 가능 객체의 전이(transition) 비용과 크기 사 이의 절충(trade-off)을 제어할 수 있어야 한다.
- **이질성**(heterogenous): 호출 가능 객체를 이질적인 문맥들에서 실행해서 결 과를 돌려받을 수 있어야 한다.
- **순서 지정 가능**(orderable): 호출 가능 객체들의 실행 순서를 지정할 수 있어

---

17 *http://open-std.org/JTC1/SC22/WG21/docs/papers/2018/p1055r0.pdf*

야 한다. 이 목표에는 후입선출(LIFO), 선입선출(FIFO), 우선순위나 시간 제약 같은(심지어 순차 실행도) 실행 순서에 대한 보장들이 포함된다.

- **제어 가능**(controllable): 호출 객체를 특정 계산 자원에 지정하거나, 실행을 지연하거나, 심지어 실행을 아예 취소할 수 있어야 한다.
- **후속 실행 가능**(continuable): 작업 단위들이 비차단(§C.22) 방식으로 제출된 경우, 작업 단위들은 신호를 보내야 한다. 그런 신호들은 작업 결과가 준비되었는지, 오류가 발생했는지, 호출 가능 객체의 실행이 언제 완료되었는지, 호출자가 호출 가능 대상의 실행을 취소하고 싶은지 등을 알려주어야 한다. 호출 가능 객체의 실행을 명시적으로 시작하거나 중지하는 것도 가능해야 한다.
- **층 구조**(layerable): 실행기들을 계층적 또는 위계적으로(hierarchical) 구성할 수 있으면, 간단한 용법들을 필요 이상으로 복잡하게 만들지 않으면서도 새로운 기능을 추가할 수 있다.
- **사용성**(usable): 구현자와 사용자가 손쉽게 사용할 수 있다는 것이 주목표여야 한다.
- **합성 가능**(composable): 사용자가 실행기들을 합성(조합)해서 표준 라이브러리에는 없는 기능들을 구현할 수 있어야 한다.
- **최소**(minimal): 실행기 콘셉트에 기반해서 외부 라이브러리로 구현할 수 있는 기능을 실행기 콘셉트 자체에 포함하면 안 된다.

A.1.3.3 실행 함수

실행기는 호출 가능 객체로부터 실행 대리 객체(execution agent)를 생성하는 실행 함수(execution function)를 하나 이상 제공한다. 실행기는 다음 여섯 함수 중 적어도 하나를 지원해야 한다.

표 A.1 실행기의 실행 함수들

멤버 함수	기수	방향
execute	single	oneway
twoway_execute	single	twoway
then_execute	single	then
bulk_execute	bulk	oneway
bulk_twoway_execute	bulk	twoway
bulk_then_execute	bulk	then

이 실행 함수들의 행동 방식은 기수(cardinality)와 방향(direction)에 따라 다르다.

- 기수:
  - single(단일): 하나의 실행 대리 객체를 생성한다.
  - bulk(다수): 다수의 실행 대리 객체들을 생성한다.
- 방향:
  - oneway(단방향): 실행 대리 객체를 생성하되 실행 결과는 돌려주지 않는다.
  - twoway(양방향): 실행 대리 객체를 생성하고, 실행이 끝나길 기다리는 데 사용할 수 있는 미래 객체를 돌려준다.
  - then(그다음): 실행 대리 객체를 생성하고, 실행이 끝나길 기다리는 데 사용할 수 있는 미래 객체를 돌려준다. 실행 대리 객체는 주어진 미래 객체가 준비된 후에 실행을 시작한다.

그럼 여러 종류의 실행 함수를 좀 더 공식적으로 설명해 보겠다.

우선 기수가 single인 실행 함수들을 보자.

- oneway 실행 함수는 말하자면 "쏘고 잊어버리기(fire-and-forget)" 작업이다. 쏘고 잊어버리기 미래 객체[18]와 상당히 비슷하지만, 미래 객체의 소멸자에서 실행이 자동으로 차단되지는 않는다.
- twoway 실행 함수는 나중에 결과를 조회하는 데 사용할 수 있는 미래 객체를 돌려준다. 이런 행동은 std::promise가 자신과 연관된 std::future 객체의 핸들을 돌려주는 것과 비슷하다.[19]
- then 실행 함수는 후속(continuation; 중단 후 계속) 객체에 해당한다. 이 실행 함수는 미래 객체를 돌려주는데, 그 미래 객체가 준비된 상태가 된 후에야 실행이 시작된다.

다음으로, 기수가 bulk인 실행 함수들은 좀 더 복잡하다. 이 함수들은 여러 실행 대리 객체의 그룹을 생성하며, 각 실행 대리 객체는 자신에게 주어진 호출 가능 객체를 호출한다. 이 실행 함수들은 개별 호출 가능 객체 f를 실행 대리 객

---

18 *https://www.modernescpp.com/index.php/the-special-futures*

19 *https://www.modernescpp.com/index.php/promise-and-future*

체가 호출한 결과를 돌려주는 것이 아니라 하나의 팩토리 객체를 돌려준다. 그 팩토리를 통해서 특정 호출 가능 객체의 결과를 얻어내는 것은 사용자의 몫이다.

execution::require 함수를 이용한 요구조건 점검

여러분이 만든 실행기가 특정한 실행 함수를 지원하는지 알아내려면 어떻게 해야 할까?

목록 A.12는 자신의 실행기가 특정한 실행 함수를 지원한다는 점을 이미 알고 있는 경우이다. 이럴 때는 그냥 해당 실행 함수를 호출하면 그만이다.

목록 A.12 실행 함수 execute를 이용한 실행기 실행

```cpp
void concrete_context(const my_oneway_single_executor& ex)
{
    auto task = ...;
    ex.execute(task);
}
```

그러나 실행기가 어떤 실행 함수를 지원하는지 미리 알지 못하는 일반적인 경우에는 목록 A.13처럼 execution::require 함수로 요구조건을 점검하는 것이 안전하다.

목록 A.13 single과 twoway 실행 함수를 요구하는 실행기

```cpp
template <typename Executor>
void generic_context(const Executor& ex)
{
    auto task = ...;

    // .twoway_execute()를 사용할 수 있는지를 execution::require()로 점검한다.
    execution::require(ex, execution::single, execution::twoway).twoway_execute(task);
}
```

이 경우 실행기 ex는 단일 양방향 실행 함수, 즉 기수가 single이고 방향이 twoway인 실행 함수를 지원해야 한다.

A.1.4 네트워크 라이브러리

C++23의 네트워크 라이브러리는 크리스토퍼 M. 콜호프[Christopher M. Kohlhoff]의 *boost::asio* 라이브러리[20]에 기초한 것이다. 이 라이브러리는 네트워크와 저수준 입출력(I/O) 프로그래밍을 대상으로 한다.

---

20 *https://www.boost.org/doc/libs/1_75_0/doc/html/boost_asio.html*

다음은 네트워크 라이브러리에 포함되는 요소들이다.

- TCP, UDP, 다중 캐스트(multicast)
- 클라이언트/서버 응용 프로그램
- 더 많은 동시 연결을 위한 규모가변성
- IPv4와 IPv6
- 이름 해석(DNS)
- 클록

그러나 다음 요소들은 네트워크 라이브러리에 포함되지 않는다.

- HTTP나 SMTP, FTP 같은 네트워크 프로토콜들의 구현
- 암호화(SSL, TLS 등)
- select나 poll 같은 운영체제에 특화된 멀티플렉싱 인터페이스
- 실시간(realtime) 지원
- TCP/IP를 제외한 인터넷 프로토콜 스위트의 프로토콜들(ICMP 등)

목록 A.14의 예제 프로그램은 네트워크 라이브러리를 이용해서 반향(에코) 서버를 손쉽게 구현할 수 있음을 보여준다.

목록 A.14 간단한 반향 서버

```
1   template <typename Iterator>
2   void uppercase(Iterator begin, Iterator end) {
3       std::locale loc("");
4       for (Iterator iter = begin; iter != end; ++iter)
5       *iter = std::toupper(*iter, loc);
6   }
7
8   void sync_connection(tcp::socket& socket) {
9       try {
10          std::vector<char> buffer_space(1024);
11          while (true) {
12              std::size_t length = socket.read_some(buffer(buffer_space));
13              uppercase(buffer_space.begin(), buffer_space.begin() + length);
14              write(socket, buffer(buffer_space, length));
15          }
16      }
17      catch (std::system_error& e) {
18          // ...
19      }
20  }
```

서버(행 8의 sync_connection 함수)는 tcp::socket 형식의 클라이언트 소켓 socket을 받는다. 서버는 그 소켓으로 클라이언트가 보낸 텍스트를 읽고(행 12), 텍스트를 대문자로 변환하고(행 13), 그 결과를 클라이언트에게 보낸다(행 14).

boost::asio 라이브러리에는 대화방(채팅) 프로그램이나 HTTP 서버 등 좀 더 많은 예제가 들어 있다. 또한, 목록 A.14의 비동기 서버 예제와는 달리 서버를 동기적으로 실행하는 것도 가능하다.

A.2 C++23 또는 그 이후

이번 절에서 소개할 계약, 반영, 패턴 부합 기능은 C++23에 포함될지 확실하지 않다. 그렇지만 나중에라도 이들이 C++ 표준에 포함될 것은 거의 확실하며, C++23이 이 기능들을 부분적으로라도 지원할 가능성도 크다.

A.2.1 계약

계약(contract)은 C++20의 '5대 기능' 중 하나가 될 예정이었다. 그러나 설계상의 문제 때문에 표준 위원회는 2019년 7월 콜로나^{Cologna} 회의에서 이 기능을 C++20에서 제거했다. 같은 시기에 계약을 위한 연구단(study group)[21]인 SG21이 만들어졌다.

우선, 여기서 말하는 계약이 무엇인지부터 살펴보자.

계약은 소프트웨어 구성요소의 인터페이스를 엄밀하고 점검 가능한 방식으로 서술한 것이다. 일반적으로 계약은 어떠한 전제조건이나 사후조건, 불변식을 반드시 충족해야 하는 함수 또는 멤버 함수 같은 소프트웨어 구성요소에 적용된다. 앞 문장에 나온 세 용어를 간단하게나마 정의하자면 다음과 같다.

- **전제조건**(precondition): 함수에 진입하는 시점에서 반드시 성립해야(즉, 참이어야) 하는 부울 조건식.
- **사후조건**(postcondition): 함수에서 나가는 시점에서 반드시 성립해야 하는 부울 조건식.
- **불변식**(invariant): 계산의 특정 지점에서 반드시 성립해야 하는 부울 조건식. 단언(assertion)이라고도 한다.

---

21 *https://isocpp.org/std/the-committee*

C++23의 계약 기능에서, 전제조건과 사후조건은 함수 정의의 바깥에서 지정하지만 불변식은 함수 본문 안에서 지정한다. 세 가지 모두 C++ 특성(attribue)의 형태로 지정한다.

다음은 계약에 관한 첫 예제이다.

목록 A.15 계약을 사용하는 함수 push

```
int push(queue& q, int val)
    [[ expects: !q.full() ]]
    [[ ensures: !q.empty() ]] {
    ...
    [[ assert: q.is_ok() ]]
    ...
}
```

expects 특성은 전제조건이고 ensures 특성은 사후조건, assert 특성은 단언(불변식)이다. 함수 push의 계약에 따르면, 주어진 대기열(queue 형식의 인수 q)은 함수 진입 시 꽉 차 있지 않아야 하고, 함수에서 나갈 때 비어 있지 않아야 한다. 또한, 함수 실행 도중에 q.is_ok()가 반드시 참이어야 한다.

전제조건과 사후조건은 함수 인터페이스의 일부이다. 따라서 해당 부울 조건식에서 함수의 지역 변수나 클래스의 private 멤버/protected 멤버를 사용해서는 안 된다. 반면 불변식은 구현의 일부이므로 함수의 지역 변수나 클래스의 private/protected 멤버를 사용해도 된다.

목록 A.16 계약에서 private 멤버 접근

```
class X {
public:
    void f(int n)
        [[ expects: n < m ]]  // 오류: m은 private 멤버 변수
    {
        [[ assert: n < m ]];  // OK
        // ...
    }
private:
    int m;
};
```

m은 private 멤버 변수이므로 전제조건이나 사후조건에서는 사용할 수 없다. 계약 위반 시 프로그램의 기본 행동은 강제 종료이다.

계약 특성들을 좀 더 세밀하게 설정하는 것도 가능하다.

A.2.1.1 계약 특성의 세부 조정

계약 특성과 조건식 사이에 수정자를 추가한 **[[계약-특성 수정자:조건식]]** 형태의 구문을 이용해서 계약 특성의 작동 방식을 좀 더 세밀하게 지정할 수 있다.

- **계약-특성**: expects, ensures, assert 중 하나.
- **수정자**: default, audit, axiom 중 하나. 계약 강제 수준을 나타낸다.
  - default: 실행 시점 점검 비용이 낮아야 한다. 이것이 기본 설정이다.
  - audit: 좀 더 상세한 점검을 허용한다. 실행 시점 점검 비용이 클 수 있다.
  - axiom : 특성의 부울 조건식을 실행 시점에서 점검하지 않는다.†
- **조건식**: 계약의 부울 조건식

ensures 특성의 경우에는 수정자 다음에 식별자가 들어갈 수 있다. 즉, **[[ensure 수정자 식별자:조건식]]** 형태의 구문이 가능한데, 식별자는 함수의 반환값을 지칭하는 데 쓰인다.

목록 A.17 계약에서 함수 반환값에 접근

```cpp
int mul(int x, int y)
    [[expects: x > 0]]          // 수정자를 생략하면 default가 적용된다.
    [[expects default: y > 0]]
    [[ensures audit res: res > 0]] {
    return x * y;
}
```

여기서 res는 함수의 반환값을 지칭하는데, 이름이 반드시 res일 필요는 없다. 유효한 식별자 이름이기만 하면 된다. 이 예제는 또한 같은 종류의 계약 특성을 여러 개 지정해도 된다는 점을 보여준다.

그럼 계약 위반 처리 방식을 좀 더 자세히 살펴보자.

A.2.1.2 계약 위반의 처리

계약을 사용하는 소스 코드의 컴파일에는 '단언 빌드 수준(assertion build level)'이라는 속성이 있다. 가능한 단언 빌드 수준은 다음 세 가지이다.

- off: 아무런 계약도 점검하지 않는다.
- default: default 계약(수정자가 default인 계약)들을 점검한다. 이것이 기본 수준이다.

---

† [옮긴이] axiom은 코드를 검토하는 사람이나 정적 코드 분석기에 힌트를 제공하기 위한 것이다.

- audit: default 계약들과 audit 계약들을 점검한다.

계약 특성의 부울 조건식이 false이면 계약이 위반되며, 그러면 위반 처리부(violation handler)가 호출된다. 위반 처리부는 std::contract_violation 형식의 객체를 받는데, 이 객체는 위반된 계약에 관한 자세한 정보를 제공한다. std::contract_violation 클래스의 정의는 다음과 같다.

목록 A.18 contract_violation 클래스

```cpp
namespace std {
    class contract_violation{
     public:
        uint_least32_t line_number() const noexcept;
        string_view file_name() const noexcept;
        string_view function_name() const noexcept;
        string_view comment() const noexcept;
        string_view assertion_level() const noexcept;
    };
}
```

- line_number: 계약이 위반된 행 번호
- file_name: 계약이 위반된 파일 이름
- function_name: 계약이 위반된 함수 이름
- comment: 계약 특성의 부울 조건식
- assertion_level: 계약 강제 수준

A.2.1.3 계약 선언

함수의 선언에서 계약을 지정할 수도 있다. 보통의 함수는 물론 가상 함수나 함수 템플릿의 선언에도 계약을 지정할 수 있다.

- 함수 선언들의 계약은 동일해야 한다. 첫 선언 이후의 선언에서 계약을 아예 생략하는 것은 가능하다.

```cpp
int f(int x)
    [[expects: x > 0]]
    [[ensures r: r > 0]];

int f(int x); // OK: 계약 생략.

int f(int x)
    [[expects: x >= 0]]; // 오류: 기존 계약과 다름(ensures 항목이 없다).
```

- 재정의(overriding) 함수에서 계약을 수정하면 안 된다.

```
struct B {
    virtual void f(int x)[[expects: x > 0]];
    virtual void g(int x);
};

struct D: B{
    void f(int x)[[expects: x >= 0]];   // 오류
    void g(int x)[[expects: x != 0]];   // 오류
};
```

클래스 D의 두 계약은 오류를 발생한다. 멤버 함수 D::f의 계약은 B::f의 계약과 다르다. 멤버 함수 D::g에는 B::g에 없던 계약이 추가되었다.

🔑 **허브 서터의 맺음말**

계약은 원래 C++20에 추가될 예정이었지만, 적어도 C++23 이후로 연기되었다. 허브 서터[Herb Sutter]가 자신의 블로그 Sutter's Mill에 쓴 글[22]에 계약의 중요성을 잘 말해주는 문장이 있어서 인용한다:

"계약은 지금까지 논의된 C++20의 새 기능 중 영향이 가장 큰 기능이며, 어쩌면 C++11부터 우리가 C++에 추가해 온 기능 중에서도 영향이 가장 클 것이다."

A.2.2 반영

반영(reflection)은 프로그램이 자신을 분석하고 수정하는 기능이다. 반영은 컴파일 시점에서 일어나며, 따라서 C++ 언어 설계의 원칙 중 하나인 "사용하지 않은 것의 비용은 지불하지 않는다"를 따른다. 형식 특질 라이브러리[23]도 강력한 반영 기능을 제공하지만, 제안서 P0385[24]는 더욱더 강력하고 광범위한 정적 반영(static reflection) 기능을 다룬다.[†]

다음 예제를 보면 반영 기능이 어떤 것인지 감을 잡을 수 있을 것이다.

목록 A.19 반영 연산자

```
1  template <typename T>
2  T min(constT& a,constT& b) {
3      log() << "function: min<"
```

---

22 *https://herbsutter.com/2018/07/02/trip-report-summer-iso-c-standards-meeting-rapperswil/*

23 *https://en.cppreference.com/w/cpp/header/type_traits*

24 *http://www.open-std.org/jtc1/sc22/wg21/docs/papers/2017/p0385r2.pdf*

† [옮긴이] 형식 특질 라이브러리는 이름에서 짐작하듯이 형식에만 한정되지만, 제안된 반영 기능은 이름 공간, 함수, 클래스 상속, 변수 등 좀 더 다양한 대상에 적용된다.

```
 4            << get_base_name_v<get_aliased_t<$reflect(T)>>
 5            << ">("
 6            << get_base_name_v<$reflect(a)> << ": "
 7            << get_base_name_v<get_aliased_t<get_type_t<$reflect(a)>>>
 8            << " = " << a << ", "
 9            << get_base_name_v<$reflect(b)> << ": "
10            << get_base_name_v<get_aliased_t<get_type_t<$reflect(b)>>>
11            << " = " << b
12            << ")" << '\n';
13      return a < b ? a : b;
14  }
```

이 예제의 핵심은 새로 제안된 반영 연산자 $reflect이다. 행 4에서는 템플릿 매개변수 T에 이 연산자를 적용한다. 연산자는 T에 관한 메타 정보를 담은 특별한 형식의 객체를 돌려준다. 행 6에서는 값 a에, 행 9에서는 값 c에 대해 $reflect를 적용해서 해당 값의 형식에 관한 메타 정보 객체를 얻는다. 행 7과 10의 get_base_name_v<get_aliased_t ....는 함수 합성을 이용해서 메타 정보 객체로부터 특정한 정보를 추출한다.

그림 A.9는 min(12.34, 23.45)로 min 함수를 호출한 결과이다.

```
function: min<double>(a: double = 12.34, b: double = 23.45)
```

그림 A.9 min(12.34, 23.45) 호출 결과

반영 기능으로 얻을 수 있는 메타 정보가 어떤 것인지 궁금할 것이다. 적용 대상별로 메타 정보를 간단히 정리하면 다음과 같다.

- 객체: 소스 코드 파일 이름 및 행 번호, 열 번호
- 클래스: private/public 멤버 변수들과 멤버 함수들
- 별칭(alias): 별칭의 원본 이름

다음의 목록 A.20은 제안서 P0385에서 가져온 예제인데, 반영 기능을 이용해서 클래스의 public 멤버들과 public이 아닌(private 또는 protected) 멤버들을 파악하는 방법을 보여준다.

목록 A.20 클래스 foo의 public/비public 멤버 검출

```
#include <reflect>
#include <iostream>

struct foo {
```

```
  private:
    int _i, _j;
  public:
    static constexpr const bool b = true;
    float x, y, z;
  private:
    static double d;
};

template <typename ... T>
void eat(T ... ) { }

template <typename Metaobjects, std::size_t I>
int do_print_data_member(void) {
    using namespace std;
    typedef reflect::get_element_t<Metaobjects, I> metaobj;
    cout << I << ": "
        << (reflect::is_public_v<metaobj>?"public":"non-public")
        << " "
        << (reflect::is_static_v<metaobj>?"static":"")
        << " "
        << reflect::get_base_name_v<reflect::get_type_t<metaobj>>
        << " "
        << reflect::get_base_name_v<metaobj>
        << '\n';
    return 0;
}

template <typename Metaobjects, std::size_t ... I>
void do_print_data_members(std::index_sequence<I...>) {
    eat(do_print_data_member<Metaobjects, I>()...);
}

template <typename Metaobjects>
void do_print_data_members(void) {
    using namespace std;

    do_print_data_members<Metaobjects>(
        make_index_sequence<
            reflect::get_size_v<Metaobjects>
        >()
    );
}

template <typename MetaClass>
void print_data_members(void) {
    using namespace std;

    cout << "Public data members of " << reflect::get_base_name_v<MetaClass>
```

```
        << '\n';

        do_print_data_members<reflect::get_public_data_members_t<MetaClass>>();
}

template <typename MetaClass>
void print_all_data_members(void) {
    using namespace std;

    cout << "All data members of " << reflect::get_base_name_v<MetaClass>
        << '\n';
    do_print_data_members<reflect::get_data_members_t<MetaClass>>();
}

int main(void) {
    print_data_members<$reflect(foo)>();
    print_all_data_members<$reflect(foo)>();
    return 0;
}
```

그림 A.10은 이 예제 프로그램의 출력이다.

```
Public data members of foo
0: public static bool b
1: public  float x
2: public  float y
3: public  float z
All data members of foo
0: non-public  int _i
1: non-public  int _j
2: public static bool b
3: public  float x
4: public  float y
5: public  float z
6: non-public static double d
```

그림 A.10 클래스 foo의 public/비public 멤버 검출

A.2.3 패턴 부합

현대적 C++에는 std::tuple[25]이나 std::variant[26]처럼 요소들의 형식이 동적으로 결정되는 자료 형식들이 추가되었다. 단순한 if 문이나 switch 문, std::apply 함수[27], std::visit[28] 함수로는 이런 자료 형식들의 잠재력을 최대로 발휘하기 어

---

25 *https://en.cppreference.com/w/cpp/utility/tuple*
26 *https://en.cppreference.com/w/cpp/utility/variant*
27 *https://en.cppreference.com/w/cpp/utility/apply*
28 *https://en.cppreference.com/w/cpp/utility/variant/visit*

렵다. 함수형 프로그래밍에서 중요하게 쓰이는 패턴 부합(pattern matching) 구문을 이용하면 이런 새로운 자료 형식을 좀 더 강력하게 다룰 수 있다.

다음의 예제들은 패턴 부합 제안서 P1371R2[29]에서 가져온 것이다. 처음 두 예제는 기존 제어 구조와 그에 대응되는 패턴 부합 제어 구조를 보여준다. 패턴 부합 예제들에서 inspect는 패턴 부합을 위해 제안된 새 키워드이고, __는 주어진 인수가 그 어떤 패턴과도 부합하지 않는 경우를 위한 자리표(placeholder)이다.

목록 A.21 switch 문 대 패턴 부합

```
switch (x) {
    case 0: std::cout << "got zero"; break;
    case 1: std::cout << "got one"; break;
    default: std::cout << "don't care";
}

inspect (x) {
    0: std::cout << "got zero";
    1: std::cout << "got one";
    __: std::cout << "don't care";
}
```

목록 A.22 if 문 대 패턴 부합

```
if (s == "foo") {
    std::cout << "got foo";
} else if (s == "bar") {
    std::cout << "got bar";
} else {
    std::cout << "don't care";
}

inspect (s) {
    "foo": std::cout << "got foo";
    "bar": std::cout << "got bar";
    __: std::cout << "don't care";
}
```

다음은 std::tuple이나 std::variant, 다형적 자료 형식에 패턴 부합을 적용하면 코드가 얼마나 간결해지는지 보여주는 예제들이다.

---

29 *http://www.open-std.org/jtc1/sc22/wg21/docs/papers/2020/p1371r2.pdf*

목록 A.23 std::tuple에 대한 패턴 부합

```
auto&& [x, y] = p;
if (x == 0 && y == 0) {
    std::cout << "on origin";
} else if (x == 0) {
    std::cout << "on y-axis";
} else if (y == 0) {
    std::cout << "on x-axis";
} else {
    std::cout << x << ',' << y;
}

inspect (p) {
    [0, 0]: std::cout << "on origin";
    [0, y]: std::cout << "on y-axis";
    [x, 0]: std::cout << "on x-axis";
    [x, y]: std::cout << x << ',' << y;
}
```

목록 A.24 std::variant에 대한 패턴 부합

```
struct visitor {
    void operator()(int i) const {
        os << "got int: " << i;
    }
    void operator()(float f) const {
        os << "got float: " << f;
    }
    std::ostream& os;
};
std::visit(visitor{strm}, v);

inspect (v) {
    <int> i: strm << "got int: " << i;
    <float> f: strm << "got float: " << f;
}
```

목록 A.25 다형적 자료 형식에 대한 패턴 부합

```
struct Shape { virtual ~Shape() = default; };
struct Circle : Shape { int radius; };
struct Rectangle : Shape { int width, height; };

virtual int Shape::get_area() const = 0;

int Circle::get_area() const override {
    return 3.14 * radius * radius;
}
int Rectangle::get_area() const override {
```

```
        return width * height;
}

int get_area(const Shape& shape) {
    return inspect (shape) {
        <Circle> [r] => 3.14 * r * r,
        <Rectangle> [w, h] => w * h
    }
}
```

패턴 부합 제안서 P1371R2는 이상의 예제들에 나온 것보다 복잡한 용법들도 제공한다. 예를 들어 패턴 부합을 이용해서 하나의 표현식 트리(expression tree)[30]를 순회(traverse)하는 것도 가능하다.

A.3 C++23에 관한 추가 정보

이 부록의 도입부에서 언급한 제안서 P0592R4[31]는 C++23의 대략적인 상을 제시하는 것이 목적이기 때문에, C++23에 추가될 만한 주요 기능들에만 초점을 둔다. 작업 블록(task block)[32], 통합된 미래 객체(unified future)[33], 트랜잭션 메모리[34], SIMD[35]를 지원하는 데이터 병렬 벡터 라이브러리(data-parallel vector library)[36] 같은 기능들은 언급하지도 않는다. C++20의 미래를 좀 더 자세히 알고 싶다면 cppreference.com의 C++ 컴파일러 지원 현황 페이지[37]를 연구하거나 C++23과 관련된 표준 위원회 문서들[38]을 읽어야 한다.

---

30 https://en.wikipedia.org/wiki/Binary_expression_tree
31 http://www.open-std.org/jtc1/sc22/wg21/docs/papers/2019/p0592r4.html
32 https://www.modernescpp.com/index.php/task-blocks
33 https://www.modernescpp.com/index.php/the-end-of-the-detour-unified-futures
34 https://www.modernescpp.com/index.php/transactional-memory
35 https://en.wikipedia.org/wiki/SIMD
36 https://en.cppreference.com/w/cpp/experimental/simd
37 https://en.cppreference.com/w/cpp/compiler_support
38 http://www.open-std.org/jtc1/sc22/wg21/docs/papers/

C + + 2 0   G e t   t h e   D e t a i l s

기능 검사

표준 헤더 <version>은 C++11과 그 이후 표준들의 특정 기능을 컴파일러가 지원하는지 판정하는 수단을 제공한다. 핵심 언어의 기능은 물론 표준 라이브러리의 기능이나 특성의 지원 여부도 알아낼 수 있다. 현재 <version>에는 약 200개의 매크로가 정의되어 있는데, 각 매크로는 해당 기능이 C++ 표준에 추가된 연도와 월을 나타내는 수치로 확장된다. 목록 B.1은 static_assert와 람다, 콘셉츠에 대한 기능 검사(feature testing) 매크로와 해당 수치이다.

목록 B.1 static_assert, 람다, 콘셉츠에 대한 기능 검사 매크로와 그 값

```
__cpp_static_assert    200410L
__cpp_lambdas          200907L
__cpp_concepts         201907L
```

🔑 컴파일러의 기능 지원 확인

새로운 C++ 기능을 시험해 볼 때 나는 먼저 그 기능을 어떤 컴파일러가 지원하는지부터 확인한다. 그럴 때 내가 찾는 곳이 바로 cppreference.com의 C++ 컴파일러 지원 상황 페이지[1]이다. 3대 컴파일러(GCC, Clang, MSVC) 중 하나라도 내가 원하는 기능을 지원하길 빌면서 이 페이지를 살펴본다.

원하는 기능을 어떤 컴파일러가 부분적으로만(partial) 지원한다는 사실을 알게 되면 다소 실망스럽다. 새로운 기능을 사용하는 코드의 컴파일이 실패했을 때 누구에게 물어보면 되는지 불확실하다는 점도 안타깝다.

---

1 *https://en.cppreference.com/w/cpp/compiler_support*

C++20 feature	Paper(s)	GCC	Clang	MSVC	Apple Clang	EDG eccp	Intel C++	IBM XLC++	Sun/Oracle C++	Embarcadero C++ Builder	Cray	Portland Group (PGI)	Nvidia nvcc	[Collapse]
Allow lambda-capture [=, this]	P0409R2 🔒	8	6	19.22*	10.0.0*	5.1								
__VA_OPT__	P0306R4 🔒 P1042R1 🔒	8 (partial)* 10 (partial)*	9	19.25*	11.0.3*	5.1								
Designated initializers	P0329R4 🔒	4.7 (partial)* 8	3.0 (partial)* 10	19.21*	(partial)*	5.1								
template-parameter-list for generic lambdas	P0428R2 🔒	8	9	19.22*	11.0.0*	5.1								
Default member initializers for bit-fields	P0683R1 🔒	8	6	19.25*	10.0.0*	5.1								
Initializer list constructors in class template argument deduction	P0702R1 🔒	8	6	19.14*	Yes	5.0								
const&-qualified pointers to members	P0704R1 🔒	8	6	19.0*	10.0.0*	5.1								
Concepts	P0734R0 🔒	6 (TS only) 10	10	19.23* (partial)*		6.1								
Lambdas in unevaluated contexts	P0315R4 🔒	9		19.28*										

그림 B.1 C++20 핵심 언어 기능들에 대한 컴파일러 지원 상황

목록 B.2는 모든 기능 검사 매크로를 이용해서 컴파일러를 시험하는 길고 긴 예제 코드인데, cppreference.com의 기능 검사 페이지[2]에서 가져온 것이다.

목록 B.2 모든 기능 검사 매크로를 이용해서 컴파일러를 시험하는 예제

```
1   // featureTest.cpp
2   // 출처: cppreference.com
3
4   #if __cplusplus < 201100
5   #  error "C++11 or better is required"
6   #endif
7
8   #include <algorithm>
9   #include <cstring>
10  #include <iomanip>
11  #include <iostream>
12  #include <string>
13
14  #ifdef __has_include
15  # if __has_include(<version>)
16  #   include <version>
17  # endif
18  #endif
19
20  #define COMPILER_FEATURE_VALUE(value) #value
```

---

2 *https://en.cppreference.com/w/cpp/feature_test*

```
21  #define COMPILER_FEATURE_ENTRY(name) { #name, COMPILER_FEATURE_VALUE(name) },
22
23  #ifdef __has_cpp_attribute
24  # define COMPILER_ATTRIBUTE_VALUE_AS_STRING(s) #s
25  # define COMPILER_ATTRIBUTE_AS_NUMBER(x) COMPILER_ATTRIBUTE_VALUE_AS_STRING(x)
26  # define COMPILER_ATTRIBUTE_ENTRY(attr) \
27  { #attr, COMPILER_ATTRIBUTE_AS_NUMBER(__has_cpp_attribute(attr)) },
28  #else
29  # define COMPILER_ATTRIBUTE_ENTRY(attr) { #attr, "_" },
30  #endif
31
32  // 각 기능 집합의 출력 여부를 이 옵션들로 변경할 수 있다.
33  static struct PrintOptions {
34      constexpr static bool titles              = 1;
35      constexpr static bool attributes          = 1;
36      constexpr static bool general_features    = 1;
37      constexpr static bool core_features       = 1;
38      constexpr static bool lib_features        = 1;
39      constexpr static bool supported_features  = 1;
40      constexpr static bool unsupported_features = 1;
41      constexpr static bool sorted_by_value     = 0;
42      constexpr static bool cxx11               = 1;
43      constexpr static bool cxx14               = 1;
44      constexpr static bool cxx17               = 1;
45      constexpr static bool cxx20               = 1;
46      constexpr static bool cxx23               = 0;
47  }   print;
48
49  struct CompilerFeature {
50      CompilerFeature(const char* name = nullptr, const char* value = nullptr)
51          : name(name), value(value) {}
52      const char* name; const char* value;
53  };
54
55  static CompilerFeature cxx[] = {
56  COMPILER_FEATURE_ENTRY(__cplusplus)
57  COMPILER_FEATURE_ENTRY(__cpp_exceptions)
58  COMPILER_FEATURE_ENTRY(__cpp_rtti)
59  #f 0
60  COMPILER_FEATURE_ENTRY(__GNUC__)
61  COMPILER_FEATURE_ENTRY(__GNUC_MINOR__)
62  COMPILER_FEATURE_ENTRY(__GNUC_PATCHLEVEL__)
63  COMPILER_FEATURE_ENTRY(__GNUG__)
64  COMPILER_FEATURE_ENTRY(__clang__)
65  COMPILER_FEATURE_ENTRY(__clang_major__)
66  COMPILER_FEATURE_ENTRY(__clang_minor__)
67  COMPILER_FEATURE_ENTRY(__clang_patchlevel__)
68  #endif
69  };
```

```
70   static CompilerFeature cxx11[] = {
71   COMPILER_FEATURE_ENTRY(__cpp_alias_templates)
72   COMPILER_FEATURE_ENTRY(__cpp_attributes)
73   COMPILER_FEATURE_ENTRY(__cpp_constexpr)
74   COMPILER_FEATURE_ENTRY(__cpp_decltype)
75   COMPILER_FEATURE_ENTRY(__cpp_delegating_constructors)
76   COMPILER_FEATURE_ENTRY(__cpp_inheriting_constructors)
77   COMPILER_FEATURE_ENTRY(__cpp_initializer_lists)
78   COMPILER_FEATURE_ENTRY(__cpp_lambdas)
79   COMPILER_FEATURE_ENTRY(__cpp_nsdmi)
80   COMPILER_FEATURE_ENTRY(__cpp_range_based_for)
81   COMPILER_FEATURE_ENTRY(__cpp_raw_strings)
82   COMPILER_FEATURE_ENTRY(__cpp_ref_qualifiers)
83   COMPILER_FEATURE_ENTRY(__cpp_rvalue_references)
84   COMPILER_FEATURE_ENTRY(__cpp_static_assert)
85   COMPILER_FEATURE_ENTRY(__cpp_threadsafe_static_init)
86   COMPILER_FEATURE_ENTRY(__cpp_unicode_characters)
87   COMPILER_FEATURE_ENTRY(__cpp_unicode_literals)
88   COMPILER_FEATURE_ENTRY(__cpp_user_defined_literals)
89   COMPILER_FEATURE_ENTRY(__cpp_variadic_templates)
90   };
91   static CompilerFeature cxx14[] = {
92   COMPILER_FEATURE_ENTRY(__cpp_aggregate_nsdmi)
93   COMPILER_FEATURE_ENTRY(__cpp_binary_literals)
94   COMPILER_FEATURE_ENTRY(__cpp_constexpr)
95   COMPILER_FEATURE_ENTRY(__cpp_decltype_auto)
96   COMPILER_FEATURE_ENTRY(__cpp_generic_lambdas)
97   COMPILER_FEATURE_ENTRY(__cpp_init_captures)
98   COMPILER_FEATURE_ENTRY(__cpp_return_type_deduction)
99   COMPILER_FEATURE_ENTRY(__cpp_sized_deallocation)
100  COMPILER_FEATURE_ENTRY(__cpp_variable_templates)
101  };
102  static CompilerFeature cxx14lib[] = {
103  COMPILER_FEATURE_ENTRY(__cpp_lib_chrono_udls)
104  COMPILER_FEATURE_ENTRY(__cpp_lib_complex_udls)
105  COMPILER_FEATURE_ENTRY(__cpp_lib_exchange_function)
106  COMPILER_FEATURE_ENTRY(__cpp_lib_generic_associative_lookup)
107  COMPILER_FEATURE_ENTRY(__cpp_lib_integer_sequence)
108  COMPILER_FEATURE_ENTRY(__cpp_lib_integral_constant_callable)
109  COMPILER_FEATURE_ENTRY(__cpp_lib_is_final)
110  COMPILER_FEATURE_ENTRY(__cpp_lib_is_null_pointer)
111  COMPILER_FEATURE_ENTRY(__cpp_lib_make_reverse_iterator)
112  COMPILER_FEATURE_ENTRY(__cpp_lib_make_unique)
113  COMPILER_FEATURE_ENTRY(__cpp_lib_null_iterators)
114  COMPILER_FEATURE_ENTRY(__cpp_lib_quoted_string_io)
115  COMPILER_FEATURE_ENTRY(__cpp_lib_result_of_sfinae)
116  COMPILER_FEATURE_ENTRY(__cpp_lib_robust_nonmodifying_seq_ops)
117  COMPILER_FEATURE_ENTRY(__cpp_lib_shared_timed_mutex)
118  COMPILER_FEATURE_ENTRY(__cpp_lib_string_udls)
```

```
119  COMPILER_FEATURE_ENTRY(__cpp_lib_transformation_trait_aliases)
120  COMPILER_FEATURE_ENTRY(__cpp_lib_transparent_operators)
121  COMPILER_FEATURE_ENTRY(__cpp_lib_tuple_element_t)
122  COMPILER_FEATURE_ENTRY(__cpp_lib_tuples_by_type)
123  };
124
125  static CompilerFeature cxx17[] = {
126  COMPILER_FEATURE_ENTRY(__cpp_aggregate_bases)
127  COMPILER_FEATURE_ENTRY(__cpp_aligned_new)
128  COMPILER_FEATURE_ENTRY(__cpp_capture_star_this)
129  COMPILER_FEATURE_ENTRY(__cpp_constexpr)
130  COMPILER_FEATURE_ENTRY(__cpp_deduction_guides)
131  COMPILER_FEATURE_ENTRY(__cpp_enumerator_attributes)
132  COMPILER_FEATURE_ENTRY(__cpp_fold_expressions)
133  COMPILER_FEATURE_ENTRY(__cpp_guaranteed_copy_elision)
134  COMPILER_FEATURE_ENTRY(__cpp_hex_float)
135  COMPILER_FEATURE_ENTRY(__cpp_if_constexpr)
136  COMPILER_FEATURE_ENTRY(__cpp_inheriting_constructors)
137  COMPILER_FEATURE_ENTRY(__cpp_inline_variables)
138  COMPILER_FEATURE_ENTRY(__cpp_namespace_attributes)
139  COMPILER_FEATURE_ENTRY(__cpp_noexcept_function_type)
140  COMPILER_FEATURE_ENTRY(__cpp_nontype_template_args)
141  COMPILER_FEATURE_ENTRY(__cpp_nontype_template_parameter_auto)
142  COMPILER_FEATURE_ENTRY(__cpp_range_based_for)
143  COMPILER_FEATURE_ENTRY(__cpp_static_assert)
144  COMPILER_FEATURE_ENTRY(__cpp_structured_bindings)
145  COMPILER_FEATURE_ENTRY(__cpp_template_template_args)
146  COMPILER_FEATURE_ENTRY(__cpp_variadic_using)
147  };
148  static CompilerFeature cxx17lib[] = {
149  COMPILER_FEATURE_ENTRY(__cpp_lib_addressof_constexpr)
150  COMPILER_FEATURE_ENTRY(__cpp_lib_allocator_traits_is_always_equal)
151  COMPILER_FEATURE_ENTRY(__cpp_lib_any)
152  COMPILER_FEATURE_ENTRY(__cpp_lib_apply)
153  COMPILER_FEATURE_ENTRY(__cpp_lib_array_constexpr)
154  COMPILER_FEATURE_ENTRY(__cpp_lib_as_const)
155  COMPILER_FEATURE_ENTRY(__cpp_lib_atomic_is_always_lock_free)
156  COMPILER_FEATURE_ENTRY(__cpp_lib_bool_constant)
157  COMPILER_FEATURE_ENTRY(__cpp_lib_boyer_moore_searcher)
158  COMPILER_FEATURE_ENTRY(__cpp_lib_byte)
159  COMPILER_FEATURE_ENTRY(__cpp_lib_chrono)
160  COMPILER_FEATURE_ENTRY(__cpp_lib_clamp)
161  COMPILER_FEATURE_ENTRY(__cpp_lib_enable_shared_from_this)
162  COMPILER_FEATURE_ENTRY(__cpp_lib_execution)
163  COMPILER_FEATURE_ENTRY(__cpp_lib_filesystem)
164  COMPILER_FEATURE_ENTRY(__cpp_lib_gcd_lcm)
165  COMPILER_FEATURE_ENTRY(__cpp_lib_hardware_interference_size)
166  COMPILER_FEATURE_ENTRY(__cpp_lib_has_unique_object_representations)
167  COMPILER_FEATURE_ENTRY(__cpp_lib_hypot)
```

```
168  COMPILER_FEATURE_ENTRY(__cpp_lib_incomplete_container_elements)
169  COMPILER_FEATURE_ENTRY(__cpp_lib_invoke)
170  COMPILER_FEATURE_ENTRY(__cpp_lib_is_aggregate)
171  COMPILER_FEATURE_ENTRY(__cpp_lib_is_invocable)
172  COMPILER_FEATURE_ENTRY(__cpp_lib_is_swappable)
173  COMPILER_FEATURE_ENTRY(__cpp_lib_launder)
174  COMPILER_FEATURE_ENTRY(__cpp_lib_logical_traits)
175  COMPILER_FEATURE_ENTRY(__cpp_lib_make_from_tuple)
176  COMPILER_FEATURE_ENTRY(__cpp_lib_map_try_emplace)
177  COMPILER_FEATURE_ENTRY(__cpp_lib_math_special_functions)
178  COMPILER_FEATURE_ENTRY(__cpp_lib_memory_resource)
179  COMPILER_FEATURE_ENTRY(__cpp_lib_node_extract)
180  COMPILER_FEATURE_ENTRY(__cpp_lib_nonmember_container_access)
181  COMPILER_FEATURE_ENTRY(__cpp_lib_not_fn)
182  COMPILER_FEATURE_ENTRY(__cpp_lib_optional)
183  COMPILER_FEATURE_ENTRY(__cpp_lib_parallel_algorithm)
184  COMPILER_FEATURE_ENTRY(__cpp_lib_raw_memory_algorithms)
185  COMPILER_FEATURE_ENTRY(__cpp_lib_sample)
186  COMPILER_FEATURE_ENTRY(__cpp_lib_scoped_lock)
187  COMPILER_FEATURE_ENTRY(__cpp_lib_shared_mutex)
188  COMPILER_FEATURE_ENTRY(__cpp_lib_shared_ptr_arrays)
189  COMPILER_FEATURE_ENTRY(__cpp_lib_shared_ptr_weak_type)
190  COMPILER_FEATURE_ENTRY(__cpp_lib_string_view)
191  COMPILER_FEATURE_ENTRY(__cpp_lib_to_chars)
192  COMPILER_FEATURE_ENTRY(__cpp_lib_transparent_operators)
193  COMPILER_FEATURE_ENTRY(__cpp_lib_type_trait_variable_templates)
194  COMPILER_FEATURE_ENTRY(__cpp_lib_uncaught_exceptions)
195  COMPILER_FEATURE_ENTRY(__cpp_lib_unordered_map_try_emplace)
196  COMPILER_FEATURE_ENTRY(__cpp_lib_variant)
197  COMPILER_FEATURE_ENTRY(__cpp_lib_void_t)
198  };
199
200  static CompilerFeature cxx20[] = {
201  COMPILER_FEATURE_ENTRY(__cpp_aggregate_paren_init)
202  COMPILER_FEATURE_ENTRY(__cpp_char8_t)
203  COMPILER_FEATURE_ENTRY(__cpp_concepts)
204  COMPILER_FEATURE_ENTRY(__cpp_conditional_explicit)
205  COMPILER_FEATURE_ENTRY(__cpp_consteval)
206  COMPILER_FEATURE_ENTRY(__cpp_constexpr)
207  COMPILER_FEATURE_ENTRY(__cpp_constexpr_dynamic_alloc)
208  COMPILER_FEATURE_ENTRY(__cpp_constexpr_in_decltype)
209  COMPILER_FEATURE_ENTRY(__cpp_constinit)
210  COMPILER_FEATURE_ENTRY(__cpp_deduction_guides)
211  COMPILER_FEATURE_ENTRY(__cpp_designated_initializers)
212  COMPILER_FEATURE_ENTRY(__cpp_generic_lambdas)
213  COMPILER_FEATURE_ENTRY(__cpp_impl_coroutine)
214  COMPILER_FEATURE_ENTRY(__cpp_impl_destroying_delete)
215  COMPILER_FEATURE_ENTRY(__cpp_impl_three_way_comparison)
216  COMPILER_FEATURE_ENTRY(__cpp_init_captures)
```

```
217  COMPILER_FEATURE_ENTRY(__cpp_modules)
218  COMPILER_FEATURE_ENTRY(__cpp_nontype_template_args)
219  COMPILER_FEATURE_ENTRY(__cpp_using_enum)
220  };
221  static CompilerFeature cxx20lib[] = {
222  COMPILER_FEATURE_ENTRY(__cpp_lib_array_constexpr)
223  COMPILER_FEATURE_ENTRY(__cpp_lib_assume_aligned)
224  COMPILER_FEATURE_ENTRY(__cpp_lib_atomic_flag_test)
225  COMPILER_FEATURE_ENTRY(__cpp_lib_atomic_float)
226  COMPILER_FEATURE_ENTRY(__cpp_lib_atomic_lock_free_type_aliases)
227  COMPILER_FEATURE_ENTRY(__cpp_lib_atomic_ref)
228  COMPILER_FEATURE_ENTRY(__cpp_lib_atomic_shared_ptr)
229  COMPILER_FEATURE_ENTRY(__cpp_lib_atomic_value_initialization)
230  COMPILER_FEATURE_ENTRY(__cpp_lib_atomic_wait)
231  COMPILER_FEATURE_ENTRY(__cpp_lib_barrier)
232  COMPILER_FEATURE_ENTRY(__cpp_lib_bind_front)
233  COMPILER_FEATURE_ENTRY(__cpp_lib_bit_cast)
234  COMPILER_FEATURE_ENTRY(__cpp_lib_bitops)
235  COMPILER_FEATURE_ENTRY(__cpp_lib_bounded_array_traits)
236  COMPILER_FEATURE_ENTRY(__cpp_lib_char8_t)
237  COMPILER_FEATURE_ENTRY(__cpp_lib_chrono)
238  COMPILER_FEATURE_ENTRY(__cpp_lib_concepts)
239  COMPILER_FEATURE_ENTRY(__cpp_lib_constexpr_algorithms)
240  COMPILER_FEATURE_ENTRY(__cpp_lib_constexpr_complex)
241  COMPILER_FEATURE_ENTRY(__cpp_lib_constexpr_dynamic_alloc)
242  COMPILER_FEATURE_ENTRY(__cpp_lib_constexpr_functional)
243  COMPILER_FEATURE_ENTRY(__cpp_lib_constexpr_iterator)
244  COMPILER_FEATURE_ENTRY(__cpp_lib_constexpr_memory)
245  COMPILER_FEATURE_ENTRY(__cpp_lib_constexpr_numeric)
246  COMPILER_FEATURE_ENTRY(__cpp_lib_constexpr_string)
247  COMPILER_FEATURE_ENTRY(__cpp_lib_constexpr_string_view)
248  COMPILER_FEATURE_ENTRY(__cpp_lib_constexpr_tuple)
249  COMPILER_FEATURE_ENTRY(__cpp_lib_constexpr_utility)
250  COMPILER_FEATURE_ENTRY(__cpp_lib_constexpr_vector)
251  COMPILER_FEATURE_ENTRY(__cpp_lib_coroutine)
252  COMPILER_FEATURE_ENTRY(__cpp_lib_destroying_delete)
253  COMPILER_FEATURE_ENTRY(__cpp_lib_endian)
254  COMPILER_FEATURE_ENTRY(__cpp_lib_erase_if)
255  COMPILER_FEATURE_ENTRY(__cpp_lib_execution)
256  COMPILER_FEATURE_ENTRY(__cpp_lib_format)
257  COMPILER_FEATURE_ENTRY(__cpp_lib_generic_unordered_lookup)
258  COMPILER_FEATURE_ENTRY(__cpp_lib_int_pow2)
259  COMPILER_FEATURE_ENTRY(__cpp_lib_integer_comparison_functions)
260  COMPILER_FEATURE_ENTRY(__cpp_lib_interpolate)
261  COMPILER_FEATURE_ENTRY(__cpp_lib_is_constant_evaluated)
262  COMPILER_FEATURE_ENTRY(__cpp_lib_is_layout_compatible)
263  COMPILER_FEATURE_ENTRY(__cpp_lib_is_nothrow_convertible)
264  COMPILER_FEATURE_ENTRY(__cpp_lib_is_pointer_interconvertible)
265  COMPILER_FEATURE_ENTRY(__cpp_lib_jthread)
```

```
266   COMPILER_FEATURE_ENTRY(__cpp_lib_latch)
267   COMPILER_FEATURE_ENTRY(__cpp_lib_list_remove_return_type)
268   COMPILER_FEATURE_ENTRY(__cpp_lib_math_constants)
269   COMPILER_FEATURE_ENTRY(__cpp_lib_polymorphic_allocator)
270   COMPILER_FEATURE_ENTRY(__cpp_lib_ranges)
271   COMPILER_FEATURE_ENTRY(__cpp_lib_remove_cvref)
272   COMPILER_FEATURE_ENTRY(__cpp_lib_semaphore)
273   COMPILER_FEATURE_ENTRY(__cpp_lib_shared_ptr_arrays)
274   COMPILER_FEATURE_ENTRY(__cpp_lib_shift)
275   COMPILER_FEATURE_ENTRY(__cpp_lib_smart_ptr_for_overwrite)
276   COMPILER_FEATURE_ENTRY(__cpp_lib_source_location)
277   COMPILER_FEATURE_ENTRY(__cpp_lib_span)
278   COMPILER_FEATURE_ENTRY(__cpp_lib_ssize)
279   COMPILER_FEATURE_ENTRY(__cpp_lib_starts_ends_with)
280   COMPILER_FEATURE_ENTRY(__cpp_lib_string_view)
281   COMPILER_FEATURE_ENTRY(__cpp_lib_syncbuf)
282   COMPILER_FEATURE_ENTRY(__cpp_lib_three_way_comparison)
283   COMPILER_FEATURE_ENTRY(__cpp_lib_to_address)
284   COMPILER_FEATURE_ENTRY(__cpp_lib_to_array)
285   COMPILER_FEATURE_ENTRY(__cpp_lib_type_identity)
286   COMPILER_FEATURE_ENTRY(__cpp_lib_unwrap_ref)
287   };
288
289   static CompilerFeature cxx23[] = {
290   COMPILER_FEATURE_ENTRY(__cpp_cxx23_stub) //< 나중에 채울 예정
291   };
292   static CompilerFeature cxx23lib[] = {
293   COMPILER_FEATURE_ENTRY(__cpp_lib_cxx23_stub) //< 나중에 채울 예정
294   };
295
296   static CompilerFeature attributes[] = {
297   COMPILER_ATTRIBUTE_ENTRY(carries_dependency)
298   COMPILER_ATTRIBUTE_ENTRY(deprecated)
299   COMPILER_ATTRIBUTE_ENTRY(fallthrough)
300   COMPILER_ATTRIBUTE_ENTRY(likely)
301   COMPILER_ATTRIBUTE_ENTRY(maybe_unused)
302   COMPILER_ATTRIBUTE_ENTRY(nodiscard)
303   COMPILER_ATTRIBUTE_ENTRY(noreturn)
304   COMPILER_ATTRIBUTE_ENTRY(no_unique_address)
305   COMPILER_ATTRIBUTE_ENTRY(unlikely)
306   };
307
308   constexpr bool is_feature_supported(const CompilerFeature& x) {
309       return x.value[0] != '_' && x.value[0] != '0' ;
310   }
311
312   inline void print_compiler_feature(const CompilerFeature& x) {
313       constexpr static int max_name_length = 44; //< 필요 시 갱신
314       std::string value{ is_feature_supported(x) ? x.value : "------" };
```

```
315        if (value.back() == 'L') value.pop_back(); //~ 201603L -> 201603
316        // value.insert(4, 1, '-'); //~ 201603 -> 2016-03
317        if ( (print.supported_features && is_feature_supported(x))
318             || (print.unsupported_features && !is_feature_supported(x))) {
319                std::cout << std::left << std::setw(max_name_length)
320                          << x.name << " " << value << '\n';
321        }
322    }
323
324    template<size_t N>
325    inline void show(char const* title, CompilerFeature (&features)[N]) {
326        if (print.titles) {
327            std::cout << '\n' << std::left << title << '\n';
328        }
329        if (print.sorted_by_value) {
330            std::sort(std::begin(features), std::end(features),
331                []( CompilerFeature const& lhs, CompilerFeature const& rhs) {
332                    return std::strcmp(lhs.value, rhs.value) < 0;
333                });
334        }
335        for (const CompilerFeature& x : features) {
336            print_compiler_feature(x);
337        }
338    }
339
340    int main() {
341        if (print.general_features) show("C++ GENERAL", cxx);
342        if (print.cxx11 && print.core_features) show("C++11 CORE", cxx11);
343        if (print.cxx14 && print.core_features) show("C++14 CORE", cxx14);
344        if (print.cxx14 && print.lib_features ) show("C++14 LIB" , cxx14lib);
345        if (print.cxx17 && print.core_features) show("C++17 CORE", cxx17);
346        if (print.cxx17 && print.lib_features ) show("C++17 LIB" , cxx17lib);
347        if (print.cxx20 && print.core_features) show("C++20 CORE", cxx20);
348        if (print.cxx20 && print.lib_features ) show("C++20 LIB" , cxx20lib);
349        if (print.cxx23 && print.core_features) show("C++23 CORE", cxx23);
350        if (print.cxx23 && print.lib_features ) show("C++23 LIB" , cxx23lib);
351        if (print.attributes) show("ATTRIBUTES", attributes);
352    }
```

꽤나 긴 소스 코드인데, 어떤 기능 검사 매크로들이 있는지 훑어보는 데 도움이 되길 바랄 뿐이다. 개별 매크로의 좀 더 자세한 사항은 cppreference.com의 기능 검사 페이지[3]를 참조하기 바란다. 기능 검사 페이지는 매크로마다 해당 기능에 대한 cppreference.com 페이지로의 링크까지 제공하기 때문에 학습에 아주 유용하다. 예를 들어 그림 B.2는 특성들에 대한 매크로들을 표시한 테이블이다.

---

3 *https://en.cppreference.com/w/cpp/feature_test*

attribute-token ⬥	Attribute ⬥	Value ⬥	Standard ⬥
carries_dependency	[[carries_dependency]]	200809L	(C++11)
deprecated	[[deprecated]]	201309L	(C++14)
fallthrough	[[fallthrough]]	201603L	(C++17)
likely	[[likely]]	201803L	(C++20)
maybe_unused	[[maybe_unused]]	201603L	(C++17)
no_unique_address	[[no_unique_address]]	201803L	(C++20)
nodiscard	[[nodiscard]]	201603L	(C++17)
		201907L	(C++20)
noreturn	[[noreturn]]	200809L	(C++11)
unlikely	[[unlikely]]	201803L	(C++20)

그림 B.2 특성들에 대한 매크로들

다음은 최근 버전의 GCC, Clang, MSVC 컴파일러로 목록 B.2의 예제를 컴파일해서 실행한 결과인데, 지면 관계로 C++20 핵심 언어에 관한 부분만 표시했다. GCC와 Clang은 Compiler Explorer를 사용했고, MSVC는 내 컴퓨터를 사용했다. MSVC 컴파일러의 경우 /std:c++20과 함께 /Zc:__cplusplus 옵션을 지정했는데, 이렇게 해야 지정된 C++20 표준에 해당하는 값이 __cplusplus 매크로에 설정된다.†

GCC 11.2

```
C++20 CORE
__cpp_aggregate_paren_init              201902
__cpp_char8_t                           201811
__cpp_concepts                          201907
__cpp_conditional_explicit              201806
__cpp_consteval                         201811
__cpp_constexpr                         201907
__cpp_constexpr_dynamic_alloc           201907
__cpp_constexpr_in_decltype             201711
__cpp_constinit                         201907
__cpp_deduction_guides                  201907
__cpp_designated_initializers           201707
__cpp_generic_lambdas                   201707
__cpp_impl_coroutine                    201902
__cpp_impl_destroying_delete            201806
__cpp_impl_three_way_comparison         201907
__cpp_init_captures                     201803
__cpp_modules                           201810
__cpp_nontype_template_args             201911
__cpp_using_enum                        201907
```

그림 B.3 GCC 11.2 컴파일러가 지원하는 C++20 핵심 언어 기능들‡

---

† [옮긴이] 참고로 /Zc:__cplusplus 옵션을 지정하지 않으면 __cplusplus 매크로의 값은 /std: 옵션과는 무관하게 항상 199711L이 된다(2021년 9월 기준).

‡ [옮긴이] –std=c++20 옵션과 함께 –fmodules-ts 옵션을 지정해서 얻은 결과이다.

Clang 12.0

```
C++20 CORE
__cpp_aggregate_paren_init            ------
__cpp_char8_t                         201811
__cpp_concepts                        201907
__cpp_conditional_explicit            201806
__cpp_consteval                       ------
__cpp_constexpr                       201907
__cpp_constexpr_dynamic_alloc         201907
__cpp_constexpr_in_decltype           201711
__cpp_constinit                       201907
__cpp_deduction_guides                201703
__cpp_designated_initializers         201707
__cpp_generic_lambdas                 201707
__cpp_impl_coroutine                  ------
__cpp_impl_destroying_delete          201806
__cpp_impl_three_way_comparison       201907
__cpp_init_captures                   201803
__cpp_modules                         ------
__cpp_nontype_template_args           201411
__cpp_using_enum                      ------
```

그림 B.4 Clang 12.0 컴파일러가 지원하는 C++20 핵심 언어 기능들

MSVC 19.27

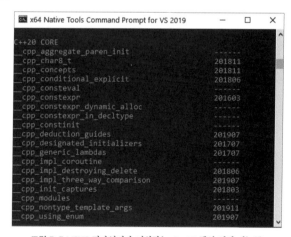

그림 B.5 MSVC 컴파일러가 지원하는 C++20 핵심 언어 기능들

이 세 스크린샷이 말하는 바는 분명하다. 2021년 현재, 3대 컴파일러는 C++20 핵심 언어 기능들을 상당히 잘 지원한다.

부록 C

용어집

이 용어집이 모든 C++ 용어를 총망라하려는 의도로 만들어진 것은 아님을 주의하기 바란다. 이 용어집은 단지 필수 용어들에 대한 참고 자료를 제공하기 위한 것일 뿐이다.

C.1 4대 기능

 C++20의 가장 두드러진 4대 기능(Big Four)은 콘셉츠, 모듈, 구간 라이브러리, 코루틴이다.

- **콘셉츠**는 템플릿 프로그래밍에 대한 접근 방식을 혁신한다. 콘셉츠는 템플릿 매개변수들에 대한 의미론적 범주를 정의한다. 콘셉츠를 이용하면 여러분의 의도를 형식 시스템 안에서 명시적으로 표현할 수 있다. 또한, 콘셉츠는 뭔가 잘못되었을 때 컴파일러가 명확한 오류 메시지를 제공하는 데 도움이 된다.
- **모듈**은 헤더 파일의 여러 문제점을 해결한다. 모듈은 많은 장점을 제공한다고 알려져 있다. 예를 들어 헤더와 소스 파일의 분리와 그와 관련된 전처리기 기법이 더 이상 필요하지 않다. 결과적으로, 빌드 시간이 단축되고 패키지를 만들기가 쉬워진다.
- 새로운 **구간 라이브러리**는 컨테이너에 알고리즘 직접 적용, 파이프 기호를 이용한 알고리즘 합성, 무한 데이터 스트림에 대한 알고리즘 지연 적용을 지원한다.

- **코루틴** 덕분에 C++에서도 비동기 프로그래밍이 가능해졌다. 코루틴을 토대로 해서 협조적 다중 태스킹, 이벤트 루프, 무한 데이터 스트림, 파이프라인을 구현할 수 있다.

C.2 6대 연산

다음과 같은 주요 특수 멤버 함수들을 6대 연산(Big Six)이라고 부른다.

- 기본 생성자: X()
- 복사 생성자: X(const X&)
- 복사 배정 연산자: X& operator = (const X&)
- 이동 생성자: X(X&&)
- 이동 배정 연산자: X& operator = (X&&)
- 소멸자: ~X()

C.3 POD

POD(Plain Old Data; 평범한 구식 데이터) 형식은 자명한 형식(§C.32)이자 표준 배치 형식(§C.39)이다.

C.4 RAII

RAII는 **R**esource **A**cquisition **I**s **I**nitialization(자원 획득은 초기화)을 줄인 용어이다. C++에서 RAII는 자원 획득 및 해제를 객체의 수명(lifetime)과 결합하는 기법으로 널리 쓰인다. 예를 들어 뮤텍스 객체의 생성자에서 뮤텍스를 잠그고 소멸자에서 뮤텍스를 해제하는 것이 RAII의 전형적인 예이다.

　　뮤텍스 외에도, 스마트 포인터가 대상 객체의 수명을 자동으로 관리하는 용도나 STL 컨테이너[1]가 요소들의 수명을 자동으로 관리하는 용도 등등 C++의 많은 곳에서 RAII가 쓰인다.

1　*https://en.cppreference.com/w/cpp/container*

C.5 가짜 깨어남

가짜 깨어남(spurious wakeup)은 통지 오류 상황의 하나로, 어떤 조건 변수나 원자적 플래그를 기다리는 구성요소가 통지(신호)를 받지 않았는데도 깨어나서 실행되는 것을 말한다.

C.6 객체 형식

객체 형식(object type)은 스칼라, 배열, 공용체, 클래스를 아우르는 형식 범주이다.

C.7 경쟁 조건

경쟁 조건은 어떠한 작업의 결과가 여러 개별 연산의 실행 순서에 따라 달라지는 상황을 가리킨다.

경쟁 조건은 잡아내기가 꽤 어렵다. 경쟁 조건의 발생 여부는 스레드들이 교대 실행(interleaving)되는 방식에 달려 있는데, 스레드들의 교대 실행 방식은 시스템의 코어 개수나 코어 활용 방식, 실행 파일의 최적화 수준 등 다양한 요인에 의존하기 때문에 경쟁 조건이 언제 어떻게 발생하는지 파악하기란 쉽지 않다.

C.8 교착

교착(deadlock)은 적어도 하나의 스레드가 결코 해제되지 않을 자원의 해제를 기다리느라 실행히 무한히 차단되는 상태를 말한다.

교착이 발생하는 이유는 크게 두 가지이다.

1. 해제되어야 마땅한 뮤텍스가 해제되지 않았다.
2. 뮤텍스들이 잘못된 순서로 잠겼다.

C.9 깨어남 소실

깨어남 소실(lost wakeup)은 경쟁 조건(§C.7) 때문에 스레드가 깨어남 통지를 놓치는 상황을 말한다.

C.10 단축 평가

단축 평가(short-circuit evaluation)란, 논리 표현식의 일부만으로 그 표현식 전체의 결과가 미리 결정되는 경우 표현식의 나머지 부분은 평가하지 않는 것을 말한다.

C.11 데이터 경쟁

데이터 경쟁(data race)은 둘 이상의 스레드가 동시에 하나의 공유 변수에 접근하되, 적어도 하나의 스레드가 그 변수를 수정하려 하며 다른 스레드들은 그 변수를 수정하거나 읽으려 하는 상황을 말한다. 데이터 경쟁이 있는 프로그램은 미정의 행동(§C.19)을 보인다.

C.12 동시성

동시성(concurrency)은 여러 작업의 실행이 겹치는 것을 뜻한다. 동시성은 병렬성(C.23)을 포함하는 개념이다.

C.13 동적 저장 기간

저장 기간(storage duration)이 동적인 객체는 new[2]와 delete[3] 같은 동적 메모리 관리 함수를 통해서 명시적으로 할당·해제된다.

C.14 람다 표현식

람다 표현식(lambda expression)은 즉석 익명 함수로, 자신의 기능성을 "제 자리에서(in place)" 제공한다. 컴파일러는 코드를 최적화하는 데 필요한 모든 정보를 람다 표현식으로부터 얻는다. 람다 표현식으로 정의된 함수는 인수들을 값으로 받을 수도 있고 참조로 받을 수도 있다. 또한, 자신이 정의된 환경의 변수들도 값으로 또는 참조로 갈무리할(capture) 수 있다.

```cpp
std::vector<int> myVec{1, 2, 3, 4, 5, 6, 7, 8, 9, 10};
std::for_each(myVec.begin(), myVec.end(), [](int& i){ i= i*i; });
                        // 1 4 9 16 25 36 49 64 81 100
```

---

2 https://en.cppreference.com/w/cpp/memory/new/operator_new

3 https://en.cppreference.com/w/cpp/memory/new/operator_delete

C.15 리터럴 형식

cppreference.com의 리터럴 형식 페이지[4]에 따르면, C++20에서 리터럴 형식(literal type)에 해당하는 형식은 다음과 같다.

- 스칼라 형식(§C.27)
- 참조(reference) 형식
- 리터럴 형식의 배열
- 다음 조건들을 모두 충족하는 클래스 형식(const나 volatile이 붙을 수 있음)
  - constexpr 소멸자가 있다.
  - 다음 형식 중 하나이다.
    * 집합체 형식(§C.38)
    * 복사 생성자나 이동 생성자가 아닌 constexpr 생성자(템플릿이어도 된다)가 적어도 하나 있는 형식
    * 클로저 형식(람다)
  - 공용체의 경우, 적어도 하나의 비정적 데이터 멤버가 volatile이 아닌 리터럴 형식이다.
  - 공용체가 아닌 경우, 모든 비정적 데이터 멤버와 기반 클래스가 volatile이 아닌 리터럴 형식이다.

C.16 메모리 모형

메모리 모형(memory model)은 객체와 메모리 장소(§C.17)의 관계를 정의한다. 메모리 모형은 "두 스레드가 같은 메모리 장소에 접근하면 어떤 일이 발생하는가?"라는 질문에 대한 답의 근거가 된다.

C.17 메모리 장소

cppreference.com의 메모리 모형 페이지[5]에 따르면, 하나의 메모리 장소(memory location)는

- 스칼라 형식(산술 형식, 포인터 형식, 열거형, std::nullptr_t)의 객체이거나
- 길이가 0이 아닌 비트 필드들의 가장 긴 연속 순차열이다.

---

4 *https://en.cppreference.com/w/cpp/named_req/LiteralType*
5 *http://en.cppreference.com/w/cpp/language/memory_model*

C.18 무잠금

자물쇠(lock) 같은 잠금 수단을 사용하지 않는 동시적 알고리즘을 무잠금(lock-free) 알고리즘이라고 부른다. 시스템 전역의 진행(system-wide progress)이 보장되는 비차단(non-blocking) 알고리즘은 무잠금 알고리즘이다.

C.19 미정의 행동

미정의 행동(undefined behavior)은 주어진 코드가 어떤 행동을 할지를 표준이 정의하지 않은 것을 뜻한다. 말 그대로 행동이 정의되지 않았으므로, 그 어떤 일도 벌어질 수 있다. 즉, 프로그램이 정확한 결과를 산출할 수도 있고, 틀린 결과를 산출할 수도 있고, 실행 시점에서 충돌(crash)할 수도 있고, 컴파일 오류가 발생할 수도 있다. 미정의 행동의 구체적인 발현 방식은 프로그램을 다른 플랫폼에 이식하거나, 컴파일러를 업그레이드해서 다시 빌드하거나, 전혀 무관한 다른 코드를 변경한 결과로 바뀔 수 있다.

C.20 번역 단위

C 전처리기의 처리를 거친 소스 파일을 번역 단위(translation unit)라고 부른다. C 전처리기는 #include 지시문의 헤더 파일을 그 자리에 포함시키고, #ifdef나 #ifndef 같은 조건부 지시자에 따라 소스 코드 조각을 적절히 포함 또는 제거하고, 매크로들을 확장한다. 컴파일러는 번역 단위를 컴파일해서 목적 파일(object file)을 생성한다.

C.21 병렬성

병렬성(parallelism)은 여러 작업이 동시에 실행되는 것을 말한다. 병렬성은 동시성(§C.12)의 부분집합이다. 동시성과는 달리, 병렬성을 실현하려면 여러 개의 코어core가 필요하다.

C.22 비차단

임의의 한 스레드가 실패하거나 일시 정지해도 그 때문에 다른 스레드들이 실패하거나 일시 정지되지는 않는다는 조건을 충족하는 알고리즘을 가리켜 비차단

(non-blocking) 알고리즘이라고 부른다. 이 정의는 훌륭한 책인 *Java Concurrency in Practice*[6]에서 가져온 것이다.

C.23 수학 법칙

다음은 어떤 집합 X와 어떤 이항 연산 *에 대해 성립할 수 있는 세 가지 연산 법칙이다.

- **결합법칙**: 만일 X의 임의의 원소 x, y, z에 대해 항상 $(x * y) * z = x * (y * z)$이면, 연산 *는 집합 X에 대해 결합법칙(associative law)을 만족한다.
- **교환법칙**: 만일 X의 임의의 원소 x, y에 대해 항상 $x * y = y * x$이면, 연산 *는 집합 X에 대해 교환법칙(commutative law)을 만족한다.
- **분배법칙**: 만일 X의 임의의 원소 x, y, z에 대해 항상 $x(y * z) = xy * xz$이면, 연산 *는 집합 X에 대해 분배법칙(distributive law)을 만족한다.

C.24 술어

술어(predicate)는 부울 값을 돌려주는 호출 가능 객체(§C.41)이다. 매개변수가 하나인 술어를 단항 술어, 매개변수가 두 개인 술어를 이항 술어라고 부른다.

C.25 스레드

컴퓨터 과학에서 스레드[thread]는 스케줄러(일반적으로 운영체제의 일부인)가 독립적으로 관리할 수 있는 가장 작은 프로그램 명령열(sequence of programmed instruction)이다. 스레드와 프로세스의 구현은 운영체제마다 다르지만, 대부분의 운영체제에서 스레드는 프로세스의 한 구성요소이다. 한 프로세스 안에서 여러 개의 스레드가 있을 수 있으며, 그 스레드들이 동시에 실행되면서 메모리 같은 자원을 공유할 수 있다. 그러나 프로세스들은 메모리를 공유하지는 않는다. 좀 더 자세한 사항은 위키백과의 스레드 항목[7]을 참고하기 바란다.

---

6 *http://jcip.net/*
7 *https://ko.wikipedia.org/wiki/스레드_(컴퓨팅)*

C.26 스레드 저장 기간

스레드 지역 데이터(thread local data), 즉 thread_local 지정자로 선언된 변수는 스레드 저장 기간을 가진다. 스레드 지역 데이터는 스레드마다 따로 생성되며, 각 스레드는 자신의 스레드 지역 데이터를 독점적으로 사용한다. 스레드 지역 데이터는 처음 쓰일 때 생성되며, 그 수명은 해당 스레드의 수명을 따른다. 스레드 지역 데이터를 스레드 지역 저장소(thread-local storage)라고 부르기도 한다.

C.27 스칼라 형식

스칼라 형식(scalar type)은 산술 형식들(std::is_arithmetic[8] 참고)이나 열거형(enum), 포인터, 멤버 포인터, std::nullptr_t를 뜻한다.

C.28 시간 복잡도

시간 복잡도(time complexity)는 어떠한 연산이나 알고리즘의 실행 시간 특성을 서술하는 개념이다. 시간 복잡도는 흔히 대문자 O 표기법으로 표현한다. $O(1)$은 상수 시간 복잡도로, 이는 연산의 실행 시간이 연산 대상(컨테이너 등)의 크기와 무관하게 일정하다는 뜻이다. $O(n)$은 선형(linear) 시간 복잡도로, 연산의 실행 시간이 연산 대상의 크기에 정비례한다.

C.29 실행기

실행기(executor)는 특정 실행 문맥과 연관된 객체이다. 실행기는 호출 가능 객체로부터 실행 대리 객체를 생성하는 실행 함수를 하나 이상 제공한다.

C.30 임계 영역

임계 영역(critical section)은 공유 변수들을 담고 있으며 데이터 경쟁(C.7)을 피하기 위해 다중 접근으로부터 보호해야 하는 코드의 한 영역이다. 임계 영역에는 한 번에 많아야 한 스레드만 진입해야 한다.

---

8 *https://en.cppreference.com/w/cpp/types/is_arithmetic*

C.31 자동 저장 기간

저장 기간(storage duration)이 '자동(auto)'인 객체는 그 객체를 감싼 범위의 시작에서 자동으로 할당되고 끝에서 자동으로 해제된다. 정적 저장 기간을 가진 객체를 제외한 모든 지역 객체는 자동 저장 기간을 가진다.

C.32 자명한 형식

자명한 형식(trivial type)은 그 어떤 특수 멤버도 사용자가 따로 정의하지 않은 형식, 즉 모든 특수 멤버 함수가 컴파일러가 제공한 것이거나 명시적으로 = default가 지정된 형식이다. 자명한 형식의 멤버들은 서로 다른 접근 지정자를 가질 수 있다. 자명한 형식의 객체는 연속된 메모리 블록을 차지한다.

자명한 형식에는 다음과 같은 구성요소가 없어야 한다.

• 가상 함수나 가상 기반 클래스
• 비가상 기반 클래스
• 자명한 형식이 아닌 멤버

표준 배치 형식과는 달리 자명한 형식은 C와 호환되지 않는다.

C.33 정규 형식

정규 형식(regular type)은 준정규 형식(§C.36)의 요건과 함께 상등 비교 가능 (equally comparable) 요건까지 충족하는 형식이다.

C.34 정적 저장 기간

전역(이름공간) 변수, 정적 변수, 클래스 정적 멤버 변수는 정적 저장 기간을 가진다. 이런 객체들은 프로그램의 실행이 시작될 때 할당되고 실행이 끝날 때 해제된다.

C.35 조급한 평가

조급한 평가(eager evaluation) 방식의 표현식은 즉시 평가된다. 이것은 지연 평가(§C.37)와 반대되는 평가 전략이다. 조급한 평가를 탐욕적 평가(greedy evaluation)라고 부르기도 한다.

C.36 준정규 형식

어떤 형식 X가 준정규 형식(semiregular type)이려면 6대 연산(§C.2)과 교환 연산 swap(X&, X&)를 지원해야 한다.

C.37 지연 평가

지연 평가 또는 '느긋한 평가(lazy evaluation)'[9] 방식의 표현식은 값이 요구될 때 비로소 평가된다. 이것은 조급한 평가(§C.35)와 반대되는 평가 전략이다. 지연 평가를 '필요시 호출(call-by-need)'이라고 부르기도 한다.

C.38 집합체

배열과 클래스 형식을 통틀어 집합체(aggregate)라고 부른다. 클래스 형식은 클래스(class), 구조체(struct), 공용체(union)이다.

C++20에서 어떤 클래스 형식이 집합체 초기화를 지원하려면 다음과 같은 조건을 충족해야 한다.

- private 멤버나 protected 멤버, 비정적(non-static) 데이터 멤버가 없다.
- 사용자 정의 생성자나 상속된 생성자가 없다.
- 가상(virtual), 비공개, 보호된 기반 클래스가 없다.
- 가상 멤버 함수가 없다.

C.39 표준 배치 형식

표준 배치 형식(standard-layout type)은 C에는 없는 기능들을 사용하지 않는다. 표준 배치 형식의 모든 멤버는 동일한 접근 지정자를 가져야 한다. 특수 멤버 함수의 사용자 정의는 허용된다. 다음은 표준 배치 형식의 특성들이다.

표준 배치 형식은 다음과 같은 멤버들만 가질 수 있다.

- 비가상(non-virtual) 함수 또는 비가상 기반 클래스
- 접근 지정자가 동일한 비정적 데이터 멤버들
- 표준 배치 형식의 비정적 멤버 또는 비정적 기반 클래스

---

9 *https://ko.wikipedia.org/wiki/느긋한_계산법*

더 나아가서, 표준 배치 형식의 멤버들은 다음 두 조건 중 하나를 충족해야
한다.

- 가장 나중에 파생된 클래스에 비정적 데이터 멤버가 없으며 비정적 데이터
  멤버가 있는 기반 클래스가 많아야 하나이거나,
- 비정적 데이터 멤버를 가진 기반 클래스가 없다.

표준 배치 형식은 자명한 형식과는 달리 C와 호환된다.

C.40 함수 객체

우선, 함수 객체(function object)를 functor^{펑터}라고 부르지는 말아야 한다는 점
을 강조하고 싶다. functor 또는 함자^{函子}[10]는 수학의 범주론[11]에서 오래전부터 쓰
여 온 용어로, C++에서 말하는 함수 객체와는 별로 관계가 없다.†

함수 객체는 함수처럼 행동하는 객체이다. 함수 객체는 함수 호출 연산자를
구현함으로써 함수처럼 행동한다. 함수 객체는 객체이므로 속성(멤버 변수)을
가질 수 있으며, 따라서 상태를 가질 수 있다.

🔑 **함수 객체는 인스턴스화해서 사용해야 한다**

함수 객체를 받는 함수를 호출할 때, 함수 객체 인스턴스가 아니라 함수 객체 클래
스의 이름만 지정하는 실수를 범하는 프로그래머가 드물지 않다. 다음 예제에서
Square는 함수 객체 클래스의 이름이고 **Square()**는 그 클래스의 임시 인스턴스
인 함수 객체이다. 만일 std::for_each(myVec.begin(), myVec.end(), Square)처럼
함수 객체가 아니라 클래스 이름을 지정하면 컴파일 오류가 발생한다. std::for_
each(myVec.begin(), myVec.end(), Square())처럼 인스턴스를 지정해야 한다.

```
struct Square{
  void operator()(int& i){i= i*i;}
};
std::vector<int> myVec{1, 2, 3, 4, 5, 6, 7, 8, 9, 10};
std::for_each(myVec.begin(), myVec.end(), Square());
for (auto v: myVec) std::cout << v << " "; // 1 4 9 16 25 36 49 64 81 100
```

---

10 *https://ko.wikipedia.org/wiki/*함자_(수학)

11 *https://ko.wikipedia.org/wiki/*범주론

† [옮긴이] 국내에서는 functor를 흔히 '함수자'로 번역하므로 범주론의 함자와는 충돌하지 않지만, 애초
에 function object를 functor라고 부르는 것 자체가 문제이므로 함수자 역시 그리 바람직한 용어는 아
니다.

C.41 호출 가능 객체

호출 가능 객체(callable object) 또는 호출 가능 단위(callable unit)는 함수처럼 행동하는 어떤 것이다. 보통의 함수뿐만 아니라 함수 객체나 람다 표현식도 호출 가능 객체이다. 인수 하나를 받는(즉, 매개변수가 하나인) 호출 가능 객체를 단항 호출 가능 객체, 인수 두 개를 받는 호출 가능 객체를 이항 호출 가능 객체라고 부른다.

부울 값을 돌려주는 호출 가능 객체를 특별히 술어(§C.24)라고 부른다.

찾아보기

기호 및 숫자

[[☞ 특성
__cpp_* (기능 검사 매크로들)   489
3중 비교 연산자   16, 130
   컴파일러 생성   137
   파이썬   146
   표현식 재작성   141
   three_way_comparable 콘셉트   66
4대 기능   10, 501
6대 연산   502

ㄱ

가변 인수 템플릿   53
가상 함수   194
가짜 깨어남   338, 503
감독-일꾼 작업 흐름   373
값들에 대한 뷰   208
강 순서   134
객체 수명 콘셉트   68
객체 콘셉트   68
객체 형식   503
경쟁 조건   503
계수 세마포어   367
계약   478
   계약 특성   479
   단언   478
   불변식   478
   사후조건   478
   선언   481
   위반 처리   480
   전제조건   478
교착   360, 503
구간 기반 for 루프   193
구간 라이브러리   13, 202
   값들에 대한 뷰   208
   사영   206
   정의   213
   지연 평가   211
   파이썬   217

함수 합성   209
   filter 함수   218
   map 함수   219
   mapFilter 함수   220
   range 콘셉트   71, 203
   view 콘셉트   73, 203
구간 콘셉트   71, 203
구조적 형식   169
기능 검사   489
기원   262
깨어남 소실   338, 503
끝 반복자   205

ㄴ

네트워크 라이브러리   476
느긋한 초기화   161
느긋한 평가   510

ㄷ

단순 요구조건   77
단언   478
단일 정의 규칙(ODR)   99
단축 평가   504
단축 함수 템플릿 구문   61
달력 날짜   264
   깜찍한 구문   268
   생성   265
   요일   277
   유효성 점검   271
   윤년 규칙   274
   조회   275
   크로노 리터럴   264
   표시   270
   std::chrono::local_days   270
   std::chrono::sys_days   270
달력과 시간대   24, 260,
   cf. 시간대, 크로노 라이브러리
   date 라이브러리   261, 282
대기 가능 객체   322

대기 가능 형식   461
대기식 서버   336
대기자 객체   325
　스레드   445
　자동 실행 재개   442
　제어 흐름   328
대기자 작업 흐름   439
대칭 코루틴   317
데이크스트라, 에츠허르 W.   368
데이터 경쟁   504
데이터 형식   297
동기화된 출력 스트림   32, 399
동시성   26, 311, 504, cf. 스레드 동기화
　가짜 깨어남   338
　교착   360
　깨어남 소실   338
　빗장   372
　세마포어   367
　스레드 강제 종료   381
　스레드 풀   466
　신호 전송 메커니즘   386
　장벽   372
　출력 스트림   399
　코루틴   312
　합류 가능 스레드   393
　협조적 가로채기   381
　std::barrier   377
　std::basic_syncbuf   403
　std::counting_semaphore   367
　std::cout   401
　std::latch   373
동적 길이   223
동적 저장 기간   504

ㄹ

라이브러리 실무단(LWG)   8
라이브러리 진화 실무단(LEWG)   7
람다 표현식   172, 504
　미평가 문맥   178
　상태 없는 람다   180
　연관 컨테이너   180
　일반적 람다   172
　템플릿 매개변수   172
　형식 있는 람다   172
　std::bind_front   305
리터럴 형식   168, 505

리틀엔디안   255
링크   96
링키지   124

ㅁ

메르센 트위스터 난수 발생기   346
메모리 모형   505
메모리 장소   505
명명된 콘셉트   48
모듈   12
　내보내기   112
　링키지   125
　미리 컴파일된 헤더   127
　바람직한 구조   113
　분할   120
　선언   102
　역사   101
　장점   101
　전역 모듈 조각   103
　컴파일러 지원   105
　템플릿   122
　표준 라이브러리   469
　필요한 이유   94
　하위 모듈   117
　헤더 단위   127
　Clang   108
　GCC   111
　MSVC   105
모듈 구현 단위   115
모듈 인터페이스 단위   115
모듈 파일   102
목록 형성   217
무잠금   506
무한 데이터 스트림   332, 429
문자 형식   195
문자열 리터럴   170
문자열 접두사·접미사 점검   244
문자열 형식   196
뮤텍스   463
미래 객체   330
　구현   419
　느긋한   421
　조급한   419
미리 컴파일된 헤더   127
미정의 행동   506
미평가 문맥   179

ㅂ

반복자 범주 70
반복자 콘셉트 70
반영 482
   메타 정보 483
   $reflect 연산자 483
번역 단위 96, 506
베이커, 루이스 454
병렬성 506
복, 롤런드 279
복합 요구조건 79
부분 순서 134
불변식 478
뷰 22, 213
   동적 길이 223
   연속 객체 순차열의 225
   정적 길이 223
   컨테이너 214
   std::ranges::view_interface 214
뷰 콘셉트 73, 203
비교 범주 134
비교 연산자 132
비교 콘셉트 68
비대칭 코루틴 317
비차단 506
비트 조작 24
   함수 257
비트 필드 198
   기본값 초기화 198
비트열 255
비형식 168
비형식 인수 술어 50
비형식 템플릿 매개변수 168
빅엔디안 255
빗장 28, 372

ㅅ

사영 206
사용자 정의 형식 299
사전순 비교 139
사후조건 478
산술 콘셉트 67
상수성 156
상태 없는 람다 180
생성기 313, 429
   일반화 436

서수 날짜 279
서식화 라이브러리 25, 288
   데이터 형식 297
   부호 294
   사용자 정의 형식 299
   서식 명세 292
   서식 문자열 290
   서식화 함수 288
   소수점 294
   정렬 293
   정밀도 295
   진수 294
   채움 문자 293
   컴파일러 지원 288
   필드 너비 294, 295
   std::format 289
   std::format_to 289
   std::format_to_n 289
   std::vector 299
선형 보간 254
세마포어 27, 367, 416
수동 재설정 461
수학 상수 24, 252
순방향 반복자 70
순서 판정 131
술어 507
스레드 507, *cf.* std::jthread
   강제 종료 381
   저장 기간 156, 508
   풀 466
스레드 동기화 338, *cf.* 동시성
   계수 세마포어 367
   성능 측정 408
   세마포어 367, 416
   약속/미래 쌍 361
   일회성 358
   전송자-수신자 작업 흐름 338
   조건 변수 358, 409
   std::atomic<bool> 414
   std::atomic_flag 362, 411
스마트 포인터의 단점 353
스칼라 형식 255, 508
스택 없는 코루틴 317
스테파노프, 알렉산더 44, 86
시간 복잡도 508
시간대 24, 281

컴파일러 지원   282

협정 세계시   282

date 라이브러리   261, 282

std::chrono::zoned_time   283

UTC 시간   282

시작 반복자   205

시점   262

시피   xv

신호 전송   386

신호 전송 메커니즘   386

실행 대리 객체   474

실행 시점 형식 식별(RTTI)   126

실행 재개 방지   433

실행 함수   474

실행기   471, 508

콘셉트   473

ㅇ

안전하지 않은 정수 비교   247

안전한 정수 비교   23, 247

알고리즘 콘셉트   71

암묵적 변환   38

암묵적 복사   176

약 순서   135

약속 객체   319, 425

제어 흐름   326

final_suspend   324

initial_suspend   324

std::thread와 std::jthread   428

양방향 반복자   70

어휘순 비교   139

언어 관련 콘셉트   67

엔디안 특성   255

연관 컨테이너   208, 242

개선된 람다   180

반개구간   44

뷰   208

contains   242

연구단(SG)   6

연속 객체 순차열   223, 225

연속 반복자   71

완료 단계   372

완벽 전달   126

요구조건 표현식   76

요일   277

우주선 연산자   16

원자적 객체   26

원자적 부울 형식   27, 356

원자적 스마트 포인터   26, 352

원자적 연산   344

부울 형식   27, 356

스마트 포인터   26, 352

참조   344

std::atomic_flag   356

std::atomic_ref   344

유닉스 기원   282

유닉스 시간   282

유클리드 호제법   11

윤년 규칙   274

의존적 템플릿 매개변수   439

익명 콘셉트   77

일관적 컨테이너 삭제   23

일급 코루틴   317

일반적 람다   58, 172

일반적 멤버 함수   53

일반적 생성자   20

일반적 프로그래밍의 핵심   44

일시 정지   313

방지   434

지점   322

일회성 스레드 동기화   358

임계 영역   508

임의 접근 반복자   70

ㅈ

자동 저장 기간   509

자리표

단축 함수 템플릿 구문   61

제약 없는   58, 319

제약 있는   58, 319

코루틴 제약   319

패턴 부합   486

std::bind   306

자명한 형식   509

작업 흐름

감독-일꾼   373

대기자   439

전송자-수신자   338

장벽   28, 372

재개   313

재개 가능 함수   317

재귀적 콘셉트 정의   74

저장 기간   155
전송자-수신자 작업 흐름   338
전순서 집합   68
전역 모듈 조각   103
전제조건   478
전처리기   95
접기 표현식   54
접두사   244
접두사·접미사 점검   23
접미사   244
정규 형식   52, 86, 509
정밀도   295
정수 비교
    안전하지 않은   247
    안전한   23, 247
정수 승격   40
정적 길이   223
정적 변수 초기화 순서   159
    컴파일 시점 초기화   163
정적 저장 기간   155, 509
제약 없는 자리표   58, 319
제약 있는 자리표   58, 319
제어 흐름   326, *cf.* 작업 흐름
조건 변수   358, 409
조건부 explicit   165
조급한 평가   509
좁히기 변환   39, 151
준정규 형식   86, 510
중복 정의   100
중점   254
중지 토큰   382
즉시 함수   154
지명 초기화   18, 147
지명자   150
지속시간   262
지역 범위 using enum   197
지역 범위 정적 변수   161
지연 초기화   161
지연 평가   211, 510
집합체   147, 510
    초기화   17, 147

ㅊ

차단식 서버   335
채움 문자   293
초기치   193

ㅋ

커누스, 도널드   312
컨테이너   23
    삭제   237
컴파일   96
컴파일 시점 술어   42, 50
컴파일 시점 정규표현식   171
코루틴   14, 312
    가짜 깨어남   338
    구현 프레임워크   319
    깨어남 소실   338
    대기 가능 객체   322
    대기 가능 형식   461
    대기식 서버   336
    대기자 객체   325
    대기자 작업 흐름   439
    대칭 코루틴   317
    무한 데이터 스트림   332, 429
    뮤텍스   463
    미래 객체   330
    반환문   329
    비대칭 코루틴   317
    생성기   313, 429
    설계 목표   317
    수명 관리   425
    스레드 동기화   338
    스택 없는 코루틴   317
    실행 재개 방지   433
    약속 객체   319, 425
    일급 코루틴   317
    일시 정지   313
    일시 정지 방지   434
    일시 정지 지점   322
    재개   313
    재개 가능 함수   317
    제어 흐름   326
    차단식 서버   335
    특징   316
    팩토리   318
    프레임   321
    핸들   320
    Awaitable 콘셉트   323
    co_await   313, 335
    co_return   329
    co_yield   313, 332
    cppcoro 라이브러리   454

std::suspend_always 323
std::suspend_never 323
코루틴 라이브러리 453
    cppcoro 라이브러리 454
콘셉츠 10, 38
    가변 인수 템플릿 53
    명명된 콘셉트 48
    미리 정의된 콘셉트들 65
    역사 45
    용도 50
    일반적 멤버 함수 53
    장점 44
    적용 방법 46
    중복적재 63
    컴파일 시점 술어 42, 50
    컴파일러 오류 메시지 91
    콘셉트 10
    클래스 템플릿 52
    템플릿 도입 64
    템플릿 특수화 56
    하스켈 형식 클래스 45
    함수 중복적재 55
    형식 요구조건 42
    requires 절 48
콘셉트 10, 73
    객체 68
    객체 수명 68
    구간 71
    단순 요구조건 77
    명명된 48
    반복자 70
    복합 요구조건 79
    뷰 73
    비교 68
    산술 67
    실행기 473
    알고리즘 71
    언어 관련 67
    요구조건 표현식 76
    응용 82
    익명 77
    재귀적 74
    정의 구문 73
    제약 74
    중첩 요구조건 80
    형식 요구조건 78

호출 가능 69
Awaitable 323
Equal 82
Ordering 82
Regular 86
requires 표현식 76
SemiRegular 86
std::ranges::range 71, 203
std::ranges::view 73, 203
std::regular 88
std::semiregular 88
three_way_comparable 66
콘웨이, 멜빈 312
콜호프, 크리스토퍼 M. 476
크로노 라이브러리 cf. 달력 날짜, 시간대
    서수 날짜 278
    입출력 287
    컴파일러 지원 261
    크로노 리터럴 264
    클록 286
    하루 중 시간 262
    std::chrono::hh_mm_ss 262
    std::chrono::parse 287
    std::chrono::sys_days 270
    std::file_clock 287
    std::formatter 287
    std::gps_clock 287
    std::tai_clock 287
    std::utc_clock 287
클래스 템플릿 인수 연역 지침 216
클록 262, 286

ㅌ

템플릿 도입 64
템플릿 특수화 56
투영 206
특성 22, 183
    [[likely]] 특성 188
    [[no_unique_address]] 특성 189
    [[nodiscard]] 특성 183
    [[unlikely]] 특성 188
틱 262
틱 주기 262

ㅍ

파이썬 146, 217

목록 형성 217
  filter 함수 구현 218
패턴 부합 486
평가되지 않은 문맥 21
포인터 자동 비교 134
표준 라이브러리 모듈 469
표준 배치 형식 510
표현식 재작성 141
필드 너비 294, 295

ㅎ

하루 중 시간 262
하스켈 형식 클래스 45
  위계구조 82
하위 모듈 117
함수 객체 511
함수 합성 209
합류 가능 스레드 393
합성 가능한 적용 73
핵심 언어 37
핵심 언어 실무단(CWG) 7
핵심 언어 진화 실무단(EWG) 7
헤더 단위 127
  단점 129
현대적 C++ 4
협동 루틴@ 312 ☞ 코루틴
협정 세계시(UTC) 282
협조적 가로채기 28, 381, 397
  신호 전송 386
  중지 토큰 382
  std::condition_variable_any 390
  std::jthread 388
  std::stop_callback 384
  std::stop_source 382
  std::stop_token 383
형식 요구조건 42, 78
형식 있는 람다 172
형식 특질 라이브러리
  언어 관련 콘셉트 67
  준정규 형식 87
  std::is_constant_evaluted 306
  std::is_integral 11, 75
  std::is_object 69, 89
  std::is_same 168
호출 가능 객체 512
호출 가능 래퍼 304

호출 가능 콘셉트들 69
히넌트, 하워드 261

A

aggregate 147, 510
aggregate initialization 17, 147
assertion 478
associative container ☞ 연관 컨테이너
asymmetric coroutine 317
atomic boolean 356
atomic smart pointer 26
attribute ☞ 특성
Awaitable 콘셉트 323

B

Baker, Lewis 454
barrier 28, 372
big-endian 255
bit sequence 255
Bock, Roland 279
boost::asio 라이브러리 476
boss-worker 373

C

C++ 표준
  역사 3
  표준화 과정 5
  C++03 4
  C++11 4
  C++14 5
  C++17 5
  C++98 4
C++ 프로그램의 빌드 과정 95
C++23 453
  네트워크 라이브러리 476
  실행기 471
  코루틴 라이브러리 453
  표준 라이브러리의 모듈화 469
C++23 또는 그 이후 478
  계약 478
  반영 482
  패턴 부합 486
calendar date ☞ 달력 날짜
callable object 512
callable wrapper 304
char8_t 195

Cippi   0

Clang

　기능 검사   499

　모듈   103, 108

　cppcoror 라이브러리   454

class template argument deduction guide   216

clock   262

co_await   313, 335

co_return   329

co_yield   313, 332

comparison category   134

completion step   372

composable adaptation   73

compound requirement   79

concept ☞ 콘셉트

Concepts ☞ 콘셉츠

concurrency ☞ 동시성

consistent container erasure   23

consteval   20, 154

constexpr   194, 233

　가상 함수   194

　알고리즘   234

　컨테이너   234

　평가 시점   307

constinit   20, 154, 155

constness   156

contains 멤버 함수   242

contiguous iterator   71

contiguous sequence of objects   223

contract ☞ 계약

contrained placeholder   58

control flow   326, *cf.* 작업 흐름

Conway, Melvin   312

cooperative interruption ☞ 협조적 가로채기

Coordinated Universal Time, UTC   282

core language   37

coroutine ☞ 코루틴

counting semaphore   367

cppcoro 라이브러리   454

critical section   508

curl 라이브러리   282

CWG(Core Language Working Group)   7

D

data race   504

date 라이브러리   261, 282

deadlock   360, 503

designated initialization   18, 147

designator   150

Dijkstra, Edsger W.   368

dynamic extent   223

E

eager evaluation   509

endianess   255

epoch   262

Equal 콘셉트   82

erase-remove 관용구   237

EWG(Core Languague Evolution Workign Group)   7

execution agent   474

execution function   474

executor   471, 508

F

feature testing   489

fill character   293

filter(파이썬 함수) 구현   218

final_suspend   324

first-class corounite   317

fold expression   54

format specification   292

format string   290

formatting library ☞ 서식화 라이브러리

function object   511

future ☞ 미래 객체

G

GCC

　기능 검사   498

　동기화된 출력 스트림 객체   399

　모듈   103, 111

　콘셉츠   91

　콘셉트 컴파일 오류 메시지   91

　헤더 단위   129

generator   313

generic constructor   20

generic lambda   58, 172

generic member function   53

generic programming   44

global module fragment   103

H

header unit ☞ 헤더 단위

Hinnant, Howard   261

I

immediate function   154

implicit conversion   38

initial_suspend   324

initializer   193

invariant   478

K

Knuth, Donald   312

Kohlhoff, Christopher M.   476

L

lambda expression ☞ 람다 표현식

latch   28, 372

lazy evaluation   510

lazy initialization   161

LEWG(Library Evoution Working Group)   7

lexicographical comparison   139

[[likely]] 특성   188

linear interpolation   254

link   96

linkage   124

literal type   168, 505

little-endian   255

lock-free   506

lost wakeup   338, 503

LWG(Library Working Group)   8

M

manual-reset   461

map 함수   219

mapFilter 함수   220

math 모듈   102

memory location   505

memory model   505

Module ☞ 모듈

module implementation unit   115

module interface unit   115

MSVC 컴파일러

   기능 검사   499

   모듈   103, 105, 117

   콘셉츠   91

콘셉트 컴파일 오류 메시지   92

   헤더 단위   129

mutiple definition   100

N

narrowing conversion   39, 151

[[no_unique_address]] 특성   189

[[nodiscard]] 특성   183

non-blocking   506

not-type   168

O

object type   503

ODR(One Definition Rule)   99

Ordering 콘셉트   82

ordinal date   279

P

parallelism   506

partial ordering   134

pattern matching   486

perfect forwarding   126

POD(Plain Old Data)   502

postcondition   478

precision   295

precompiled header   127

precondition   478

predicate   507

prefix   244

preprocessor   95

projection   206

promise object ☞ 약속 객체

R

RAII   384, 502

range 콘셉트   71, 203

Ranges library ☞ 구간 라이브러리

$reflect 연산자   483

reflection ☞ 반영

regular type   86, 509

Regular 콘셉트   86

requires 절   48

requires 표현식   76

resumable function   317

resume   313

RTTI(run-tim type identification)   126

S

scalar type   255
semaphore   27, 367, 416
semiregular type   86, 510
SemiRegular 콘셉트   86
sender-reciver   338
SG(Study Group)   6
short-circuit evaluation   504
simple requirement   77
spaceship operator   16
spurious wakeup   338, 503
stackless coroutine   317
standard-layout type   510
stateless lambda   180
static extent   223
static initialization order   159
std::async   188
std::atomic   364
std::atomic<bool>   414
std::atomic_flag   356, 362, 411
std::atomic_ref   344
　　원자적 연산   350
　　특수화   349
std::barrier   377
std::basic_syncbuf   403
std::bind_front   304
std::chrono::hh_mm_ss   262
std::chrono::local_days   270
std::chrono::parse   287
std::chrono::sys_days   270
std::chrono::zoned_time   283
std::condition_variable_any   390
std::counting_semaphore   367
std::cout   401
std::endian   255
std::erase   239
std::erase_if   239
std::file_clock   287
std::format   289
std::format_to   289
std::format_to_n   289
std::formatter   287
std::gps_clock   287
std::is_constant_evaluted   306
std::jthread   30, 388
　　가로채기   389

약속 객체   428
　인터페이스   394
　자동 합류   394
　합류   393
　협조적 가로채기   397
std::latch   373
std::lerp   254
std::make_shared   237
std::midpoint   254
std::ranges::view_interface   214
std::regular   88
std::semiregular   88
std::shared_ptr   352
std::source_location   308
std::span   22, 223
std::stop_callback   384
std::stop_source   382
std::stop_token   383
std::suspend_always   323
std::suspend_never   323
std::tai_clock   287
std::to_array   235
std::u8string   196
std::utc_clock   287
std::vector   299
Stepanov, Alexander   44
storage duration   155
strong order   134
structural type   169
submodule   117
suffix   244
suspend   313
suspension point   322
symmetric coroutine   317
synchronized output stream   32

T

template introduction   64
this 포인터   176
thread ☞ 스레드
three-way comparison operator ☞ 3중 비교 연산자
tick   262
time complexity   508
time duration   262
time point   262
time zone ☞ 시간대

totally ordered set   68

TR1   4

translation unit   96, 506

trivial type   509

type requirement   78

type trait library ☞ 형식 특질 라이브러리

typed lambda   172

U

unconstrained placeholder   58

undefined behavior   506

unevaluated context   21

Unix epoch   282

Unix time   282

[[unlikely]] 특성   188

UTC(Coordinated Universal Time)   282

UTF-8   195

V

variadic template   53

view ☞ 뷰

view 콘셉트   73, 203

volatile 개선   191

weak ordering   135

WG21   5

workflow ☞ 작업 흐름